In a moment Eliza was at the river's edge.

Haley was right behind. Eliza leaped onto an ice floe. The danger and daring of this action made Sam, Andy, and even Haley cry out. The huge chunk of ice on which Eliza landed creaked under her. With desperate energy, she leaped to another, then another. She slipped and stumbled, springing up again. Her shoes were gone. Her stockings were cut from her feet. Blood marked every step.

A Background Note about *Uncle Tom's Cabin*

Uncle Tom's Cabin opens in 1850, soon after the US Congress passed the Fugitive Slave Act, which made it a crime to assist a runaway slave. The Underground Railroad, a secret network of people who helped slaves escape from the slave-holding South to the North, remained active. Runaways received food and shelter at the Railroad's "stations," escape-route stops that totaled in the thousands. Slaves who were sold "down river" moved in the direction opposite of freedom. They were taken down the Mississippi River and sold to someone, usually a plantation owner, in the deep South. In 1865 the Thirteenth Amendment to the Constitution abolished slavery throughout the United States.

HARRIET BEECHER STOWE

UNCLE TOM'S CABIN

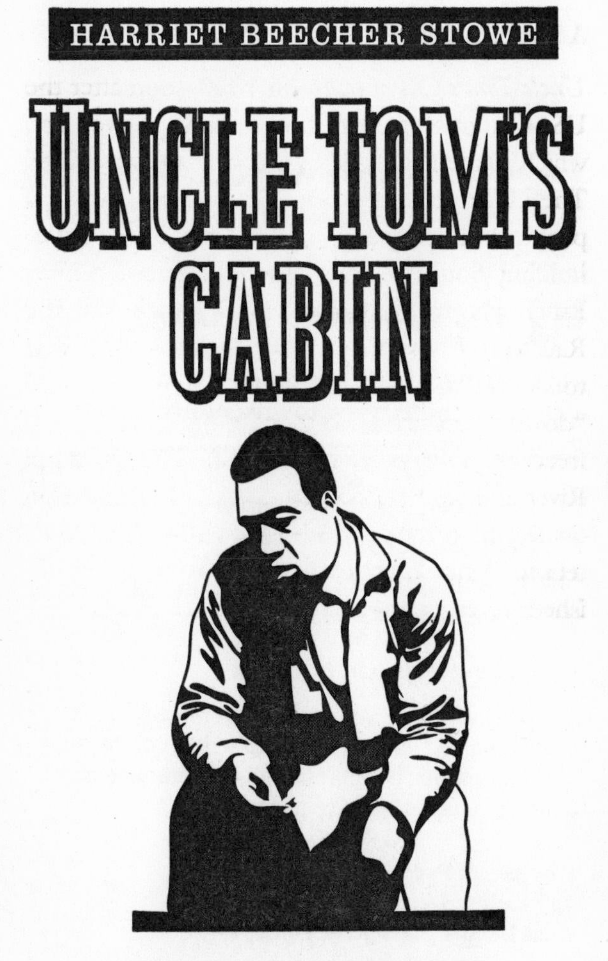

Edited, and with an Afterword,
by Joan Dunayer

THE TOWNSEND LIBRARY

UNCLE TOM'S CABIN

TP THE TOWNSEND LIBRARY

For more titles in the Townsend Library,
visit our website: **www.townsendpress.com**

Printed in the United States of America

0 9 8 7 6 5 4 3 2

Townsend Press, Inc.
439 Kelley Drive
West Berlin, New Jersey 08091

ISBN-13: 978-1-59194-055-5
ISBN-10: 1-59194-055-9

Library of Congress Control Number:
2005929902

CONTENTS

CHAPTER 1

On a chilly November afternoon in 1850, Kentucky slave owner Arthur Shelby and Mississippi slave trader Daniel Haley were sitting in Shelby's well-furnished dining room. With their chairs almost touching, they earnestly discussed business.

Haley was short and heavyset. He had coarse features and the swaggering air of a low-class man who is trying to elbow his way upward in the world. He wore a gaudy vest of many colors and a blue neckerchief with yellow dots. Rings bedecked his large, coarse hands. His heavy gold watch-chain had a bundle of large seals of many colors attached to it. During the conversation Haley flourished and jingled this bundle with evident satisfaction.

Shelby had a gentleman's appearance. His well-maintained house and high-quality furnishings indicated wealth. "That's the way I'd arrange the matter," Shelby said.

"I can't do business that way, Mr. Shelby. I can't," Haley said.

"Tom is an uncommon fellow. He's certainly worth that amount. He's sensible, capable, and honest. He manages my whole farm like clock-work."

"You mean he's honest as niggers* go," Haley said, helping himself to a glass of brandy.

"No. Tom is a good, steady, pious fellow. I trust him with everything I have—money, house, horses—and let him come and go around the country. He's honest and trustworthy in every-thing."

"Some people don't believe there's such a thing as a trustworthy nigger," Haley said, "but *I* do. In the last bunch I took to New Orleans there was a fellow who was gentle and quiet and who prayed a lot. He fetched me a good sum. I bought him cheaply from a man who had to sell out, so I made six hundred dollars on him. I consider religion a valuable thing in a nigger when it's genuine."

"Well, Tom's genuinely religious," Shelby said. "Last fall I let him go to Cincinnati alone to do business for me. I said, 'Tom, I trust you because you're a Christian. I know you wouldn't cheat me.' Sure enough, he came back and brought five hundred dollars. Some low fellows

---

*In the 1850s uneducated people (both white and black) often used the term *nigger* instead of *Negro*.

asked him, 'Why didn't you head to Canada?' Tom answered, 'Master trusted me.' A slave who heard the conversation told me that Tom said that. I'm sorry to part with Tom. You should consider him as covering everything that I owe you, and you *would* if you had any conscience."

"I've got about as much conscience as any businessman can afford—just enough to swear by," Haley joked. "I like to oblige friends, but I'm a little hard up this year." He sighed and poured some more brandy.

"Well then, what do you want, Haley?" Shelby asked after an uneasy silence.

"Do you have a boy or gal you can throw in with Tom?"

"None that I could easily spare. I wouldn't sell at all if I didn't have to. I don't like parting with any of my slaves."

The door opened, and a small quadroon* boy around four years old entered the room. He was beautiful and engaging. His black hair hung in silky curls around his round, dimpled face. His large dark eyes, full of intelligence, looked out from under thick, long lashes. He wore a robe of scarlet and yellow plaid, carefully made and neatly fitted. His manner combined confidence and shyness.

"Hello!" Shelby said. He whistled and tossed

**Quadroon* refers to someone with no "pure" black parent but at least one parent with some recent black ancestry.

a bunch of raisins toward the boy. "Pick them up!" The child scampered after the prize while Shelby laughed. "Come here," Shelby said. The child came up, and Shelby patted his curly head and chucked him under the chin. "Now show this gentleman how you can dance and sing." The boy sang in a rich, clear voice and, in time with the music, made comical movements with his hands, feet, and body.

"Bravo!" Haley said, throwing him a quarter of an orange.

"Now walk like old Uncle Vincent when he has rheumatism," Shelby said.

The child's flexible limbs instantly assumed the appearance of deformity. With his back humped and Shelby's cane in his hand, he hobbled around the room. His face was drawn into a sorrowful pucker. He pretended to spit right and left, in imitation of an old man.

Shelby and Haley laughed uproariously. "Now," Shelby said, "show us how Elder Robbins leads the reciting of psalms."

The boy drew his chubby face down to a formidable length and began nasally intoning a psalm with great gravity.

"Hurray! What a young one!" Haley said. "That kid's a case." Clapping his hand on Shelby's shoulder, he said, "I'll tell you what: throw in that kid, and I'll consider your debt paid."

The door was gently opened, and a quadroon woman around twenty-five years old entered the room. The boy resembled her so much that she clearly was his mother. She had the same large dark eyes with long lashes and the same ripples of silky black hair. She blushed as she saw Haley eye her in undisguised admiration. Her dress, of the neatest possible fit, showed her fine figure. Haley immediately noticed her delicate hands and slender ankles. She stopped and looked hesitantly at Shelby.

"Well, Eliza?" Shelby said.

"I was looking for Harry, sir." The boy bounded toward her, showing the spoils he had gathered in the skirt of his robe.

"Take him away, then," Shelby said. Eliza hastily withdrew, carrying Harry on her arm.

"By God," Haley said, "there's an article! You could make your fortune in New Orleans on that gal any day. I've seen people pay more than a thousand for gals not a bit handsomer."

"I don't want to make my fortune on her," Shelby said dryly. Desiring to redirect the conversation, he uncorked a bottle of wine and asked Haley's opinion of it.

"First-rate," Haley said. Slapping his hand on Shelby's shoulder, he said, "How much do you want for the gal? What'll you take for her?"

"She's not for sale," Shelby said. "My wife wouldn't part with her for her weight in gold."

"Oh, women always say such things because they have no head for numbers. Just show them how much jewelry someone's weight in gold will buy, and they'll see things differently."

"I said no, and I mean no," Shelby said.

"Well, you'll let me have the boy, won't you? I'll pay handsomely for him."

"What on earth do you want with the child?" Shelby asked.

"I have a friend who wants handsome boys to raise for the market. He'll sell them to be servants to the wealthy. It makes a place look good to have handsome boys open doors and wait on visitors. They fetch a good sum. This little devil is so comical and musical, he's just the article!"

"I'd rather not sell him," Shelby said thoughtfully. "I'm a humane man. I'd hate to take the boy from his mother."

"You would, would you? Well, I can understand how you wouldn't want to hear a woman screeching the way they can. What if you send the gal away for a day and I take the boy then, when she isn't around? To make up with your wife, you could get her some earrings, or a new gown, or some such thing."

"No," Shelby said.

"Come now. These niggers aren't like white folks. They get over things. I'm not hard like some slave dealers. I've seen some fellows who can pull a woman's child right out of her arms and sell the child while she's screeching. That's bad policy. It damages the mother. Sometimes it makes her unfit for service. I knew a handsome gal in New Orleans who was ruined by that sort of handling. The fellow who bought her didn't want her baby. She squeezed her child in her arms and carried on in an awful way. When they carried off the child, the mother went mad. A clear waste of a thousand dollars. Poor management. It's always best to do the humane thing." Haley leaned back in his chair and folded his arms with an air of virtue. "Ted Loker, my old partner, would crack gals over the head and knock them around when they started hollering. I told him that just ruins the gals. It makes them sickly and sometimes ugly. It also makes it harder to break them in. Humaneness pays better. Still, I don't see anything wrong with selling a young one while the mother's away. White women are brought up to expect to keep their children, but niggers that are raised right know not to expect such things."

"Then, mine haven't been raised right," Shelby said.

"I guess not. You Kentucky folks spoil your niggers. You mean well by them, but you aren't doing them any favors. Niggers get sold to God knows who, so you're not doing them any favors if you give them notions and expectations instead of preparing them for what's to come. I bet your niggers would fall apart in some places where a Louisiana or Mississippi nigger would be singing and dancing for joy. So, what do you say?"

"I'll think it over and discuss the matter with my wife."

"Alright, but I'm in a hurry. I want to know as soon as possible." Haley rose and put on his overcoat.

"Come back this evening between six and seven, and you'll have my answer," Shelby said. Haley bowed and left. Shelby thought, "I would have liked to kick him down the steps, but I owe the rascal money, so what's to be done?"

The needs of the helpless carry little weight against financial interests, especially when the helpless are regarded as things: property.

In approaching the door, Eliza had overheard enough of the conversation to know that a slave trader was making offers to buy someone. She would have stopped at the door to listen after coming out, but her mistress had summoned her. Still, Eliza thought she had heard the trader make an offer for Harry. Her heart had pounded. She had pressed Harry so tightly against her that he had looked up into her face with concern.

"Eliza, girl, what ails you today?" Margaret Shelby asked when Eliza had upset the water pitcher, overturned a small table, and offered her mistress a nightgown instead of the silk dress she had told Eliza to bring from the wardrobe.

"Oh, Mistress!" Eliza cried, bursting into tears. She sat down in a chair and sobbed.

"Why, Eliza, what ails you, child?"

"A trader has been talking with Master in the parlor. I heard him," Eliza said.

"Well, silly child, so what?"

"Do you suppose Master would sell my Harry?"

Knowing nothing of her husband's debts, Margaret responded, "Sell him? No, you foolish girl! He wouldn't sell any of our slaves. Why would anyone want to buy Harry? Cheer up, and hook my dress. Braid and curl my hair the way you did the other day. And don't listen at doors anymore."

"You never would agree to Harry's being sold?" Eliza asked.

"Of course not. I'd as soon sell my own child. Really, Eliza, you're getting too proud of Harry. A trader can't visit without your thinking he wants to buy him."

Reassured, Eliza nimbly completed her mistress's dressing and grooming.

Margaret was a high-class, religious woman. Although her husband wasn't religious, he respected his wife's piety. What he dreaded most, after his conversation with Haley, was telling his wife.

From girlhood Eliza had been brought up by her mistress as a favorite. Under Margaret's protection, Eliza had reached maturity without being sexually abused. She was married to George, a bright, talented mulatto* who was a slave on a neighboring estate. George and Eliza had been married in the Shelbys' parlor. Margaret had adorned Eliza's beautiful hair with orange blossoms, put a bridal veil on her head, and given her white gloves to wear. The wedding had included cake, wine, and admiring guests. Margaret highly approved of the marriage. Eliza and George were perfectly suited to each other.

For four years after their marriage the couple had seen each other frequently. George's master, Walter Harris, had hired him out to work in a factory where cloth was manufactured from hemp. The factory's owner, Robert Wilson, was a

---

**Mulatto* refers to someone with one white parent and one "pure" black parent.

good-natured elderly man. He had allowed George to come and go as he wished. George's skill, intelligence, and pleasant manner had made him the factory's foremost worker. Despite his lack of education, he had invented a machine for cleaning hemp.

Hearing about George's invention, Harris had ridden to the factory. Wilson had greeted Harris warmly and congratulated him on owning such a valuable slave. Harris had been waited on and shown George's invention. In high spirits, George had spoken so well, held himself so erect, and looked so handsome and manly that Harris had begun to feel an uneasy consciousness of George's superiority. How dare this slave hold his head up among gentlemen? He needed to be taken down a peg. To the astonishment of Wilson and his workers, Harris had suddenly demanded George's wages and announced his intention of taking George home.

"But, Mr. Harris," Wilson had said, "isn't this sudden?"

"What if it is? Doesn't the man belong to me?"

"We would be willing, sir, to increase his wages," Wilson had offered.

"No. I don't need to hire out any of my slaves," Harris had responded.

"But, sir, he seems especially suited to this business," Wilson had persisted.

"That may be," Harris had said. "He never seemed particularly suited to any work that *I* wanted him to do."

"He invented this machine," a worker had commented.

"Yes, a labor-saving machine," Harris had replied. "He *would* invent that, wouldn't he? A nigger will do anything to avoid work."

George had stood with his lips pressed together. His large dark eyes had flashed like hot coals. He might have given way to an angry outburst if Wilson hadn't touched his arm and whispered, "You have to do as he says, George. Go with him. We'll try to help you."

Harris had taken George home and forced him to do farm drudgery. A week later Wilson had visited Harris and tried to persuade him to let George return to the factory. But Harris wouldn't be swayed.

Eliza was sitting on the veranda sewing when George entered. "George, I'm so glad you're here," she said. "Mistress will be gone for the afternoon. Come into my room. We'll have the time to ourselves." Eliza drew George into a small, neat bedroom that opened onto the veranda. The room had a closet and dresser; a pleasant window at which Eliza often sat singing and sewing; and a small bookcase with books, as well as knickknacks that had been Christmas gifts.

"Look how big Harry is," Eliza said proudly. Holding onto Eliza's skirt, Harry shyly regarded his father. "Isn't he beautiful?" Eliza said, kissing him.

"I wish he'd never been born," George said bitterly. "I wish *I'd* never been born." Surprised and upset, Eliza sat down. "I'm sorry I've upset you," George said tenderly. "I wish you never had seen me. You might have been happy."

"How can you talk like that? We were so

happy until Harris brought you back to his farm."

"Yes, we were." Drawing Harry onto his knee, George gazed intently into Harry's eyes and passed his hands through Harry's curls. "He's just like you, Eliza, and you're the most beautiful woman I've ever seen, and the best one I ever expect to see. But my life is nothing but drudgery now."

"I know how you feel about losing your place at the factory, and you have a hard master. Be patient, though. Maybe something..."

"I *have* been patient. I didn't say a word when Harris took me away, for no good reason, from the place where everybody was kind to me. I had paid him every cent of my earnings. They all thought I was an excellent worker."

"I know, but Harris *is* your master."

"By what right? None! I'm a better man than he is. I know more about business. I'm a better manager. I can read and write better. And I've learned everything on my own. What right does he have to make me do work that any horse could do? He wants to bring me down, so he gives me the meanest, dirtiest tasks. He continually insults and torments me. I had hoped to do my work and have some time left for reading, but the more I do, the more he loads on. He says I have the devil in me. One of these days it will come out in a way that he won't like."

"Don't talk like that, George. You have to be careful."

"Just yesterday, as I was loading stones into a cart, his son Richard stood there, slashing his whip so near the horse that the creature was frightened. As pleasantly as I could, I asked him to stop. He kept on. I asked him again. Then he began striking me. I stopped him by grabbing his arm. He screamed and kicked and ran to his father and told him that I was fighting him. Harris came in a rage and said he'd teach me who was master. He tied me to a tree, cut switches for Richard, and told him he could whip me until he was tired. And Richard did. Some day I'll make Harris pay for it." George's eyes burned with anger.

"I always thought I should obey my master and mistress," Eliza said gently.

"Well, the Shelbys have treated you decently. They've fed you, clothed you, and given you a good education. But I've been cursed, slapped, kicked, and whipped. I've paid for my keeping a hundred times over. My only comfort was poor little Carlo. He slept with me at night and followed me around during the day. He always looked at me as if he understood how I felt. The other day I was feeding him a few scraps I had picked up by the kitchen door and Harris came along. He said that I was feeding Carlo at his expense and that he couldn't afford to have every nigger keeping a dog. He ordered me to tie a stone to Carlo's neck and throw him into the pond."

"Oh, George, you didn't do it!"

"Of course not. I was flogged for refusing to. Then Harris did it. He and Richard pelted Carlo with stones as he drowned. Carlo looked at me the whole time, wondering why I didn't save him."

"Oh, George. Trust in God, and things will get better."

"I'm not a Christian like you, Eliza. My heart is full of bitterness. I don't believe in God. Why would God let things be the way they are?"

"We must have faith. Mistress says that when everything goes wrong, we have to believe that everything is for the best."

"That's easy for rich white people to say. Lately Harris has been saying that he was a fool to let me marry you. He says he won't let me come here anymore. He says I have to marry his slave Mina and live in a cabin with her. Otherwise he'll sell me down river."

"But we were married by a minister!" Eliza exclaimed.

"That doesn't matter. The law doesn't recognize marriages between slaves. If Harris chooses to part us, he can." Eliza paled. "I'm leaving, Eliza. I'm going to Canada."

"Canada!"

"When I'm there, I'll earn money to buy you and Harry," George said. "That's the best we can hope for. Shelby is kind. He won't refuse to sell you and Harry to me."

"What if you're captured?" Eliza asked.

"I'll kill myself before I let that happen. I'll be free or die."

"Oh, George, don't lay hands on yourself or anyone else! How will you escape?"

"I've made some preparations, and some people are going to help me. In about a week you'll hear that I'm missing. Goodbye for now," George said, holding Eliza's hands and gazing into her eyes. They stood silent. Then, weeping, they parted.

The cabin of Tom, Chloe, and their children was a small log building close to the Shelbys' house. In front of the cabin was a small garden where a variety of fruits and vegetables flourished, each summer, under careful tending. Also in summer, marigolds, petunias, and other flowers—Chloe's delight and pride—unfolded their splendors.

Inside, a bed covered with a white spread stood in one corner. Beside it lay a large piece of carpet. This corner was off-limits to children. A crude little trundle bed stood in another corner. A portrait of George Washington and brightly colored pictures of Biblical scenes adorned the wall over the fireplace.

Chloe was cooking meat and vegetables in a pot over the fire. She was plump, with a round, shiny black face under a well-starched checked turban. Chloe's stuffed and roasted chicken, turkey, and duck were considered the best around, as were her cornbread and corn muffins. It was Chloe who prepared dinners for the Shelbys' guests.

In one corner Tom and Chloe's young sons, Mose and Pete, cheered on their baby sister, Polly, as she attempted to walk. All three children had glistening black eyes and fat, shining cheeks. Polly repeatedly rose to her feet, balanced a moment, then tumbled down.

A rickety table stood in front of the fire. It was covered with a cloth and set with brightly decorated cups and saucers. Tom, Shelby's best farmhand, was seated at the table. He was a large, broad-chested, powerful man. His skin was glossy black. His features displayed seriousness, intelligence, and kindness. His manner was self-respecting and dignified.

With a pencil Tom was carefully and slowly copying letters onto a piece of slate while James Shelby, a bright boy of fifteen, looked on as instructor. "Not that way, Uncle Tom," James said as Tom curved the tail of *g* in the wrong direction. "That makes *q* instead." James quickly wrote a *g* and a *q* for Tom to compare. Tom patiently tried again.

Chloe was greasing a griddle with a scrap of bacon on a fork. "Aunt Chloe, I'm getting mighty hungry," James said. "Is the cake almost done?"

"I'll check, Master James," Chloe said, lifting

the lid of the bake kettle and examining the pound cake inside. "It's a lovely brown. Master James, sit down with Tom. I'll take up the sausages and have the first batch of pancakes on your plates in no time." Chloe heaped pancakes onto James's plate and then turned back to the griddle.

"Now for the cake," James said after he'd eaten the pancakes.

Chloe sliced the cake. "Eat away. You won't get anything to beat that."

Speaking with his mouth full, James said, "Ray Burton says that their Ginny is a better cook than you."

"Those Burtons don't know what they're talking about!" Chloe said indignantly. "They don't have half the style of Master and Mistress. Ginny's alright with plain, common cooking, but she can't do anything fancy, the way I can."

"Don't worry, Aunt Chloe, I'd take your puddings and pies over anyone else's any day," James said. As James ate, Mose and Pete watched hungrily from the opposite corner. "Here, Mose, Pete," James said, breaking off chunks and throwing them at the children. "You want some, don't you? Aunt Chloe, make them some pancakes."

Having eaten their fill, Tom and James moved to comfortable seats in the chimney corner while Chloe, after baking a pile of pancakes, took Polly onto her lap and began alternately filling Polly's mouth and her own. She also distributed pancakes to Mose and Pete, who ate them while rolling around on the floor under the table, tickling each other, and occasionally pulling Polly's toes.

When Mose and Pete finished eating, they emerged from under the table and, with molasses on their hands and faces, kissed Polly. "Get along with you!" Chloe said, pushing them away. "Go to the spring and wash yourselves." Laughing, Mose and Pete hurried out of doors, where they screamed with merriment.

Chloe poured some water from a cracked teapot onto an old towel and began rubbing the molasses from Polly's face and hands. Then she set Polly in Tom's lap and started clearing away supper. Polly pulled Tom's nose, fingered his face, and buried her fat hands in his thick hair. "Isn't she pretty?" Tom said, holding Polly at arm's length to get a full view. Getting up, he set Polly on his broad shoulder and began to dance.

When Mose and Pete returned, Chloe said, "Time for the prayer meeting! Master James, will you stay and read for us?" Pleased to be the center of attention, James readily agreed.

The room soon filled with a mixed assembly of slaves, from a fifteen-year-old girl to an eighty-year-old man. A few of the worshippers belonged to families who lived nearby. People gossiped about where Aunt Sally got her new red kerchief, how Master was thinking of buying a new colt, and how "Mistress is going to give Eliza the polka-dot muslin dress." After a while the gathering began to sing hymns, which ranged from solemn to wildly exuberant. As they sang, some laughed, some cried, some clapped, and some shook hands with one other. By request, James read the last chapters of Revelation. He often was interrupted by exclamations such as "Praise the Lord!" Many regarded Tom as a sort of minister because he was so pious. When he prayed, it was with moving earnestness. Tom led the group in prayer.

Daniel Haley and Arthur Shelby sat in the Shelbys' dining room, at a table covered with papers and writing implements. Shelby counted out bills and pushed them over to Haley, who also counted them. "Now for the signing," Haley said. Shelby drew the bills of sale toward him and hurriedly signed them, wanting to finish with the disagreeable business. Haley took a parchment out of a worn valise, looked it over for a moment, and handed it to Shelby, who took it with a gesture of suppressed eagerness. "That's it, then," Haley said, getting up.

"Yes," Shelby said with a sigh.

"You don't seem pleased," Haley said.

"Haley, don't forget that you've promised not to sell Tom without knowing what sort of hands he's going into."

"You've just done that yourself," Haley said.

"Circumstances forced me to," Shelby said.

"Well, they might force *me* to as well," Haley

said. "However, I'll try to get Tom a good master." Haley left, and Shelby smoked a cigar.

That night in the Shelbys' bedroom, Arthur lounged in an easy chair, looking over some letters that had come in the afternoon mail. Margaret sat before her mirror, brushing out the complicated braids and curls in which Eliza had arranged her hair. Margaret had excused Eliza's attendance that night and sent her to bed. Turning to her husband, Margaret said, "By the way, Arthur, who was that low-bred man you dined with today?"

"Daniel Haley," Arthur said, turning uneasily in his chair.

"Haley? Who is he? What business does he have with us?"

"I did some business with him the last time I was in Mississippi."

"He felt entitled to call on you and dine here?" Margaret said.

"I invited him. We had some business to attend to."

"Is he a slave trader?" Margaret asked. "Eliza said that you were talking with a trader. She was afraid you might sell Harry." Margaret continued to brush her hair. "I told her you never would sell any of our people."

"Well, Margaret, that's what I've always said and felt. But the fact is, I need to sell some of them."

"To that creature? Impossible! Arthur, you can't be serious."

"I've agreed to sell Tom," Arthur said.

"What! Our Tom? That good, faithful creature? He's been your faithful servant from boyhood. Oh, Arthur! And you promised him his freedom! You and I have spoken to him about it a hundred times. I can believe anything now! I can believe that you even could sell little Harry!"

"I *have.* I've agreed to sell Tom and Harry," Arthur said.

"Oh, my God!" Margaret exclaimed.

"I don't know why you act as if I'm some kind of monster. People sell their slaves every day."

"Why Tom and Harry?" Margaret asked.

"They brought the highest sum. If you wish, I can sell Eliza instead. Haley made me a large offer for her."

"That scoundrel!"

"I didn't agree, out of regard for your feelings," Arthur said.

"Arthur, you must allow me to intercede for these poor creatures. Although he's a Negro, Tom is a noble, faithful fellow. I think he would lay down his life for you."

"I believe that he *would.* But what's the use of this conversation? It's done."

"Sacrifice the money, then. Oh, Arthur, I've tried to do my duty to these poor, simple creatures. I've cared for them, instructed them, and watched over them for years. I know all their little cares and joys. How can I ever again hold up my head among them if we sell as faithful, good, and trusting a creature as poor Tom? How can we violate all that we've taught our people to love and value? I've taught them the duties of parent and child, husband and wife. How can we now show that we value money more than any duty, any relation, however sacred? I've preached to Eliza about the duties of a Christian mother. How can we turn around and sell her only child?"

"I'm sorry you feel this way, Margaret, but I had no choice. I was in debt to Haley. If I hadn't paid up, we would have lost the farm. Then, we would have had to sell more slaves than just Tom and Harry. Haley wanted the child. I had to agree."

"This is what comes of owning slaves!" Margaret cried. "It's an evil practice! I've never been comfortable with it!"

"Wise and pious men disagree with you. Reverend Brook doesn't think slavery is evil. Just last Sunday his sermon..."

"I don't want to hear any of his sermons ever again!"

"I've done the best that circumstances would allow," Arthur said.

Margaret fingered her gold watch and said

desperately, "Won't this watch do something? It was expensive. Let me at least save Eliza's child."

"No, Margaret. I'm sorry you're reacting this way. The bills of sale already are signed and in Haley's hands. I was in his power, and he's a hard man. He doesn't care about anything but profit. He'd sell his own mother."

"And that man now owns Tom and Harry!"

"He takes possession tomorrow. You'd better arrange a drive somewhere with Eliza, so she won't be here when Haley takes Harry."

"No! I won't be your accomplice in this despicable business. God forgive us!"

From inside a large closet just outside the bedroom, Eliza had listened to the whole conversation. Pale and trembling, she now hurried into her room. Harry lay sleeping on the bed, his rosy mouth half open, his fat little hands lying on the bedcovers.

Eliza took a pencil and piece of paper and hastily wrote, "Dear Mistress, don't think me ungrateful. I heard everything that you and Master said tonight. I'm going to try to save Harry. You can't blame me. God bless and reward you for all your kindness."

Eliza went to a drawer and made up a little package of clothing for Harry, adding his favorite toy. With a handkerchief, she tied the package around her waist. Then she put on her shawl and bonnet.

Eliza woke Harry. "Where are we going, Mother?" he asked as Eliza dressed him in his little coat and cap.

"Hush, Harry. No one must hear us. We have to go away," Eliza whispered. She took Harry in her arms, opened the door onto the veranda, and glided out. It was a frosty, starlit night. Eliza wrapped her shawl around Harry, who clung to her neck. Bruno the dog, who slept at the end of the porch, rose with a low growl as Eliza approached. Eliza gently said his name, and Bruno, an old pet and playmate of hers, wagged his tail. Eliza glided forward to the window of Tom and Chloe's cabin. She tapped lightly on the windowpane.

"Good Lord! What's that?" Chloe said, starting up and pushing the curtain aside. "It's Eliza!" Tom hurriedly lit a candle. Holding it, Chloe opened the door. The candle's light fell on Eliza's haggard face and wild eyes. "My God, Eliza. What's happened?" Chloe asked.

"I'm running away. Master sold Harry!"

"Sold him?" Tom and Chloe echoed in disbelief.

"Yes. To a slave trader. He sold you too, Uncle Tom. Come daylight, the man will be here to take possession."

Tom's eyes widened with fear and amazement. He collapsed into his chair. "God have pity on us!" Chloe said. "Is it really possible?"

"Master didn't want to sell, and Mistress pleaded and begged for us, but he told her the deal was done. He owed the trader money. If he hadn't paid up, he would have lost the farm, and *more* people would have ended up being sold."

"You have to go with Eliza, Tom!" Chloe said. "You can't be toted down river, where they kill niggers with hard work and starvation. I'd rather die than go there. Hurry now. Get ready."

Sorrowfully and quietly Tom said, "No. I'm not going. If I run away, Master might have to sell someone else. I guess I can bear it as well as anyone. It's right for Eliza to go for Harry's sake, but..." Tom now looked at his own children and started to sob.

"I saw George this afternoon," Eliza said to Chloe. "Harris has pushed him beyond breaking point. He's going to run away to Canada. If you can, please get word to him. Tell him why I went and that I'll try to get to Canada. Give him my love. Tell him that if we can't meet in Canada"—her voice caught—"we'll meet someday in heaven." After some final words and tears, Eliza, clasping her frightened child in her arms, hurried away.

Because they had gone to bed late and had slept unsoundly, Margaret and Arthur slept late the next morning. After pulling her bell three times for Eliza and getting no response, Margaret said, "I wonder what's keeping Eliza."

Arthur stood in front of his mirror, sharpening his razor. The door opened, and a young black man entered with Arthur's shaving water. "Andy," Margaret said, "tell Eliza that I've rung for her three times."

Andy soon returned, his eyes wide with astonishment. "Lord, Mistress. Eliza's drawers all are open, and her things are lying every which way. I think she's cleared out!"

Arthur exclaimed, "She found out, and she's run off!"

"Thank God!" Margaret said.

"You talk like a fool, Margaret. This could cause me considerable trouble. Haley saw that I hesitated about selling Harry. He'll think I arranged this." Arthur hastily left the room.

When Haley, booted and spurred, entered the Shelbys' parlor, Arthur said, "Andy, take Mr. Haley's hat and riding whip. Please take a seat, sir. I regret to say that the child you purchased no longer is here. His mother overheard that her child was sold. She has taken him and run off in the night."

"What? I expected fair dealing, Shelby!" Haley fumed.

"What, sir, am I to understand by that remark?" Threatening a duel, Shelby said, "If any man calls my honor into question, I have only one answer for him."

Haley cowered. In a softer voice he complained, "It's mighty hard on a fellow to lose out this way."

"Mr. Haley, I acknowledge that you have cause for disappointment. However, I have had nothing to do with the disappearance of this woman and her child. I will provide horses and servants and otherwise assist you to recover your property."

"Do you have any dogs for tracking niggers?" Haley asked.

"No." After a pause, Arthur said, "If you would like some breakfast, please take some."

In both the house and the fields, all the slaves spoke of Eliza's flight. Andy told another slave, Sam, to ready the horses Bill and Jerry. "You and I have to go with Mr. Haley to find Eliza."

"I'm the nigger for the job!" Sam said proudly. "See if I don't catch her."

"Mistress doesn't want her caught," Andy said.

Sam's eyes widened. "How do you know that?"

"I heard her say so."

Sam scratched his head in puzzlement. "I would've thought that Mistress would scour the whole world in search of Eliza."

"She doesn't want Haley to get Harry," Andy said. "Get the horses ready."

Sam brought Bill and Jerry up to the house. Haley's horse, a skittish white colt, stood nearby. Sam picked up a small, sharp triangular beechnut and slipped it under the colt's saddle, so that the least weight on the saddle would irritate the colt.

Margaret appeared on the balcony and beckoned to Sam. "Sam, you and Andy are to go with Mr. Haley to show him the road and help him. Be careful of the horses. Jerry was a little lame last week. Don't ride him too fast," Margaret said with emphasis.

"Yes, Mistress," Sam said. Then he told Andy about the beechnut he'd placed under the colt's saddle. "When the colt starts to act up, we'll let go of Bill and Jerry as if to help Mr. Haley. Then Bill and Jerry will run off. That will delay things." Sam and Andy chuckled.

Haley appeared on the veranda. "Look alive,

boys," he said to Sam and Andy. "We mustn't lose any time."

Sam gave Haley his reins and held his stirrup while Andy untied Bill and Jerry. The instant Haley touched the saddle, the colt bounded up and threw Haley off onto some soft turf, then pranced away toward the lower end of the lawn. Bill and Jerry, whom Andy had let loose, followed the colt. To increase the confusion, Sam and Andy ran around shouting.

Haley's colt kept avoiding his pursuers. As soon as they would come almost within reach of him, he would whisk off with a snort and career far down some alley of the woodlot. Haley ran up and down, cursed, and stamped. Arthur vainly shouted directions from the balcony. Looking out of her bedroom window, Margaret laughed, suspecting the cause of the confusion.

Three hours later, about noon, Sam was mounted on Jerry. The colt was by his side, reeking with sweat. The colt's flashing eyes and dilated nostrils showed that the spirit of freedom hadn't entirely subsided. Haley was furious. "Let's get started!" he growled.

"Mr. Haley," Sam said in a humble tone, "we're all ready to drop, and the horses are all sweaty. They need to be rubbed down. I guess we can't start now until after dinner. We can catch up with Eliza. She never was much of a walker."

Having overheard this conversation from the

veranda, Margaret resolved to do her part. She came forward and, courteously expressing concern about Haley's accident, pressed him to stay for dinner, saying that the cook would bring it to the table immediately.

Haley went to the parlor while Sam and Andy went to the stable with the horses. "Did you see him fuming, Andy? Did you hear him swearing?" Sam said. The two had a good laugh.

Tom was summoned to the parlor, where Arthur Shelby said, "Tom, this is Mr. Haley. He's your new owner. Today he has other business to attend to, but he'll be taking you away soon."

Tom stood very straight. "Master, I was just eight years old, and you were one year old, when your mother put you into my arms. She said, 'There, Tom. He's your young master. Take good care of him.' I've never broken any promise to your mother or you."

"God knows you speak the truth," Arthur said. "If I could help it, no one on earth would buy you."

"I'll buy you back as soon as I can," Margaret said. "Sir," she said to Haley, "let me know who buys him."

"I might bring him back myself in a year and sell him back to you," Haley said.

Eliza was desolate when she turned from Tom and Chloe's cabin. She was leaving the only home she ever had known. But her fear was greater than her sadness. Pressing Harry to her chest, she hurried forward. The frosty ground crackled beneath her feet. Every sound and fluttering shadow increased her fear. Eliza quickly passed the boundaries of the farm, the grove, and the woodlot.

With his arms around Eliza's neck, Harry slept. Daylight found Eliza and Harry many miles from all familiar objects, on an open highway. Eliza planned to escape across the Ohio River to Ohio, where slavery was illegal. When horses and vehicles began to move along the highway, Eliza realized that her hurried pace and desperate manner would attract suspicion, so she put Harry down, adjusted her dress and bonnet, and walked on as rapidly as she could without looking as if she were fleeing.

After a while, Eliza and Harry came to a thick patch of woodland with a clear brook. Harry complained of hunger and thirst. Eliza took Harry behind a large rock that concealed them from the road and gave him breakfast out of her package. Harry wondered and grieved that his mother didn't eat. He tried to push some of his cake into her mouth. "No, no, darling," Eliza said. "Mother can't eat until you're safe." As soon as Harry finished eating, Eliza and Harry resumed their walk down the road. Eliza rejoiced that their light skin made them less likely to attract notice.

At noon Eliza stopped at a neat farmhouse to rest and buy some food. A friendly woman accepted Eliza's statement that she was traveling to visit friends. An hour before sunset, Eliza, tired and footsore, entered a village along the swollen and turbulent Ohio River. Great chunks of ice floated in the river. This ice, Eliza realized, would prevent the ferry from running. She turned into a small inn to inquire. The hostess was stirring a stew over the fire.

"Is there any ferry or boat to take people across the river?" Eliza asked.

"No," the hostess said. "The boats have stopped running."

Eliza's look of dismay struck the woman, who asked, "You're anxious to cross over? Is any-one sick?"

"I walked far with my child today, expecting to take the ferry," Eliza said.

"Maybe I can help you. Solomon!" the hostess called from the window toward a small back building. A man in a leather apron appeared at the door. "Sol, is that man going to tote the barrels over tonight?"

"He said he'd try," Solomon answered.

Turning back to Eliza, the hostess said, "A man probably is going over with some barrels tonight. He'll be here for supper. Why don't you sit down and wait for him?" She offered Harry a cake, but he cried with exhaustion.

"He isn't used to walking, and I've hurried him," Eliza said.

"Bring him into this room," the hostess said, opening the door to a small bedroom with a comfortable bed.

Eliza laid Harry on the bed and held his hands in hers until he slept. Too fearful to sleep, she gazed longingly at the surging water between her and freedom.

Although Margaret Shelby had said that dinner was about to be served, it didn't appear. Chloe intentionally prepared everything more slowly than usual. One boy purposely overturned the gravy dish; then more gravy had to be prepared. Another boy fell while carrying the water pitcher, so he had to go to the spring for more. Meanwhile, Haley squirmed and paced with impatience.

Finally dinner was served. At two o'clock Sam and Andy brought the horses up to the hitching posts. Haley asked Sam, "What's the fastest way to the river?"

"There are two roads: a dirt road and the highway," Sam said. "Eliza would take the dirt road because it's less traveled," he lied.

"Alright," Haley said. "Which way?"

Sam indicated the rough road, and Haley plunged into it, followed by Sam and Andy. The road had once been a thoroughfare to the Ohio

River, but it had been abandoned many years before, after the laying of the highway. The road was clear for about an hour's ride. After that, farms and fences cut across it. Sam knew this. After riding for about an hour, the group encountered a barn standing across the road. "You rascal!" Haley fumed at Sam. "You knew about this!"

"I didn't," Sam lied. "I knew that this road wasn't well traveled, and I told you that." The three turned around and headed for the highway.

About an hour after Eliza had laid Harry to sleep in the village inn, Haley, Sam, and Andy rode into the same place. Eliza was standing by the window, looking out in another direction, when Sam spotted her. Haley and Andy were two yards behind. Sam pretended that his hat blew off, so that he could utter a cry that alerted Eliza. She drew back.

Eliza's room opened by a side door to the river. She grabbed Harry and sprang toward this door. Haley saw her just as she was disappearing down the bank. Jumping from his horse and calling loudly on Sam and Andy, Haley was after her like a hound after a deer. In a moment Eliza was at the river's edge. Haley was right behind. Eliza leaped onto an ice floe. The danger and daring of this action made Sam, Andy, and even Haley cry out. The huge chunk of ice on which Eliza landed creaked under her. With desperate energy, she leaped to another, then another. She slipped and stumbled, springing up again. Her shoes were gone. Her stockings were cut from her feet. Blood marked every step. Then, as in a dream, she reached the Ohio side.

A man helped her up the bank. "By God, you're a brave gal!" he said.

"My child has been sold!" Eliza cried. Pointing to Haley on the Kentucky shore, she said, "That man is his new owner. Please help me!"

"Go there!" the man said, pointing to a large white house off the village's main street. "They're kind folks. They'll help you."

"God bless you!" Eliza said.

"You've earned your freedom, and I, for one, won't take it from you."

Clasping Harry to her chest, Eliza walked away firmly and swiftly. Haley had watched in amazement. He now turned an inquiring look on Sam and Andy. "I hope you'll excuse us from trying *that* road," Sam said with a chuckle.

"You laugh!" Haley growled, striking at Sam's head with his riding whip. Sam successfully ducked. He and Andy ran up the bank, jumped onto their horses, and galloped home.

Haley went inside the inn. The hostess showed him where Eliza and Harry had rested. Eliza's shawl was on the bed. Haley took the shawl and then went to the main room for a drink.

Ted Loker, a tall, broad, muscular man, soon entered. He wore a coat of buffalo hide, with the hair outward, that contributed to his fierce appearance. His face showed brutality. Loker was accompanied by Stephen Marks, a short, slender man whose motions were cat-like. Marks had keen black eyes; a long, thin nose; thin lips; a sharp chin; and thin, sleek black hair. Loker half filled a big tumbler with whiskey and gulped it down. In a thin, quivering voice, Marks ordered a mint julep, which he drank in sips.

"Ted!" Haley exclaimed, coming forward and extending his hand to Loker.

"The devil!" Loker responded. "What brings you here, Haley?"

Marks stopped sipping and shrewdly observed Haley.

"I say, Ted, this meeting is lucky," Haley said. "I have a problem that you can help me with."

"So, that's why you're glad to see me," Loker said.

Ignoring the insult, Haley asked, "Is this your partner?"

"Yes. Marks, this is Dan Haley. He used to be my partner in Mississippi."

"Pleased to meet you," Marks said, extending a long, thin hand.

"My treat, gentlemen," Haley said. Turning to the bartender, he said, "Bring us hot water, sugar, cigars, and plenty of liquor."

When the three were seated around a table indulging themselves, Haley recited his troubles. The story of Eliza's escape amused Marks, who said, "Shelby and his niggers took *you*, didn't they? Too bad we can't breed gals who don't care about their babies."

"Babies are a nuisance. You'd think they'd be glad to be rid of them," Haley said.

"I bought a gal once who had a sickly child with a crooked back," Marks said. "I gave the child away. I thought the mother would be glad to be rid of him, but you should've seen the way she carried on."

"Last summer I swapped a blind child for a keg of whiskey," Haley said. "When I went to take him from his mother, she jumped into the river with him. They went down and never came back up."

"When I buy a child," Loker said with contempt, "I just put my fist to the mother's face and say 'One word out of you, and I'll smash your face in. This young one is mine, not yours.' That shuts them up. What's your business, Haley? You want us to catch this gal?"

"I don't care about the gal. She belongs to Shelby. It's the boy I want. I paid for him."

"What's the gal like?" Marks asked.

"White, beautiful, and well brought up. I'd have given Shelby a thousand for her and still made a hefty profit when I sold her."

"How about this, then?" Marks said to both Haley and Loker. "Ted and I do the catching, the boy goes to Dan, and Ted and I take the gal to New Orleans. I'll pretend to be her owner."

Loker brought his heavy fist down on the table. "We'll do it! But, Haley, you've got to hand over fifty dollars right now. Otherwise we might try to catch them, fail, and come away with nothing. If I find the boy, I'll bring him to Cincinnati and leave him at Granny Belcher's on the landing."

"Let's get to particulars," Marks said. "Dan, you saw this gal when she landed?"

"As plainly as I see you."

"A man helped her up the bank?" Marks continued.

"Yes," Haley said.

"Most likely, someone has taken her in. What do you think, Ted?" Marks said.

"We must cross the river tonight," Loker said.

"There's no boat," Marks said.

"I heard the hostess say that a man is going to boat across this evening. We have to go with him," Loker said.

"You've got good dogs?" Haley asked.

"First-rate," Marks said, "but you don't have anything of the runaway's to give them the scent."

"Yes, I do," Haley said. "Here's her shawl. She left it on the bed."

"Give it here," Loker said.

"On second thought, the dogs might damage the gal," Haley said.

"That's a consideration," Marks said. "Our dogs tore one fellow half to pieces before we could get them off."

"That won't do because she's to be sold for her looks," Haley said.

"Yes," Marks agreed. "We won't use the dogs."

When the man came with the boat, Haley reluctantly gave Loker fifty dollars, and Marks and Loker went their way.

Between ten and eleven, Sam and Andy arrived home. Margaret Shelby flew to the balcony. "Is that you, Sam? Where's Eliza?"

"She made it across the Ohio River," Sam answered.

"Thank God!" Margaret exclaimed.

The light of a cheerful fire shone on the carpet of a cozy parlor and glittered on teacups and a bright teapot. U.S. senator John Bird of Ohio removed his boots and put on handsome new slippers that his wife, Mary, had knit for him while he was away in Washington, D.C.

Mary was happily supervising the table arrangements, periodically issuing warnings to her two young sons. "Davey, leave the doorknob alone. Scott, don't climb on the table." Turning to her husband, Mary said, "My dear, it's so good to have you here."

"It's good to *be* here—much better than listening to all those boring Senate speeches."

"What has the Senate been doing?"

"Not much of importance."

"Is it true that Congress has passed a law forbidding people from helping runaway slaves?"

"Yes. Slaveholders in Kentucky and other states are upset because a lot of that has been going on."

"It's illegal to give those poor creatures something to eat and some old clothes, shelter them for a night, and send them quietly on their way?" Mary asked.

"Yes, it's illegal," John said.

Mary was a short, timid woman with mild blue eyes, a peach complexion, and a sweet voice. Her husband and sons were nearly her entire world. Usually she influenced her family by pleading and persuading rather than by arguing or commanding. But any form of cruelty threw her into a passion. Generally the most indulgent mother, she had reacted with fury when she once found her boys stoning a kitten. She had spanked them long and hard, sent them to bed without supper, and then wept. Never again had her boys abused an animal.

On the present occasion, Mary reddened, rose quickly, walked up to her husband, and said in a determined tone, "Do you think such a law is right?"

"Yes, Mary, I do," John said.

"I never would have believed it of you. You didn't vote for it, did you?"

"Yes, I did," John said.

"You should be ashamed of yourself! It's a wicked law. I'll break it the first chance I get. What have things come to if a person can't give a warm supper and a bed to poor, starving creatures who have been oppressed all their lives?"

"I appreciate your feelings, my dear, and I love you for them. But we mustn't let our feelings interfere with our judgment. We have to prevent public unrest."

"Rubbish! Would you turn away a poor, shivering, hungry creature because they're a runaway? Would you put them in jail?"

With discomfort John answered, "It would be a painful duty."

"Duty! Our first duty is to be good Christians!" Mary declared.

At this point Cudjoe, an elderly black servant, put his head in at the door and asked "Mistress" to come into the kitchen. Relieved, John sat down in an armchair and began to read the newspaper.

"John, come here!" Mary called from the kitchen. Upon entering the kitchen, John gasped at the sight of Eliza, who had fainted into a chair. Mary and a middle-aged black servant named Sarah were trying to restore Eliza while Cudjoe had Harry on his knee and was pulling off the child's shoes and socks and rubbing his cold little feet.

"She's a sight to behold," Sarah said compassionately. "She came in, asked if she could warm herself a bit, and then fainted."

"Poor woman!" Mary said.

Eliza slowly opened her eyes. She sprang up crying, "Where's Harry? Have they taken him?"

Harry jumped from Cudjoe's knee, ran to his mother, and cried, "Here I am, Mother!"

"Oh, Ma'am," Eliza pleaded to Mary, "please protect us! Don't let them get him!"

"No one here will hurt you," Mary said reassuringly. "You're safe. Don't be afraid."

"God bless you!" Eliza said. Covering her face, she sobbed. Harry hugged his mother.

Tears came into Mary's eyes. "Where did you come from?" she gently asked. "What do you need?"

Mary's tone calmed Eliza, who answered, "I came from Kentucky."

"When?" John asked.

"Tonight."

"How did you get here?" he asked.

"I crossed the river on foot by jumping over the ice."

"Crossed on foot!" a number of people exclaimed.

"Yes," Eliza said. "I jumped over the ice because my pursuers were right behind me. There was no other way."

"Lord, Mistress," Cudjoe said to Mary, "the ice is all broken up in blocks swinging and teetering up and down the water."

"Were you a slave?" John asked.

"Yes, sir. I belonged to a man in Kentucky."

"Was he unkind to you?" John asked.

"No. He was a good master," Eliza said.

"Was your mistress unkind to you?" John continued.

"No. My mistress always was good to me."

"Why did you leave, then?"

Eliza looked at Mary and noticed that she was dressed in mourning. "Ma'am, have you lost a child?"

The question opened a wound. Only a month before, Mary's youngest son had died. John turned around and walked to the window. Mary burst into tears. Recovering her voice, she said, "Yes."

"Then, you'll feel for me," Eliza said. "Harry is my only child. I've never slept apart from him. He's my comfort and pride. They were going to take him away from me. They sold him to a slave trader who was going to take him south. When I found out that he'd been sold, I took him and ran off in the night. The slave trader and two of my master's slaves came after me. They were right behind me, so I jumped onto the ice. Somehow I got across, and a man helped me up the bank."

"You said you had a kind master!" John said indignantly.

"He owed the trader money. He paid his debt by selling Harry and a man named Tom."

"Do you have a husband?" John asked.

"Yes. His name is George. He belongs to another man. His master is cruel and hardly ever allowed George to come see me. He's threatened to sell George down south."

"Where will you go?" Mary asked.

"To Canada. Is it far?"

"Poor child, it *is* far," Mary said, "but we'll see what can be done for you. Sarah, make her up a bed in your room." Eliza soon fell asleep with her arm around Harry.

In the parlor Mary sat thinking, swaying in her rocking chair before the fire. John paced. "Do you think any of your dresses would fit her?" he asked. "No, I guess she's too large, isn't she?"

A slight smile appeared on Mary's face. "We'll see."

"What about that old cloak that you drape over me when I take my afternoon naps? You can give her that. She needs clothes," John said. Suddenly he stood motionless. "I say, Mary, she'll have to get away from here tonight. The trader will be after her bright and early tomorrow."

"Tonight! To where?"

Starting to put on his boots, John said, "I know where. My old client Nicholas van Trompe has come over from Kentucky and set all his slaves free. He's bought a place seven miles up the creek. It's back in the woods. Hardly anyone ever goes there. She'll be safe there. I'll have to take her myself."

"Why?" Mary asked.

"The creek has to be crossed twice," John said. "The second crossing is dangerous unless someone knows it as well as I do. I've crossed it a hundred times on horseback and know exactly the turns to take. So I have to take her myself. Cudjoe must hitch up the horses as quietly as possible about midnight. I'll take her to van Trompe's. Then Cudjoe must drive me to the next inn to take the stagecoach for Columbus that comes about three in the morning, so it will look as if I had the carriage for that."

Laying her hand on her husband's, Mary said with tears in her eyes, "Your heart is better than your head in this case, John. I couldn't love you if I didn't know you better than you know yourself."

Pleased with his wife's approval, John walked off to see about the carriage. At the door he stopped a moment, came back, and said with some hesitation, "Mary, I don't know how you'd feel about it, but there's a drawer full of things that were . . . Benny's. Maybe the boy could use them." He turned quickly and shut the door after him.

Mary opened the door to the little bedroom adjoining hers. She set a candle on a dresser and slowly opened one of the drawers. There were little coats, rows of small socks, even a pair of little shoes, worn and scuffed at the toes, as well as a toy horse and wagon, a top, a ball, and other toys. Mary sat down by the drawer and wept.

Then, with nervous haste, she began selecting the most practical items and gathered them into a bundle. Next she opened a wardrobe and removed two plain dresses. She sat down to her worktable and, with needle, scissors, and thimble, began letting them out as much as possible. She continued this until the clock in the corner struck midnight and she heard the low rattling of wheels at the door.

Coming in with his overcoat over his arm, John said, "Mary, you must wake her now. We have to go." Mary hurriedly put the items she had collected into a small, plain trunk, which she gave to John to place in the carriage.

Mary awakened Eliza and explained the plan. Eliza soon appeared at the door with Harry in her arms. She wore a cloak, bonnet, and shawl that had belonged to Mary. Mary hurried Eliza into the carriage. Eliza leaned out and extended her hand. Mary grasped it in her own. Eliza fixed her eyes on Mary's face and softly said, "God bless you." Then she fell back into the seat. The door was shut, and the carriage departed.

There had been a long period of rainy weather, so the road was muddy. A number of times the carriage stuck fast and Cudjoe and John had to get down and coax and pull the horses to strain forward until the carriage came loose.

It was far past midnight when the carriage arrived, dripping and bespattered, at the door of a large farmhouse. It took persistence to awaken the residents. At last, Nicholas van Trompe unlatched the door. He was over six feet tall. His thick, sand-colored hair was tousled. He had a beard of some days' growth.

"Hello, Nicholas," John said.

For a few minutes Nicholas stood holding a candle aloft and blinking at the travelers with a mystified expression. Then he exclaimed, "Senator Bird!"

"Will you shelter a poor woman and child from slave hunters?" John asked.

"I will," Nicholas said.

"Thank you," John said.

Opening the door wide, Nicholas led John and Eliza into the kitchen. Exhausted, Eliza dragged herself forward, with Harry sleeping in her arms. Nicholas held the candle to Eliza's face and, uttering a compassionate grunt, opened the door of a small bedroom and motioned for her to go in. "You have nothing to fear here," he told her. "I have seven sons, each six feet tall." Pointing to three rifles over the mantelpiece, he said, "If anyone comes, we'll be ready for them, so you just sleep now." He shut the door. "A beautiful woman," he said to John. "What's happened?"

John shared what he knew of Eliza's history. Nicholas was so moved that he wiped his eyes. He uncorked some bottled cider and offered it to

John. "You'd better stay here until daylight. My wife will have a bed ready for you in no time."

"Thank you, my good friend," John said, "but I have to go. I have to take the night coach to Columbus."

"Well, if you must, I'll show you a crossroad that will take you there better than the road you came on. That road's mighty bad." Nicholas got ready and, lantern in hand, soon guided John's carriage toward the desired road.

At the crossroad, John gave Nicholas a ten-dollar bill. "It's for her," he said.

"Certainly," Nicholas replied.

They shook hands and parted.

It was a gray, drizzly morning that matched the downcast faces of those inside Tom and Chloe's cabin. An ironing cloth covered the small table before the fire. Fresh from the iron, a coarse but clean shirt hung on the back of a chair by the fire. Chloe had another shirt spread out before her on the table. She carefully ironed away every wrinkle, periodically raising her hand to her face to wipe away tears.

Tom sat near by, but neither he nor Chloe spoke. It was still early. The children lay asleep together in their little bed. Tom walked over to look at them. "It's the last time," he said.

Setting her iron down, Chloe sat down and wept. "I don't even know where you're going," she said. "Mistress says she'll try to buy you back in a year or two, but I don't think anybody who goes down river ever comes back. They work slaves to death on those plantations."

"The same God who is here will be there, Chloe," Tom said.

"Yes, but God lets dreadful things happen."

"I thank God that I'm the one who's been sold—not you or the children," Tom said.

"Master never should have let you be taken for his debts. He owed you your freedom and should have given it to you years ago. You've been completely faithful to him."

"He's still been a better master than most," Tom said.

"That may be, but it isn't right. But there's no use talking about it. It's done. I'll make you a good breakfast. Who knows when you'll get another?" Chloe gave Tom chicken, cornbread, and—a rare treat—preserves.

Bustling about after breakfast, Chloe said, "I'll gather all your clothes, although Haley probably will take all of them away. Who will take care of you if you're sick?" she asked, starting to cry again. Having awakened, Mose and Pete saw their mother crying and their father looking very sad. They, too, started to cry.

Following a light knocking, Chloe opened the door, and Margaret and James Shelby entered. Margaret looked pale and anxious. "Tom," she said. "We've come to say goodbye." Covering her face with her handkerchief, she began to sob.

James hurried up to Tom and threw his arms around him. "This is horrible, Uncle Tom!" he cried. "It's a mean, nasty shame. If I were a man, they wouldn't dare do it. I wouldn't let them!" He sobbed.

Tom stroked James's curly head with his large, strong hand and said tenderly, "I know you'll grow up to be a fine man, Master George."

"I will, Uncle Tom! I will!" the boy said passionately, still crying.

"Don't be discouraged," Tom said.

"When I'm a man, I'll come for you and bring you back," James said. "You'll be happy!" He broke off in sobs.

"Tom," Margaret said, "I can't give you anything that will do you any good. If I give you money, they'll just take it from you. But I swear before God that I'll keep track of you and bring you back as soon as I have enough money."

A kick opened the door. Having ridden hard the night before, Haley stood there in a foul mood. "Come on, nigger," he said to Tom. Taking off his hat to Margaret, he said, "Your servant, ma'am."

Furious, James said to Haley, "You watch how you speak to Uncle Tom!"

Chloe shut the box with Tom's things and wrapped string around it. She glared at Haley. Tom stood and took the heavy box onto his shoulder. Chloe took Polly in her arms and followed Tom to the wagon that stood before the Shelbys' house. Crying, Mose and Pete trailed behind.

A crowd of slaves had gathered around the wagon to say goodbye to Tom. Many of them were weeping. Haley strode through the crowd and told Tom, "Get in!" Tom got in, and Haley put a heavy pair of shackles around Tom's ankles. A gasp of indignation ran through the gathering.

"Mr. Haley, that precaution is entirely unnecessary," Margaret said.

"I don't know, ma'am," Haley said. "I've already lost the five hundred dollars I paid for the child. I'm not running any more risks."

Haley applied the whip to his horse. With a steady, mournful look fixed to the last on his family, Tom was driven away.

After some time Haley said to Tom, "I'm going to gather a prime group to take down with you. We have to drive to Smithville. I'll put you in a jail there while I buy others." The thought of jail, which Tom associated with criminal behavior, alarmed and shamed him. He didn't say anything. By evening Haley and Tom reached Smithville. Haley went to a tavern and Tom to a jail.

About eleven o'clock the next morning, a crowd gathered around the courthouse steps. Some people smoked; others chewed tobacco and spat; still others swore or conversed. An auction was about to begin.

The people to be sold sat in a group apart, talking in low tones. One woman, named Hagar, was around fifty but looked older because of disease and years of hard work. She was partly blind and somewhat crippled with rheumatism. By her side stood her son Albert, a bright-looking boy of fourteen. All of Hagar's other children had been sold south. Hagar held on to Albert with both of her shaking hands and eyed with intense dread everyone who walked up to examine him. Jack, the oldest slave in the group, said to Hagar, "I spoke to Master Leonard about you. He thinks he might manage to sell you and Albert together."

Haley forced his way into the group. He walked up to Jack, pulled his mouth open, looked in, and felt his teeth. Haley made Jack stand straight, bend his back, and move in various ways to show his muscles. Then Haley passed on to the next man and put him through the same trial. Albert was next. Haley felt his arms, straightened his hands and looked at his fingers, and made him jump to show his agility.

"He won't be sold without me!" Hagar said passionately. "He and I go together. I'm still strong. I can do a lot of work."

"On a plantation?" Haley said with a contemptuous glance. "Not likely." Satisfied with his examination, he walked out of the group and stood with his hands in his pockets, his cigar in his mouth, and his hat cocked to one side.

"Clear the way!" the auctioneer called as he elbowed his way into the crowd. Hagar drew in her breath and clutched Albert. The bidding began. The men were quickly sold at prices that indicated brisk demand. Two of them went to

Haley. "Come on, young one," the auctioneer said to Albert, touching him with his gavel. "Stand up."

"Sell us together," Hagar begged, clutching Albert.

The auctioneer roughly pushed her away. "Come on, darky," he said to Albert, pushing him toward the auction block. Albert's fine figure and bright face raised an instant competition. Half a dozen bids were called out. Then the gavel fell. Haley had him.

Albert was pushed from the block toward his new owner, but he stopped and looked back at Hagar, who held out her shaking hands toward him. "Buy me too, Master," she begged Haley. "Buy me! I'll die if you don't!"

"You'll die if I *do*," Haley quipped. "That's the problem." He turned on his heels.

A man then bought Hagar for a trifle. The spectators began to disperse. Hagar wailed with grief as she was led to the wagon of her new master.

Haley pushed his three purchases together, handcuffed their wrists, and fastened each handcuff to a long chain. Then he drove them before him to the jail.

A few days later Haley and his new purchases were on a steamboat. Enjoying the beautiful weather, he strolled the upper deck, along with many ladies and gentlemen. His possessions were below, stored with other freight. Sitting in a knot, they talked quietly. Laying his chained hand on Tom's knee, the article designated "Nathan, aged thirty" said, "My wife doesn't know anything about this."

"Where does she live?" Tom asked.

"In an inn not far from here. I wish I could see her once more," Nathan said. The tears that fell as he spoke came as naturally as if he'd been white.

Late in the afternoon of a drizzly day, the barroom of a small inn in a Kentucky village was filled with large, tall hunters, all wearing hats. At each end of the fireplace sat a long-legged man with his chair tipped back and the heels of his muddy boots resting on the mantelpiece. Slaves bustled about. The fire crackled. The outer door and every window were wide open. The calico curtains flapped and snapped in a damp breeze.

Robert Wilson, George's former employer, entered with a valise and umbrella. After looking around, he retreated to the warmest corner, put his valise and umbrella under his chair, sat down, and glanced at the man sitting nearest him. This man spat out some tobacco juice and said, "How are you, stranger? I'm Ned Carter." Then he resumed chewing tobacco.

Wilson nodded courteously and said, "Robert Wilson." Some people were gathered around a large handbill. "What's that?" Wilson asked.

"Notice of a runaway," one of them answered. Then he read out loud:

> **My mulatto boy George has run away. He's six feet tall, very light, with curly brown hair. He's very intelligent. He speaks well and can read and write. He'll probably try to pass for a white man. His back and shoulders are deeply scarred. His right hand is branded with the letter H. I'll give $400 for him alive or for proof that he's been killed.**
>
> **Walter Harris**

Ned got up, came over to the handbill, and spat on it.

"Why did you do that?" the innkeeper asked.

"I'd do the same to the man who wrote it," Ned said. "Any man who treats his slave that way deserves to lose him."

"You're right, friend," Wilson said. "I know this boy. He used to work in my cloth factory. He was my best worker. He's a fine, smart fellow. He invented a machine for cleaning hemp, a valuable machine. It's gone into use in several factories. His master holds the patent."

"And makes plenty of money from it, I'm sure," Ned said. "But he turns around and brands the fellow. If I had the chance, I'd mark *him.*"

"These smarter boys are always being saucy," a coarse-looking man said. "That's why they get whipped and branded."

"You mean, they insist on being men," Ned said dryly, "and that's unforgivable."

The approach of a one-horse buggy interrupted the discussion. Disguised as a wealthy Spanish-looking gentleman, George sat beside another runaway, Jim, who was driving. George had darkened his skin and dyed his hair black.

George walked in and, with a nod, indicated to a waiter where to place his trunk. He bowed to the company and, hat in hand, walked up to the bar and gave his name as Charles Butter. His aristocratic manner and looks impressed everyone in the inn. Jim pretended to be his slave. Turning, George sauntered up to the handbill and read it. "Jim," he said, "didn't we see a boy like this at Beman's?"

"Yes, Master," Jim said.

George asked the innkeeper for a private room in which to do some writing. While the room was being prepared, he sat on a chair in the middle of the main room and entered into conversation with the man who sat next to him.

Having recognized George, Wilson was alarmed. He walked up to George. "Mr. Wilson, I think," George said, extending his hand. "Forgive me for not recognizing you right away. I see you remember me."

"Ye . . . Yes, sir," Wilson said nervously.

A black boy announced that "Master's" room was ready.

"Jim, see to the trunks," George said. "Mr. Wilson, I'd like to have a few moments' conversation with you on business in my room, if you'd be so kind." Wilson followed George to a large upper chamber, where a newly made fire was crackling. George locked the door and, putting the key into his pocket, faced Wilson.

"George!" Wilson exclaimed.

"Yes," George said with a smile. "Some walnut bark has made my skin a genteel tan, and I've dyed my hair black, so I don't have the appearance described in the handbill."

"Oh, George! You're playing a dangerous game." Wilson paced nervously. "You've run away from your lawful master. I don't wonder at it, but you're breaking the law."

"The law!" George said bitterly. "What laws are there for slaves? We don't make the laws or consent to them."

"You're running an awful risk, George. If you're caught, it will be worse for you than ever. They'll half kill you and sell you down river."

"I know all this." George threw open his overcoat, revealing two pistols and a hunting knife. "I'm ready for them. I'll die rather than go down river. I was born because a white master raped a Negro slave." Wilson winced. "Yes, Mr. Wilson, that's the reality. But white people considered my father a gentleman and my good, honorable mother nothing but property. My mother's seven children were sold before her eyes, all to different masters. She kneeled before my new owner and begged him to buy her as well, so that she could be with me. He kicked her away with his heavy boot. When I was carted away, she screamed. I never saw her again. I grew up with no family at all, no one who loved me. When I met and married my wonderful wife, I scarcely could believe how happy I was. We have a beautiful son. But then Harris told me I must part from my wife and child and live with another woman. So I'm going to Canada, where I'll be allowed to be a man. I'll fight for my freedom to my last breath."

"Well, go ahead then, George, but be careful. Where's your wife?"

"She fled with our son in her arms. I don't know where. I pray to God that I'll find them." Wilson took a roll of bills from his pocketbook and offered them to George. "No, kind sir," George said. "I have enough money to get to Canada."

"Please take it, George! Money is a great help everywhere. You can't have too much of it. Please take it, my boy!"

"Very well," George said, "but I plan to repay you if I ever can." He took the money.

"Who is the Negro fellow who's with you?" Wilson asked.

"A brave and good fellow who went to Canada

more than a year ago. He's taking me to friends in Ohio who helped him. Then he's going to try to rescue his mother, who has a cruel master."

"It's very dangerous, George. If they catch you, they'll find the scar on your hand."

George drew off his glove and showed a newly healed scar. "Harris did that two weeks ago. I'll leave before daylight. I hope to sleep safely in Ohio by tomorrow night. They won't take me alive." George stood and extended his hand to Wilson. "Thank you, my good friend."

Wilson shook George's hand heartily, said "God be with you!" and left the room.

Eliza swayed in a rocking chair in a Quaker home in Indiana. She was sewing by the fire in a large, neatly painted kitchen with a glossy yellow floor, neat stove, rows of shining pots and pans, and glossy green wood chairs. Harry gamboled across the floor.

Rachel Halliday sat by Eliza's side in a smaller rocking chair. She sorted dried peaches into a bright tin pan in her lap. Rachel wore typical Quaker clothes: a gray dress and shawl, white muslin handkerchief neatly folded across her chest, and white crepe cap. Her face was round and rosy. Her partially silver hair was parted smoothly back from a high placid forehead. Her brown eyes shone with kindness. As she rocked, her chair creaked and squeaked. "So you're thinking of going to Canada, Eliza?" Rachel asked.

"Yes, ma'am. I must go on."

"What will you do when you get there?"

Eliza's hands trembled, but she answered firmly, "I'll do anything I can find."

"You know you can stay here as long as you please," Rachel said.

"Oh, thank you, but I can't sleep at night. I'm always fearful that they'll take Harry. Last night I dreamed I saw the slave trader coming into the yard." Eliza shuddered.

"No runaway ever has been captured in our village. Try not to be afraid," Rachel said.

Isaac Halliday, a tall, straight, muscular man in a gray coat and pantaloons and a broad-rimmed hat, entered the kitchen.

"Any news?" Rachel asked.

"Peter Stebbins told me that they should be along tonight, with friends," Isaac said significantly.

"Indeed!" Rachel said, glancing at Eliza.

"Did you say your husband's name is George and his owner is Harris?" Isaac asked Eliza.

"Yes," Eliza answered with some fear.

"Your husband is in the settlement and will come here tonight," Isaac said.

"Tonight!" Eliza exclaimed with joy.

"Yesterday Peter was down at the other station," Isaac said. "Two men and an old woman were there. One of the men said his name is George. From what he told of his history, I'm certain he's your husband. He's a bright, handsome fellow."

"Is he alright?" Eliza asked.

"Yes. He's among friends, who will bring him here."

Release of tension caused Eliza to almost collapse. She went to bed and slept as she hadn't slept since she had fled. She dreamed of a beautiful country of green shores, pleasant islands, and glittering water. In a house that kind voices told her was home, she saw Harry playing, a free and happy child. She heard George's footsteps and felt him coming nearer. His arms were around her. His tears fell on her face, and . . . she awoke! It was no dream. Daylight had faded. Harry lay sleeping by her side. A candle was burning dimly on the night table. George was sobbing by her pillow.

The next morning everyone sat down to a joyful breakfast of cornbread, pancakes, ham, chicken, and coffee. It was the first time that George ever had sat down on equal terms at the table of white people. At first he felt some constraint and awkwardness, but that soon disappeared amid such warmth and kindness.

Buttering his pancakes, Rachel and Isaac's young son Jeremy said, "Father, what if you're found out again?"

"I'd pay my fine," Isaac said quietly.

"What if they put you in prison?" Jeremy asked.

"Couldn't you and Mother manage the farm?" Isaac said, smiling.

"Mother can do almost anything," Jeremy declared.

"You're exposing yourself to danger on our account," George said anxiously to Isaac.

"No, George," Isaac said. "Tonight at ten Phineas Fletcher will take you to the next station. The pursuers are hard after you. We mustn't delay."

"If that's the case, maybe we shouldn't wait until evening," George said.

"It's safer to travel at night," Isaac said. "Today stay here out of sight."

Tom sat among bales of cotton in a little nook on the steamboat's upper deck. By now Haley had come to trust him enough to remove his shackles. Tom could move freely about the boat. He tried to read his Bible, but his thoughts kept returning to his Kentucky home. He imagined Chloe busily preparing a meal, Mose and Pete playing, and Polly sitting on someone's knee. Some tears fell on the pages of his Bible.

Among the steamboat's passengers was a young, wealthy gentleman from New Orleans named Auguste St. Clare. He was elegant and handsome, with large blue eyes and golden hair. With him were his five-year-old daughter Eva and his forty-three-year-old cousin Ophelia, who was in charge of Eva. Tom often had glimpsed the little girl, who always was dressed in white. She was a graceful, beautiful child with golden hair, deep blue eyes, and a rosy mouth. Whenever she saw Haley's chained slaves, she looked at them with bewilderment and sorrow. Several times she brought them candy, nuts, and oranges.

Tom made toys for Eva. He carved faces onto hickory nuts and carved whistles and figures out of wood. Eva shyly accepted Tom's gifts. Finally Tom asked, "What's your name?"

"Eva St. Clare," she answered. "What's yours?"

"Tom. Back home in Kentucky, children called me Uncle Tom."

"Then, I'll call you Uncle Tom, too. Where are you going?"

"I don't know, Miss Eva. I'm going to be sold to someone, but I don't know who."

"My papa can buy you!" Eva said enthusiastically. "I'll ask him today."

"Thank you," Tom said.

The steamboat stopped at a small landing to take wood aboard. Hearing her father's voice, Eva bounded away. Eva and her father were standing by the railings to see the steamboat resume travel when a lurch of the boat made Eva lose her balance. She fell overboard and sank. Before Auguste realized what had happened, Tom dove in. In a moment Eva rose to the surface. Tom caught her in his arms and, swimming with her to the side of the boat, handed her up to outstretched arms. Auguste bore her, dripping but healthy, to the ladies' cabin to be looked after.

The next day the steamboat approached New Orleans. Tom sat on the upper deck, looking anxiously at Auguste. With a pocketbook lying open before him, Auguste was listening, half amused, half contemptuous, to Haley, who was loudly describing Tom's selling points. "He's broad-chested and strong as a horse," Haley said. "Smart, too. He managed his master's farm. And he's religious: humble and pious. The whole world couldn't tempt him to do anything that he thinks is wrong. Besides, your little girl seems set on him." Haley asked $1,300 for Tom.

"Show me your papers," Auguste said. Haley laid a greasy pocketbook on the cotton bales and glanced at certain papers in it.

"Papa, please buy him!" Eva whispered, climbing onto a package and putting her arms around her father's neck. "I want him."

"What for, Eva? Are you going to use him as a rocking horse?" Auguste joked.

"I want to make him happy," Eva said.

"An original reason!" Auguste said.

Haley handed over a certificate signed by Arthur Shelby. Auguste glanced at it. "You see in this letter what Tom's old master says about him," Haley said.

Auguste took out a roll of bills, handed it to Haley, and said, "Count out your money." Haley beamed. After counting out the money and pocketing it, he filled out a bill of sale and handed it to Auguste. "I wonder how much I'd bring if *I* were divided up and inventoried," Auguste said. "How much for the shape of my head; my high forehead; my hands, arms, and legs. How much for my education, talent, honesty, and religion. Not much for the last," he quipped. Taking his daughter's hand, he said, "Come, Eva." They stepped across the boat to Tom. Auguste said, "How do you like your new master, Tom?"

Tears of joy came to Tom's eyes. "God bless you, Master!"

"Well, I hope he *will.* Can you drive horses, Tom?"

"Yes. I'm good with horses," Tom said.

"Then, you'll be our coachman, provided that you won't be drunk more than once a week," Auguste joked.

Surprised and somewhat offended, Tom said, "I never drink, Master."

Seeing Tom's grave expression, Auguste good-humoredly said, "Never mind, my boy. I don't doubt that you intend to do well."

"I certainly do, Master," Tom said.

"You'll be happy," Eva said. "Papa is good to everyone, except that he makes fun of them."

Auguste was the son of a wealthy Louisiana planter. He had married a tall, dark-eyed beauty, Marie, who also was the child of a wealthy plantation owner. Marie was selfish and cold. After giving birth to Eva, she soon had become jealous of Auguste's devotion to the child. Inactive and chronically discontented, Marie was a complainer who constantly imagined herself to be ill. Half the time she lay in bed complaining of a headache. Marie paid little attention to Eva. All household arrangements fell to the St. Clares' slaves.

Auguste was anxious to have someone to look after Eva, so he and Eva had visited his uncle's Vermont farm, where Auguste had persuaded Ophelia to come live with them in New Orleans. Tall and angular, Ophelia had a thin and rather sharp face, compressed lips, and keen, dark eyes. All her movements were decided and energetic. Whenever she spoke, her words were direct and to the point. Ophelia always did what she regarded as her duty. She loved Auguste like a son. When he had been a boy, she had taught him his religious lessons, mended his clothes, and combed his hair. Ophelia adored Eva as well.

Wearing a brown linen traveling dress, Ophelia now sat in her stateroom, surrounded by carpet bags, boxes, and baskets that she was packing and tying up. "We're ready," she said to Eva when she finished. "Where's your papa?"

"He's in the gentlemen's cabin," Eva said.

"Please run and tell him that we're almost there."

Ophelia had a porter bring the baggage out onto the deck. With heavy groans, the steamboat began to push up among the others at the New Orleans landing. Auguste came sauntering up. "A carriage is waiting," he said to Ophelia. Turning to the driver, he said, "Take these things."

"Where's Tom?" Eva asked.

"He's waiting at the carriage," her father answered.

Upon arriving at the St. Clare residence, the carriage passed through an arched gateway into a square courtyard surrounded by an old mansion. Wide galleries with round arches and slender pillars ran along the four sides. In the middle of the courtyard, a fountain tossed water into a marble basin bordered with fragrant violets. The fountain's clear water was alive with gold and silver fishes who darted through it like jewels. A mosaic walk encircled the fountain. This walk was surrounded by smooth grass ornamented with marble vases holding tropical flowers. Two large orange-trees, fragrant with blossoms, stood on the grass.

Eva eagerly said, "Isn't it beautiful, Aunt Ophelia?"

"It's a pretty place," Ophelia replied, "although it doesn't look very Christian."

Tom got down from the carriage and looked around with delight. "Tom, my boy, this seems to suit you," Auguste said.

"Yes, Master," Tom said.

Trunks were hustled off the carriage. A crowd of slaves came running through the galleries, above and below, to greet Auguste and Eva. Foremost among them was a young mulatto man, Louis, dressed in fine clothes, including white pants and a satin vest with gold buttons. "Get back. I'm ashamed of you," Louis said to the other slaves in a tone of authority. "Let Master have some peace."

Auguste paid the driver and turned to Louis, who gracefully bowed. "How are you, Louis?" Auguste said. "See to the baggage. I'll come to all of you in a minute."

Auguste led Ophelia to a large parlor that opened onto the veranda. Eva flew through the parlor to her mother's bedroom. Marie half rose from the couch on which she was reclining.

"Mamma!" Eva cried, throwing her arms around her mother and hugging her tightly.

Marie languidly kissed Eva and said, "That's enough now. Don't make my head ache."

Auguste came in, embraced his wife, and introduced her to Ophelia. Marie observed Ophelia with curiosity and received her with cool politeness.

A group of slaves pressed into the doorway. Among them was a respectable-looking, middle-aged mulatto woman named Belle, who stood in a tremor of expectation. "Mammy!" Eva cried. She ran across the room, threw herself into Belle's arms, and kissed her repeatedly. Laughing and crying with joy, Belle hugged Eva.

Ophelia was taken aback. "Auguste, I believe in being kind to Negroes," she said, "but I can't imagine kissing one."

With a laugh Auguste went out into the passage and distributed pieces of change among his slaves. There was an abundance of laughing and blessing. "Now take yourselves off like good boys and girls," he said to the whole gathering, which disappeared through a door onto a large veranda. Eva followed the slaves. From a bag she distributed apples, nuts, candy, ribbons, laces, and toys that she had collected throughout her homeward journey.

As Auguste turned to go back into Marie's room, he noticed Tom, who was standing uneasily, shifting from one foot to the other. "I'm sorry, Tom," he said. "Come and meet your mistress." When Tom entered the room, he was awed by the velvet carpets and splendid mirrors, paintings, statues, and curtains. "Marie," Auguste said, "this is your new coachman, Tom. Don't say I never think about you when I'm gone. He's a very solemn fellow."

Without rising, Marie fixed her eyes on Tom. "He'll get drunk."

"No. He doesn't drink," Auguste said.

"Well, perhaps he'll turn out well," Marie said begrudgingly.

"Louis," Auguste said, "show Tom downstairs."

Louis moved forward with quick, light steps. With a sturdy tread, Tom followed.

Ophelia took over supervision of the house and of Eva. Marie warned her, "Eva needs looking after. She likes to be with the slaves. I always played with my father's little Negroes, and it never did me any harm. But Eva treats them like equals. I haven't been able to break her of the habit. I think that Auguste encourages her. I believe in being kind to slaves, but they should know their place. Eva doesn't understand that."

"I don't know anything about it, and I thank God that I don't," Ophelia said shortly.

"Well, you'll *have* to know something about it if you stay here," Marie replied. "Our Negroes are stupid, careless, ungrateful, provoking wretches. Auguste says we're responsible for all their faults. That's nonsense. They belong to a degraded race. I keep the whip on hand, and sometimes I use it, but the exertion always strains me. Auguste should send them to be flogged since he won't do it himself. You'll find they need some severity. They're deceitful and lazy."

Eva's merry laugh rose from the courtyard. Ophelia went to the railing. Tom sat in the courtyard. One of his buttonholes was stuck full of white flowers. Eva hung a wreath of roses around his neck. Then she sat on his knee. "Oh, Tom, you look so funny!" Eva said. In his quiet way Tom seemed to be having as much fun as Eva.

Ophelia fetched Auguste to show him what was taking place. "How can you let her?" she asked him.

"Why not?" Auguste said. "You Northerners are odd. You're indignant at the wrongs inflicted on Negroes, yet you loathe Negroes. You object to their being abused, but you want nothing to do with them. You'd like to send them all back to Africa, wouldn't you?" Leaning on the railing, Auguste watched as Eva skipped off, with Tom following.

Eva was so fond of Tom that she asked her father to let Tom escort her whenever she went on walks or rides. Auguste agreed. Tom's stable duties were light, primarily supervision of a stable hand. When he went out, Tom wore a suit of fine cotton, faultless wristbands, a collar, polished boots, and a silk top hat.

On Sunday morning Marie stood on the veranda in a dress of silk and lace. She clasped a diamond bracelet around her slender wrist. Marie was very religious on Sundays. Ophelia stood at her side in an equally fine silk dress and shawl. "I wish Auguste would go to church," Marie said. "He hasn't a shred of religious feeling. It really isn't respectable."

Later that day at dinner Auguste asked, "Well, ladies, how was the sermon?"

"It expressed all of my own feelings," Marie said. "The minister showed how the order of society comes from God. Some people must be high and others low. Some are born to rule and others to serve. He showed that the Bible approves of slavery. I wish you'd heard him."

"We have slaves because it serves our interests to have them," Auguste said. "That's the long and short of it. It certainly has nothing to do with the Bible. Few people care about doing the right thing. Most care only about doing no more wrong than most of the people around them. When slaveholders tell the truth, they say that slavery benefits them, so they want it to continue. That's all."

"Well," Ophelia said to Auguste, "do you think slavery is right or wrong?"

"I'm not going to answer that. If I do, you'll have all sorts of other questions for me."

"I think slavery is right," Marie said. "I'm glad it exists."

The next morning Tom sat in a small loft over the stable. It was a decent room, with a bed, chair, and small, rough stand. Having asked Eva for a sheet of paper, he was trying to write a letter. Eva alighted, like a bird, on the back of his chair and peeped over his shoulder. Seeing Tom's many errors, she exclaimed, "Uncle Tom, what funny scribbles you're making!"

"I'm trying to write to my poor wife and little children, Miss Eva. I've had very little training in writing, so it's hard for me."

"It's a shame you had to leave your family," Eva said. "I'll ask Papa to let you go back some time."

"My mistress said she'd buy me back as soon as she could. I want to send a letter to let them know where I am and to tell Chloe—that's my wife—that I'm doing well. I'm sure she's terribly worried about me."

Auguste now came into the loft and looked at the sheet of paper. "What's this?" he asked.

"Tom's trying to write a letter to his family," Eva said.

"You'd better let me do it for you, Tom," Auguste said. "I'll do it when I get back from my ride."

"Thank you, Master!" Tom said.

"Now get the horses out, Tom," Auguste said.

That evening Auguste wrote Tom's letter and had it mailed.

As the sun was setting, George and Eliza sat hand in hand in Eliza's small bedroom. Harry was on George's knee. "When we get to Canada, I'll do dressmaking," Eliza said. "I also can do washing and ironing."

"We'll be fine as long as we have each other and Harry," George said. "When we're together, I feel rich and strong, although we have nothing but our bare hands. If they'll only leave us alone, I'll be satisfied."

"We aren't out of danger yet," Eliza said.

Someone knocked, and Eliza opened the door. Isaac was there with Phineas, a tall, lanky, red-haired man with an alert expression. "Phineas has learned something important," Isaac said. "Come into the parlor."

When everyone had gathered in the parlor, Phineas said, "Last night I stopped at a small inn back on the road," Phineas began. "I overheard some men who were drinking and talking. One of them said, 'No doubt, they're up in the Quaker settlement.' Then I listened with all my might. They said that they'd send George back to his master in Kentucky, who would make an example of him. They want to sell Eliza in New Orleans and pocket the money, which they think would be about seventeen hundred dollars. They said that the child would go to a slave trader who had bought him. They plan to give Jim and his mother back to their masters in Kentucky. These men also said that two law officers would go with them to capture the runaways. They said that they'd bring Eliza before a judge and one of them would swear that she's his property, so that she'd be handed over to him and he could take her south. They know about the route we were planning to take tonight. They'll be waiting for us with about eight men. What should we do?"

Isaac looked thoughtful. Eliza threw her arms around George and looked up at him. George stood with clenched hands and flashing eyes. "I know what *I'll* do," he said. "I'll have my pistols ready. They intend to use Eliza as a prostitute. I'll fight to the death rather than let them take Eliza and Harry."

"I pray there won't be any violence," Isaac said.

"I don't want to involve anyone else," George said. "Phineas, if you'll lend us your wagon and direct me, Jim and I will drive to the next station, with Jim's mother, Eliza, and Harry inside the wagon. Jim and I both are strong and not afraid to fight."

"You're quite welcome to do all the fighting," Phineas said, "but I know the road and you don't. Please let me drive."

"I don't want to involve you," George insisted.

"Phineas is a wise man. I think you should take his advice," Isaac said, laying his hand on George's shoulder.

"We'd better go without further delay," George said.

"I came with all speed," Phineas said. "They're two or three hours from here. I still think we should wait until dark. I'll go to Michael Cross and ask him to keep watch on the road. He'll come warn us if any of the men are approaching. Michael has a fast horse. I'll also go warn Jim and his mother and tell them to get ready. We have a good chance of reaching the next station before the slave hunters reach us. Don't lose heart, George. This isn't the first ugly scrape I've been in with runaways." Phineas left.

After dark a large covered wagon drew up to the door. Phineas jumped down from his seat to arrange his passengers. With Harry on one arm and Eliza on the other, George left the house and came up to the wagon. Rachel and Isaac also came out.

"Get out for a moment," Phineas said to

those inside. "Let me fix the back of the wagon for the women and the boy."

"Here are two buffalo hides," Rachel said. "Make the seats comfortable. It's hard to ride all night."

Jim emerged from the wagon, assisting his elderly mother, Betty, who clung to his arm and looked anxiously about as if she expected the slave hunters at any moment. "Jim, are your pistols in order?" George asked.

"Yes," Jim said.

Eliza and Rachel exchanged affectionate goodbyes, and Isaac handed Eliza into the wagon. Eliza crept into the back part with Harry and sat among the buffalo hides. Betty was handed in next and seated. George and Jim sat on a board seat in front of the women. Phineas mounted in front.

"Farewell, my friends," Isaac said.

"God bless you!" everyone inside the wagon said to Isaac and Rachel.

The wagon drove off, rattling and jolting over the frozen road. Harry soon fell asleep in Eliza's lap. Eventually Eliza and Betty also slept. Hour after hour the carriage rumbled through woodland, over plains, up hills, and down valleys.

About five o'clock George heard a horse's hoofs some distance behind them. He jogged Phineas by the elbow. Phineas pulled up the horses and listened. "That must be Michael," he said.

"I think I recognize the sound of his gallop." Phineas rose and looked back anxiously over the road. Phineas, George, and Jim now dimly saw a man riding toward them in great haste. "There he is!" Phineas cried. George and Jim sprang out of the wagon and stood awaiting the messenger. "Michael!" Phineas called.

"Phineas!" Michael replied.

"What news? Are they coming?" Phineas asked.

"They're right behind me—about nine of them, hot with brandy, swearing and foaming." A breeze brought the faint sound of galloping horses.

"In! Quickly!" Phineas cried. George and Jim jumped in. Phineas lashed the horses to a run. The wagon rattled, jumped, almost flew over the frozen ground. But the pursuing horsemen approached. Now wide awake, the women looked out. They saw a party of men on a distant hill, against the dawn's red-streaked sky. The slave hunters had caught sight of the wagon, whose white top made it conspicuous. A brutal yell of triumph came forward on the wind. Eliza pressed Harry to her chest. Betty groaned and prayed. George and Jim clenched their pistols.

The slave hunters quickly gained on the runaways. Phineas raced the wagon toward some rocks. Suddenly checking his horses, he sprang from his seat and cried, "Out, everyone! We're going up into these rocks! Michael, tie your horse to the wagon and drive the wagon to Amariah's, so that the slave hunters can't take away our means of escape. Then return with the wagon and with help."

Everyone hurried out of the wagon. Grabbing Harry, Phineas yelled, "Run!" Everyone raced for the rocks. Throwing himself from his horse, Michael fastened the bridle to the wagon and rapidly drove the wagon away.

As he reached the rocks, Phineas cried, "Come!" A rough footpath ran up among the rocks. With Harry in his arms, Phineas led the way, springing up the rocks like a goat. Jim came second, bearing Betty over his shoulder. George and Eliza brought up the rear.

The horsemen came up to the rocks. Shouting and cursing, they dismounted.

A few moments' scrambling brought the runaways to a chasm more than a yard wide. Beyond it lay a steep pile of rocks. Phineas easily leaped the chasm and sat Harry down on a flat platform. "Jump!" he cried. "Jump for your lives!" One after another sprang across. Several fragments of loose stone formed a kind of barricade that sheltered their position from the observation of those below. Phineas peeped over the barricade to watch the pursuers. "Whoever comes up here has to walk single file between those two rocks, in fair range of your pistols," he said to George and Jim.

The pursuers paused and appeared to debate. They consisted of Loker, Marks, two law officers, and a posse of drunken rowdies who thought it would be fun to catch some "niggers." "Well, Ted, your coons are treed," one said.

"I'm for going right up," Loker said.

"They might fire at us from behind the rocks," Marks said.

"Nah!" Loker scoffed. "They're too scared."

George appeared on a rock above them. "We have weapons," he called down. "The first one of you who comes within range of our bullets is a dead man. We'll kill every one of you."

A short, puffy man stepped forward and said, "We're law officers. Give up peacefully."

"We don't acknowledge your laws," George answered. "We'll fight for our freedom."

A brief silence followed. Marks cocked his pistol. "You said you'd get as much for him dead as alive," he said to Loker, and he fired at George.

George sprang backward. Eliza screamed. The ball passed close to George's head and lodged in a tree. "I'm fine, Eliza," George said quickly.

"Stay out of sight," Phineas said.

"Jim," George said, "Watch the pass with me. I'll fire at the first man who shows himself. You take the second, and so on."

"What if you miss?" Jim asked.

"I won't," George said coolly.

The group below stood undecided. "I think you hit one of them," one of the men said. "I heard a scream."

"I'm going up," Loker said. "I've never been afraid of niggers, and I don't aim to start now. Come on." He sprang up the rocks.

George pointed his pistol at the spot in the pass where the first man would appear. A man followed Loker, and the rest began pushing their way up the rocks. In a moment Loker's burly form appeared almost at the verge of the chasm. George fired. The shot entered Loker's side, but Loker didn't retreat. Instead, with a yell of rage he leaped across the chasm. Stepping to the front, Phineas pushed Loker backward. Loker fell into the chasm thirty feet below, crackling down among trees, bushes, logs, and stones. He lay injured and groaning.

"Pick up Ted while I ride back for help," Marks said, fleeing. He galloped away as the others hooted and jeered.

"Damned coward!" one of the men said.

The men scrambled through stumps, logs, and bushes to Loker, who lay groaning and swearing. "Are you badly hurt?" one asked.

"I don't know," Loker answered. "Get me up." Supporting Loker under each of his shoulders, two men got Loker to the horses. "Get me back to the inn," Loker said. "Give me a handkerchief or something to stop the bleeding."

Phineas looked over the rocks and saw men trying to lift Loker into the saddle. After two futile attempts, Loker fell heavily to the ground. "They're leaving him!" Phineas said in surprise. All of Loker's companions got onto their horses and rode away. When they were out of sight, Phineas said, "I told Michael to go on ahead, fetch help, and come back with the wagon. We'll have to walk some distance along the road to meet them. God grant that Michael comes soon! We aren't much more than two miles from the next station."

As the group neared the foot of the rocks, they saw the wagon returning, accompanied by some men on horseback. "It's Michael, Joseph, and Amariah! We're safe!" Phineas cried.

"Shouldn't we do something for him?" Eliza asked, referring to Loker.

Phineas kneeled by Loker and examined his condition. Using his pocket handkerchief, Phineas prepared a bandage to stanch the bleeding. "You pushed me," Loker said faintly to Phineas.

"If I hadn't, you would've pushed *us*," Phineas responded. "We'll take you to a house where you'll be cared for." Loker groaned and shut his eyes.

Michael, Joseph, and Amariah arrived. The seats were removed from the wagon, the buffalo hides were spread along one side, and four men, with great difficulty, lifted Loker onto the hides. Before he was in, he fainted. The runaways got into the wagon, and it moved forward. "Do you think he'll die?" George asked Phineas.

"No. It's only a flesh wound."

"I'm glad," George said. "I wouldn't want to be responsible for his death."

A ride of about an hour brought the group to a neat farmhouse, where the weary travelers were given an abundant breakfast. Loker was deposited in a clean, soft bed. Dorcas Pryor carefully dressed and bandaged his wound. She was a tall, dignified Quaker with thoughtful gray eyes and silver hair parted on a broad, clear forehead. Her brown silk dress rustled as she glided up and down the room.

Loker regained consciousness. "I suppose the runaways are here," he said. Dorcas didn't say anything. "They'd better be off to Lake Erie. The quicker the better," Loker said. Dorcas sat and started to knit. "We have people in Sandusky who watch the boats for us," Loker continued. Dorcas now listened intently. "Tell that to the runaways," Loker said. "I hope they get away, just to spite Marks. Damn the bastard."

"Please don't use such language!" Dorcas objected.

"Tell them to disguise the quadroon woman. Her description is out in Sandusky."

Because of Loker's warnings, Jim and Betty left that night. The next night, George, Eliza, and Harry were driven into Sandusky. Ruth Smyth, a middle-aged woman from a Quaker settlement in Canada, was with them, pretending to be Harry's aunt. Eliza's hair had been cut short, and she was dressed like a man. Harry was dressed like a girl.

"We're only twenty-four hours from Canada," George said to Eliza. "One day and night on Lake Erie, and we'll be there. Are we really about to be free?"

"I'm sure of it," Eliza said.

A cab drove the four to the wharf, where they boarded the steamboat. Ruth took Harry to the ladies' cabin. George went to purchase tickets at the ship's office, where he overheard an exchange between the ship's clerk and Marks.

"I've watched everyone who came on board," the clerk said. "They aren't on this boat."

"The woman could be mistaken for a white," Marks said. "The man is a very light mulatto with a brand on one hand."

As George took the tickets, his hands trembled a bit, but he turned around coolly, glanced at Marks, and strolled to another part of the boat, where Eliza stood waiting for him. As the ship's bell gave a farewell peal, Marks walked down the plank to the shore.

George sighed with relief as the steamboat headed out onto Lake Erie. The lake sparkled in the sun. A fresh breeze blew. George and Eliza walked up and down the deck. The boat swept on.

At last, Canada's shores came into view. George and Eliza stood arm in arm as the boat neared the town of Amherstberg. Tears came to their eyes. They squeezed each other's hand. The bell rang, and the boat stopped. George gathered their baggage, and he, Eliza, Harry, and Ruth disembarked.

As soon as they were out of the view of strangers, George and Eliza embraced and wept. Ruth guided the family to the home of a good missionary. Eliza and George were unable to sleep that night. They felt too much joy.

One day when Ophelia, Tom, and Dinah the cook were in the kitchen, a tall, bony old black woman entered, bearing on her head a basket of muffins and hot rolls.

"Prue, you've come," Dinah said. "Let's see your muffins. Miss Ophelia here will pay for them." Ophelia selected two dozen and paid Prue. "See that you don't spend it on whiskey," Dinah said to Prue.

"You steal your master's money to buy liquor?" Ophelia asked Prue.

"I can't live otherwise. I drink to forget my misery," Prue answered.

"You're wicked and foolish," Ophelia said. "Who's your master?"

"Mr. Landis. He whips me severely every time I drink. I'd stop if I could," Prue said. She rose slowly and stiffly, put her basket on her head, and left.

Dinah said to Ophelia, "Her back's so cut up, it hurts her to slip clothes over it."

Tom followed Prue out into the street. "I'll carry your basket for a while," he said.

"I don't want any help," Prue said coldly, although she strained under her basket's weight.

"I wish I could persuade you to stop drinking," Tom said earnestly. Prue didn't say anything. "Where were you raised?" Tom asked.

"Kentucky. A man kept me to breed children for market and sold them as soon as they were big enough. Finally he sold me to a trader, and Landis bought me."

"What made you start drinking?"

Prue stopped, set her basket down, adjusted the old, faded shawl that covered her shoulders, and said, "It was the only thing that eased my pain. I had one child, Jeannie, after I came here. She was the prettiest thing! At first Jeannie never cried. She was strong and plump. But Mrs. Landis took sick, and I had to tend her. I caught the fever, and my milk stopped. Jeannie shriveled to skin and bones. Mrs. Landis wouldn't let her have any milk. Jeannie cried day and night. Mrs. Landis took her away from me each night, saying that Jeannie's crying kept me awake so that I wasn't fit for work. Mrs. Landis made me sleep in her room while Jeannie was put in an attic, where she cried and cried. One night Jeannie died. She had starved. I started drinking to drown out the memory of her crying." With a groan, Prue put her basket back atop her head and walked away.

Tom walked sorrowfully back to the house.

A few days later a woman other than Prue brought the muffins and rolls. "Where's Prue?" Dinah asked.

"She won't be coming anymore," the woman said.

"Why not?" Dinah asked.

Glancing at Ophelia, the woman gave no reply. After she had selected muffins, Ophelia said, "Tell me what's happened."

Reluctantly the woman said, "Prue got drunk again, and Mr. Landis had her down in the cellar all day. She's dead. They must have whipped her to death." Tom now shared what Prue had told him about her history, especially her baby.

"What an abominable business! It's horrific!" Ophelia exclaimed. She hurried to the room where Auguste was reading the newspaper. "Prue has been whipped to death!" Ophelia said with horror.

"I thought it would come to that," Auguste said calmly.

"You thought...? And you did nothing? Will you do something *now*?"

"If people choose to ruin their own possessions, that's their business," Auguste said. "Prue was a thief and a drunkard. No one will have much sympathy for her."

"This is outrageous, Auguste!" Ophelia exclaimed.

"If low-minded, brutal owners such as Landis will act as they do, what can *I* do about it?"

"You can report them to the authorities!"

"With regard to such a case, there's no law that amounts to anything. Let it go, Ophelia."

"Let it go? This is unbelievable."

"No, it's exactly what you can expect when one set of people has absolute control over another. You've just begun to glimpse what goes on." Auguste returned to his newspaper.

Stunned, Ophelia sat down. After a time she said, "I can't just push things out of my mind as you do. How can you possibly think that slavery is right?"

"I never said that I think that slavery is right," Auguste replied. "Surely you know that people are always doing things that they know are wrong."

"Are you saying that day after day you continue to do what you know to be wrong?" Ophelia said.

"Of course I think it's wrong," Auguste said. "Slavery is nothing more than the politically and economically powerful taking advantage of the weak. People hold slaves because they *can.* If something is hard, dirty, or otherwise disagreeable, why not make someone else do it? If you can get free labor, why pay for labor? That's the attitude. The slave does the work; the owner profits from it. That's what slavery is all about.

No matter how coarse, ignorant, and cruel a white is, they can own a slave and treat that slave as they wish. As has happened with Prue, a slave's owner can whip them to death. I think that many slaveholders feel as I do about slavery. They even realize that slavery is bad for the master and mistress as well as for the slave. Slavery encourages vice in the owners: laziness, dependence, and cruelty. In the end I'm simply too weak and selfish to free my slaves."

At tea Marie commented on Prue's death. "Some of these creatures are so bad that they don't deserve to live. I don't feel a particle of sympathy for such cases. If they'd behave themselves, it wouldn't happen."

"But, Mamma," Eva protested, "Prue suffered from cruelty. That's what made her drink."

"Rubbish! I've probably suffered more than she *ever* did," Marie said. "You don't see *me* stealing or getting drunk."

Finding Tom to be both trustworthy and sensible with money, Auguste increasingly entrusted his business to Tom. Auguste would hand bills to Tom without looking at them and pocket the change that Tom gave him without counting it. Tom regarded his frivolous master with a mixture of loyalty and fatherly concern. Because Auguste never read the Bible or went to church, and mocked everyone and everything, Tom feared for Auguste's soul and prayed for him.

One morning while Ophelia was sewing, Auguste called to her from the parlor. "Cousin, I have something to show you." When Ophelia entered the parlor, Auguste said, "I've made a purchase. Here." He presented a black girl about eight years old. She was very dark. Her round, shining eyes glanced around the room. Her kinky hair was arranged in small braids that stuck out in every direction. She wore a filthy, ragged dress made of bagging and stood with her hands folded in front of her.

With dismay Ophelia said, "Auguste, what in the world have you brought that thing here for?"

"For you to educate and train. I found her amusing in a minstrel-show sort of way." Giving a whistle, as someone might to attract a dog's attention, Auguste said, "Topsy, give us a song and dance." Topsy sang in a shrill voice while spinning, clapping her hands, and knocking her knees together in time to the music. She ended with a somersault. Ophelia stood silent with amazement. Enjoying Ophelia's reaction, Auguste said, "Topsy, this is your new mistress. See that you behave."

"Yes, Master," Topsy said.

"Auguste, your house already is full of these little plagues," Ophelia protested. "It's impossible to walk without stepping on one of them. I get up in the morning and find one asleep behind the door, see another lying on the doormat, and see faces grinning between all the railings. Why on earth did you buy another?"

"I told you—so that you can educate her. You're always preaching about educating, so I'm making you a present of a fresh-caught specimen."

"I don't want her. I already have more to do with Negroes than I want to."

"She belonged to a couple of drunkards who keep a low-class restaurant that I have to pass every day. I was tired of hearing them swear at her and tired of hearing her scream as they beat her. Plus, she looked bright and funny. So I bought her. Think of her as a sort of missionary project. See if you can turn her into a good Christian."

"Well, I'll do what I can," Ophelia said. "She's dreadfully dirty."

"Take her downstairs. Have someone clean and dress her," Auguste said.

Ophelia carried Topsy down to the kitchen. "I don't see what Master wants with another nigger," Dinah said, observing the new arrival with disgust. "I don't want her under my feet."

"The low little nigger should keep out of my way," the maid Rosa said.

With Rosa's reluctant assistance, Ophelia washed and dressed Topsy. She saw large welts and calluses on Topsy's back and shoulders. Pointing to the marks, Rosa said, "Look at that! That shows that she's trouble."

Topsy soon was dressed in decent clothes, with her hair cut close to her head. Sitting in front of her, Ophelia asked, "How old are you, Topsy?"

"I don't know, Mistress," Topsy answered.

"Who were your parents?" Ophelia asked.

"I don't know. A trader raised me with lots of others."

"What did you do for your master and mistress? Did you sew?" Ophelia asked.

"I never sewed, but I can fetch water, wash dishes, sharpen knives, and wait on folks," Topsy said.

The next day in her bedroom, Ophelia instructed Topsy in making a bed with the sheets tucked in smoothly and tightly. After each instruction Topsy said, "Yes, ma'am." At one point, while Ophelia's back was turned, Topsy snatched a pair of gloves and a ribbon and slipped them into her sleeves.

"Now, Topsy, let's see you do it," Ophelia said after she had finished her demonstration. To Ophelia's amazement Topsy performed the task flawlessly. As she finished, however, the tip of the stolen ribbon protruded from one of her sleeves. Noticing it, Ophelia cried, "What's this? You stole it!" Ophelia pulled the ribbon out.

"That's Miss Ophelia's ribbon?" Topsy said with feigned innocence. "It must have gotten caught in my sleeve."

"So, you lie as well as steal!"

"I never tell lies," Topsy lied.

"If you tell lies, I'll have to whip you."

Topsy began to cry but persisted in lying. "Miss Ophelia must have left the ribbon where it got caught in my sleeve."

Ophelia was so indignant at the barefaced lie that she grabbed Topsy and shook her. "Stop lying!" The glove now fell from Topsy's other sleeve. "You little thief! Confess to taking the gloves and the ribbon, and I won't whip you." Topsy confessed. "I let you run about all day yesterday, so you must have taken other things in the house," Ophelia said. "Tell me, and I won't whip you. What else did you take?"

"I took Miss Eva's red necklace."

"Naughty child! What else did you take?"

"I took Rosa's red earrings."

Eva and Rosa now entered. Eva was wearing her red necklace, and Rosa was wearing her red earrings. Ophelia was bewildered. "Why did you tell me you took the necklace and earrings, Topsy?"

"You said I had to confess," Topsy said, "and I didn't have anything else to confess to."

"I didn't want you to confess to things you didn't do," Ophelia said with exasperation. "That's telling a lie just as much as denying things you *did* do."

"So, she's a little liar as well as a dirty low-down thing!" Rosa said. "Mistress should whip her 'til she bleeds."

"Don't talk like that, Rosa," Eva said. Cowed, Rosa left the room. Eva gently said, "You don't need to steal here, Topsy. You'll be well taken care of. If you really want something that belongs to me, just ask me for it and I'll give it to you." Having never known genuine kindness, let alone generosity, Topsy didn't believe Eva.

To punish Topsy, Ophelia locked her in a closet for several hours. "I don't see how I'm going to manage that child without whipping her," Ophelia told Auguste.

"Whip her, then," he said. "Do whatever you like. But I'll say this: I've seen that child be hit with pokers and shovels, so your whippings won't make much of an impression on her unless they're very energetic. Are you prepared to brutalize both yourself and the child?" Ophelia was not.

All the other children, including Eva, found Topsy's singing, dancing, and acrobatics immensely entertaining. Noticing that Eva liked to be with Topsy, Ophelia asked Auguste to forbid the association. "Topsy will teach her mischief," Ophelia said.

"No one can teach Eva mischief," Auguste said confidently.

Whenever another slave insulted Topsy, they soon paid for the insult. They would find some cherished trinket missing or some article of clothing ruined. Or they would stumble into a pail of hot water or be covered with slop poured onto them from above. Although everyone thought Topsy responsible for these occurrences, no one ever could prove her guilt. Soon everyone thought it wisest to leave Topsy in peace.

Ophelia instituted regular hours and activities for Topsy and taught her to read and sew. Topsy enjoying reading but found sewing boring.

On Sundays Ophelia taught Topsy the catechism. Topsy quickly learned all the skills that Ophelia taught her. No one was better than Topsy at smoothing sheets, adjusting pillows, or dusting and arranging objects. But she would *do* these things only when watched. Unwatched, she would pull off pillowcases, toss sheets, and put on Ophelia's clothes.

Once, Topsy wrapped Ophelia's best shawl around her head as a turban, and Ophelia caught Topsy admiring herself in the mirror. Ophelia whipped Topsy, who groaned and screamed. Half an hour later Topsy told a group of admiring children, "Miss Ophelia's whippings are nothing. They wouldn't kill a mosquito. My old master knew how to whip. He'd make my flesh fly off."

One day Ophelia entered her bedroom and gave a loud exclamation. She soon appeared before Auguste, dragging Topsy. "What has Topsy done now?" Auguste asked.

"She cut bonnet trimming to pieces to make dolls' jackets! I don't know what to do. I've tried everything I can think of with this child. She *won't* behave."

"Topsy," Auguste said, "why do you misbehave? Miss Ophelia says she has tried everything with you."

"My old mistress used to say the same thing. She'd whip me, pull my hair, and knock my head against the door."

Eva, who had been listening, motioned to Topsy, who followed Eva into a sunroom at the corner of the veranda. "Why won't you try to be good, Topsy?" Eva asked earnestly. "Don't you love anyone?"

"I love candy and such," Topsy said. "Otherwise I don't know anything about love. I never had any family."

"But if you were good, you..."

"If I were good, I'd still be a nigger," Topsy said.

"People can love you if you're a Negro. Miss Ophelia would love you if you were good," Eva said.

Topsy gave a short laugh of disbelief. "She can't bear me because I'm a nigger. Whites can't love niggers."

"God loves you as much as he loves any white," Eva said. "*I* love you, and it grieves me that you're naughty. Please be good for my sake."

"I'll try," Topsy said.

Sitting in one chair and with his heels on another, Arthur Shelby was enjoying his after-dinner cigar. Margaret sat nearby sewing. "Chloe has had a letter from Tom," she said.

"Really? How is he?" Arthur asked.

"Apparently, he was bought by a fine family who treat him kindly and don't make him do much work."

"I'm very glad," Arthur said heartily. "He might not want to return here."

"To the contrary," Margaret said, "he asks very anxiously when we'll be able to buy him back."

"I don't know," Arthur said. "I'm still continually running into debt."

"We could sell some of our paintings, jewelry, and other valuables that don't serve any practical purpose."

"That's ridiculous. You don't understand business matters, Margaret."

"Give me a list of your debts. Let me see if I can help you to economize."

"Leave it alone," Arthur said with annoyance.

"We should find some way to raise the necessary money," Margaret insisted. "Aunt Chloe's heart is set on it."

"You shouldn't have promised anything. It would be best for Chloe to accept that Tom probably won't be back. He'll probably have another wife soon. Chloe should find someone else."

"I've taught our people that marriage is sacred!" Margaret said angrily. "I never would give Chloe such advice. If you won't provide the money, I'll earn it myself. I'll take music pupils."

"I won't consent to that," Arthur said, and he strode from the room.

Chloe now appeared. Not concealing that she had heard every word of the Shelbys' conversation, she said, "If you please, Mistress, you could make money by hiring me out. Sam said that a baker in Louisville is looking for someone to make cakes and pastries. He'll pay four dollars a week to the owners. If you'll let me go, I'll bring in the money."

"But, Chloe," Margaret said, "you'd be leaving your children."

"Mose and Pete are big enough to do a day's work now, and Sally would take care of Polly," Chloe said.

"Louisville is quite a distance away," Margaret said.

"That's alright. I'd be closer to Tom," Chloe said.

"He'd still be hundreds of miles away, Chloe. And you'd have to work four or five years before you'd have enough." Chloe's countenance fell. "Still, I'll let you go if you really want to," Margaret said. "Every cent of your wages will be laid aside to buy Tom." Chloe's face brightened. "When did you want to go?" Margaret asked.

"Tomorrow," Chloe answered.

"Tomorrow! Very well."

"Mistress, would you please have someone write to Tom to tell him about this?" Chloe asked.

"I will, Aunt Chloe."

James Shelby answered Tom's letter. He told Tom that Chloe had been hired out to a Louisville baker to earn money for Tom's return, Mose and Pete were thriving, Polly was trotting all about the house under Sally's care, and all members of the Shelby family were fine.

To escape the heat of New Orleans, the St. Clare family was at its summer cottage on Lake Pontchartrain. Verandas surrounded the cottage. The living room opened onto a large garden, fragrant with tropical plants. The garden's paths ran down to the lake.

As the sun was setting, Tom and Eva sat in an arbor at the foot of the garden. Over the past six months, Eva's hands had become thinner, her skin more transparent, and her breath shorter. Whenever she romped in the garden, she soon tired. She often coughed and burned with fever. Doctors had diagnosed Eva as fatally ill with tuberculosis. "Eva! Eva!" Ophelia called. "You mustn't be outside as it gets colder." Eva and Tom hurried in.

Grief-stricken, Auguste spent much more time with Eva than before. She had become so ill that she was confined to the house. Absorbed in her own imaginary ailments, Marie continued to pay little attention to Eva.

Eva grieved for those she would leave behind, especially her father. One day she said to him, "Papa, I'm going to leave you. I don't mind for myself because I'm going to heaven, but I worry about you and my friends." Auguste gave a single dry sob and pressed Eva to him. "I want our slaves to be free, Papa," Eva said. "If anything happened to you, what would become of them?"

"It's you I worry about," Auguste said.

"That's the problem, Papa. You worry about only me while many people have nothing but pain and sorrow. Will you free our slaves, Papa? Will you do it for my sake? Please promise me that you'll at least free Tom."

"I promise to free Tom," Auguste said. Then he sat silently holding Eva to his chest. As it grew darker, he took her to her bedroom. When she was dressed for bed, he sent the attendants away and rocked her in his arms, softly singing to her until she was asleep.

Increasingly Eva was confined to her bedroom, where she would lie on a small couch by the open window that overlooked the lake. One afternoon she heard her mother on the veranda: "What now, you baggage? You've been picking flowers!" Eva heard a sharp slap.

"They're for Miss Eva!" Topsy cried.

"A pretty excuse!" Marie said. "Do you think she wants flowers from you, a good-for-nothing nigger? Get along!"

In a moment Eva was off her couch and on the veranda. "I *do* want them," she said. Topsy offered Eva the flowers. "What a beautiful bouquet!" Eva said. "You've selected and arranged the flowers so perfectly, Topsy. Thank you." Topsy looked pleased. She made a short curtsy and left.

"Mamma, Topsy is trying to be good," Eva protested. "You should help her along instead of abusing her."

"Abusing her! She constantly abuses *us*. And she's so ugly I hardly can bare to look at her," Marie said.

One day Eva asked her father to have all of the slaves gather in her bedroom. She lay back on her pillows, her hair lying loose about her face, her crimson cheeks contrasting with her skin's sickly whiteness. Because she had become so thin, her eyes looked larger than ever.

When the slaves entered, no one spoke. Eva raised herself and looked long and earnestly at everyone. All looked sad and worried. "I sent for you, my dear friends, because I have something to say to you. Within a few weeks I'll be dead, but I expect to see you all in heaven." There were groans, sobs, and lamentations. Some fell to their knees and prayed.

After each slave had tearfully said goodbye to Eva, all visitors left except Auguste. "Papa," Eva said, gently laying her hand on his. He sobbed.

Ophelia cared for Eva day and night. Tom often visited Eva. He would carry her up and down the room, out onto the veranda, and sometimes around the garden. He also started sleeping on the veranda outside Eva's bedroom, so that he'd be able to rush in and be with her at her last moments. One midnight Ophelia cried out, "Tom, fetch the doctor! There isn't a moment to lose!" Hurrying across the room, Ophelia knocked on Auguste's door. He was up and in Eva's room in an instant. Eva was asleep. Ophelia and Auguste stood there, gazing at her deathly pallor.

Tom soon returned with the doctor. "When did this change take place?" the doctor asked Ophelia.

"About midnight," Ophelia said.

Awakened by the doctor's entrance, Marie rushed in. "Auguste!"

"Hush," Auguste said hoarsely. "She's dying." Stooping over his daughter, he said, "Eva, darling!"

Eva opened her eyes and smiled. "Dear Papa," she said weakly. She struggled for breath.

"Oh, God," Auguste said in agony.

Weeping, Tom said, "It's over, Master. She's gone."

After Eva's funeral the household returned to New Orleans. Softened by Eva's death and the slaves' genuine grief, Ophelia became gentler. She spent more time with Topsy, no longer shrinking from her touch or showing disgust, because she no longer felt any.

Auguste attached himself to Tom more each day, taking comfort in Tom's strength and sympathy. One day Auguste said, "Tom, I'm going to free you. I'm in the legal process of doing that."

Overjoyed, Tom raised his hands to heaven and cried, "Thank the Lord!"

Somewhat annoyed, Auguste asked, "Have you been unhappy here?"

"It's the joy of being free," Tom said.

"I've given you the best of everything and required very little work from you," Auguste said, still somewhat insulted.

"You've been very good to me, Master, but I'd rather have poor clothes, a poor house, poor everything and have them be mine than have the best of what belongs to someone else."

"I suppose so," Auguste said.

"Also, I miss my family so much," Tom said.

"I understand," Auguste said.

That evening Tom sat on the veranda, thinking of home and his coming freedom. He would work to buy Chloe and his children. Suddenly there were loud knocks and many voices at the gate. Startled, Tom hurried to unfasten the gate. Several men carried in Auguste, lying on a shutter and wrapped in a cloak. Tom gave a cry of amazement and despair. It rang through the house, causing all residents to come running.

Auguste had gone to a cafe to read the evening newspaper. As he was reading, a fight had broken out between two drunk men. Auguste and another man had tried to separate the fighters. Auguste had been stabbed in the side with a hunting knife that he had tried to wrest from one of the men.

The house was full of screams and wails. Marie was hysterical. At Ophelia's direction, one of the couches in the parlor was hastily prepared and Auguste, bleeding, was laid on it. He had fainted from pain and blood loss. Ophelia applied restoratives. Auguste opened his eyes.

A doctor arrived. He dressed the wound but declared it fatal. Ophelia ushered the frantic slaves away Only Tom was allowed to stay.

Laying his hand on Tom's, Auguste said, "Tom, I'm dying. Pray for me." Tom wept and prayed. Auguste died with a peaceful expression.

Upon Auguste's death every slave in the St. Clare household felt fear as well as grief. They all knew Marie's unfeeling, tyrannical character.

Two days after Auguste's funeral, Rosa fell to her knees in front of Ophelia and begged, "Oh, Miss Ophelia, please go to Mistress and plead for me! She's going to send me out to be whipped. I'm to get fifteen lashes!"

"What has happened?" Ophelia asked.

"I was trying on Mistress's dress. She slapped my face and, without thinking, I talked back to her."

Ophelia said, "Sit down, child. I'm going to your mistress."

"Oh, thank you, Miss Ophelia. Thank you!"

Ophelia found Marie in her easy chair, with Belle standing and combing Marie's hair. "I want to speak to you about Rosa," Ophelia said, trying to sound civil.

"What about her?" Marie responded sharply.

"She is very sorry about having been insolent," Ophelia said.

"She is, is she? She'll be a lot sorrier before I'm done with her. I've endured her impudence long enough. Now I'll bring her down," Marie said.

"Couldn't you punish her in a less brutal way?" Ophelia said.

"She needs a lesson that she won't forget," Marie said. "She'll lose her uppity airs fast enough."

Unable to restrain her anger, Ophelia said, "You'll answer to God for your cruelty!"

"Cruelty? She'll get only fifteen lashes," Marie said casually.

"Lashes applied by some brutal man who chooses to do that for a living!" Realizing that Marie would remain unmoved, Ophelia left the room. Rosa was taken to the whipping house, where she received the fifteen lashes.

A few days later Tom was standing by the balconies when Louis joined him. Since Auguste's death, Louis had been disconsolate. "Mistress has decided to sell the place and all of us except Belle," Louis said to Tom. "She's going to return to her father's plantation."

"How do you know?" Tom asked.

"I hid behind the curtains when she was talking with her lawyer. We're going to be auctioned off."

Tom's eyes filled with bitter tears. Reunion with his family now seemed impossible. He went to Ophelia. "Miss Ophelia," he said, "Master promised me my freedom. He said he'd begun the legal process. Would you please tell Mistress that Master wanted me to be free?"

"I'll certainly speak for you, Tom, but I don't have much hope," Ophelia said.

Ophelia found Marie reclining on a couch. "I've been wanting to talk to you, Ophelia," Marie said. "I'm going home to my father's plantation, so I'm putting the furniture and most of the slaves up at auction. I'm keeping Belle, and Topsy belongs to *you*."

"Topsy belongs to me?" Ophelia said, bewildered.

"Yes. Auguste bought her for you. The bill of sale names you as her owner."

"I don't want to *own* anyone!" Ophelia declared.

"Then, sell her, or give her to me," Marie said.

Horrified by either of those possibilities, Ophelia said, "No, I'll take care of her." After a pause Ophelia said, "Auguste promised Tom his liberty and began filling out the necessary legal forms. I hope you'll carry through. It was Auguste's wish."

"I'll do no such thing!" Marie said sharply. "Tom is one of the most valuable slaves on the place."

"Auguste promised him," Ophelia said.

"Well, I *didn't.*"

Ophelia wrote to Margaret Shelby, explaining Tom's danger, urging her to follow up, and giving Margaret contact information for the St. Clares' lawyer. With this lawyer's assistance, Ophelia freed Topsy. When Ophelia told Topsy that she was free, Topsy had trouble believing it. "Would you like to stay with me, Topsy—until you're a grown-up lady?" Ophelia asked.

Now fond of Ophelia, and frightened at the thought of being among strangers, Topsy emphatically answered, "Yes, Miss Ophelia." Two days later Ophelia and Topsy left for Ophelia's family home in Vermont.

A week later Tom and most of the other St. Clare slaves were marched, at night, to a slave warehouse, where people were sold, leased, mortgaged, and exchanged for items such as groceries. Tom had a sizable trunk of clothing. He was ushered into the sleeping room for men. A large group already was assembled. Tom set his trunk in a corner, sat down on it, and leaned his face against the wall.

A burly black man named Joe came over to Tom, poked him in the side, and asked, "Why are you being sold?"

Tom quietly answered, "My master died."

"What about you?" Joe asked Louis, laying his hand on Louis's shoulder.

"Leave me alone!" Louis said fiercely, straightening with disgust.

"Boys, here's one of those white niggers," Joe mocked. He sniffed Louis. "All cream-colored and scented. He'd do for a tobacco shop. They could keep him to smell snuff."

"I said to leave me alone," Louis fumed.

Imitating Louis's haughty manner, Joe said, "How touchy we white niggers are with our airs and graces. We've been in a good family, haven't we?"

"Yes, I *was* in a good family. I belonged to the St. Clares," Louis said proudly.

"Did you? Well, they must have been glad to get rid of you. I guess they're going to trade you off with a lot of cracked teapots and the like." Joe grinned tauntingly. Enraged, Louis flew at Joe, swearing and striking at him on every side. The gathering laughed and shouted.

The uproar brought slave dealer Roger Skeggs to the door. "Order!" he shouted, coming in and flourishing a large whip. "Go to sleep, all of you!"

In another room about fifty female slaves of all ages slept on the floor, wrapped in blankets or clothing. One ten-year-old girl, whose mother had been sold the day before, cried herself to sleep. A well-dressed mulatto woman named Susan sat in a corner. Around forty-five years old, she had soft eyes and a gentle face. Her fifteen-year-old quadroon daughter Nancy nestled against her. Nancy had curly brown hair and, like her mother, was dressed with great neatness. Her hands were white and delicate. Susan and Nancy had been the personal attendants of an amiable, pious New Orleans lady who had taught them to read and write and had instructed them in religion. When this woman had fallen into debt, she had sold most of her slaves.

"Mother, lay your head on my lap and try to sleep," Nancy said.

"I can't, Nancy. This may be our last night together."

"I pray not!"

With a deadly sickness at her heart, Susan remembered how Skeggs had looked at Nancy's hands, lifted up her curly hair, and pronounced her a "first-rate article." "Tomorrow I want you to pull your hair back straight so it doesn't look so pretty," Susan said. "That will make you more appealing to respectable families and less appealing to... disreputable people."

"I will, Mother."

"If we never see each other again, always remember how you were brought up and . . . that I love you." Susan held Nancy in her arms and wished that Nancy were less beautiful.

In the morning everyone was marched to the auction site. Wearing a straw hat and smoking a cigar, Skeggs walked around to put finishing touches on his wares. Stepping in front of Nancy, he said, "Where are your curls, girl?"

Nancy looked timidly at her mother, who quickly said, "I told her to make her hair smooth and neat so that she'd look respectable."

"Those curls add a hundred dollars to your

price. Loosen your hair!" Skeggs ordered Nancy, who obeyed.

"Hello, Duchenne," a young dandy said, slapping the shoulder of another dandy, who was examining Louis through an eyeglass.

"I want a valet," Duchenne said, "and I heard that St. Clare's lot was going."

"You wouldn't catch me buying any of St. Clare's people. Spoiled niggers—every one of them. Impudent as the devil."

"If I get them, they'll soon lose their airs," Duchenne said. "They'll find they're dealing with a very different kind of master. I like the shape of that fellow," he said of Louis. "I'll buy him."

"It'll take everything you have to keep him. He's extravagant."

"He'll find he can't be extravagant with *me*," Duchenne said. "Just let him be sent to the whipping house a few times. He'll change his ways."

About two hundred men had gathered as potential buyers. Tom anxiously examined one face after another. All of them conveyed callousness.

Simon Legree, a short, broad, muscular man in worn, dirty pantaloons and a checked shirt open at the chest, elbowed his way through the crowd. From the moment that Tom saw Legree approaching, he felt horror and revulsion. Legree had a round head; large gray eyes; and shaggy, sandy eyebrows. His large, coarse mouth was distended with tobacco. Periodically he spat tobacco juice. His hands were large, hairy, sunburned, freckled, and very dirty, with long nails. Legree seized Tom by the jaw, yanked his mouth open to inspect his teeth, made him pull up his sleeves to show his arm muscles, turned him around, and made him jump. "Where were you raised?" he asked Tom.

"In Kentucky," Tom answered, looking around for deliverance.

"What was your job?" Legree asked.

"I took care of my master's farm," Tom said.

"Likely story!" Legree scoffed and passed on. He stopped in front of Susan and Nancy. His heavy, dirty hand drew Nancy toward him, passed over her neck and breasts, and felt her arms. Legree looked at her teeth and then pushed her back against Susan, whose face showed horror. Nancy began to cry.

"Shut up, you!" Skeggs said. "No whimpering here."

The sale began. Louis was sold to Duchenne for a high price. Other St. Clare slaves went to various bidders.

"Up with you, boy!" the auctioneer said to Tom. Tom stepped onto the block. The auctioneer sang out his selling points. There was a rapid fire of bids in English and French. The gavel thumped as the auctioneer announced Tom's price, and Tom was pushed from the auction block. Legree seized Tom roughly by the shoulder, pushed him to one side, and said harshly, "Stand there." He then bought a woman named Lucy and five men.

Susan soon was sold. She went from the block, looking back at Nancy, who stretched her hands toward her mother. With agony Susan looked into the face of her new master, a respectable middle-aged man with a kindly face. "Oh, Master, please buy my daughter!" she pleaded.

"I'm afraid I can't afford to," the gentleman said, observing Nancy and looking genuinely pained. Nancy mounted the block and glanced around fearfully. The bids came rapidly. The gentleman joined the bidding, but the price soon was more than he could pay. He fell silent. Nancy was sold to Legree. Looking at each other for the last time, she and her mother wept.

Legree brought his eight new slaves, handcuffed, to a steamboat on the Red River. With chains on their wrists and ankles, they sat on the lower deck. In despair, Tom expected that he never would see his family again. Auguste and Eva were dead. Their home had been one of refinement, warmth, and relative ease. Now he belonged to an obviously brutal man.

"Stand up," Legree ordered Tom. Tom stood. He had been dressed for sale in his best suit, with well-starched neck linen and shining boots. "Take that linen off!" Legree demanded.

Encumbered by his shackles, Tom struggled to remove his linen. Legree roughly pulled it from Tom's neck. Then he unshackled Tom. "Take off your boots," he said. Tom did. Legree turned to Tom's trunk, which he had been ransacking, and removed an old pair of pantaloons and an old coat. Tom had worn the coat when he did stable work. "Put these on." Legree said. Tom went to a recess, changed his clothes, and returned. "Here," Legree said, throwing Tom a pair of coarse shoes. After Tom had put on the shoes, Legree refastened Tom's chains.

Legree started to go through the pockets of Tom's former clothes. He drew out a silk handkerchief and put it into his own pocket. Legree glanced at several trifles that Tom had treasured because they had amused Eva; he tossed these items into the river. Coming to Tom's hymn book, Legree contemptuously said, "Religious, huh?"

"Yes, Master," Tom said.

"I'll soon have that out of you. I won't have any praying, singing, bawling niggers on my place." Legree glared at Tom's downcast face and walked off. He took Tom's trunk to the boat's forecastle, where it was soon surrounded by deckhands. With much laughing at the expense of "niggers who try to be gentlemen," Tom's former clothes were quickly sold. Then the trunk itself was auctioned off.

Returning to Tom, Legree said, "I've relieved you of your extra baggage. Take good care of the clothes you're in. It'll be a long time before you get more. On my place niggers make do with one outfit a year."

Legree walked up to Nancy, who sat chained to Lucy. Chucking Nancy under the chin, he said, "Well, my dear, keep up your spirits." Nancy reacted with visible fear and revulsion. Legree frowned fiercely. "None of your airs, gal! You'll keep a pleasant face when I speak to you, do you hear?" Stepping back a few paces, Legree ordered, "All of you, look at me!" He held up his fist. "This fist has gotten as hard as iron knocking down niggers. I haven't ever met a nigger I couldn't bring down with one blow." Legree brought his fist so close to Tom's face that Tom blinked and drew back. "When I tell you to do something, you'd better do it quick. When one nigger dies, I buy another, so don't think I'll be coddling you." Lucy and Nancy drew in their breath, and the whole group sat with downcast faces. Legree turned on his heel and marched up to the steamboat's bar for a drink.

"Who did you belong to?" Nancy asked Lucy.

"Mr. Ellis. He lives on Levee Street," Lucy answered.

"Was he good to you?" Nancy asked.

"Mostly, until he took ill. He's been bedridden more than six months. He kept me up night after night tending to him. One night he became furious because I fell asleep. He said he'd sell me to the hardest master he could find."

"Did you have any family or friends?" Nancy asked.

"My husband's a blacksmith. Ellis hired him out. The trader took me away so suddenly, I didn't even have a chance to say goodbye. I have four children. Oh, God!" Lucy covered her face with her hands. Nancy wanted to say something comforting, but she couldn't think of anything.

Legree and his new slaves disembarked at a small town. Legree, Lucy, and Nancy rode inside a crude wagon. Tom and the other newly purchased men trailed wearily behind, over a rough road. The road wound through dreary pine barrens, over log causeways, and through cypress swamps. In the swamps trees draped with black moss rose out of the slimy, spongy ground. Moccasin snakes slid among stumps and branches that lay rotting in the water.

Legree periodically drank liquor from a flask that he kept in his pocket. Laying his hand on Nancy's shoulder, he said, "Well, my little dear, we're almost home." The sexual look in Legree's eyes filled Nancy with dread and loathing. She pressed closer to Lucy. "You haven't ever worn earrings," Legree said, coarsely fingering Nancy's small ear.

"No, Master," Nancy said, trembling and looking down.

"If you're a good girl, I'll give you a pair. You'll have fine times with me and live like a lady, as long as you're a good girl."

The enclosures of Legree's cotton plantation rose to view. The estate had formerly belonged to a gentleman of responsibility and good taste. When the gentleman had died in debt, Legree had bought the place at a bargain price. What had once been a smooth front lawn with ornamental shrubs now was tangled grass. Here and there the lawn had hitching posts, where the turf was worn away and the ground was strewn with broken pails, corn cobs, and other litter. What had once been a large garden was overgrown with weeds.

The wagon rolled up a weedy gravel walk. Legree's large house was surrounded by a two-story veranda supported by brick pillars. Some windows had shattered panes or shutters hanging by a single hinge; others were boarded up. The ground around the house was littered with straw, decayed barrels and boxes, and pieces of wood. Roused by the sound of the wagon, four ferocious-looking dogs came tearing out. The two ragged men who ran out after them restrained them, with some difficulty, from attacking Tom and his companions.

"See what you'll get if you try to run off?" Legree said to the newcomers. "These dogs have been trained to track niggers. They'd just as soon chew up a nigger as eat their supper." Turning to a slave in a rimless hat, Legree asked, "How have things been going, Sambo?"

"Fine, Master."

Sambo and Quimbo were Legree's overseers. They hated each other, and the other slaves hated both of them. Legree liked to play Sambo and Quimbo off against each other, to ensure that they never teamed up against *him*. Both had coarse, cruel features.

"Quimbo, take these boys down to the quarters," Legree said, referring to the newly purchased men. Legree separated Lucy from Nancy. Pushing Lucy toward Sambo, he said, "Here's a gal for you. I told you I'd bring you one."

Horrified, Lucy cried, "Master, I have a husband in New Orleans!"

"So what? Won't you want one *here*? Go along now." When Lucy didn't move, Legree raised his whip. Lucy complied.

"Come," Legree said to Nancy. "You go into the house with me." Tom saw a woman glance from a window. As Legree opened the door, the woman said something in a sharp tone. Legree angrily answered, "You hold your tongue. I'll do as I please."

Tom and the other newly bought men followed Quimbo to the slave quarters, a row of dirty, dilapidated huts. "Here," Quimbo said to Tom outside one of them. Tom looked inside.

There was no furniture. The floor was bare ground strewn with dirty straw.

Late in the evening the huts' exhausted occupants returned from their labor in the cotton fields. Their clothes were soiled and tattered. In hoarse, guttural voices they contended for the few hand-mills available for grinding corn into meal. They had to make their supper—nothing but cornbread—from this cornmeal. They'd been in the fields since dawn, pressed to their utmost under Sambo's and Quimbo's driving lashes. Tom searched for a kindly face but found none. He saw only sullen, defeated, brutish expressions. The strongest among the slaves pushed away those who were weaker.

Tom was almost faint with hunger. "You!" Quimbo said to him, throwing down a coarse bag that contained a peck of corn. "Take that. You won't get any more this week." The sound of the corn-grinding continued late into the night. Tom waited until a late hour to get a hand-mill. Then, moved by the exhaustion of two women who were trying to grind their corn, he ground for them. An expression of surprise and gratitude came over their haggard faces. They mixed Tom's cornbread for him and tended its baking. "Find rest in the Lord," Tom said consolingly.

"I wish I knew where to find him!" one of the women said. "I never get any rest. I tremble all day. My flesh is sore. Sambo's always threatening me because I don't pick cotton faster. Every night it's almost midnight before I get my food. I feel I've just gone to bed when the horn blows calling us back to the fields. If I knew where this lord is, I'd tell him how much I need rest."

The women went off to their cabins, and Tom stumbled into the cabin that Quimbo had indicated to him. The floor already was strewn with sleepers. The air was foul. Tom wrapped himself in a tattered blanket, lay down on the straw, and fell asleep.

A few weeks after his arrival at Legree's plantation, Tom noticed a striking newcomer in neat, respectable clothes: a tall woman about forty years old. Her whole appearance was graceful and delicate, but her face was deeply wrinkled with lines of pain and proud, bitter endurance. Her complexion was sallow and unhealthy, her cheeks and body overly thin. Her large black eyes were filled with despair. As she walked toward the cotton fields with the other slaves, it was clear that they knew her. One of them exulted, "So you're joining us at last, Cassy. Serves you right!"

Laughing, another said, "You'll see how much fun it is, Missie."

"We'll see her work!"

"I'd be glad to see her flogged."

Cassy walked on, ignoring these taunts. All the way to the fields, she stayed near Tom, although she didn't look at him or speak to him. Tom soon was busy picking cotton, but he often glanced at Cassy. She picked cotton quickly and skillfully.

In the course of the day, Tom found himself working near Lucy. He heard her praying. She trembled and looked about to collapse. Tom came close and secretly transferred several handfuls of cotton from his sack to Lucy's. "Don't," Lucy begged. "You'll get into trouble."

Sambo came up. "What's going on here?" He kicked Lucy with his heavy leather shoe and struck Tom across the face with his whip. Tom silently resumed picking cotton. Lucy fainted. "I'll bring her to," Sambo said with a vicious grin, "with something better than smelling salts." Taking a pin from his coat sleeve, he buried it in Lucy's flesh. Lucy groaned and half rose. "Get up!" Sambo ordered. Lucy resumed picking. "See that you keep to it," Sambo warned, "or you'll wish you were dead."

"I already do," she thought.

After a while Tom put all the cotton in his sack into Lucy's. "Oh, you mustn't!" she cried. "God only knows what they'll do to you!"

"I can bear it," Tom said, and he returned to his place.

Cassy now took some cotton from her basket and hurriedly placed it in Tom's. Having seen Cassy's action, Quimbo came from across the field. "What do you think you're doing?" he said to Cassy. "You're under *me* now."

Cassy's eyes flashed. She drew herself up and looked at Quimbo with scorn. "Touch me if you dare! I still have the power to have you killed!"

Cowed, Quimbo said, "I didn't mean any harm, Miss Cassy."

"Keep your distance, then," she said. Quimbo quickly walked back to the other end of the field. Cassy turned back to picking. Before the day was through, her basket was filled and she had put large amounts of cotton into Tom's several times.

Long after dusk the weary slaves, their baskets on their heads, filed up to the building in which cotton was weighed and stored. Legree was there with Sambo and Quimbo. Sambo said to Legree, "That Tom is going to make trouble. He put cotton into Lucy's basket. He'll have all these niggers feeling abused if you don't watch him."

Tom was a first-rate field hand, but Legree disliked him. It was a case of evil hating good. Legree saw that Tom despised cruelty. He also saw that Tom's compassion was starting to affect the other slaves, who respected Tom. "He'll have to get a breaking in, won't he, boys?" Legree said. Sambo and Quimbo grinned. Rolling his tobacco around in his mouth, Legree said, "Make him flog Lucy."

"He won't do it," Sambo said.

"He'll have to. Did Cassy do her day's work?" Legree said.

"Yes," Sambo admitted.

Legree proceeded to the weighing room. Slowly the slaves wound their way into the room and presented their baskets to be weighed. Legree noted each amount on a slate that had a list of names pasted on the side.

Tom's basket was weighed and approved. Cassy came forward with her basket. As she delivered it, Legree looked into her eyes with a sneering but inquiring glance. She fixed her black eyes steadily on him and said something in French. Legree raised his hand as if to strike her. Cassy disdainfully turned and walked away. Tottering with weakness, Lucy delivered her basket. It was of full weight, as Legree saw. Pretending anger, he said, "You lazy beast! Short again? Stand aside. You'll catch it pretty soon!" Lucy gasped with surprise and fear and sat down on a board. "You, Tom, come here," Legree said. "I aim to make you an overseer. You might as well begin tonight." Indicating Lucy, he said, "Take this gal and flog her."

"I can't do that," Tom said quietly.

Taking up a leather whip, Legree struck Tom heavily across the cheek. Then he repeatedly punched Tom. "*Now* will you say you can't do it?"

Wiping the blood that trickled down his face, Tom said, "I'm willing to work hard every day, but I'll never flog someone. Never."

Most of the slaves were amazed. Lucy clasped her hands and fearfully said, "Oh, God." Slaves looked at one another and drew in their breath in anticipation of the storm to come.

At first Legree was dumbfounded. Then he exploded. "What, you black beast? You refuse to do as I say?"

"Flogging is cruel and wrong," Tom said.

"You think you're so pious!" Legree raged. "Didn't you ever read in your precious Bible, 'Servants, obey your masters'? Aren't I your master?" He kicked Tom with his heavy boot. "Sambo, Quimbo, give this dog a breaking in that he'll never forget!" Sambo and Quimbo laid hold of Tom. Lucy wept as they dragged Tom from the place.

Late that night Tom lay groaning and bleeding in an old cotton-gin shed, among pieces of broken machinery, piles of damaged cotton, and other accumulated rubbish. The humid air swarmed with mosquitoes, whose bites increased the pain of Tom's wounds. Tom also felt a burning thirst. Someone entered. Lantern light flashed on Tom's face. "Who's there?" he asked.

"It's me, Tom—Cassy," Cassy said.

"Please give me some water." Cassy set down the lantern. Pouring water from a bottle, she raised Tom's head and gave him water. He drained cup after cup. When he finished, he said, "Thank you."

Going to the door, Cassy dragged in a thin mattress over which she had spread linen cloths soaked in cold water. "Try to roll onto this," she said. Stiff with wounds, Tom took a long time to do this, but then he felt some relief from the cool, wet cloths. Cassy gently cleaned Tom's wounds and applied more cloths. Finally, she raised Tom's head onto a roll of damaged cotton that served as a pillow. "There," she said. "That's the best I can do for you."

"Thank you," Tom said.

Cassy sat on the floor, drew up her knees, and hugged them. She pushed her bonnet back. Long, wavy black hair fell around her melancholy face. "It's no use," she said. "You've been brave, and you had right on your side, but there's no use in your resisting. You're in the devil's hands."

"Oh, God," Tom groaned.

"There's no use calling out to God," Cassy said. "He never hears. Either there *is* no God, or he has no interest in preventing cruelty and injustice. I've been on this place five years. It's ten miles from any other plantation and surrounded by swamp. Legree could burn you alive, cut you into pieces, have the dogs rip you apart, or whip you to death. There's nothing that he's above doing. Nothing. I never wanted to live with him, but I've done that for five years. For five years I've submitted to his lust. Now he's lusting after a new gal. She's only fifteen and well brought up.

What's the use of your being good and brave and suffering as a result, Tom? You can't protect any of us, including yourself."

"I've lost everything—my wife, my children, my home, a kind master. He was going to set me free, but he died before he completed the process," Tom said.

"I've lost everything, too," Cassy said. "My daughter was sold years ago. I haven't seen her since. I don't even know where she is."

"Still, we mustn't become hard and cruel," Tom said. "I won't. I refuse to."

"Tomorrow they'll be at you again," Cassy said. "I know them. I've seen all their doings. Try to sleep now." After placing water within Tom's reach and making some additional arrangements for his comfort, Cassy left the shed.

Legree's living room was large and long. The once-fine wallpaper was torn, crumbling, discolored, spotted with beer and wine stains, and marked with financial calculations done in chalk. The room had a sickening smell of damp, dirt, and decay. Charcoal now burned in the wide fireplace. The dogs reclined amid the clothing and horse gear that were scattered around the room. Making himself a drink, Legree poured hot water from a cracked, broken-nosed pitcher into a glass of alcohol and sugar. He turned around to see Cassy. "So, you're back, are you? Either behave, or go out to the fields with the rest. Why can't you be friends with me?"

"Friends!" Cassy scoffed. When Legree had brought Nancy to the house, Cassy had pleaded for her. So far, Legree hadn't forced himself on Nancy. The night before, however, he had grabbed Nancy and started manhandling her. Cassy had entered the room and pushed Legree away. A fierce quarrel between Legree and Cassy had followed. Legree had said, "Stay out of this, or you'll be picking cotton." In a show of defiance, Cassy had gone to the fields the next day and picked cotton.

"Tom won't be fit for work for a week now," Cassy said. "You've lost one of your best field hands when you need him most."

"Yes," Legree admitted, "I probably lost money in having him beaten."

"Next time don't be such a fool," Cassy said, and she left. By way of a back door, she went up to Nancy's room. Nancy was sitting, pale with fear, in a corner.

When Cassy entered, Nancy exclaimed, "Oh, Cassy, I'm so glad to see you! I was afraid it was Legree. Isn't there some way to get away from here? I don't care where. Into the swamp with the snakes. Anywhere! I can't hold him off much longer. Soon he'll rape me."

"Everyone I ever knew who tried to escape from here has been tracked by the dogs and brought back," Cassy said. "You wouldn't sleep much if I told you what Legree does to runaways. I've heard screams that I haven't been able to get out of my head for weeks."

At dawn Legree went to the cotton-gin shed. Giving Tom a contemptuous kick, he said, "I told you I'd teach you a lesson. How did you like it?" Tom didn't answer. Kicking Tom again, Legree ordered, "Get up!" Tom struggled to get up. As soon as he was on his feet, Legree said, "Now get down on your knees and beg my forgiveness." Tom didn't move. "Down!" Legree struck Tom with his riding whip.

"I did what was right," Tom said quietly, "and I'll never do otherwise."

"How would you like to be tied to a tree and have a fire lit around you?"

"I'm not afraid to die," Tom said. "If you kill me, I'll just go to heaven that much sooner."

"I can give you a lot worse than dying!" With one blow of his fist, Legree struck Tom to the ground.

Having entered unnoticed, Cassy cried, "Will you continue to be a fool? Leave him alone! Let me get him fit to go back to the fields. Or do you want to lose *more* money?" Legree turned and left.

Before Tom's wounds had healed, he was forced to return to the cotton fields. Day after day he suffered pain and exhaustion. All of the field slaves worked seven days a week. At the end of each day's work, Tom's head swam. If he tried to read his Bible, his eyes failed him. Tom prayed for deliverance. He felt compassion and sympathy for all the wretches around him. He continually provided assistance to others. On cold nights he would give his tattered blanket to someone shivering with sickness. At the risk of failing to meet his cotton quota, he often filled the baskets of weaker slaves with cotton that he had picked. Tom's kindness had a softening effect on the others. When the busiest season was past and the slaves had Sundays for their own use, they tried to hold prayer meetings. But Legree violently broke up these meetings.

One night after everyone else in Tom's hut was asleep, Cassy's face appeared at the hole that served for a window. She silently gestured for Tom to come outside. Tom went out to Cassy, whose eyes glinted with intense anticipation. "Come with me," she whispered, laying her hand on Tom's wrist and drawing him forward. "You can be free tonight!"

"What? How?" Tom said, disbelieving.

"Come with me. Legree's asleep. He had a lot to drink, so he won't wake up easily. The back door is unlocked. The door to his room is open. I'll show you the way. I have an ax. I'd kill him myself, but my arms are too weak. Come and do it!"

"Not for ten thousand worlds, Cassy," Tom said, stopping and holding her back.

"Think of all these poor creatures," Cassy said with a flash of anger. "We can set them all free. We can all go somewhere and start a settlement. I've heard of that being done. Any other life would be better than this."

"No," Tom said firmly. "I won't murder anyone, even Legree."

"Then, *I'll* do it," Cassy said.

"No, Cassy!" Tom pleaded. "Don't damn your soul. We should love even our enemies."

"Love!" Cassy exclaimed indignantly. "Why should anyone love the likes of Simon Legree? To love him would be to love evil."

"If you kill him, you'll be *doing* evil, Cassy. Put this terrible thought out of your mind. Are you sure there's no chance that you can escape?"

"Would you go with me?" Cassy asked.

"No," Tom said. "I would stay to comfort and help the others."

Cassy was silent. Suddenly she thought of a plan that never had occurred to her before. "I'm going to escape with Nancy, Tom!" she said. "We'll pretend to flee by way of the swamp, but then we'll double back through the creek and hide in Legree's attic. No one ever goes there. When they've stopped searching for us, we'll truly flee."

Legree's attic was a large, dusty space littered with cast-off lumber. A small window with dingy, dusty panes let in a small amount of light. Over several nights, when everyone else was asleep, Cassy brought food to the attic—enough to sustain Nancy and her for a week or so. Cassy also brought clothing and other items for their journey.

One evening Cassy and Nancy arranged two small bundles. "There. These will be large enough," Cassy said. "Now put on your bonnet. Let's go." Cassy and Nancy glided noiselessly out the back door and ran down by the slave quarters, knowing that the moonlight would suffice for Sambo, Quimbo, or Legree to see them. When they reached the edge of the swamp that encircled the plantation, Legree called to them to stop. Cassy and Nancy plunged into the swamp.

Hurrying to the quarters of the male slaves, Legree yelled, "Sambo! Quimbo! All hands! Nancy and Cassy have run off into the swamp.

I'll give meat to any nigger who catches them. Turn out the dogs!" Most of the men sprang into action. Men loosed the dogs, grabbed torches, and ran to the swamp. Tom was among the few men who stayed behind. The house slaves ran out to see what was happening.

"If we can't catch them, should we shoot them?" Sambo asked Legree.

Legree gave Sambo a rifle. "You can shoot Cassy, but not Nancy."

"Quick!" Cassy said to Nancy as she led the way to a creek that ran behind Legree's house. So that the dogs couldn't follow their scent, Cassy and Nancy waded in the creek until they were opposite the house's back door. They hurried in. Cassy took a key from Legree's coat pocket, unlocked his desk, and removed a roll of bills. "This will pay our way to Ohio," Cassy said. She and Nancy hurried up to the attic. When their eyes had adjusted to the near-darkness, they moved further into the attic. Cassy had placed two mattresses and two pillows on the floor. Exhausted from stress, Nancy soon fell asleep. After a while she was awakened by shouting, the tramp of horses' feet, and the barking of dogs. She started up with a gasp of fear. "It's only the hunt coming back," Cassy said. "We're alright. If you look out of this peephole, you'll see them. Legree has given up for now."

The stillness of midnight settled down over

the house. Cursing his ill luck and swearing vengeance, Legree went to bed.

The next morning the hunt for Cassy and Nancy resumed with horses, dogs, and guns. It was, of course, unsuccessful. Furious at having failed, Legree looked for a scapegoat. He chose Tom. He had noticed that Tom had refused to assist the pursuers. Legree ordered Sambo and Quimbo to bring Tom to the house. When Tom entered, Legree said, "I noticed you didn't join the search for Cassy and Nancy. Why not?"

"I wanted them to escape," Tom said.

"You wanted them to escape," Legree repeated through clenched teeth. "Did you help them escape?"

"No," Tom said.

"Did you know about it?" Legree asked.

Tom didn't say anything, but he cast his eyes downward.

"You knew! Do you know where they went?"

Again Tom said nothing but looked down at the floor.

"Where did they go?" Legree roared.

Tom said nothing.

"Tell me what you know!"

"I have nothing to tell," Tom said.

"Tell me, or I'll kill you!"

Tom stood silent.

Legree struck Tom to the ground. "Take him to the shed," he ordered Sambo and Quimbo.

In the shed Sambo and Quimbo tied Tom by his hands, with his arms spread. Then they beat and whipped him until he fainted. Sambo went to the house and told Legree, "I think he's almost dead."

Legree went to the shed and looked at Tom. "Take him down," he instructed Sambo and Quimbo. Tom was left lying, unconscious, on the floor.

Two days later James Shelby drove a wagon up to Legree's house. He sprang out and asked for Legree.

By the time Ophelia's letter had reached Margaret Shelby, Tom had been bought by Legree. The letter had stated only that Tom was going to be sold; it hadn't named his new owner. Margaret had read the news with concern but had been preoccupied with tending to her sick husband, who had died of fever several days later. Margaret and James had taken charge of the estate. They had sorted out the accounts, sold property, and settled debts. Six months later, having business down river, James had decided to go to New Orleans to find Tom and buy him back. After some additional months, he had learned that Tom had been sold to Legree.

When James entered the house, he found Legree in the living room. Legree received him coldly. "I understand that you bought a Negro named Tom in New Orleans," James said. "He used to be on my father's farm. I've come to see about buying him back."

"Yes, I bought him," Legree said angrily. "Nothing but trouble! I had him flogged. I think he's dying."

James's eyes flashed. "Where is he?" he demanded. "Let me see him."

"He's in that shed," a small boy who stood holding James's horse said, pointing to the shed. Legree kicked the boy and swore at him. James turned and strode to the shed.

Tom had been lying in the shed for two days. Some slaves had secretly brought him water, but he lay near death. When James entered the shed, he felt dizzy with shock and grief. "Is it possible?" he cried. Kneeling down by Tom, he said, "Uncle Tom. My poor friend!" Tom slightly moved his head. James wept. "Uncle Tom, please live! It's James Shelby. Do you know me? I've come to take you home."

Opening his eyes, Tom feebly said, "Master James!" He looked bewildered. Then he realized that James really was there. "You didn't forget me!"

"Of course not. I've come to buy you and take you home."

"It's too late, Master James," Tom said. "God is going to take me now. I'm going to heaven, not Kentucky."

"No!" James said, sobbing. He grasped Tom's hand. "Please don't die, Uncle Tom. Please. We'll make everything come right."

"Don't tell Chloe how you found me," Tom said. "It would cause her too much pain. Just tell her that you found me dying from a fever and that I went peacefully. Tell her my work here was light and easy. How are my children?"

"They're fine, Tom, fine."

"How I've longed for them! Give them my love. I'm going now," Tom said softly, "going to God." He closed his eyes, breathed heavily, and died.

James wept for some time before walking angrily back to the house. "Tom is dead," he said to Legree, unable to conceal his anger and contempt. "Will you let me take his body and bury him?"

"His body's no use to *me*," Legree said indifferently.

While Cassy watched from the attic peephole, James spread his cloak in the wagon. Then he and some slaves carried Tom's body to the wagon and placed it on the cloak. "They've killed Tom!" Cassy exclaimed with grief. She and Nancy wept bitterly.

Turning to Legree, who was watching him, James said, "Tom's innocent blood will have justice, Mr. Legree. I'll report this as a murder. I'll go to the very first magistrate and report you."

"Do that!" Legree scoffed. "Who will be your witnesses?" Realizing that Legree would go unpunished, James fell silent. "Anyway, what's the fuss over a dead nigger?" Legree said.

James struck Legree flat onto his face and drove away. He buried Tom on a knoll shaded by several trees.

That night Cassy and Nancy fled. Cassy was dressed wholly in black, in the manner of a Spanish Creole lady. She wore a small bonnet whose thickly embroidered veil concealed her face. Pretending to be Cassy's servant, Nancy walked behind Cassy, carrying a carpet bag and some bundles. Cassy and Nancy went to the inn where James was staying while he awaited the next steamboat. He was hurrying back to Kentucky.

Cassy's manner, refined way of speaking, and appearance of wealth prevented any suspicions that she and Nancy were runaways. When the steamboat came, James politely helped Cassy aboard and secured a good stateroom for her. Pretending to be ill, Cassy stayed in the stateroom, with Nancy, until the steamboat passed from the Red River onto the Mississippi. James, Cassy, and Nancy then transferred to the same northbound steamboat. Cassy now came to the dinner table and periodically sat outside her stateroom. James was drawn to her. He found her face somehow familiar. He kept looking at her and thinking, "She reminds me of someone." James looked at Cassy so much that she started to think he suspected her true situation. Because of his behavior at Legree's place and elsewhere, Cassy liked and trusted him. She decided to confide in him. James heartily sympathized with anyone who would flee Legree's plantation. He assured Cassy that he would help her in any way that he could.

The stateroom next to Cassy's was occupied by a lady named Violet de Thoux. Having overheard that James was from Kentucky, she sought his conversation. James, Violet, and Cassy sat outside Violet's stateroom conversing. Violet asked James about Kentucky, where she had once lived. Her questions showed a knowledge of people and things in James's neighborhood. "Do you know a man named Harris?" she asked.

"An old fellow of that name lives near us," James said. "We never had much to do with him, though."

"He's a large slave owner?" Violet asked with keen interest.

"Yes," James said.

"Did you ever hear of his owning a mulatto named George?" Violet asked.

"Why, yes! I know George well. He married

my mother's personal maid, Eliza. They have a beautiful little boy, Harry. I heard that the whole family escaped to Canada."

"They did?" Violet cried. "Thank God!" Bursting into tears, she said, "George is my brother."

"What?" James exclaimed.

"Yes," Violet said. "I was sold south when he was a boy. A good, generous man bought me and took me to the West Indies. He set me free and married me. Recently he died. I was going up to Kentucky to try to find and buy George."

"I've heard him speak of a sister who was sold south," James said.

"What's he like?" Violet eagerly asked.

"He's a fine man, of excellent character and keen intelligence," James said.

"And Eliza?" Cassy asked with surprising intensity.

"She's a treasure—beautiful, intelligent, and pious," James said. "My mother brought her up and educated her. Eliza can read and write. She also sings beautifully and sews and embroiders with great skill."

"Was Eliza born in your house?" Cassy asked.

"No. My father bought her during a trip to New Orleans and brought her back as a present for my mother. Eliza was about eight years old at the time."

Cassy touched James's arm and asked, "Do

you know the name of the people from whom your father bought Eliza?"

"I think the name on the bill of sale was Simmons."

"Oh, God!" Cassy cried, almost fainting with joy. "Eliza is my daughter!"

Inquiring at Underground Railroad stations along the way, Cassy, Violet, and Nancy headed to Canada in search of Eliza, George, and Harry. At Amherstberg they found the missionary who had sheltered the family. Through him, Cassy and Violet traced the family to Montreal.

George, Eliza, and Harry had been free for three years. Eliza had given birth to a daughter, Debbie, and had grown somewhat more matronly in appearance. George was earning good wages in the shop of a machinist. Harry, who was very bright, was attending a good school. The family was living in a small, neat apartment on Montreal's outskirts.

A cheerful fire now blazed on their hearth. Covered with a white cloth, the dining room table stood ready for the evening meal. George sat at his desk in one corner of the living room. He was making notes from one of the books that ordinarily stood on the bookshelf over his desk.

He devoted much of his free time to study. "Come, George," Eliza said from the kitchen, where she was cutting a loaf of bread. "You've been gone all day. Put your book down. Let's talk while I'm preparing supper."

Debbie toddled up to George, pulled the book from his hands, and installed herself on his knee. "You little witch!" George laughed. Laying his hand on his son's head, George said, "Harry, how did you manage with those math exercises today?"

"I did them all, Father," Harry said proudly, "without any help."

"That's the way, Harry. Depend on yourself as much as you can," George said.

There was a knock. Eliza opened the door to see Cassy and Violet. Looking past Eliza, Violet saw George and rushed forward. "Oh, George!" she cried. "Don't you know me? I'm your sister, Violet!" Violet and George embraced, weeping.

Eliza and Cassy stood looking at each other. Then Cassy saw Debbie, who looked very much as Eliza had at the same age. Debbie peered up into Cassy's face. Sobbing, Cassy caught Debbie up in her arms and hugged her tightly. "My darling!" she cried. "I'm sure I'm your grandmother!"

Soon everyone was embracing and crying. During and after dinner, the adults talked and talked, pouring out their years of pain and longing, as well as the wonders of their escapes.

James Shelby had hurried to the Louisville bakery where Chloe worked. When he arrived, he asked the owner for a private room in which to meet with Chloe. As soon as Chloe entered this room, James softly said, "Aunt Chloe!"

From James's tender tone, the pained expression of his face, and the sheer fact that he had come to the bakery, Chloe immediately knew that Tom was dead. "No!" she cried, collapsing onto the floor in a heap. "No!"

James rushed forward to embrace her. "Aunt Chloe, I'm so sorry. Uncle Tom . . ." James sobbed. "Tom . . . is dead, but . . . he . . . he died peacefully . . . of a fever. He wanted you to know how much he loved you and the children. He wanted you to know that his work had been light and that he was going to heaven."

Chloe wailed. "Oh, Tom! Tom!"

When Chloe had calmed down a bit, James—still embracing her—said softly, "You're free,

Aunt Chloe. I'll never own another slave. You're free, and the wages you've earned here are yours, for you and your children."

Chloe's tear-streaked face showed bewilderment. "I'm free? What do you mean, Master James?"

"I'm going to free all of our slaves," James said. "I want you to know that Tom didn't die in vain. His death made me realize..." James's voice caught. "His death made me realize what a terrible wrong slavery is. Come, Aunt Chloe," James said, rising and helping Chloe to her feet. "I'm going to take you home."

When James and Chloe arrived back at the Shelby estate, James hurried into the house for a private conversation with his mother. He had asked Chloe not to tell the slaves of their freedom. To his mother, James revealed the truth of Tom's death. The narration left Margaret horrified and weeping. Then James told his mother that they must free all of their slaves. "I've already told Aunt Chloe," James said firmly.

"You're right, James," Margaret said. "Slavery is a cruel, unjust, evil institution. When I think of what was done to Tom! I'll bear the guilt of that for the rest of my life. Call all the slaves together."

All of the Shelbys' slaves were called to the house's great hall. Having quickly learned of Tom's death, many were weeping. With great emotion James informed everyone that Tom was dead. Then he told them that they soon would be free. Tears of joy now mingled with those of grief over Tom's death. "The legal work will take a few weeks," James said, "but I solemnly swear to all of you that I will begin that work this very day."

A few weeks later, James again called all of the slaves together. He had a bundle of papers in his hand: certificates of freedom for every slave on the place. Amid the sobs and tears of all present, he read each certificate out loud and presented it to the person it freed. When every certificate had been presented, some of the newly freed people pressed around James and fearfully begged him not to send them away.

"My good friends," James said after calling for silence, "there's no need for any of you to leave here. We need as many farmhands and house servants as we did before. But you're now free men, women, and children. We'll pay you wages for your work. If my mother and I should fall into debt, you can't be taken and sold. You also can't be sold when we die. You're free now. If you stay here, my mother and I will do everything in our power to provide you with an education."

When James fell silent, some people cried out, "Thank you, Master!"

"I'm not your master anymore," James said. "I'm your grateful friend and, if you choose, your employer."

"Praise the Lord!" an old man cried, lifting his trembling hands. "Praise the Lord!" many others repeated.

"One more thing," James said. "I want you to know that Uncle Tom's death—his dying away from his family, friends, and home—made me resolve to free all of you. At Uncle Tom's grave I swore before God that I no longer would own slaves. So when you rejoice in your freedom, know that you owe it to Uncle Tom. Every time you think of your freedom, think of him. Let Uncle Tom's cabin be a memorial to him and a reminder to all of us to try to be as kind and good as he was."

About the Author

"Is this the little woman who made this great war?" Abraham Lincoln reportedly said in 1862 upon meeting one of his White House guests. The war was the Civil War. The woman was the internationally renowned author of Uncle Tom's Cabin: Harriet Beecher Stowe.

Harriet was born in 1811 in Litchfield, Connecticut. She was the seventh child of Roxana Foote Beecher and Lyman Beecher, a prominent Congregationalist minister. When Harriet was four, her mother died of tuberculosis.

Harriet was exceptionally well-educated for a woman of her time. From 1827 to 1832 she taught at the Hartford Female Seminary, a groundbreaking women's college founded and run by her older sister, Catharine. After her father became president of Lane Theological Seminary in Cincinnati in 1832 and the family moved to Ohio, Harriet taught for several years at another women's college founded by Catharine.

Just over the border from the slave state of Kentucky, the free state of Ohio was the first refuge for many runaway slaves. Ohio was a hotbed of controversy over slavery. In 1833 Harriet witnessed a Kentucky slave auction. She also visited a Kentucky plantation that would serve as the basis for the Shelby farm in Uncle Tom's Cabin. Tom and Chloe's cabin resembles the slave housing that Harriet saw: small log cabins, each with a garden. Just as Arthur Shelby makes Harry perform for Daniel Haley, Harriet's host made some of his slaves perform for his guests. Still, like Shelby, Harriet's host was a relatively kind "master."

In 1836 Harriet married Calvin Stowe, a theology professor at the seminary headed by her father. They would have seven children.

Active in the Underground Railroad, Harriet and Calvin sheltered runaways in their home. They also taught ex-slaves to read and write. Their maid Eliza was an ex-slave. She told Harriet of slaves being housed inhumanely, beaten, and raped. Like John Bird in Uncle Tom's Cabin, Calvin once drove across a dangerous ford late at night to bring a young woman fugitive to a house where she could safely hide.

At a Kentucky slave auction in 1844, Harriet saw a family torn apart: the father was sold to one plantation, the mother was sold to another, and their little girl was left, sobbing, without parents. Reflecting Harriet's intense feelings about the parent–child bond, many scenes in Uncle Tom's Cabin show a parent's grief at the loss of a child. In 1849 Harriet mourned her infant son Sam, who died of cholera. In Uncle Tom's Cabin, Mary Bird mourns her infant son; after opening a drawer filled with his clothes and toys, she weeps.

The Fugitive Slave Act of 1850 outraged Harriet. Expressing Harriet's views, Mary Bird declares, "It's a wicked law. I'll break it the first chance I get. What have things come to if a person can't give a warm supper and a bed to poor, starving creatures who have been oppressed all their lives?"

In 1850 Calvin accepted a professorship at Bowdoin College, so he and Harriet moved to Brunswick, Maine. Harriet started writing Uncle Tom's Cabin. Intended to persuade people that slavery was morally wrong, the work was based on written accounts of slavery, including slaves' narratives; Harriet's interviews of ex-slaves and others; and Harriet's own observations of slavery.

The first American novel with a black hero, Uncle Tom's Cabin initially appeared in weekly installments in a Washington, D.C. anti-slavery journal. In 1852 the story was published in book form. An immediate bestseller in both the United States and England, the book sold about half a million copies within the first year. One of the most effective pieces of protest literature ever written, Uncle Tom's Cabin increased opposition to slavery. Praised in the North and condemned in the South, the book heightened the tensions between North and South that would, within a decade, erupt into civil war.

In 1852 Calvin became a professor at Andover Theological Seminary. Harriet and Calvin then lived in Massachusetts until Calvin's retirement in 1863, when they moved to Hartford, Connecticut.

Although Harriet wrote short stories, poems, articles, and other novels, Uncle Tom's Cabin remained her most successful and important work. The book has been translated into many languages and never has gone out of print.

Calvin died in 1886. After about eight years of senility, Harriet died in 1896 at the age of eighty-five. By her own account, the greatest event of her life was the abolition of slavery.

About the Book

Uncle Tom's Cabin is about family: actual family but also family in the moral sense of those whom we treat as family. Harriet Beecher Stowe shows slavery's physical cruelty, from imposed exhaustion, cold, hunger, and thirst to beating, whipping, branding, and rape. However, she concentrates on slavery's psychological abuse, especially the separation of loved ones. The book's evil characters have little or no sense of family and cruelly sever others' emotional ties. The book's best characters cherish family and see family as extending beyond their own relatives and race.

Evil incarnate, Simon Legree apparently has no wife, children, siblings, or friends. He loves no one and disregards others' feelings. When he hands Lucy over to Sambo and she cries, "I have a husband in New Orleans!" Legree responds, "So what?" He has no respect for Lucy's marriage.

Similarly Walter Harris, another villain, has no respect for George's marriage. Harris keeps George from seeing Eliza and orders him to live with a different woman. On Harris's farm the little dog Carlo is George's "only comfort." Because George loves Carlo—sees him as family—Harris kills Carlo.

Slave traders callously separate mothers from their children. Stephen Marks recalls giving away a sickly child: "I thought the mother would be glad to be rid of him, but you should've seen the way she carried on." In the same vein Daniel Haley casually recounts, "I swapped a blind child for a keg of whiskey. When I went to take him from his mother, she jumped into the river with him. They went down and never came back up." Ted Loker says, "When I buy a child, I just put my fist to the mother's face and say 'One word out of you, and I'll smash your face in. This young one is mine, not yours.'" Loker feels nothing for such a child, who is his only in a legal sense. In contrast, most mothers love their children.

Marie St. Clare is an exception. Entirely selfish, she loves neither her daughter nor her husband. In addition to being cold to her family, she has contempt for blacks, whom she abuses. She treats no one as family.

Although Arthur Shelby loves his wife and son, he doesn't see blacks as family or respect their family ties. "I'd hate to take the boy from his mother," he says of Harry and Eliza. But he does sell Harry. He also separates Tom from his family. Just as Legree dismisses Lucy's love for her husband, Shelby callously suggests that Chloe find another husband. It is only out of regard for his wife's feelings that Shelby doesn't sell Eliza. He has little regard for Eliza's feelings.

Margaret Shelby says that she'd as soon sell her own son as agree to Harry's being sold. Upon learning that her husband has sold Harry and Tom, she is indignant about the severing of family ties. She has taught her slaves "the duties of parent and child, husband and wife," she protests. "How can we turn around and sell [Eliza's] only child?" However, Margaret takes no action. She doesn't even warn Eliza or Tom. Similarly, when Chloe asks permission to go to Louisville to earn money with which to buy back Tom, Margaret laments, "You'd be leaving your children," but does nothing to provide the needed money. Even after her husband dies, Margaret doesn't try to get Tom back until her son has other business down south. In reality Margaret has little respect for the family ties between slaves. Unlike her husband, she considers slavery to be wrong, yet she goes along with the practice.

Auguste St. Clare, too, owns slaves although he believes slavery is wrong. When Eva asks him to free his slaves, he replies, "It's you I worry about." Insightfully Eva says, "That's the problem, Papa. You worry about only me while many people have nothing but pain and sorrow." Like all too many characters in the book, Auguste sees few people as family. He loves only one person deeply: his daughter.

Ophelia St. Clare loves Eva and Auguste and objects to slavery, but she initially feels contempt and loathing for blacks. When Eva kisses "Mammy," Ophelia expresses revulsion: "I believe in being kind to Negroes, but I can't imagine kissing one." She can't imagine any black as family. That changes, however, when she develops affection for Topsy.

At first Topsy loves only "candy and such." She says, "Otherwise I don't know anything about love. I never had any family." Topsy doesn't even know who her parents are. Through Eva's love and Ophelia's affection, Topsy learns to love—that is, to think of others as family.

John Bird is another character who grows. Having voted for the Fugitive Slave Act, he has a change of heart when Eliza and Harry arrive at his house seeking refuge. In defiance of the Act, John helps Eliza and Harry. He suggests that they be given some clothes previously worn by his wife and infant son, who has died. Morally John's family expands to include Eliza and Harry, and perhaps all other fugitives from slavery.

Even Eva grows in empathy. Early on she says to Tom, "It's a shame you had to leave your family. I'll ask Papa to let you go back some time." She does not say, "I'll ask Papa to free you so that you can return to your family." But later, when she is dying, Eva does ask her father to free his slaves, particularly Tom.

Chloe temporarily leaves her children in an effort to earn money for Tom's permanent return. She is a devoted wife and mother.

So is Eliza, who flees to prevent a slave trader from taking her child. "Harry is my only child," she tells Mary Bird. "I've never slept apart from him. He's my comfort and pride." Eliza's concern for others extends even to vicious slave hunters. When Loker is wounded, Eliza says, "Shouldn't we do something for him?" Although Stowe presents Eliza's concern for Loker as noble, many readers will find it misplaced because Loker is so cruel and unjust. Saving him makes it possible for him to continue to hurt and kill innocent people.

Another loving wife and mother, Mary Bird feels compassion for the oppressed. Outraged by the Fugitive Slave Act, she assists Eliza and Harry and would similarly assist any other runaways. Other exemplary whites in the book include Quakers who work in the Underground Railroad; Nicholas van Trompe, who has freed his slaves and who provides refuge for Eliza and Harry; and, at the book's end, James Shelby. James does the only decent thing that a slave owner could do: he stops being a slave owner. From childhood James has affectionately called Tom "Uncle" and Chloe "Aunt," but he truly sees the blacks on his farm as family only when he frees them.

George, too, is a hero. Although he grew up "with no family at all, no one who loved me," he's a devoted husband and father. "We'll be fine as long as we have each other and Harry," he tells Eliza. When his owner forbids him from visiting

Eliza and demands that he live with a different woman, George decides to flee and then work to buy Eliza's and Harry's freedom. He would fight to the death to protect his wife and son.

Like George, Tom dearly loves his family. "I thank God that I'm the one who's been sold—not you or the children," Tom says to Chloe. As he dies, he considers Chloe's suffering. "Don't tell Chloe how you found me," he requests of James. "It would cause her too much pain." Also like George, Tom sees other slaves as family. At Legree's plantation Tom is beaten for refusing to flog Lucy. He continually aids his fellow slaves. Tom is killed partly because he won't reveal Cassy and Nancy's hiding place. He sees all humans, including his white oppressors, as family. Tom loves the Shelbys, adores Eva, and feels "fatherly concern" for Auguste. Pious, he loves even Legree in the Christian sense of loving one's enemies. Like Eliza, Tom protects even people who consistently abuse others.

The expression "an Uncle Tom" refers to a black who is overly humble and subservient to whites. Why did the character Tom give rise to this expression? Tom doesn't recognize his own equality. He speaks and acts as if slaveholding "ladies" and "gentlemen" such as the Shelbys are his betters. Tom is a far better person than any slaveholder, but he has been taught to believe otherwise. He has absorbed some of his society's racism and class snobbery. Whereas George has a keen sense of justice and equality, Tom is somewhat in awe of aristocratic whites whose privileges have come partly at their slaves' expense. Stowe indicates that Tom would "lay down his life" for Arthur Shelby. Tom values Shelby more than he values himself. Further, in being willing to die for Shelby, Tom gives his oppressor more consideration than he gives his own innocent family, who love and need him. Tom lacks a fully developed sense of merit and justice.

Uncle Tom's Cabin encourages us to see all humans as family. For readers with a strong sense of fairness, treating others as family means treating them as justice requires.

If you liked
Uncle Tom's Cabin
you may be interested in
other true stories in the
Townsend Library.

continued on the following pages

Narrative of the Life of
FREDERICK
DOUGLASS
An
American
Slave
Written
by
Himself
TP THE TOWNSEND LIBRARY

Harriet Jacobs
Incidents in the Life of a
Slave Girl
Written by Herself
THE TOWNSEND LIBRARY

COLLECTION POÉSIE

PIERRE DE RONSARD

Les Amours

Amours de Cassandre
Amours de Marie
Sonnets pour Astrée
Sonnets pour Hélène
Amours diverses

Texte établi
par Albert-Marie Schmidt

Préface et notes
de Françoise Joukovsky

nrf

GALLIMARD

PRÉFACE

Malheureux est qui aime,
Malheureux qui se laisse à l'Amour décevoir,

s'écrie Ronsard dans une heure d'amertume. Mais dans le même temps, qui n'était pas sa prime jeunesse :

Vivre sans volupté, c'est vivre sous la terre.

Quand est-il sincère ? Toujours, avec toutes, qu'il s'éprenne à jamais de Cassandre, de Marie et de Sinope, ou qu'il prête sa plume à des galants titrés, mais non poètes. La femme ? Il ne voit guère son être individuel, il l'écoute encore moins. C'est la passion qu'il veut, malheur et bonheur, alternance brûlante où il s'éveille. Qu'importe alors qu'elles se ressemblent toutes, ces dames des Amours, *qu'elles aient même cruauté et même blanc tétin, les belles du Louvre et celles de l'Anjou. Qu'importe aussi qu'il les célèbre avec des mots d'Ovide ou de Pétrarque. Un profil entrevu et quelques souvenirs littéraires le font naître chaque fois pour un nouveau destin.*

L'amour est une surprise. Par la force du regard, pupille acérée de flèches, iris profond comme un poison :

le breuvage amoureux
Qu'à longs traits me versait une œillade...

L'Amour enfant, taquin et aveugle, assiste à la rencontre, et incarne ce hasard malin qui va bouleverser la vie de l'amant. Capricieux, indifférent, il répare la corde de son arc avec les cheveux de Cassandre, ou remplit son carquois des traits lumineux que dardent les yeux d'Hélène. Maître du monde, pourtant, et qui soudain délaisse ces jeux pour se transformer en divinité cosmique. En vain le poète s'efforce de lui échapper.

Contrainte plutôt que joie, cet amour ne rompt pas la solitude. La dame est une Méduse, une Sirène, un rocher. L'altière Cassandre, Marie la paysanne, ingénue et rouée, Hélène l'insensible, qui méprise l'amour, sont toutes des inhumaines, au « cœur nonchalant, revêche et rigoureux ». Ronsard en effet chante surtout l'amour impossible, le seul possible en littérature. Dotées de dangereux pouvoirs, ces cruelles mêlent la flamme et la glace, l'obscur et la lumière, et entraînent le malheureux poète au-delà des contraires, dans une totale révolution. Il éprouve des impressions d'angoisse et d'étouffement,

Et ce penser qui me suit et resuit
Presse mon cœur plus fort qu'une tenaille,

et souffre l'obsession comme une expérience de l'agonie. Les termes limer, mordre, ronger, évoquent cette lente destruction par soi-même. Pratiquée avec une lucidité que le poète déplore, l'introspection n'exorcise pas sa peine, elle la multiplie. Il est possédé par cet Amour qui parfois fait figure de démon, et qui le plonge dans la folie et la fureur. Dépossédé, à en mourir :

Je deviens fol, je perds toute raison...
Plus en moi je ne suis.

Le monde aussi se dérobe, lorsque la dame ne le lui transmet pas, et le printemps sans elle « est une dure plaie ».

La personnalité se défait, et le poète recherche l'autre moi, dont la dame s'est emparée, car « toujours l'amant vit en l'aimée ». Sans cesse il la contemple, en quête de lui-même. Mais cette nostalgie de l'unité perdue — variante du mythe de l'Androgyne — se heurte à l'impossible communication entre les êtres. Hélène est si différente de lui, dans sa présence hostile. Il reste partagé, et l'antithèse traduit ces fluctuations entre des pôles contradictoires, désir furieux et goût du néant, et surtout souffrance et jouissance.

Car ce mal n'est pas sans douceur. Comme Pétrarque, Ronsard savoure le paradoxe du « doux venin », du « feu doux-amer ». Les termes se pénètrent, les vers se croisent :

Autant me plaît le plaisir que la peine,
La peine autant comme fait le plaisir.

Les trouvères éprouvaient déjà cette volupté de souffrir, qui est à la fois le bonheur de se plaindre et l'éveil à une vie plus aiguë, grâce au jeu des contraires.

Plus originale, et propre au tempérament de Ronsard, la projection de sa passion dans une nature voluptueuse est source d'autres plaisirs. La nature est l'image de la dame, et le poète retrouve dans cette possession des joies que la belle lui refuse. L'Anjou se peuple de chimères, et la métaphore est jouissance :

Quand je sens, parmi les prés
    Diaprés,
Les fleurs dont la terre est pleine,
Lors je fais croire à mes sens
    Que je sens
La douceur de son haleine.

Il arrive que la nature reste insensible à l'émotion humaine : le poète alors va « seul et pensif » dans un monde qui l'ignore, qui préexiste à l'individu, et qui reçoit sans rien donner. Mais le plus souvent elle semble animée de la même impatience sensuelle. La vigne enlace les ormeaux, et l'animal est libre pour d'innocentes amours. Par la vision de la femme, le poète s'unit alors à la nature, géante dont le corps « ressemble une belle prairie ». Dans ce paradis retrouvé grâce à l'amour et à ses tourments vit celui que Ronsard *aurait pu être, le « pauvre inconnu », heureux aux côtés de* Marie. *Il la suit dans ce paysage rarement décrit, lignes courbes et féminines, ou chant d'une nature que le poète rend lyrique.*

Ronsard *est conscient du caractère illusoire de ces joies, mais il l'admet avec humour, parce que la passion est fantasme :*

S'abuser en amour n'est pas mauvaise chose.

Il ne les doit qu'à lui-même. Comblé parce que poète. La transposition esthétique est donc nécessaire à la jouissance amoureuse, et la contemplation de la beauté est le thème majeur des Amours, *qui s'exprime avec force, comme un ravissement et une extase. Ces évocations sont parfois minutieuses, inépuisables.* Ronsard *crée longuement ces figures féminines, sans se soucier de leur type individuel. Il voit en elles la beauté qu'aimaient les artistes de son temps, les peintres de* Fontainebleau, *mais plus encore le modèle idéal, le patron interne auquel il n'a cessé de se référer. Il les farde, comme le faisaient les peintres maniéristes, pose des lèvres coralines sur un teint d'aurore ou de rose. Il les dessine longues, sœurs des Dianes forestières, et leur sculpte gorge de marbre ou d'ivoire. Elles ne sont plus Marie, Astrée ou Sinope, mais l'éternel féminin, souvent magnifié par le mythe. La comparaison avec Vénus éternise cette beauté presque divine, et le visage de Cassandre et d'Hélène remonte à la légende troyenne. Revêtues d'images florales, ces maniérées ont comme les dieux pouvoir sur la nature et suscitent l'éternel renouveau :*

Un beau Printemps s'engendra de sa face.

Ronsard s'éprend des beautés qu'il a faites. Il leur donne le soleil et la lune, un front comme « un beau ciel éclairci », des astres jumeaux, et malgré quelques inconséquences, blonde chevelure de comète. Elles lui appartiennent. Il les contemple dans des poses abandonnées ou lascives

> Un somme languissant la tenait mi-penchée
> Dessus le coude droit, fermant sa belle bouche,

et il les sait vivantes. L'exubérance vitale anime leurs chevelures liquides, noyées dans une profusion de volutes, et comme douées d'une vie autonome. Ces « glissantes ondes » sont une masse amorphe que l'esthète rythme à sa guise, resserre ou fait glisser comme un drapé.

Mais Pygmalion était-il heureux ? Un Pygmalion tonsuré, voué par sa condition de clerc au célibat, et aux amours de tête ou de passage ? Même s'il dissimule cette semi-frustration sous un platonisme de belle allure ?

Certains sonnets des Amours *ont un accent authentiquement platonicien. Par la contemplation de la beauté féminine, le poète entrevoit le beau absolu qu'il a jadis connu au royaume des Idées, avant sa propre incarnation. Ce souvenir d'un paradis perdu donne à l'expression du désir une teinte de nostalgie. L'amour devient une initiation, qui élève l'esprit « outre le ciel », et qui révèle le bien suprême,*

> L'autre beauté dont la tienne est venue.

Le poète ressent douloureusement le poids du corps, et souhaite le retour à l'asile primitif :

> Je veux brûler pour m'envoler aux cieux,
> Tout l'imparfait de mon écorce humaine.

Hélène surtout rayonne d'une vertu qui pourrait entraîner son amant dans une aventure spirituelle.

Mysticisme ou mystification? Quelques élans ne font pas un croyant, et le platonisme de Ronsard est épisodique. Même les sonnets où le poète sacrifie à cette mode ont un parfum d'hérésie. Écoutons-le chanter l' « Androgyne lien », le mythe que Platon avait développé dans Le Banquet. *L'union des âmes recrée l'unité initiale, sans doute, mais ces joies pures, avoue le poète à Cassandre,*

> Ne me pourraient ma douleur conforter,
> Sans espérer quelque jour de tâter
> Ton paradis, où les Amours se logent.

Le toucher, sens décrié dans la hiérarchie néo-platonicienne, ne lui semble pas à dédaigner, non plus que l'odorat, autre sens dit vulgaire, et qui l'égare dans les flots d'une chevelure parfumée. Écoutons-le encore reprocher à Astrée de n'aimer « qu'en idées », et à Hélène de trahir le physique pour la métaphysique. Les amants ronsardiens ne s'aiment pas en Platon, et le poète regrette de ne pas avoir « mille yeux et mille mains », « pour voir et pour toucher ». Montaigne ne dira pas mieux.

Le matérialisme sensualiste de Ronsard s'exprime sans équivoque. L'esprit ne peut rien que par le corps, le poète le répète à Hélène sur le ton de l'agacement. Il en fait l'expérience à la mort de Marie; malgré les formules chrétiennes dont ces sonnets abondent, Ronsard a peine à suivre l'esprit de la jeune morte au royaume éthéré. Elle lui échappe, et il ne la retrouve, un instant, que par le souvenir de son enveloppe charnelle, lorsqu'il évoque son rire et son regard.

Marie se dérobe dans la mort, les autres dans un refus mêlé de coquetterie. La déception de Ronsard, l'insuffisance du platonisme comme de la transposition esthétique, apparaissent à sa misogynie de plus en plus farouche. Aux femmes, Ronsard reproche tout, leur infidélité foncière, leur vénalité, leur ruse, qui n'est pas incompatible avec la sottise, car elles choisissent mal leurs amants. Par quelle distraction fatale le créateur a-t-il produit un « si fier animal » ? L'histoire est faite des catastrophes que ces créatures ont suscitées. Les plus célèbres, Hélène ou Pénélope, sont aussi les plus dévergondées.

Là s'exprime l'opinion de Ronsard, dans ces réquisitoires, dans ces cris de dépit, non pas dans les nombreux hommages à la suzeraine et à l'idole, ou dans les serments de fidélité. Ronsard soudain se voit dans le rôle du parfait amant, soumis et timide, se juge ridicule, et le déclare tout net à Sinope et à Cassandre. Même Pétrarque, dit-il, n'a pas perdu son temps « au giron d'une vieille maîtresse ». Si Ronsard pratique à ses heures le vol, l'échange et l'esclavage des cœurs, il ne prend guère au sérieux ce jeu pétrarquiste, et d'autres poèmes rendent un son bien différent. Il est lui-même lorsqu'il confesse ne pas s'embarrasser d'une « sotte loyauté », ou quand il glisse d'une même inclination vers les trois sœurs Dupin. Et sans doute le lecteur moderne préfère-t-il ces accès de franchise à un pétrarquisme inconditionnel où le poète se guinderait sur de grands sentiments.

C'est l'échec du pur amour, fidèle et platonique, et à l'élan vers l'Idée s'oppose la chute finale, épicurienne, de certaines odes, où la réalité du désir s'exprime crûment. L'échec de la contemplation, même créatrice de figures quasi-divines. Leur idéale beauté ne lui suffit pas :

Qu'est-ce parler d'Amour sans point faire l'amour,
Sinon voir le Soleil sans aimer sa lumière ?

Il redoute la solitude physique, le « lit désert » où il est « veuf », et rêve de s'anéantir entre les bras de sa dame. Cette fougue est plus vive dans le premier recueil, les Amours de Cassandre, *mais elle ne s'apaise pas dans les poèmes de l'automne. Ronsard se sait « grison », bientôt « fantôme sans os », et avoue la difficulté qu'il éprouve à se hisser jusqu'à la chambre d'Hélène, au dernier étage du Louvre. Cette imminence du néant rend plus aiguë la conscience du seul absolu, le plaisir, forme pleine et suffisante de l'instant. Certes* Ronsard *rusait depuis longtemps avec la condition humaine, et s'essayait à regagner en intensité ce que la nature lui dénie en durée. Il en avait invité plus d'une à cueillir les roses de la vie, et dans chacun de ces appels se mêlaient le frisson du désir et celui de la mort. Mais dans les* Sonnets pour Hélène *l'évocation de la « vieille accroupie » ou de sa « chair si moisie » n'est plus littérature. C'est la réalité bientôt quotidienne, et que le poète ne projette même pas dans la lointaine propreté de la mort. Or cette menace attise le désir.*

Désirs sur fond d'absence, plus violents d'être déçus par les refus, frustrés par la fuite du temps, trahis par l'amertume que le poète découvre à toute saveur terrestre. Désirs au futur,

> Verrai-je point qu'en ses bras enlacé,
> Recru d'amour, tout pantois et lassé,
> D'un beau trépas entre ses bras je meure?

plus souvent au conditionnel, ombres d'un souhait ou d'un regret. S'il était un lierre et elle une colonne, s'il eût été Pâris, et elle Hélène : possibles qui dérivent vers l'irréel de la légende. Leur domaine est le songe, car l'onirisme est un des principaux composants de l'érotique ronsardienne, ou un passé que Ronsard *refait à sa guise, par exemple, dans un sonnet à Cassandre, un Moyen Age de paladins galants. Le poète sait que tout son réconfort « ne dépend que du songe », parce que sa dame le repousse, et plus radicalement parce que la communion amoureuse n'est qu'une illusion de l'instant. Lucrèce le reconnaissait avec le même pessimisme. De la vision nocturne au fantasme éveillé, où est la limite ?* Ronsard *rêve sa vie amoureuse, de toute la violence de ses sens.*

Telle est la fonction du style précieux dans les Amours *: évoquer par le mystère de l'image, par la pointe et le contrepoint, la qualité particulière de cet amour ambigu, un songe qui* *enflamme le corps. A quoi bon, dira-t-on, cet arsenal de flèches et de brandons, cette pharmacopée de filtres et de poisons? Ces emprunts à l'Olympe, et tout ce répertoire de thèmes pétrarquistes, détachés du contexte d'adoration mystique de la dame qui leur donnait un sens chez Pétrarque et même chez Du Bellay? Mais précisément ils n'ont pas la même signification dans les* Amours, *où ils sont recréés par une ardeur sensuelle. Les métamorphoses révèlent les désirs de l'amant, qui veut être le bouquet dans la main de la dame, l'eau de son bain, ou, nouveau Jupiter, la pluie d'or dans son sein. La référence au mythe n'est pas qu'un ornement, elle est l'expérience d'une autre condition :*

Un demi-dieu me ferait son baiser.

Les niaiseries à la mode, notamment le culte d'un objet appartenant à la dame, doivent une couleur toute différente aux désirs refoulés du poète, qui éprouve une volupté brûlante à ce contact par intermédiaire. Les images sont souvent détournées de leur sens initial. Le combat peut être quelque lutte abstraite entre Beauté et Chasteté, comme chez Pétrarque, mais c'est aussi le combat amoureux, et la mort est l'extase de l'amant. Sans cesse les conventions du monde pétrarquiste sont bousculées par d'autres exigences. La préciosité lui est nécessaire, pour ne pas appauvrir un amour complexe, mais non pas suffisante, à la différence des pétrarquistes de pure souche.

Insatisfait, condamné aux chimères ou à l'âcre plaisir d'instants sans lendemain, où est l'aimable poète de Cassandre, le Ronsard *de la légende, près de sa belle à peine éclose? Attristé du sort des roses, mais sans excès. Oublions l'amertume réelle de cette conception de l'amour. Lui-même nous en donne souvent l'exemple, et les poèmes de l'allégresse sont sans doute les plus beaux des* Amours. *Le lecteur du* XXe *siècle peut apprécier l'expression subtile d'un « amour de loin » par les artifices du pétrarquisme : spontanément, il ira aux sonnets transparents, où affleure un instant de bonheur. Il préférera les aubes et les printemps, l'impérissable jouvence :*

Ne viendra point le temps que dessous les rameaux,
Au matin où l'Aurore éveille toutes choses,
En un Ciel bien tranquille, au caquet des oiseaux,
Je vous puisse baiser à lèvres demi-closes...

Sauf quelques pages de Rousseau, où trouver dans notre littérature les refuges des Amours de Marie, *le plus attachant de ces recueils, leurs coins d'ombre, d'espoir terrestre et de senteur sauvage? Ronsard est un témoin de la joie possible, qui ne lui fut que rarement donnée, et que notre âge a à peu près perdue. Poète des reverdies, dont le chant éveille le murmure de l'arbre et de la source, et fait souhaiter de vivre. Il le dit en termes simples, comme s'il transcrivait une expérience directe, et seul un conditionnel nous avertit que la réalité fut différente :*

Là sans ambitions de plus grands biens avoir,
Contenté seulement de t'aimer et te voir,
Je passerais mon âge...

Il revêt de la même clarté le miracle d'une éternelle jeunesse, don de la poésie :

et tant plus les années
En volant s'enfuiront, et plus votre beauté
Contre l'âge croîtra, vieille en sa nouveauté.

Songe véridique, puisqu'il suscite un monde nécessaire, où l'amour et le renouveau vous convient à l'existence, et où tout se résout en images et en musique.

Le rêve d'amour est donc un aspect de la métamorphose du réel, que le poète assume pour lui et pour les autres. Ronsard en est conscient, qui dans chacun de ces recueils parle de son pouvoir poétique, parfois de son style et de son évolution littéraire. Les Amours de Marie *commencent par une définition de sa nouvelle manière, c'est-à-dire un style tantôt familier et tantôt mignard, « coulant d'un petit bruit ». Marie apparaît, sans doute, mais dans le sillage de la Muse. Ces différents visages de femmes n'ont d'individualité que littéraire. Ils correspondent chacun à un genre de poésie, à un climat, que Ronsard dans les éditions ultérieures accentue encore par le jeu des regroupements et des suppressions. L'histoire littéraire nous trompe : Cassandre n'est pas la fille du banquier Salviati, mais l'occasion d'un recueil où le pétrarquisme apparaît sous sa forme la plus lyrique, où la fougue détermine la structure du sonnet, souvent conçu d'un seul élan, et l'expansion de l'image, d'une strophe à l'autre. Marie est née d'un besoin de renouvellement. Il était bon de mener par des voies plus champêtres un public que les difficultés du précédent recueil avaient lassé. Ronsard lut des odelettes et des épigrammes, des chansons à boire, et à aimer, qui fixèrent le destin de l'Angevine. Quant à* Hélène, *la préciosité quintessenciée était à la mode, les petits billets sur des grandes* Idées. *Mlle de Surgères en fit les frais, elle fut platonicienne et minaudière, et Ronsard de surcroît le lui reprocha. Toutes, elles furent au service de la poésie, et Ronsard sans vergogne les traite en sujets littéraires :*

> Quel sujet plus fertil saurai-je mieux choisir
> Que le sujet qui fut d'Homère le plaisir,
> Cette toute divine et vertueuse Hélène?

Leur seule rivale, durable et presque conjugale, c'est la Muse.

N'en concluons pas qu'elles ne furent que des prétextes. Chaque fois, le miracle poétique semble avoir confondu la jeune vivante et le halo de mythes dont l'imagination de Ronsard l'entourait. Rêve et réalité, elles sont la vie, recréée par la poésie, de même qu'il est poète et amoureux, au-delà de la banale sincérité.

Qu'a-t-il apporté à la poésie d'amour ? Une analyse de la passion et de ses souffrances ? Catulle ou Properce ne l'avaient pas attendu. L'aveu sincère de ses hésitations entre le ferme amour et l'inconstance ? Marot comme lui allait et venait de l'une à l'autre inspiration, refusant un choix qui l'eût appauvri. La création d'un paysage affectif, par l'obsession et le symbole ? Pétrarque lui en donnait l'exemple. Un jeu formel, une recherche de l'inattendu, de la métaphore étrange ou de l'antithèse choquante ? Mais chaque siècle a ses précieux. Non, ce ton unique, ce son de voix propre au chantre des Amours, *percevons-le plutôt dans ce rêve que le poète substitue à une réalité défaillante, dans ce bonheur fictif, mais total, élan des sens, musique et poésie. Amours imparfaites d'un être souvent déçu, mais « amours du poète », qui connaît d'autres joies. Malgré sa vision pessimiste des rapports humains, malgré sa réflexion désabusée — et très moderne — sur les illusions pathologiques de la passion, Ronsard a chanté l'amour parce qu'il est l'acte poétique par excellence.*

Françoise Joukovsky

Les Amours

VŒU

1552

Divines Sœurs, qui sur les rives molles
De Castalie, et sur le mont natal,
Et sur le bord du chevalin cristal [1]
M'avez d'enfance instruit en vos écoles;
Si tout ravi des sauts de vos caroles *,
D'un pied nombreux j'ai guidé votre bal,
Plus dur qu'en fer, qu'en cuivre et qu'en métal,
Dans votre Temple engravez ces paroles :

Ronsard, afin que le siècle avenir
De temps en temps se puisse souvenir
Que sa jeunesse à l'amour fit hommage,
De la main dextre append à votre autel
L'humble présent de son livre immortel
Son cœur de l'autre aux pieds de cette image.

LE PREMIER LIVRE DES AMOURS

Amours de Cassandre[1]

I

1552

Qui voudra voir comme Amour me surmonte,
Comme il m'assaut, comme il se fait vainqueur,
Comme il renflamme et r'englace mon cœur,
Comme il reçoit un honneur de ma honte;
Qui voudra voir une jeunesse prompte
A suivre en vain l'objet de son malheur,
Me vienne lire : il verra la douleur,
Dont ma Déesse et mon Dieu ne font compte.
Il connaîtra qu'Amour est sans raison,
Un doux abus, une belle prison,
Un vain espoir qui de vent nous vient paître;
Et connaîtra que l'homme se deçoit *,
Quand plein d'erreur un aveugle il reçoit
Pour sa conduite, un enfant pour son maître.

Les astérisques renvoient au glossaire qui figure p. 420.

II

1552

Nature ornant Cassandre qui devait
De sa douceur forcer les plus rebelles,
La composa de cent beautés nouvelles
Que dès mille ans en épargne elle avait.
De tous les biens qu'Amour-oiseau couvait
Au plus beau Ciel chèrement sous ses ailes,
Elle enrichit les grâces immortelles
De son bel œil, qui les Dieux émouvait.
Du Ciel à peine elle était descendue
Quand je la vis, quand mon âme éperdue
En devint folle, et d'un si poignant * trait
Amour coula ses beautés en mes veines,
Qu'autres plaisirs je ne sens que mes peines,
Ni autre bien qu'adorer son portrait.

III

1552

Entre les rais * de sa jumelle flamme
Je vis Amour qui son arc débandait,
Et dans mon cœur le brandon * épandait,
Qui des plus froids les moelles enflamme :
Puis en deux parts près les yeux de ma Dame
Couvert de fleurs un reth * d'or me tendait,
Qui tout crépu sur sa face pendait
A flots ondés pour enlacer mon âme.
Qu'eussé-je fait ? l'Archer était si doux,
Si doux son feu, si doux l'or de ses nouds
Qu'en leurs filets encore je m'oublie.
Mais cet oubli ne me travaille point,
Tant doucement le doux Archer me poingt *,
Le feu me brûle, et l'or crêpe * me lie.

IV 1552

Je ne suis point, ma guerrière Cassandre,
Ni Myrmidon, ni Dolope soudard,
Ni cet Archer [1], dont l'homicide dard
Tua ton frère et mit ta ville en cendre.
Un camp armé pour esclave te rendre
Du port d'Aulide [2] en ma faveur ne part,
Et tu ne vois au pied de ton rempart
Pour t'enlever mille barques descendre.
Hélas! je suis ce Corèbe [3] insensé,
Dont le cœur vit mortellement blessé,
Non de la main du Grégeois Pénélée,
Mais de cent traits qu'un Archerot vainqueur
Par une voie en mes yeux recelée,
Sans y penser me tira dans le cœur.

V 1552

Je parangonne * au Soleil que j'adore
L'autre Soleil. Cestui-là de ses yeux
Enlustre, enflamme, enlumine les Cieux,
Et cestui-ci notre France décore.
Tous les présents du coffre de Pandore [4],
Les Éléments, les Astres et les Dieux,
Et tout cela que Nature a de mieux,
Ont embelli le sujet que j'honore.
Ha! trop heureux si le cruel Destin
N'eût emmuré d'un rempart aimantin *
Si chaste cœur dessous si belle face,
Et si mon cœur de mon sein arraché
Ne m'eût trahi, pour se voir attaché
De clous de feu sur le froid de sa glace!

VI 1552

Ces liens d'or, cette bouche vermeille,
Pleine de lis, de roses et d'œillets,
Et ces sourcils deux croissants nouvelets,
Et cette joue à l'Aurore pareille;
Ces mains, ce col, ce front, et cette oreille,
Et de ce sein les boutons verdelets,
Et de ces yeux les astres jumelets,
Qui font trembler les âmes de merveille,
Firent nicher Amour dedans mon sein,
Qui gros de germe avait le ventre plein
D'œufs non formés qu'en notre sang il couve.
Comment vivrai-je autrement qu'en langueur,
Quand une engeance immortelle je trouve,
D'Amours éclos et couvés en mon cœur?

VII 1552

Bien qu'il te plaise en mon cœur d'allumer,
Cœur ton sujet, lieu de ta seigneurie,
Non d'une amour, ainçois * d'une Furie
Le feu cruel pour mes os consumer,
Le mal qui semble aux autres trop amer,
Me semble doux, aussi je n'ai envie
De me douloir * : car je n'aime ma vie,
Sinon d'autant qu'il te plaît de l'aimer.
Mais si le Ciel m'a fait naître, Madame,
Pour ta victime, en lieu de ma pauvre âme,
Sur ton autel j'offre ma loyauté.
Tu dois plutôt en tirer du service,
Que par le feu d'un sanglant sacrifice
L'immoler vive aux pieds de ta beauté.

VIII

1552

Lors que mon œil pour t'œillader s'amuse,
Le tien habile à ses traits décocher,
Par sa vertu m'empierre en un rocher
Comme au regard d'une horrible Méduse [1];
Si d'art subtil en te servant je n'use
L'outil des Sœurs [2] pour ta gloire ébaucher,
Qu'un seul Tuscan [3] est digne de toucher,
Ta cruauté soi-même s'en accuse.
Las, qu'ai-je dit? dans un roc emmuré,
En te blâmant je ne suis assuré,
Tant j'ai grand-peur des flammes de ton ire,
Et que mon chef par le feu de tes yeux
Soit diffamé *, comme les monts d'Epire [4]
Sont diffamés par la foudre des Cieux.

IX

1552

Le plus touffu d'un solitaire bois,
Le plus aigu d'une roche sauvage,
Le plus désert d'un séparé rivage,
Et la frayeur des antres les plus cois *,
Soulagent tant mes soupirs et ma voix,
Qu'au seul écart d'un plus secret ombrage
Je sens guérir cette amoureuse rage,
Qui me raffole au plus vert de mes mois.
Là renversé dessus la terre dure,
Hors de mon sein je tire une peinture,
De tous mes maux le seul allégement,
Dont les beautés par Denisot [5] encloses,
Me font sentir mille métamorphoses
Tout en un coup d'un regard seulement.

X

1552

Amour me paît d'une telle Ambrosie
Que je ne suis en ce monde envieux
De la liqueur, dont le Père des Dieux
Chez l'Océan sa bouche rassasie[1].
Celle qui tient ma liberté saisie,
Voire mon cœur ès * prisons de ses yeux,
Soûle * ma faim d'un fruit si précieux,
Que d'autre bien ne vit ma fantaisie.
De l'avaler je ne me puis lasser,
Tant le plaisir d'un variant penser
Mon appétit nuit et jour fait renaître.
Et si le fiel n'ammodérait un peu
Le doux du miel dont mon cœur est repeu,
Entre les Dieux, Dieu je ne voudrais être.

XI

1552

Ah! traître Amour, donne-moi paix ou trêve,
Ou choisissant un autre trait plus fort,
Tranche ma vie, et m'avance la mort;
Douce est la mort d'autant plus qu'elle est brève.
Un soin * fécond en mon penser s'élève,
Qui mon sang hume, et l'esprit me remord,
Et d'Ixion[2] me fait égal au sort,
De qui jamais la peine ne s'achève.
Que dois-je faire? Amour me fait errer
Si hautement, que je n'ose espérer
De mon salut qu'une langueur extrême.
Puisque mon Dieu ne me veut secourir,
Pour me sauver il me plaît de mourir,
Et de tuer la mort par la mort même.

XII

1552

J'espère et crains, je me tais et supplie,
Or' *, je suis glace et ores un feu chaud,
J'admire tout et de rien ne me chaut,
Je me délace et mon col je relie.
Rien ne me plaît sinon ce qui m'ennuie;
Je suis vaillant et le cœur me défaut *,
J'ai l'espoir bas, j'ai le courage haut,
Je doute * Amour et si * je le défie.
Plus je me pique, et plus je suis rétif,
J'aime être libre, et veux être captif,
Tout je désire, et si n'ai qu'une envie.
Un Prométhée [1] en passions je suis :
J'ose, je veux, je m'efforce, et ne puis,
Tant d'un fil noir la Parque ourdit * ma vie.

XIII

1552

Pour aller trop tes beaux soleils aimant,
Non pour ravir leur divine étincelle,
Contre le roc de ta rigueur cruelle
Amour m'attache à mille clous d'aimant.
En lieu d'un Aigle, un Soin * cruellement
Souillant sa griffe en ma plaie éternelle,
Ronge mon cœur, et si * ce Dieu n'appelle
Ma Dame, afin d'adoucir mon tourment.
Mais de cent maux, et de cent que j'endure,
Fiché, cloué dessus ta rigueur dure,
Le plus cruel me serait le plus doux,
Si j'espérais après un long espace
Venir à moi l'Hercule de ta grâce,
Pour délacer le moindre de mes nouds.

XIV

1552

Je vis tes yeux dessous telle planète,
Qu'autre plaisir ne me peut contenter,
Sinon tout seul en soupirant chanter,
« Allège-moi * ma plaisante brunette. »
O liberté, combien je te regrette!
Combien le jour que je vis t'absenter,
Pour me laisser sans espoir tourmenter
En l'espérance où si mal on me traite!
L'an est passé le vingt-unième jour
Du mois d'avril, que je vins au séjour
De la prison où les Amours me pleurent;
Et si * ne vois, tant les liens sont forts,
Un seul moyen pour me tirer dehors,
Si par la mort toutes mes morts ne meurent.

XV

1552

Ha! qu'à bon droit les Charites [1] d'Homère
Un fait soudain comparent au penser,
Qui parmi l'air peut de loin devancer
Le Chevalier [2] qui tua la Chimère!
Si tôt que lui une nef passagère
De mer en mer ne pourrait s'élancer,
Ni par les champs ne le saurait lasser,
Du faux et vrai la prompte messagère.
Le vent Borée ignorant le repos,
Conçut le mien de nature dispos,
Qui dans le Ciel et par la mer encore
Et sur les champs animé de vigueur,
Comme un Zéthès [3], s'envole après mon cœur,
Qu'une Harpie en se jouant dévore.

XVI 1552

Je veux pousser par la France ma peine,
Plus tôt qu'un trait ne vole au décocher;
Je veux de miel mes oreilles boucher,
Pour n'ouïr plus la voix de ma Sereine.
Je veux muer mes deux yeux en fontaine,
Mon cœur en feu, ma tête en un rocher,
Mes pieds en tronc, pour jamais n'approcher
De sa beauté si fièrement humaine.
Je veux changer mes pensers en oiseaux,
Mes doux soupirs en Zéphyres nouveaux,
Qui par le monde éventeront ma plainte.
Je veux du teint de ma pâle couleur,
Aux bords du Loir enfanter une fleur,
Qui de mon nom et de mon mal soit peinte.

XVII 1552

Le Destin veut qu'en mon âme demeure
L'œil, et la main, et le poil délié,
Qui m'ont si fort brûlé, serré, lié,
Qu'ars *, prins *, lassé, par eux faut que je meure.
Le feu, la prise, et le ret à toute heure,
Ardant, pressant, nouant mon amitié,
En m'immolant aux pieds de ma moitié,
Font par la mort, ma vie être meilleure.
Œil, main et poil, qui brûlez et gênez,
Et enlacez mon cœur que vous tenez
Au labyrint de votre crêpe * voie,
Que ne puis-je être Ovide bien disant?
Œil tu serais un bel Astre luisant,
Main un beau lis, poil un beau ret * de soie.

XVIII

1552

Une beauté de quinze àns enfantine,
Un or frisé de maint crêpe * anelet,
Un front de rose, un teint damoiselet,
Un ris qui l'âme aux Astres achemine;
Une vertu de telle beauté digne,
Un col de neige, une gorge de lait,
Un cœur jà mûr en un sein verdelet,
En Dame humaine une beauté divine;
Un œil puissant de faire jours les nuits,
Une main douce à forcer les ennuis,
Qui tient ma vie en ses doigts enfermée;
Avec un chant découpé doucement
Or' * d'un souris, or' d'un gémissement,
De tels sorciers ma raison fut charmée.

XIX

1552

Avant le temps tes temples * fleuriront,
De peu de jours ta fin sera bornée,
Avant le soir se clora ta journée,
Trahis d'espoir tes pensers périront;
Sans me fléchir tes écrits flétriront,
En ton désastre ira ma destinée,
Pour abuser les poëtes je suis née,
De tes soupirs nos neveux se riront.
Tu seras fait du vulgaire la fable,
Tu bâtiras sus l'incertain du sable,
Et vainement tu peindras dans les Cieux!
Ainsi disait la Nymphe qui m'affole,
Lors que le Ciel témoin de sa parole,
D'un dextre éclair fut présage à mes yeux.

XX

1552

Je voudrais bien richement jaunissant
En pluie d'or goutte à goutte descendre
Dans le giron de ma belle Cassandre,
Lors qu'en ses yeux le somme va glissant [1].
Puis je voudrais en taureau blanchissant
Me transformer pour sur mon dos la prendre,
Quand en avril par l'herbe la plus tendre
Elle va, fleur, mille fleurs ravissant [2].
Je voudrais bien pour alléger * ma peine,
Etre un Narcisse et elle une fontaine,
Pour m'y plonger une nuit à séjour;
Et si voudrais que cette nuit encore
Fût éternelle, et que jamais l'Aurore
Pour m'éveiller ne rallumât le jour.

XXI

1552

Qu'Amour mon cœur, qu'Amour mon âme sonde,
Lui qui connaît ma seule intention,
Il trouvera que toute passion
Veuve d'espoir par mes veines abonde.
Mon Dieu, que j'aime! Est-il possible au monde,
De voir un cœur si plein d'affection,
Pour la beauté d'une perfection,
Qui m'est dans l'âme en plaie si profonde?
Le cheval noir qui ma Reine conduit,
Suivant le traq * où ma chair la séduit,
A tant erré d'une vaine traverse,
Que j'ai grand-peur, si le blanc ne contraint
Sa course folle, et ses pas ne refraint
Dessous le joug, que ma raison ne verse [3].

XXII

1552

Cent et cent fois penser un penser même,
A deux beaux yeux montrer à nu son cœur,
Boire toujours d'une amère liqueur,
Manger toujours d'une amertume extrême;
Avoir et l'âme et le visage blême,
Plus soupirer moins fléchir la rigueur,
Mourir d'ennui, receler sa langueur,
Du vueil d'autrui des lois faire à soi-même;
Un court dépit, une aimantine * foi,
Aimer trop mieux son ennemi que soi,
Se peindre au front mille vaines figures,
Vouloir crier et n'oser respirer,
Espérer tout et se désespérer,
Sont de ma mort les plus certains augures.

XXIII

1552

Ce beau corail, ce marbre qui soupire
Et cet ébène ornement du sourcil,
Et cet albâtre en voûte raccourci,
Et ces saphirs, ce jaspe et ce porphyre,
Ces diamants, ces rubis, qu'un Zéphyre
Tient animés d'un soupir adouci,
Et ces œillets et ces roses aussi,
Et ce fin or, où l'or même se mire,
Me sont dans l'âme en si profond émoi,
Qu'un autre objet ne se présente à moi,
Sinon, Belleau, leur beauté que j'honore,
Et le plaisir qui ne se peut passer
De les songer, penser et repenser,
Songer, penser et repenser encore.

XXIV

1552

Tes yeux courtois me promettent le don
Qu'à demander je n'eusse pris l'audace,
Mais j'ai grand-peur qu'ils tiennent de la race
De ton aïeul le Roi Laomédon [1].
Au flamboyer de leur double brandon *
Par le penser l'espérance m'embrasse,
Jà * prévoyant, abusé de leur grâce,
Que mon service aura quelque guerdon *.
Ta bouche seule en parlant m'épouvante,
Bouche prophète, et qui vraie me chante
Tout le rebours de tes yeux amoureux.
Ainsi je vis, ainsi je meurs en doute,
L'un me rappelle et l'autre me reboute,
D'un seul objet heureux et malheureux.

XXV

1552

Tes deux yeux bruns, deux flambeaux de ma vie
Dessus les miens répandant leur clarté,
Ont esclavé ma jeune liberté,
Pour la damner en prison asservie.
Par ces yeux bruns ma raison fut ravie,
Et quelque part qu'Amour m'ait arrêté,
Je ne sus voir ailleurs autre beauté,
Tant ils sont seuls mon bien et mon envie.
D'un autre espron mon maître ne me poind *,
Autres pensers en moi ne logent point,
D'un autre feu ma Muse ne s'enflamme;
Ma main ne sait cultiver autre nom,
Et mon papier ne s'émaille, sinon
De leurs beautés que je sens dedans l'âme.

XXVI

1552

Plus tôt le bal de tant d'astres divers
Sera lassé, plus tôt la Mer sans onde,
Et du Soleil la fuite vagabonde
Ne courra plus en tournant de travers;
Plus tôt des Cieux les murs seront ouverts,
Plus tôt sans forme ira confus le monde,
Que je sois serf d'une maîtresse blonde,
Ou que j'adore une femme aux yeux verts.
O bel œil brun, que je sens dedans l'âme,
Tu m'as si bien allumé de ta flamme,
Qu'un autre œil vert n'en peut être vainqueur!
Voire si fort qu'en peau jeune et ridée,
Esprit dissout, je veux aimer l'idée
Des beaux yeux bruns, les soleils de mon cœur.

XXVII

1552

Bien mille fois et mille j'ai tenté
De fredonner sur les nerfs de ma Lyre,
Et mille fois en cent papiers écrire
Le nom qu'Amour dans le cœur m'a planté.
Mais tout soudain je suis épouvanté,
Car son beau nom qui l'esprit me martyre
Hors de moi-même étonné me retire,
De cent fureurs brusquement tourmenté.
Je suis semblable à la Prêtresse [1] folle,
Qui bègue perd la voix et la parole,
Dessous le Dieu qui lui brouille le sein.
Ainsi troublé de l'amour qui me touche,
Fol et béant je n'ouvre que la bouche,
Et sans parler ma voix se perd en vain.

XXVIII

1552

Injuste Amour, fusil de toute rage,
Que peut un cœur soumis à ton pouvoir,
Quand il te plaît par les sens émouvoir
Notre raison qui préside au courage?
Je ne vois pré, fleur, antre ni rivage,
Champ, roc ni bois ni flots dedans le Loir,
Que peinte en eux, il ne me semble voir
Cette beauté qui me tient en servage.
Ores en forme ou d'un foudre allumé,
Ou d'un torrent, ou d'un tigre affamé,
Par fantaisie Amour de nuit les guide.
Mais quand ma main en songe les poursuit,
Le feu, la nef, et le torrent me fuit,
Et pour le vrai je ne prends que le vide.

XXIX

1552

Si mille œillets, si mille lis j'embrasse,
Entortillant mes bras tout à l'entour,
Plus fort qu'un cep, qui d'un amoureux tour
La branche aimée en mille plis enlace;
Si le souci ne jaunit plus ma face,
Si le plaisir fait en moi son séjour,
Si j'aime mieux les ombres que le jour,
Songe divin, ce bien vient de ta grâce.
Suivant ton vol je volerais aux cieux.
Mais son portrait qui me trompe les yeux,
Fraude toujours ma joie entre-rompue.
Puis tu me fuis au milieu de mon bien,
Comme un éclair qui se finit en rien,
Ou comme au vent s'évanouit la nue.

XXX 1552

Ange divin, qui mes plaies embâme,
Le truchement et le héraut des dieux,
De quelle porte es-tu coulé des cieux,
Pour soulager les peines de mon âme?
Toi, quand la nuit par le penser m'enflamme,
Ayant pitié de mon mal soucieux,
Ore en mes bras, ore devant mes yeux,
Tu fais nager l'idole * de ma Dame.
Demeure, Songe, arrête encore un peu!
Trompeur, attends que je me sois repeu
Du vain portrait dont l'appétit me ronge.
Rends-moi ce corps, qui me fait trépasser,
Sinon d'effet, souffre au moins que par songe
Toute une nuit je le puisse embrasser.

XXXI 1552

Légers Démons [1] qui tenez de la terre,
Et du haut ciel justement le milieu,
Postes * de l'air, divins postes de Dieu,
Qui ses secrets nous apportez grand-erre,
Dites, Courriers, ainsi * ne vous enserre
Quelque sorcier dans un cerne de feu,
Rasant nos champs, dites, a'vous point veu
Cette beauté qui tant me fait la guerre?
Si de fortune elle vous voit çà bas,
Libre par l'air vous ne refuirez pas,
Tant doucement sa douce force abuse;
Ou comme moi esclave vous fera
De sa beauté, qui vous transformera
D'un seul regard, ainsi qu'une Méduse.

XXXII

1552

Quand en naissant la Dame que j'adore,
De ses beautés vint embellir les cieux,
Le fils de Rhée appella tous les Dieux,
Pour faire d'elle encore une Pandore [1].
Lors Apollon de quatre dons l'honore,
Or' de ses rais * lui façonnant les yeux,
Or' lui donnant son chant mélodieux,
Or' son oracle et ses beaux vers encore.
Mars lui donna sa fière cruauté,
Vénus son ris *, Dione [2] sa beauté,
Pithon [3] sa voix, Cérès son abondance,
L'Aube ses doigts et ses crins déliés,
Amour son arc, Thétis donna ses pieds,
Clion [4] sa gloire, et Pallas sa prudence.

XXXIII

1552

Je ne serais d'un abusé la fable,
Fable future au peuple survivant,
Si ma raison allait bien ensuivant
L'arrêt fatal de ta voix véritable;
Chaste prophète, et vraiment pitoyable,
Pour m'avertir tu me prédis souvent,
Que je mourrai, Cassandre, en te servant;
Mais le malheur ne te rend point croyable [5].
Le fier * Destin qui trompe mon trépas,
Et qui me force à ne te croire pas,
Pour me piper tes oracles n'accorde.
Puis je vois bien, vu l'état où je suis,
Que tu dis vrai; toutefois je ne puis
D'autour du col me détacher la corde.

XXXIV

1552

Las! je me plains de mille et mille et mille
Soupirs, qu'en vain des flancs je vais tirant,
En ma chaleur doucement respirant
Trempée en l'eau qui de mes pleurs distille.
Puis je me plains d'un portrait inutile,
Ombre du vrai que je suis adorant,
Et de ces yeux qui me vont dévorant
Le cœur brûlé d'une flamme fertile.
Mais par sus tout je me plains d'un penser,
Qui trop souvent dans mon cœur fait passer
Le souvenir d'une beauté cruelle,
Et d'un regret qui me pâlit si blanc,
Que je n'ai plus en mes veines de sang,
Aux nerfs de force, en mes os de mouëlle.

XXXV

1552

Puisse advenir qu'une fois je me venge
De ce penser qui dévore mon cœur,
Et qui toujours comme un lion vainqueur
Le tient, l'étrangle et sans pitié le mange!
Avec le temps le temps même se change;
Mais ce cruel qui suce ma vigueur,
Opiniâtre à garder sa rigueur,
En autre lieu qu'en mon cœur ne se range.
Il est bien vrai qu'il contraint un petit,
Durant le jour son secret appétit,
Et sur mon cœur ses griffes il n'allonge;
Mais quand le soir tient le jour enfermé,
Il sort en quête et lion affamé
De mille dents toute nuit il me ronge.

XXXVI

1552

Pour la douleur qu'Amour veut que je sente,
Ainsi que moi Phébus tu lamentais,
Quand amoureux et banni tu chantais
Pres d'Ilion sur les rives de Xanthe [1].
Pinçant en vain ta lyre blandissante *,
Fleuves et fleurs et bois tu enchantais,
Non la beauté qu'en l'âme tu sentais,
Qui te navrait * d'une plaie aigrissante.
Là de ton teint tu pâlissais les fleurs,
Là les ruisseaux s'augmentaient de tes pleurs,
Là tu vivais d'une espérance vaine.
Pour même nom Amour me fait douloir *
Près de Vendôme au rivage du Loir,
Comme un Phénis [2] renaissant de ma peine.

XXXVII

1552

Ces petits corps [3] qui tombent de travers
Par leur descente en biais vagabonde,
Heurtés ensemble ont composé le monde,
S'entr'accrochant de liens tous divers.
L'ennui, le soin * et les pensers couverts
Tombés épais en mon amour profonde,
Ont accroché d'une agrafe féconde
Dedans mon cœur l'amoureux univers.
Mais s'il advient que ces tresses orines *,
Ces doigts rosins et ces mains ivoirines
Rompent ma trame en servant leur beauté,
Retournerai-je en eau, ou terre, ou flamme ?
Non ! mais en voix qui là-bas de ma Dame
Accusera l'ingrate cruauté.

XXXVIII 1552

Doux fut le trait qu'Amour hors de sa trousse
Tira sur moi; doux fut l'accroissement
Que je reçus dès le commencement,
Pris d'une fièvre autant aigre que douce.
Doux est son ris * et sa voix qui me pousse
L'esprit du corps plein de ravissement,
Quand il lui plaît sur son luth doucement
Chanter mes vers animés de son pouce,
Telle douceur sa voix fait distiller,
Qu'on ne saurait, qui ne l'entend parler,
Sentir en l'âme une joie nouvelle.
Sans l'ouïr, dis-je, Amour même enchanter,
Doucement rire, et doucement chanter,
Et moi mourir doucement auprès d'elle.

XXXIX 1553

Contre mon gré l'attrait de tes beaux yeux
Force mon âme, et quand je te veux dire
Quelle est ma mort, tu ne t'en fais que rire,
Et de mon mal tu as le cœur joyeux.
Puisqu'en t'aimant je ne puis avoir mieux,
Permets au moins, qu'en mourant je soupire.
De trop d'orgueil ton bel œil me martyre,
Sans te moquer de mon mal soucieux.
Moquer mon mal, rire de ma douleur,
Par un dédain redoubler mon malheur,
Haïr qui t'aime et vivre de ses plaintes,
Rompre ta foi, manquer de ton devoir,
Cela, cruelle, hé! n'est-ce pas avoir
Les mains de sang et d'homicide teintes?

XL

1553

Que de Beautés, que de Grâces écloses
Vois-je au jardin de ce sein verdelet
Enfler son rond de deux gazons de lait,
Où des Amours les flèches sont encloses!
Je me transforme en cent métamorphoses,
Quand je te vois, petit mont jumelet,
Ains * du printemps un rosier nouvelet,
Qui le matin caresse de ses roses.
S'Europe avoit l'estomac aussi beau,
Sage, tu pris le masque d'un taureau,
Bon Jupiter, pour traverser les ondes [1].
Le Ciel n'est dit parfait pour sa grandeur.
Lui et ce sein le sont pour leur rondeur;
Car le parfait consiste en choses rondes.

XLI

1552

Quand au matin ma Déesse s'habille,
D'un riche or crêpe * ombrageant ses talons,
Et les filets de ses beaux cheveux blonds
En cent façons ennonde * et entortille,
Je l'accompare à l'écumière fille
Qui or' peignant les siens brunement longs,
Or' les frisant en mille crêpillons,
Passait la mer portée en sa coquille.
De femme humaine encore ne sont pas
Son ris *, son front, ses gestes, ne * ses pas,
Ne de ses yeux l'une et l'autre étincelle.
Rocs, eaux, ne bois, ne logent point en eux,
Nymphe qui ait si folâtres cheveux,
Ni l'œil si beau, ni la bouche si belle.

XLII

1552

Avec les lis les œillets mesliés
N'égalent point le pourpre de sa face;
Ni l'or filé ses cheveux ne surpasse,
Ores * tressés et ores desliés.
De ses couraux * en voûte repliés
Naît le doux ris qui mes soucis efface,
Et à l'envi la terre où elle passe,
Un pré de fleurs émaille sous ses pieds.
D'ambre et de musc sa bouche est toute pleine.
Que dirai plus ? J'ai vu dedans la plaine,
Quand l'air tonnant se crevait en cent lieux,
Son front serein, qui des Dieux s'est fait maître,
De Jupiter rasséréner la destre,
Et tout le ciel obéir à ses yeux.

XLIII

1552

Ores * la crainte et ores l'espérance
De tous côtés se campent en mon cœur :
Ni l'un ni l'autre au combat n'est vainqueur,
Pareils en force et en persévérance.
Ores douteux, ores pleins d'assurance,
Entre l'espoir le soupçon et la peur,
Pour être en vain de moi-même trompeur,
Au cœur captif je promets délivrance.
Verrai-je point avant mourir le temps,
Que je tondrai la fleur de son printemps,
Sous qui ma vie à l'ombrage demeure ?
Verrai-je point qu'en ses bras enlacé,
Recru d'amour, tout pantois et lassé,
D'un beau trépas entre ses bras je meure ?

XLIV

1553

Je voudrais être Ixion et Tantale[1],
Dessus la roue et dans les eaux là-bas,
Et nu à nu presser entre mes bras
Cette beauté qui les anges égale.
S'ainsin * étoit, toute peine fatale
Me serait douce et ne me chaudrait pas,
Non, d'un vautour fussé-je le repas,
Non, qui le roc remonte et redévale[2].
Voir ou toucher le rond de son tétin
Pourrait changer mon amoureux destin
Aux majestés des Princes de l'Asie;
Un demi-dieu me serait son baiser,
Et sein sur sein mon feu désembraser,
Un de ces Dieux qui mangent l'Ambrosie.

XLV

1553

Amour me tue, et si * je ne veux dire
Le plaisant mal que ce m'est de mourir,
Tant j'ai grand-peur qu'on veuille secourir
Le doux tourment pour lequel je soupire.
Il est bien vrai que ma langueur désire
Qu'avec le temps je me puisse guérir;
Mais je ne veux ma Dame requérir
Pour ma santé, tant me plaît mon martyre.
Tais-toi langueur, je sens venir le jour,
Que ma maîtresse après si long séjour,
Voyant le mal que son orgueil me donne,
Qu'à la douceur la rigueur fera lieu,
En imitant la nature de Dieu,
Qui nous tourmente, et puis il nous pardonne.

XLVI 1553

Je veux mourir pour tes beautés, Maîtresse,
Pour ce bel œil, qui me prit à son hain *,
Pour ce doux ris *, pour ce baiser tout plein
D'ambre et de musc, baiser d'une Déesse.
Je veux mourir pour cette blonde tresse,
Pour l'embonpoint de ce trop chaste sein,
Pour la rigueur de cette douce main,
Qui tout d'un coup me guérit et me blesse.
Je veux mourir pour le brun de ce teint,
Pour cette voix, dont le beau chant m'étreint
Si fort le cœur, que seul il en dispose.
Je veux mourir ès * amoureux combats,
Soûlant * l'amour, qu'au sang je porte enclose,
Toute une nuit au milieu de tes bras.

XLVII 1553

Dame, depuis que la première flèche
De ton bel œil m'avança la douleur,
Et que sa blanche et sa noire couleur,
Forçant ma force, au cœur me firent brèche;
Je sens en l'âme une éternelle mèche
Toujours flambante au milieu de mon cœur,
Phare amoureux, qui guide ma langueur
Par un beau feu qui tout le corps me sèche.
Ni nuit ne jour je ne fais que songer,
Limer mon cœur, le mordre et le ronger,
Priant Amour qu'il me tranche la vie.
Mais lui qui rit du tourment qui me poind *,
Plus je l'appelle et plus je le convie,
Plus fait le sourd et ne me répond point.

XLVIII

1553

Ni de son chef le trésor crépelu,
Ni de son ris l'une et l'autre fossette,
Ni le repli de sa gorge grassette,
Ni son menton rondement fosselu,
Ni son bel œil que les miens ont voulu
Choisir pour prince à mon âme sujette,
Ni son beau sein dont l'Archerot me jette
Le plus aigu de son trait émoulu,
Ni son beau corps, le logis des Charites [1],
Ni ses beautés en mille cœurs écrites,
N'ont asservi ma jeune affection.
Seul son esprit, miracle de notre âge,
Qui eut du Ciel tous les dons en partage,
Me fait mourir pour sa perfection.

XLIX

1553

Amour, Amour, que ma maîtresse est belle!
Soit que j'admire ou ses yeux, mes seigneurs,
Ou de son front la grâce et les honneurs,
Ou le vermeil de sa lèvre jumelle.
Amour, Amour, que ma Dame est cruelle!
Soit qu'un dédain rengrège * mes douleurs,
Soit qu'un dépit fasse naître mes pleurs,
Soit qu'un refus mes plaies renouvelle.
Ainsi le miel de sa douce beauté
Nourrit mon cœur; ainsi sa cruauté
D'un fiel amer aigrit toute ma vie;
Ainsi repu d'un si divers repas,
Ores je vis, ores je ne vis pas,
Égal au sort des frères d'Œbalie [2].

L 1553

Cent fois le jour ébahi je repense,
Que c'est qu'Amour, quelle humeur l'entretient,
Quel est son arc, et quelle place il tient
Dedans nos cœurs, et quelle est son essence.
Je connais bien des astres l'influence,
Comme la mer toujours fuit et revient,
Comme en son tout le monde se contient.
Seule me fuit d'Amour la connaissance.
Je suis certain qu'il est un puissant Dieu,
Et que, mobile, ores * il prend son lieu
Dedans mon cœur, et ores dans mes veines;
Que de nature il ne fait jamais bien,
Qu'il porte un fruit dont le goût ne vaut rien,
Et duquel l'arbre est tout chargé de peines.

LI 1553

Mille vraiment, et mille voudraient bien,
Et mille encor ma guerrière Cassandre,
Qu'en te laissant je me voulusse rendre
Franc de ton reth *, pour vivre en leur lien.
Las! mais mon cœur, ainçois * qui n'est plus mien,
En autre part ne saurait plus entendre.
Tu es sa Dame, et mieux voudrait attendre
Dix mille morts, qu'il fût autre que tien.
Tant que la rose en l'épine naîtra,
Tant que d'humeur le Printemps se paîtra,
Tant que les cerfs aimeront les ramées,
Et tant qu'Amour se nourrira de pleurs,
Toujours au cœur ton nom et tes valeurs,
Et tes beautés me seront imprimées.

LII 1552

Avant qu'Amour du Chaos ocieux
Ouvrît le sein qui couvait la lumière,
Avec la terre, avec l'onde première,
Sans art, sans forme, étaient brouillés les Cieux.
Tel mon esprit à rien industrieux,
Dedans mon corps, lourde et grosse matière,
Errait sans forme et sans figure entière,
Quand l'arc d'Amour le perça par tes yeux.
Amour rendit ma nature parfaite,
Pure par lui mon essence s'est faite,
Il me donna la vie et le pouvoir,
Il échauffa tout mon sang de sa flamme,
Et m'agitant de son vol fit mouvoir
Avecques lui mes pensers et mon âme.

LIII 1552

J'ai vu tomber, ô prompte inimitié!
En sa verdeur mon espérance à terre,
Non de rocher, mais tendre comme verre,
Et mes désirs rompre par la moitié.
Dame, où le Ciel logea mon amitié,
Et dont la main toute ma vie enserre,
Pour un flatteur tu me fais trop de guerre,
Privant mon cœur de ta douce pitié.
Or s'il te plaît, fais moi languir en peine,
Tant que la mort me dénerve * et déveine
Je serai tien. Et plus tôt le Chaos
Se troublera de sa noise * ancienne,
Qu'autre beauté, qu'autre amour que la tienne,
Sous autre joug me captive le dos.

LIV

1552

O doux parler dont les mots doucereux
Sont engravés au fond de ma mémoire;
O front, d'Amour le Trophée et la gloire,
O doux souris *, ô baisers savoureux;
O cheveux d'or, ô coteaux plantureux,
De lis, d'œillets, de porphyre, et d'ivoire;
O feux jumeaux d'où le Ciel me fit boire
A si longs traits le venin amoureux;
O dents, plutôt blanches perles encloses,
Lévres, rubis, entrerangés de roses,
O voix qui peux adoucir un lion,
Dont le doux chant l'oreille me vient poindre;
O corps parfait, de tes beautés la moindre
Mérite seule un siège d'Ilion.

LV

1552

Verrai-je point la saison qui m'apporte
Ou trève ou paix, ou la vie ou la mort,
Pour édenter le souci qui me mord
Le cœur rongé d'une lime si forte?
Verrai-je point que ma Naïade sorte
D'entre les flots pour m'enseigner le port?
Viendrai-je point ainsi qu'Ulysse à bord,
Ayant au flanc son linge[1] pour escorte?
Verrai-je point ces clairs astres jumeaux,
En ma faveur, ainsi que deux flambeaux,
Montrer leur flamme à ma carène lasse[2]?
Verrai-je point tant de vents s'accorder,
Et doucement mon navire aborder,
Comme il soulait * au havre de sa grâce?

LVI

1552

Quel sort malin, quel astre me fit être
Jeune et si fol, et de malheur si plein?
Quel destin fit que toujours je me plain
De la rigueur d'un trop rigoureux maître?
Quelle des Sœurs [1] à l'heure de mon être
Pour mon malheur noircit mon fil humain?
Quel des Démons m'échauffant en son sein,
En lieu de lait, de soin me fit repaître?
Heureux les corps dont la terre a les os!
Bienheureux ceux que la nuit du Chaos
Presse au giron de sa masse brutale!
Sans sentiment leur repos est heureux.
Que suis-je las! moi chétif amoureux,
Pour trop sentir, qu'un Sisyphe ou Tantale?

LVII

1552

Divin Bellay [2], dont les nombreuses lois
Par une ardeur du peuple séparée,
Ont revêtu l'enfant de Cythérée [3]
D'arcs, de flambeaux, de traits, et de carquois.
Si le doux feu dont jeune tu ardois *,
Enflambe encor ta poitrine sacrée,
Si ton oreille encore se récrée,
D'ouïr les plaints des amoureuses voix,
Oy * ton Ronsard qui sanglote et lamente,
Pâle de peur, pendu sur la tourmente,
Croisant en vain ses mains devers les Cieux,
En frêle nef, sans mât, voile ne rame,
Et loin du havre où pour astre ma Dame
Me conduisait du phare de ses yeux.

LVIII

1552

Quand le Soleil à chef renversé plonge
Son char doré dans le sein du vieillard [1],
Et que la nuit un bandeau sommeillard
Mouillé d'oubli dessus nos yeux allonge;
Amour adonc qui sape, mine et ronge
De ma maison le chancelant rempart,
Comme un guerrier en diligence part,
Armant son camp des ombres et du songe.
Lors ma raison, et lors ce Dieu cruel,
Seuls per à per d'un choc continuel
Vont redoublant mille escarmouches fortes.
Si bien qu'Amour n'en serait le vainqueur
Sans mes pensers qui lui ouvrent les portes,
Tant mes soudards * sont traîtres à mon cœur.

LIX

1552

Comme un chevreuil, quand le printemps détruit
Du froid hiver la poignante * gelée,
Pour mieux brouter la feuille emmiellée,
Hors de son bois avec l'Aube s'enfuit,
Et seul, et sûr, loin de chiens et de bruit,
Or' * sur un mont, or' dans une vallée,
Or' près d'une onde à l'écart recelée,
Libre, folâtre où son pied le conduit,
De rets * ne d'arc sa liberté n'a crainte
Sinon alors que sa vie est atteinte
D'un trait meurtrier empourpré de son sang.
Ainsi j'allais sans espoir de dommage,
Le jour qu'un œil sur l'avril de mon âge
Tira d'un coup mille traits en mon flanc.

LX 1552

Ni voir flamber au point du jour les roses,
Ni lis plantés sur le bord d'un ruisseau,
Ni son de luth, ni ramage d'oiseau,
Ni dedans l'or les gemmes bien encloses,
Ni des Zéphyrs les gorgettes décloses,
Ni sur la mer le ronfler d'un vaisseau,
Ni bal de Nymphe au gazouillis de l'eau,
Ni voir fleurir au printemps toutes choses.
Ni camp armé de lances hérissé,
Ni antre vert de mousse tapissé,
Ni des forêts les cimes qui se pressent,
Ni des rochers le silence sacré,
Tant de plaisirs ne me donnent qu'un pré,
Où sans espoir mes espérances paissent.

LXI 1552

Dedans un pré je vis une Naïade,
Qui comme fleur marchait dessus les fleurs,
Et mignotait un bouquet de couleurs,
Échevelée en simple verdugade.
De son regard ma raison fut malade,
Mon front pensif, mes yeux chargés de pleurs,
Mon cœur transi : tel amas de douleurs
En ma franchise * imprima son œillade.
Là je sentis dedans mes yeux couler
Un doux venin, subtil à se mêler
Où l'âme sent une douleur extrême.
Pour ma santé je n'ai point immolé
Bœufs ni brebis, mais je me suis brûlé
Au feu d'Amour, victime de moi-même.

LXII

1552

Quand ces beaux yeux jugeront que je meure,
Avant mes jours me bannissant là-bas,
Et que la Parque aura porté mes pas
A l'autre bord de la rive meilleure,
Antres et prés, et vous forêts, à l'heure,
Pleurant mon mal, ne me dédaignez pas;
Ains * donnez-moi sous l'ombre de vos bras,
Une éternelle et paisible demeure.
Puisse avenir qu'un poëte amoureux,
Ayant pitié de mon sort malheureux,
Dans un cyprès note cet épigramme :

Ci-dessous gît un amant vendômois,
Que la douleur tua dedans ce bois
Pour aimer trop les beaux yeux de sa dame.

LXIII

1552

Qui voudra voir dedans une jeunesse
La beauté jointe avec la chasteté,
L'humble douceur, la grave majesté,
Toutes vertus et toute gentillesse;
Qui voudra voir les yeux d'une Déesse,
Et de nos ans la seule nouveauté,
De cette Dame œillade la beauté,
Que le vulgaire appelle ma maîtresse,
Il apprendra comme Amour rit et mord,
Comme il guérit, comme il donne la mort,
Puis il dira : « Quelle étrange nouvelle!
Du ciel la terre empruntait sa beauté :
La terre au ciel a maintenant ôté
La beauté même, ayant chose si belle. »

LXIV 1552

Tant de couleurs l'Arc-en-ciel ne varie
Contre le front du Soleil radieux,
Lorsque Junon par un temps pluvieux
Renverse l'eau dont la terre est nourrie;
Ne * Jupiter armant sa main marrie
En tant d'éclairs ne fait rougir les cieux,
Lorsqu'il punit d'un foudre audacieux
Les monts d'Épire, ou l'orgueil de Carie[1];
Ni le Soleil ne rayonne si beau,
Quand au matin il nous montre un flambeau
Tout crêpu d'or, comme je vis ma Dame
Diversement ses beautés accoutrer,
Flamber ses yeux, et claire se montrer,
Le premier jour qu'elle enchanta mon âme.

LXV 1552

Quand j'aperçois ton beau poil brunissant,
Qui les cheveux des Charites efface,
Et ton bel œil qui le Soleil surpasse,
Et ton beau teint sans fraude rougissant,
A front baissé je pleure gémissant
Dequoi je suis, faute digne de grâce,
Sous les accords de ma rime si basse,
De tes beautés les honneurs trahissant.
Je connais bien que je devrais me taire
En t'adorant; mais l'amoureux ulcère
Qui m'ard * le cœur, vient ma langue enchanter.
Donque, mon Tout, si dignement je n'use
L'encre et la voix à tes grâces chanter,
C'est le destin, et non l'art qui m'abuse.

LXVI

1552

Ciel, air et vents, plains et monts découverts,
Tertres vineux et forêts verdoyantes,
Rivages torts et sources ondoyantes,
Taillis rasés et vous, bocages verts,
Antres moussus à demi-front ouverts,
Prés, boutons, fleurs et herbes rousoyantes *,
Vallons bossus et plages blondoyantes,
Et vous rochers, les hôtes de mes vers,
Puisqu'au partir, rongé de soin et d'ire,
A ce bel œil Adieu je n'ai su dire,
Qui près et loin me détient en émoi,
Je vous supply, Ciel, air, vents, monts et plaines,
Taillis, forêts, rivages et fontaines,
Antres, prés, fleurs, dites-le-lui pour moi.

LXVII

1553

Voyant les yeux de ma maîtresse élue,
A qui j'ai dit : Seule à mon cœur tu plais,
D'un si doux fruit, Amour, tu me repais,
Que d'autre bien mon âme n'est goulue,
L'Archer, qui seul les bons esprits englue,
Et qui ne daigne ailleurs perdre ses traits,
Me fait de peur glacer le sang épais,
Quand je l'avise, ou quand je la salue.
Non, ce n'est point une peine qu'aimer :
C'est un beau mal, et son feu doux-amer
Plus doucement qu'amèrement nous brûle.
O moi deux fois, voire trois bienheureux,
S'Amour me tue, et si avec Tibulle
J'erre là-bas sous le bois amoureux [1].

LXVIII

1552

L'œil qui rendrait le plus barbare appris,
Qui tout orgueil en humblesse détrempe,
Et qui subtil affine de sa trempe
Le plus terrestre et lourd de nos esprits,
M'a tellement de ses beautés épris,
Qu'autre beauté dessus mon cœur ne rampe,
Et m'est avis, sans voir un jour la lampe
De ces beaux yeux, que la mort me tient pris.
Cela que l'air est de propre aux oiseaux,
Les bois aux cerfs, et aux poissons les eaux,
Son bel œil m'est. O lumière enrichie
D'un feu divin qui m'ard * si vivement,
Pour me donner l'être et le mouvement,
Êtes-vous pas ma seule Entéléchie [1] ?

LXIX

1555

Quand ma maîtresse au monde prit naissance,
Honneur, Vertu, Grâce, Savoir, Beauté,
Eurent débat avec la Chasteté,
Qui plus aurait sur elle de puissance.
L'une voulait en avoir jouissance.
L'autre voulait l'avoir de son côté;
Et le débat immortel eût été
Sans Jupiter qui fit faire silence.
Filles, dit-il, ce ne serait raison
Qu'une vertu fût seule en sa maison :
Pource je veux qu'appointement * on fasse.
L'accord fut fait; et plus soudainement
Qu'il ne l'eut dit, toutes également
En son beau corps pour jamais eurent place.

LXX 1552

De quelle plante, ou de quelle racine,
De quel onguent, ou de quelle liqueur
Oindrais-je bien la plaie de mon cœur
Qui d'os en os incurable chemine?
Ni vers charmés, pierre, ni médecine,
Drogue ni jus ne rompraient ma langueur,
Tant je sens moindre et moindre ma vigueur
Jà me traîner en la barque voisine [1].
Amour, qui sais des herbes le pouvoir,
Et qui la plaie au cœur m'as fait avoir,
Guéris mon mal, ton art fais-moi connaître.
Près d'Ilion tu blessas Apollon [2] :
J'ai dans le cœur senti même aiguillon.
Ne blesse plus l'écolier et le maître.

LXXI 1552

Jà * déjà Mars ma trompe * avait choisie,
Et dans mes vers jà Francus [3] devisait;
Sur ma fureur jà sa lance aiguisait,
Epoinçonnant ma brave poësie;
Jà d'une horreur la Gaule étoit saisie,
Et sous le fer jà Seine tréluisait,
Et jà Francus à Paris conduisait
Le nom Troyen et l'honneur de l'Asie,
Quand l'Archerot emplumé par le dos,
D'un trait certain me playant * jusqu'à l'os,
De ses secrets le ministre m'ordonne.
Armes adieu. Le Myrte Paphien,
Ne cède point au Laurier Delphien [4],
Quand de sa main Amour même le donne.

LXXII

1552

Amour, que n'ai-je en écrivant la grâce
Divine autant que j'ai la volonté?
Par mes écrits tu serais surmonté,
Vieil enchanteur des vieux rochers de Thrace [1].
Plus haut encor que Pindare et qu'Horace,
J'appenderais à ta divinité
Un livre fait de telle gravité,
Que du Bellay lui quitterait la place.
Si vive encor Laure [2] par l'Univers
Ne fuit volant dessus les Thusques vers,
Que notre siècle heureusement estime,
Comme ton nom, honneur des vers françois,
Victorieux des peuples et des Rois,
S'envolerait sus l'aile de ma rime.

LXXIII

1552

Pipé d'Amour, ma Circe enchanteresse
Dedans ses fers m'arrête emprisonné,
Non par le goût d'un vin empoisonné,
Non par le jus d'une herbe pécheresse [3].
Du fin Grégeois l'épée vengeresse [4],
Et le Moly par Mercure ordonné [5],
En peu de temps du breuvage donné
Purent forcer la force charmeresse;
Si qu'à la fin le Dulyche troupeau [6]
Reprit l'honneur de sa première peau,
Et sa prudence auparavant peu caute.
Mais pour mon sens remettre en mon cerveau,
Il me faudrait un Astolphe [7] nouveau,
Tant ma raison est aveugle en sa faute.

LXXIV

1552

Les Éléments et les Astres, à preuve
Ont façonné les rais de mon Soleil,
Votre œil, Madame, en beauté nonpareil,
Qui çà ne * là son parangon * ne treuve.
Dès l'onde Ibère où le Soleil s'abreuve,
Jusqu'à l'autre onde où il perd le sommeil,
Amour ne voit un miracle pareil,
Sur qui le Ciel tant de ses grâces pleuve.
Cet œil premier m'apprit que c'est d'aimer :
Il vint premier tout le cœur m'entamer,
Servant de but à ses flèches dardées.
L'esprit par lui désira la vertu
Pour s'envoler par un trac * non battu
Jusqu'au giron des plus belles Idées.

LXXV

1552

Je parangonne * à vos yeux ce cristal,
Qui va mirer le meurtrier de mon âme;
Vive par l'air il éclate une flamme,
Vos yeux un feu qui m'est saint et fatal.
Heureux miroir, tout ainsi que mon mal
Vient de trop voir la beauté qui m'enflamme
Comme je fais, de trop mirer ma Dame,
Tu languiras d'un sentiment égal.
Et toutefois, envieux, je t'admire,
D'aller mirer les beaux yeux où se mire
Amour, dont l'arc dedans est recelé.
Va donc, miroir, mais sage prends bien garde
Que par ses yeux Amour ne te regarde,
Brûlant ta glace ainsi qu'il m'a brûlé.

LXXVI

1553

Ni les combats des amoureuses nuits,
Ni les plaisirs que les amours conçoivent,
Ni les faveurs que les amants reçoivent,
Ne valent pas un seul de mes ennuis.
Heureux espoir, par ta faveur je puis
Trouver repos des maux qui me déçoivent,
Et par toi seul mes passions reçoivent
Le doux oubli des tourments où je suis.
Bienheureux soit mon tourment qui r'empire,
Et le doux joug, sous qui je ne respire;
Bienheureux soit mon penser soucieux,
Bienheureux soit le doux souvenir d'elle,
Et plus heureux le foudre de ses yeux,
Qui cuit ma vie en un feu qui me gèle.

LXXVII

1555

Le sang fut bien maudit de la Gorgone [1] face,
Qui premier engendra les serpents venimeux!
Ha! tu devais, Hélène, en marchant dessus eux,
Non écraser leurs reins, mais en perdre la race.
Nous étions l'autre jour en une verte place
Cueillant m'amie et moi des bouquets odoreux;
Un pot de crème était au milieu de nous deux,
Et du lait sur du jonc cailloté * comme glace;
Quand un serpent tortu de venin tout couvert,
Par ne sais quel malheur sortit d'un buisson vert
Contre le pied de celle à qui je fais service.
Tout le cœur me gela, voyant ce monstre infait,
Et lors je m'écriai, pensant qu'il nous eût fait
Moi, un second Orphée et elle, une Eurydice [2].

LXXVIII 1555

Petit barbet, que tu es bienheureux,
Si ton bonheur tu savais bien entendre,
D'ainsi ton corps entre ses bras étendre,
Et de dormir en son sein amoureux!
Où moi je vis chétif et langoureux,
Pour savoir trop ma fortune comprendre.
Las! pour vouloir en ma jeunesse apprendre
Trop de raisons, je me fis malheureux.
Je voudrais être un pitaut * de village,
Sot, sans raison et sans entendement,
Ou fagoteur qui travaille au bocage :
Je n'aurais point en amour sentiment.
Le trop d'esprit me cause mon dommage,
Et mon mal vient de trop de jugement.

LXXIX 1553

Si je trépasse entre tes bras, Madame,
Je suis content : aussi ne veux-je avoir
Plus grand honneur au monde, que me voir,
En te baisant, dans ton sein rendre l'âme.
Celui dont Mars la poitrine renflamme,
Aille à la guerre, et d'ans et de pouvoir
Tout furieux, s'ébate à recevoir
En sa poitrine une Espagnole lame.
Moi plus couard, je ne requiers sinon,
Après cent ans sans gloire et sans renom,
Mourir oisif en ton giron, Cassandre.
Car je me trompe, ou c'est plus de bonheur
D'ainsi mourir, que d'avoir tout l'honneur,
Et vivre peu, d'un monarque Alexandre.

LXXX

1552

Pour voir ensemble et les champs et le bord,
Où ma guerrière avec mon cœur demeure,
Alme * Soleil, demain avant ton heure
Monte en ton char et te hâte bien fort.
Voici les champs, où l'amoureux effort
De ses beaux yeux ordonne que je meure
Si doucement, qu'il n'est vie meilleure
Que les soupirs d'une si douce mort!
A côté droit, un peu loin du rivage
Reluit à part l'angélique visage,
Mon seul trésor qu'avarement je veux.
Là ne se voit fontaine ni verdure,
Qui ne remire en elle la figure
De ses beaux yeux et de ses beaux cheveux.

LXXXI

1552

Pardonne-moi, Platon, si je ne cuide
Que sous le rond de la voûte des Dieux,
Soit hors du monde, ou au profond des lieux
Que Styx entourne, il n'y ait quelque vide [1].
Si l'air est plein en sa voûte liquide,
Qui reçoit donc tant de pleurs de mes yeux,
Tant de soupirs que je sanglote aux cieux,
Lorsqu'à mon deuil Amour lâche la bride?
Il est du vague, ou si point il n'en est,
D'un air pressé le comblement ne naît :
Plutôt le Ciel, qui piteux se dispose
A recevoir l'effet de mes douleurs,
De toutes parts se comble de mes pleurs,
Et de mes vers qu'en mourant je compose.

LXXXII 1563

Je meurs, Paschal[1], quand je la vois si belle,
Le front si beau, et la bouche et les yeux,
Yeux, le logis d'Amour victorieux,
Qui m'a blessé d'une flèche nouvelle.
Je n'ai ni sang, ni veine, ni moelle,
Qui ne se change, et me semble qu'aux cieux
Je suis ravi, assis entre les Dieux,
Quand le bonheur me conduit auprès d'elle.
Ha! que ne suis-je en ce monde un grand Roi?
Elle serait ma Reine auprès de moi.
Mais n'étant rien, il faut que je m'absente
De sa beauté, dont je n'ose approcher,
Que d'un regard transformer je ne sente
Mes yeux en fleuve, et mon cœur en rocher.

LXXXIII 1565

Si jamais homme en aimant fut heureux,
Je suis heureux, ici je le confesse,
Fait serviteur d'une belle maîtresse
Dont les beaux yeux ne me font malheureux.
D'autre désir je ne suis désireux.
Honneur, beauté, vertus et gentillesse,
Ainsi que fleurs honorent sa jeunesse,
De qui je suis saintement amoureux.
Donc si quelqu'un veut dire que sa grâce
Et sa beauté toutes beautés n'efface,
Et qu'en amour je ne vive content,
Davant Amour au combat je l'appelle,
Pour lui prouver que mon cœur est constant,
Autant qu'elle est sur toutes la plus belle.

LXXXIV

1565

Chere maîtresse à qui je dois la vie,
Le cœur, le corps, et le sang, et l'esprit,
Voyant tes yeux, Amour même m'apprit
Toute vertu que depuis j'ai suivie.
Mon cœur, ardant d'une amoureuse envie,
Si vivement de tes grâces s'éprit,
Qu'au seul regard de tes yeux il comprit
Que peut honneur, amour et courtoisie.
L'homme est de plomb, ou bien il n'a point d'yeux;
Si, te voyant, il ne voit tous les Cieux
En ta beauté qui n'a point de seconde.
Ta bonne grâce un rocher retiendrait,
Et quand sans jour le monde deviendrait,
Ton œil si beau serait le jour du monde.

LXXXV

1565

Douce beauté qui me tenez le cœur,
Et qui avez durant toute l'année
Dedans vos yeux mon âme emprisonnée,
La faisant vivre en si belle langueur;
Ha! que ne puis-je atteindre à la hauteur
Du Ciel, tyran de notre destinée?
Je changerais sa course retournée,
Et mon malheur je muerais en bonheur.
Mais étant homme, il faut qu'homme j'endure,
Du Ciel cruel la violence dure,
Qui me commande à mourir pour vos yeux.
Donques je viens vous présenter, Madame,
Ce nouvel an pour obéir aux Cieux,
Le cœur, l'esprit, le corps, le sang et l'âme.

LXXXVI

1552

L'onde et le feu sont de cette machine
Les deux seigneurs que je sens pleinement,
Seigneurs divins, et qui divinement
Ce faix divin ont chargé sus l'échine.
Bref, toute chose ou terrestre ou divine
Doit son principe à ces deux seulement.
Tous deux en moi vivent également,
En eux je vis, rien qu'eux je n'imagine.
Aussi de moi il ne sort rien que d'eux,
Et se suivant en moi naissent tous deux :
Car quand mes yeux de trop pleurer j'apaise,
Par un espoir allégeant * mes douleurs,
Lors de mon cœur s'exhale une fournaise,
Puis tout soudain recommencent mes pleurs.

LXXXVII

1552

Si l'écrivain [1] de la Grégeoise armée
Eût vu tes yeux qui serf me tiennent pris,
Les faits de Mars n'eut jamais entrepris,
Et le Duc Grec [2] fût mort sans renommée.
Et si Pâris qui vit en la vallée
La Cyprienne [3] et d'elle fut épris,
T'eût vu quatrième, il t'eût donné le prix,
Et sans honneur Vénus s'en fût allée.
Mais s'il advient, ou par le vueil des Cieux,
Ou par le trait qui sort de tes beaux yeux,
Que d'un haut vers je chante ta conquête
Et, nouveau Cygne, on m'entende crier,
Il n'y aura ni myrte ni laurier
Digne de toi, ni digne de ma tête.

LXXXVIII 1552

Pour célébrer des astres dévêtus [1]
L'heur' qui s'écoule en celle qui me lime,
Et pour louer son esprit qui n'estime
Que le parfait des plus rares vertus,
Et ses regards, ains * traits d'amour pointus,
Que son bel œil au fond du cœur m'imprime,
Il me faudrait non l'ardeur de ma rime,
Mais l'Enthousiasme, aiguillon de Pontus [2].
Il me faudrait une lyre Angevine,
Et un Daurat, Sereine Limousine,
Et un Belleau, qui vivant fut mon bien [3],
De mêmes mœurs, d'étude et de jeunesse,
Qui maintenant des morts accroît la presse,
Ayant fini son soir avant le mien.

LXXXIX 1552

Etre indigent et donner tout le sien,
Se feindre un ris *, avoir le cœur en plainte,
Haïr le vrai, aimer la chose feinte,
Posséder tout et ne jouir de rien;
Etre délivre et traîner son lien,
Etre vaillant et couarder de crainte,
Vouloir mourir et vivre par contrainte,
Et sans profit despendre tout son bien;
Avoir toujours pour un servile hommage
La honte au front, en la main le dommage;
A ses pensers d'un courage hautain
Ourdir * sans cesse une nouvelle trame,
Sont les effets qui logent en mon âme
L'espoir douteux et le tourment certain.

XC

1552

Œil, qui des miens à ton vouloir disposes
Comme un Soleil, le Dieu de ma clairté;
Ris *, qui, forçant ma douce liberté,
Me transformas en cent métamorphoses;
Larme d'argent, qui mes flammes arroses,
Lorsque tu feins de me voir mal traité;
Main, qui mon cœur captives arrêté,
Emprisonné d'une chaîne de roses;
Je suis tant vôtre, et tant l'affection
M'a peint au sang votre perfection,
Que ni le temps, ni la mort, tant soit forte,
N'empêcheront qu'au profond de mon sein
Toujours gravés en l'âme je ne porte
Un œil, un ris, une larme, une main.

XCI

1552

Si seulement l'image de la chose
Fait à nos yeux la chose concevoir,
Et si mon œil n'a puissance de voir,
Si quelque objet au-devant ne s'oppose,
Que ne m'a fait celui qui tout compose,
Les yeux plus grands, afin de mieux pouvoir
En leur grandeur la grandeur recevoir
Du simulacre où ma vie est enclose?
Certes le Ciel trop ingrat de son bien,
Qui seul la fit, et qui seul vit combien
De sa beauté divine était l'idée,
Comme jaloux d'un bien si précieux,
Silla * le monde et m'aveugla les yeux,
Pour de lui seul seule être regardée.

XCII 1552

Sous le cristal d'une argenteuse rive,
Au mois d'avril une perle je vi,
Dont la clarté m'a tellement ravi,
Qu'en mon esprit autre penser n'arrive.
Sa rondeur fut d'une blancheur naïve,
Et ses rayons tréluisaient à l'envi.
De l'admirer je ne suis assouvi,
Tant le Destin me dit que je la suive.
Cent fois courbé pour la pêcher à bas,
D'un cœur ardent je devalais le bras,
Et jà content la perle je tenoie,
Sans un Archer de mon bien envieux,
Qui troubla l'eau et m'éblouit les yeux,
Pour jouir seul d'une si chère proie.

XCIII 1565

Le premier jour du mois de mai, Madame,
Dedans le cœur je sentis vos beaux yeux
Bruns, doux, courtois, riants, délicieux,
Qui d'un glaçon feraient naître une flamme.
De leur beau jour le souvenir m'enflamme,
Et par penser j'en deviens amoureux.
O de mon cœur les meurtriers bienheureux!
Votre vertu je sens jusques en l'âme.
Yeux qui tenez la clef de mon penser,
Maîtres de moi, qui pûtes offenser
D'un seul regard ma raison toute émue,
Si fort au cœur votre beauté me point *,
Que je devais jouir de votre vue
Plus longuement, ou bien ne la voir point.

XCIV

1552

Soit que son or se crêpe lentement,
Ou soit qu'il vague en deux glissantes ondes,
Qui çà, qui là par le sein vagabondes,
Et sur le col nagent folâtrement;
Ou soit qu'un nœud illustré richement
De maints rubis et maintes perles rondes,
Serre les flots de ses deux tresses blondes,
Mon cœur se plaît en son contentement.
Quel plaisir est-ce, ainçois * quelle merveille,
Quand ses cheveux, troussés dessus l'oreille,
D'une Vénus imitent la façon?
Quand d'un bonnet sa tête elle adonise *,
Et qu'on ne sait s'elle est fille ou garçon,
Tant sa beauté en tous deux se déguise?

XCV

1552

De ses cheveux la rousoyante * Aurore
Epars en l'air les Indes remplissait,
Et jà le Ciel à longs traits rougissait
De maint émail qui le matin décore,
Quand elle vit la Nymphe que j'adore,
Tresser son chef, dont l'or qui jaunissait,
Le crêpe * honneur du sien éblouissait,
Voire elle-même et tout le Ciel encore.
Lors ses cheveux vergogneuse arracha
Et en pleurant sa face elle cacha,
Tant la beauté mortelle lui ennuie.
Puis en poussant maint soupir en avant,
De ses soupirs fit enfanter un vent,
Sa honte un feu, et ses yeux une pluie.

XCVI 1569

Prends cette rose aimable comme toi,
Qui sers de rose aux roses les plus belles,
Qui sers de fleur aux fleurs les plus nouvelles,
Dont la senteur me ravit tout de moi.
Prends cette rose, et ensemble reçoi
Dedans ton sein mon cœur qui n'a point d'ailes :
Il est constant, et cent plaies cruelles
N'ont empêché qu'il ne gardât sa foi.
La rose et moi différons d'une chose :
Un soleil voit naître et mourir la rose,
Mille Soleils ont vu naître m'amour,
Dont l'action jamais ne se repose.
Que plût à Dieu que telle amour enclose,
Comme une fleur, ne m'eût duré qu'un jour.

XCVII 1553

Suivant mes pleurs pleurer vous devriez bien,
Triste maison, pour la fâcheuse absence
De ce bel œil qui fut par sa présence
Votre Soleil, ainçois * qui fut le mien.
Las! de quels maux, Amour, et de combien
Un long séjour ma peine récompense!
Quand plein de honte à toute heure je pense,
Qu'en un moment j'ai perdu tout mon bien,
Or, adieu donc, beauté qui me dédaigne!
Un bois, un roc, un fleuve, une montaigne
Vous pourront bien éloigner de mes yeux;
Mais non du cœur que prompt il ne vous suive,
Et que dans vous plus que dans moi ne vive,
Comme en la part qu'il aime beaucoup mieux.

XCVIII 1553

Tout me déplaît, mais rien ne m'est si grief
Qu'être absenté des beaux yeux de ma Dame,
Qui des plaisirs les plus doux de mon âme
En leurs rayons ont emporté la clef.
Un torrent d'eau s'écoule de mon chef,
Et tout rempli de soupirs je me pâme,
Perdant le feu dont la divine flamme
Seule guidait de mes pensers la nef.
Depuis le jour que je sentis sa braise,
Autre beauté je n'ai vu qui me plaise,
Ni ne verrai. Mais bien puissé-je voir,
Qu'avant mourir seulement cette fere *
D'un seul tour d'œil promette un peu d'espoir
Au coup d'Amour, dont je me désespère.

XCIX 1569

Jaloux Soleil contre Amour envieux,
Soleil masqué d'une face blêmie,
Qui par trois jours as retenu m'amie
Seule au logis par un temps pluvieux,
Je ne crois plus tant d'amours que les vieux
Chantent de toi : ce n'est que poësie.
S'il eût jadis touché ta fantaisie
D'un même mal, tu serais soucieux.
Par tes rayons à la pointe cornue,
En ma faveur eusses rompu la nue,
Faisant d'obscur un temps serein et beau.
Va te cacher, vieil pastoureau champêtre,
Tu n'es pas digne au Ciel d'être un flambeau,
Mais un bouvier qui mène les bœufs paître.

C

1553

Quand je vous vois, ou quand je pense à vous,
D'une frisson tout le cœur me frétille,
Mon sang s'émeut, et d'un penser fertile
Un autre croît, tant le sujet m'est doux.
Je tremble tout de nerfs et de genoux;
Comme la cire au feu je me distille;
Ma raison tombe, et ma force inutile
Me laisse froid, sans haleine et sans pouls.
Je semble au mort qu'en la fosse on dévale,
Tant je suis hâve, épouvantable et pâle,
Voyant mes sens par la mort se muer.
Et toutefois je me plais en ma braise.
D'un même mal l'un et l'autre est bien aise,
Moi de mourir, et vous de me tuer.

CI

1553

Morne de corps, et plus morne d'esprits,
Je me traînais dans une masse morte,
Et sans savoir combien la Muse apporte
D'honneur aux siens, je l'avais à mépris.
Mais dès le jour que de vous je m'épris,
A la vertu votre œil me fut escorte,
Et me ravit, voire de telle sorte
Que d'ignorant je devins bien appris.
Doncques mon Tout, si je fais quelque chose,
Si dignement de vos yeux je compose,
Vous me causez vous-même tels effets.
Je prends de vous mes grâces plus parfaites;
Vous m'inspirez, et dedans moi vous faites,
Si je fais bien, tout le bien que je fais.

CII 1553

Par l'œil de l'âme à toute heure je voi
Cette beauté dedans mon cœur présente :
Ni mont, ni bois, ni fleuve ne m'exempte,
Que par pensée elle ne parle à moi.
Dame, qui sais ma constance et ma foi,
Vois, s'il te plaît, que le temps qui s'absente,
Depuis sept ans en rien ne désaugmente
Le plaisant mal que j'endure pour toi.
De l'endurer lassé je ne suis pas,
Ni ne serais, allassé-je là-bas
Pour mille fois en mille corps renaître.
Mais de mon cœur je suis déjà lassé,
Qui me déplaît, et plus ne me peut être
Cher comme il fut, puisque tu l'as chassé.

CIII 1553

Sur le sablon * la semence j'épands;
Je sonde en vain les abîmes d'un gouffre;
Sans qu'on m'invite à toute heure je m'ouffre,
Et sans loyer mon âge je dépends.
En vœu ma vie à son portrait j'appends;
Devant son feu mon cœur se change en soufre,
Et pour ses yeux ingratement je souffre
Dix mille maux, et d'un ne me repens.
Qui saurait bien quelle trempe a ma vie,
D'être amoureux n'aurait jamais envie.
De chaud, de froid je me sens allumer.
Tout mon plaisir est confit d'amertume;
Je vis d'ennui, de deuil je me consume,
En tel état je suis pour trop aimer.

CIV

1553

Devant les yeux nuit et jour me revient
Le saint portrait de l'angélique face :
Soit que j'écrive, ou soit que j'entrelace
Mes vers au Luth, toujours il m'en souvient.
Voyez pour Dieu, comme un bel œil me tient
En sa prison, et point ne me délace;
Comme mon cœur il empêtre en sa nasse,
Qui de pensée, à mon dam, l'entretient.
O le grand mal, quand notre âme est saisie
Des monstres nés dedans la fantaisie!
Le jugement est toujours en prison.
Amour trompeur, pourquoi me fais-tu croire
Que la blancheur est une chose noire,
Et que les sens sont plus que la raison!

CV

1552

Après ton cours je ne hâte mes pas
Pour te souiller d'une amour déshonnête;
Demeure donc, le Locrois [1] m'admoneste
Aux bords Gyrez de ne te forcer pas.
Neptune oyant ses blasphèmes d'à-bas,
Lui accabla son impudique tête
D'un grand rocher au fort de la tempête;
Le méchant court lui-même à son trépas.
Il te voulut le méchant violer,
Lorsque la peur te faisait accoler
Les pieds vengeurs de la Grecque Minerve;
Et je ne veux qu'à ton autel offrir
Mon chaste cœur, s'il te plaît de souffrir
Qu'en l'immolant de victime il te serve.

CVI

1569

Je suis larron pour vous aimer, Madame;
Si je veux vivre, il faut que j'aille embler *
De vos beaux yeux les regards, et troubler
Par mon regard le vôtre qui me pâme.
De vos beaux yeux seulement je m'affame,
Tant double force ils ont de me combler
Le cœur de joie, et mes jours redoubler,
Ayant pour vie un seul trait de leur flamme.
Un seul regard qu'il vous plaît me lâcher,
Me paît trois jours, puis j'en reviens chercher,
Quand du premier la pâture est perdue,
Emblant mon vivre en mon adversité,
Larron forcé de chose défendue,
Non par plaisir, mais par nécessité.

CVII

1552

Ravi du nom qui me glace en ardeur,
Me souvenant de ma douce Charite,
Ici je plante une plante d'élite,
Qui l'émeraude efface de verdeur.
Tout ornement de royale grandeur,
Beauté, savoir, honneur, grâce et mérite,
Sont pour racine à cette Marguerite,
Qui ciel et terre emparfume d'odeur.
Divine fleur où mon espoir demeure,
La manne tombe et retombe à toute heure
Dessus ton front en tous temps nouvelet.
Jamais de toi la pucelle n'approche,
La mouche à miel, ne la faucille croche,
Ni les ergots d'un folâtre agnelet.

CVIII 1552

Depuis le jour que le trait ocieux *
Grava ton nom au roc de ma mémoire,
Quand ton regard, où flamboyait ta gloire,
Me fit sentir le foudre de tes yeux,
Mon cœur atteint d'un éclair rigoureux
Pour éviter ta nouvelle victoire,
S'alla cacher sous tes ondes d'ivoire,
Et sous l'abri de ton chef amoureux.
Là, se moquant de l'aigreur de ma plaie,
En sûreté par tes cheveux s'égaie,
Tout réjoui des rais * de ton flambeau;
Et tellement il aime son hôtesse,
Que pâle et froid sans retourner, me laisse,
Comme un esprit qui fuit de son tombeau.

CIX 1552

Le mal est grand, le remède est si bref
A ma douleur dont l'aigreur ne s'alente *
Que bas ne haut, dès le bout de la plante
Je n'ai santé jusqu'au sommet du chef.
L'œil qui tenait de mes pensers la clef,
En lieu de m'être une étoile brillante,
Parmi les flots de l'amour violente,
Contre un dépit a fait rompre ma nef.
Le soin * meurtrier, soit que je veille ou songe,
Tigre affamé, de mille dents me ronge,
Pinçant mon cœur, mes poumons et mon flanc.
Et le penser importun qui me presse
Comme un vautour affamé, ne me laisse,
Second Protée, aux dépens de mon sang.

CX

1552

Amour, si plus ma fièvre se renforce,
Si plus ton arc tire pour me blesser,
Avant mes jours j'ai crainte de laisser
Le vert fardeau de mon humaine écorce.
Jà * de mon cœur je sens moindre la force
Se transmuer, pour sa mort avancer,
Devant le feu de mon ardent penser,
Non en bois vert, mais en poudre d'amorce.
Bien fut pour moi le jour malencontreux,
Où j'avalai le breuvage amoureux,
Qu'à si longs traits me versait une œillade.
O bien-heureux! si pour me secourir,
Dès le jour même Amour m'eût fait mourir
Sans me tenir si longuement malade.

CXI

1552

Si doux au cœur le souvenir me tente
De la mielleuse et fielleuse saison,
Où je perdis mes sens et ma raison,
Qu'autre plaisir ma peine ne contente.
Je ne veux point en la plaie de tante *,
Qu'Amour me fit, pour avoir guérison,
Et ne veux point qu'on m'ouvre la prison,
Pour affranchir autre part mon attente.
Plus que la mort je fuis la liberté,
Tant j'ai grand-peur de me voir écarté
Du doux lien qui doucement m'offense,
Et m'est honneur de me voir martyrer,
Sous un espoir quelque jour de tirer
Un seul baiser pour toute récompense.

CXII

1569

Heureux le jour, l'an, le mois et la place,
L'heure et le temps où vos yeux m'ont tué,
Sinon tué, à tout le moins mué
Comme Méduse, en une froide glace.
Il est bien vrai que le trait de ma face
Me reste encor, mais l'esprit délié,
Pour vivre en vous, a son corps oublié,
Me laissant seul comme une froide masse.
Aucunefois quand vous tournez un peu
Vos yeux sur moi, je sens un petit feu
Qui me ranime et réchauffe les veines
Et fait au froid quelque petit effort.
Mais vos regards n'allongent que mes peines,
Tant le premier fut cause de ma mort!

CXIII

1552

Amour archer toutes ses flèches rompt
D'un coup sur moi, et ne me réconforte
D'un seul regard celle pour qui je porte
Le cœur aux yeux, les pensers sur le front.
D'un Soleil part la glace qui me fond,
Et m'ébahis que ma froideur n'est morte
Au rais * d'un œil, qui d'une flamme accorte *
Me fait au cœur un ulcère profond.
En tel état je vois languir ma vie,
Qu'aux plus chétifs ma langueur porte envie,
Tant le mal croît, et le cœur me défaut.
Mais la douleur qui plus trouble mon âme,
O cruauté! c'est qu'Amour et ma Dame
Savent mon mal, et si ne leur en chaut *.

CXIV

1552

Je vis ma Nymphe entre cent damoiselles,
Comme un Croissant par les menus flambeaux,
Et de ses yeux plus que les astres beaux
Faire obscurcir la beauté des plus belles.
Dedans son sein les Grâces immortelles,
La Gaillardise, et les frères jumeaux [1]
Allaient volant, comme petits oiseaux
Parmi le vert des branches plus nouvelles.
Le ciel ravi, qui si belle la voit,
Roses et lis et guirlandes pleuvoit
Tout au rond d'elle, au milieu de la place;
Si qu'en dépit de l'hiver froidureux,
Par la vertu de ses yeux amoureux
Un beau printemps s'engendra de sa face.

CXV

1553

Plus que les Rois, leurs sceptres et leur bien,
J'aime ce front où mon Tyran se joue,
Et le vermeil de cette belle joue,
Qui fait honteux le pourpre Tyrien.
Toutes beautés à mes yeux ne sont rien
Au prix du sein, qui soupirant secoue
Son gorgerin * sous qui doucement noue
Un petit flot que Vénus dirait sien.
En la façon que Jupiter est aise,
Quand de son chant une Muse l'apaise,
Ainsi je suis de ses chansons épris,
Lorsqu'à son luth ses doigts elle embesogne,
Et qu'elle dit le branle de Bourgogne [2],
Qu'elle disait le jour que je fus pris.

CXVI

1553

Cette beauté de mes yeux adorée,
Qui me fait vivre entre mille trépas,
Couplait mes chiens, et poursuivait mes pas,
Ainsi qu'Adon[1], Cyprine la dorée,
Quand une ronce en vain enamourée,
Ainsi que moi, du vermeil de ses bras,
En les baisant lui fit couler à bas
Une liqueur de pourpre colorée.
La terre adonc, qui soigneuse reçut
Ce sang divin, fertilement conçut
Pareille au sang une rouge fleurette.
Et tout ainsi que d'Hélène naquit
La fleur[2] qui d'elle un beau surnom acquit,
Du nom Cassandre elle eut nom Cassandrette.

CXVII

1553

Sur mes vingt ans, pur d'offense et de vice,
Guidé, mal-caut *, d'un trop aveugle oiseau *,
En jeune sang, en menton damoiseau,
Sain et gaillard je vins à ton service.
Mais, ô cruelle, outré de ta malice,
Je m'en retourne en une vieille peau,
En chef grison, en perte de mon beau :
Tels sont d'Amour les jeux et l'exercice.
Hélas, que dis-je! où veux-je m'en aller?
D'un autre bien je ne me puis soûler *.
Comme la caille, Amour, tu me fais être,
Qui de poison s'engraisse et se repaît.
D'un autre bien je ne me veux repaître,
Ni vivre ailleurs, tant ta poison me plaît.

CXVIII

1552

Sans soupirer vivre ici je n'ai pu
Depuis le jour que les yeux de ma Dame
Tous pleins d'amours versèrent en mon âme
Le doux venin, dont mon cœur fut repu.
Ma chère neige, et mon cher et doux feu,
Voyez comment je m'englace et m'enflamme :
Comme la cire aux rayons d'une flamme
Je me consume, et vous en chaut * bien peu.
Il est certain que ma vie est heureuse
De s'écouler joyeuse et douloureuse
Dessous votre œil, qui jour et nuit me point *.
Mais cependant votre beauté ne pense,
Que l'amitié d'amitié se compense,
Et qu'un amour sans frère ne croît point.

CXIX

1552

D'Amour ministre, et de persévérance,
Qui jusqu'au fond l'âme peux émouvoir,
Et qui les yeux d'un aveugle savoir,
Et qui les cœurs voiles d'une ignorance,
Va-t'en ailleurs chercher ta demeurance,
Va-t'en ailleurs quelqu'autre décevoir :
Je ne veux plus chez moi te recevoir,
Malencontreuse et maudite espérance.
Quand Jupiter, ce tyran criminel,
Teignit ses mains dans le sang paternel,
Dérobant l'or de la terre où nous sommes [1],
Il te laissa, comme un monstre nouveau,
Seule par force au profond du vaisseau *
Que Pandore eut pour décevoir les hommes.

CXX 1552

Franc * de raison, esclave de fureur,
Je vais chassant une fere * sauvage,
Or' * sur un mont, or' le long d'un rivage,
Or' dans le bois de jeunesse et d'erreur.
J'ai pour ma laisse un long trait de malheur,
J'ai pour limier un violent courage,
J'ai pour mes chiens, l'ardeur, et le jeune âge,
Et pour piqueurs, l'espoir et la douleur.
Mais eux, voyant que plus elle est chassée,
Plus elle fuit d'une course élancée,
Quittent leur proie et retournent vers moi,
De ma chair propre osant bien leur repaître.
C'est grand-pitié (à mon dam je le voi)
Quand les valets commandent à leur maître.

CXXI 1553

Le Ciel ne veut, Dame, que je jouisse
De ce doux bien que dessert mon devoir;
Aussi ne veux-je, et ne me plaît d'avoir
Sinon du mal en vous faisant service.
Puisqu'il vous plaît que pour vous je languisse
Je suis heureux, et ne puis recevoir
Plus grand honneur, qu'en vous servant pouvoir
Faire à vos yeux de mon cœur sacrifice.
Donc si ma main, maugré moi, quelquefois
De l'amour chaste outrepasse les lois,
Dans votre sein cherchant ce qui m'embraise,
Punissez-la du foudre de vos yeux,
Et la brûlez; car j'aime beaucoup mieux
Vivre sans mains, que ma main vous déplaise.

CXXII 1552

Bien que six ans soient jà * coulés arrière
Depuis le jour qu'Amour d'un poignant * trait
Au fond du cœur m'engrava le portrait
D'une humble-fière et fière-humble guerrière,
Si suis-je heureux d'avoir vu la lumière
En ces ans tards *, où vit le beau portrait
De sa beauté, qui mon esprit attrait
Pour prendre au ciel une belle carrière.
Le seul avril de son jeune printemps
Endore, emperle, enfrange notre temps,
Qui n'a connu les vertus de ma belle,
Ni la splendeur qui reluit en ses yeux.
Seul je l'ai vue : aussi je meurs pour elle,
Et plus grand heur ne m'ont donné les Cieux.

CXXIII 1552

Si ce grand Prince, artisan de la lyre,
Qui va bornant aux Indes son réveil [1],
Ains qui d'un œil mal appris au sommeil
Deçà delà toutes choses remire,
Lamente encor pour le bien où j'aspire,
Ne suis-je heureux, puisque le trait pareil,
Qui d'outre en outre entama le Soleil,
Mon cœur entame à semblable martyre ?
Certes mon mal contente mon plaisir,
D'avoir osé pour compagnon choisir
Un si grand Dieu : ainsi par la campagne
Le bœuf courbé dessous le joug pesant,
Traîne le faix plus léger et plaisant,
Quand son travail d'un autre s'accompagne.

CXXIV

1552

Ce petit chien, qui ma maîtresse suit,
Et qui jappant ne reconnaît personne,
Et cet oiseau, qui ses plaintes résonne,
Au mois d'avril soupirant toute nuit;
Et la barrière, où quand le chaud s'ensuit,
Madame seule en pensant s'arraisonne *,
Et ce jardin où son pouce moissonne
Toutes les fleurs que Zéphyre produit;
Et cette danse où la flèche cruelle
M'outreperça, et la saison nouvelle
Qui tous les ans rafraîchit mes douleurs;
Et son œillade, et sa parole sainte,
Et dans le cœur sa grâce que j'ai peinte,
Baignent mes yeux de deux ruisseaux de pleurs.

CXXV

1552

Du feu d'amour, impatient Roger,
Pipé du fard de magique cautelle *,
Pour refroidir ta passion nouvelle,
Tu vins au lit d'Alcine [1] te loger.
Opiniâtre à ton feu soulager,
Ore * planant, ore nouant * sus elle,
Entre les bras d'une Dame si belle,
Tu sus d'Amour et d'elle te venger.
En peu de temps le gracieux Zéphyre,
D'un vent heureux empoupant ton navire,
Te fit surgir dans le port amoureux.
Mais quand ma nef de s'aborder est prête,
Toujours plus loin quelque horrible tempête
La cingle en mer, tant je suis malheureux.

CXXVI

1552

Je te hais peuple, et j'en prends à témoin
Le Loir, Gâtine, et les rives de Braie [1],
Et la Neuffaune [2], et la verte saulaie
Que Sabut [3] voit aboutir à son coin.
Là quand tout seul je m'égare bien loin,
Amour qui parle avecque moi s'essaie
Non de guérir, mais rengrèger * ma plaie
Par les déserts, qui augmentent mon soin *.
Là, pas-à-pas, Dame, je remémore
Ton front, ta bouche, et les grâces encore
De tes beaux yeux, trop fidèles archers;
Puis figurant ta belle idole * feinte
Au clair d'une eau, je sanglote une plainte,
Qui fait gémir le plus dur des rochers.

CXXVII

1552

Non la chaleur de la terre qui fume
Aux jours d'Été lui crevassant le front;
Non l'Avant-Chien [4], qui tarit jusqu'au fond
Les tièdes eaux, qu'ardent de soif il hume;
Non ce flambeau qui tout ce monde allume
D'un bluetter * qui lentement se fond;
Bref, ni l'été, ni ses flammes ne font
Ce chaud brasier qui mes veines consume.
Vos chastes feux, esprits de nos beaux yeux,
Vos doux éclairs qui réchauffent les cieux,
De mon brasier éternisent la flamme,
Et soit Phébus attelé pour marcher
Devers le Cancre [5], ou bien devers l'Archer [6],
Votre œil me fait un Été dedans l'âme.

CXXVIII

1552

Ni ce corail qui double se compasse *
Sur mainte perle, un trésor d'Orient,
Ni ces beaux lis, qu'Amour en suppliant
Ose baiser, et jamais ne s'en lasse;
Ni ce bel or qui frisé s'entrelace
En mille nœuds crêpés folâtrement,
Ni ces œillets égalés proprement
Au blanc des lis encharnés dans sa face;
Ni de ce front le beau ciel éclairci,
Ni le double arc de ce double sourcil,
N'ont à la mort ma vie condamnée.
Seuls les beaux yeux, où le certain Archer
Pour me tuer sa flèche vint cacher,
Devant le soir finissent ma journée.

CXXIX

1552

Dis l'un des deux [1], sans tant me déguiser
Le peu d'amour que ton semblant me porte,
Je ne saurais, vu ma peine si forte,
Tant lamenter, ne tant Pétrarquiser.
Si tu le veux, que sert de refuser
Ce doux présent dont l'espoir me conforte?
Sinon, pourquoi d'une espérance morte
Me nourris-tu pour toujours m'abuser?
L'un de tes yeux dans les enfers me rue,
L'autre, plus doux, à l'envi s'évertue
De me remettre en paradis encor.
Ainsi tes yeux, pour causer mon renaître,
Et puis ma mort, sans cesse me font être
Or' un Pollux, et ores un Castor [2].

CXXX

1552

L'an mil cinq cent avec quarante et six,
En ses cheveux une Dame cruelle,
Autant cruelle en mon endroit que belle,
Lia mon cœur de ses cheveux surpris.
Lors je pensai, comme sot mal appris,
Né pour souffrir une peine éternelle,
Que les crêpons de leur blonde cautelle *
Deux ou trois jours sans plus me tiendraient pris.
L'an est passé, et l'autre commence ores *
Où je me vois plus que devant encores
Pris dans leurs rets *; et quand parfois la mort
Veut délacer le lien de ma peine,
Amour toujours pour l'étreindre plus fort,
Flatte mon cœur d'une espérance vaine.

CXXXI

1552

A toi chaque an j'ordonne un sacrifice,
Fidèle coin, où tremblant et peureux
Je découvris le travail langoureux
Que j'endurai, Dame, en votre service.
Un coin meilleur, plus sûr et plus propice
A déclarer un tourment amoureux,
N'est point en Cypre, ou dans les plus heureux
Vergers de Gnide, Amathonte, ou d'Eryce [1].
Eussé-je l'or d'un Prince ambitieux,
Coin, tu serais un temple précieux
Enrichi d'or et de dépense grande,
Où les amants par un vœu solennel
Joutant, luttant autour de ton autel,
S'immoleraient eux-mêmes pour offrande.

CXXXII 1569

Honneur de mai, dépouille du Printemps,
Bouquet tissu de la main qui me dompte,
Dont les beautés aux fleurettes font honte,
Faisant éclore un avril en tout temps;
Non pas du nez, mais du cœur je te sens
Et de l'esprit, que ton odeur surmonte,
Et tellement de veine en veine monte,
Que ta senteur embâme tous mes sens.
Sus, baise-moi en lieu de notre amie,
Prends mes soupirs, prends mes pleurs, je te prie,
Qui serviront d'animer ta couleur.
Ainsi ta fleur ne deviendra fanie,
Les pleurs d'humeur, les soupirs de chaleur,
Pour prendre un jour ta racine en ma vie.

CXXXIII 1569

Si l'on vous dit qu'Argus [1] est une fable,
Ne le croyez, bonne postérité,
Ce n'est pas feinte, ains * une vérité,
A mon malheur je la sens veritable.
Un autre Argus en deux yeux redoutable,
En corps humain non feint, non inventé,
Epie, aguette, et garde la beauté
Par qui je suis douteux et misérable.
Quand par ses yeux Argus ne la tiendrait,
Toujours au col mignarde me pendrait,
Je connais bien sa gentille nature.
Ha! vrai Argus, tant tu me fais gémir,
A mon secours vienne un autre Mercure,
Non pour ta mort, mais bien pour t'endormir.

CXXXIV 1552

Je parangonne * à ta jeune beauté,
Qui toujours dure en son printemps nouvelle,
Ce mois d'avril qui ses fleurs renouvelle
En sa plus gaie et verte nouveauté.
Loin devant toi fuira la cruauté,
Devant lui fuit la saison plus cruelle.
Il est tout beau, ta face est toute belle;
Ferme est son cours, ferme est ta loyauté.
Il peint les bords, les forêts et les plaines,
Tu peins mes vers d'un bel émail de fleurs,
Des laboureurs il arrose les peines,
D'un vain espoir tu laves mes douleurs;
Du Ciel sur l'herbe il fait tomber les pleurs,
Tu fais sortir de mes yeux deux fontaines.

CXXXV 1569

Douce beauté, meurtrière de ma vie,
En lieu d'un cœur tu portes un rocher.
Tu me fais vif languir et dessécher,
Passionné d'une amoureuse envie.
Le jeune sang qui d'aimer te convie,
N'a pu de toi la froideur arracher,
Farouche, fière, et qui n'as rien plus cher
Que languir froide, et n'être point servie.
Apprends à vivre, ô fière en cruauté.
Ne garde point à Pluton ta beauté,
Quelque peu d'aise en aimant il faut prendre.
Il faut tromper doucement le trépas;
Car aussi bien sous la terre là-bas
Sans rien sentir, le corps n'est plus que cendre.

STANCES 1555

Quand au temple nous serons
Agenouillés, nous ferons
Les dévots selon la guise
De ceux qui pour louer Dieu
Humbles se courbent au lieu
Le plus secret de l'église.
Mais quand au lit nous serons
Entrelacés, nous ferons
Les lascifs selon les guises
Des Amants qui librement
Pratiquent folâtrement
Dans les draps cent mignardises.
Pourquoi donque, quand je veux
Ou mordre tes beaux cheveux,
Ou baiser ta bouche aimée,
Ou toucher à ton beau sein,
Contrefais-tu la nonnain
Dedans un cloître enfermée?
Pour qui gardes-tu tes yeux
Et ton sein délicieux,
Ton front, ta lèvre jumelle?
En veux-tu baiser Pluton
Là-bas, après que Charon
T'aura mise en sa nacelle?
Après ton dernier trépas,
Grêle, tu n'auras là-bas
Qu'une bouchette blêmie;
Et quand mort je te verrais
Aux Ombres je n'avouerais
Que jadis tu fus m'amie.
Ton test * n'aura plus de peau,
Ni ton visage si beau

N'aura veines ni artères :
Tu n'auras plus que les dents
Telles qu'on les voit dedans
Les têtes de cimetères.
Donque tandis que tu vis,
Change, Maîtresse, d'avis,
Et ne m'épargne ta bouche.
Incontinent tu mourras,
Lors tu te repentiras
De m'avoir été farouche.
Ah, je meurs! ah, baise-moi!
Ah, Maîtresse, approche-toi!
Tu fuis comme un faon qui tremble.
Au moins souffre que ma main
S'ébatte un peu dans ton sein,
Ou plus bas, si bon te semble.

CXXXVI

1552

Ce ne sont qu'haims *, qu'amorces et qu'appâts
De son bel œil qui m'allèche en sa nasse,
Soit qu'elle rie ou soit qu'elle compasse
Au son du luth le nombre de ses pas.
Une minuit tant de flambeaux n'a pas,
Ni tant de sable en Euripe [1] ne passe,
Que de beautés embellissent sa grâce,
Pour qui j'endure un millier de trépas.
Mais le tourment qui dessèche ma vie
Est si plaisant, que je n'ai point envie
De m'éloigner de si douce langueur.
Ains * fasse Amour, que mort encores j'aie
L'aigre-douceur de l'amoureuse plaie,
Que vif je garde au rocher de mon cœur.

CXXXVII

1552

Œil dont l'éclair mes tempêtes essuie,
Sourcil, mais ciel de mon cœur gouverneur,
Front étoilé, trophée à mon Seigneur,
Où son carquois et son arc il estuie *;
Gorge de marbre où la beauté s'appuie,
Menton d'albâtre, enrichi de bonheur,
Tétin d'ivoire où se loge l'honneur,
Sein dont l'espoir mes travaux désennuie;
Vous avez tant appâté mon désir,
Que pour soûler * ma faim et mon plaisir,
Cent fois le jour il faut que je vous voie,
Comme un oiseau, qui ne peut séjourner,
Sans sur les bords poissonneux retourner,
Et revoler pour y trouver sa proie.

CXXXVIII

1552

Hausse ton vol, et d'une aile bien ample,
Forçant des vents l'audace et le pouvoir,
Fais, Denisot [1], tes plumes émouvoir
Jusques au Ciel, où les dieux ont leur temple.
Là, d'œil d'Argus [2] leurs déités contemple,
Contemple aussi leur grâce et leur savoir,
Et pour ma Dame au parfait concevoir,
Sur les plus beaux fantastique un exemple.
Choisis après le teint de mille fleurs,
Et les détrempe en l'humeur de mes pleurs,
Que tièdement hors de mon chef je rue.
Puis attachant ton esprit et tes yeux
Droit au patron dérobé sur les dieux,
Peins, Denisot, la beauté qui me tue.

CXXXIX

1552

Ville de Blois, naissance de ma Dame,
Séjour des Rois et de ma volonté,
Où jeune d'ans je me vis surmonté
Par un œil brun qui m'outreperça l'âme,
Chez toi je pris cette première flamme,
Chez toi j'appris que peut la cruauté,
Chez toi je vis cette fière beauté,
Dont la mémoire encores me renflamme.
Habite Amour en ta ville à jamais,
Et son carquois, ses lampes et ses traits
Pendent en toi, le temple de sa gloire.
Puisse-il toujours tes murailles couver
Dessous son aile, et nu toujours laver
Son chef crêpu dans les eaux de ton Loire[1].

CXL

1552

Heureuse fut l'étoile fortunée,
Qui d'un bon œil ma Maîtresse aperçut.
Heureux le bers *, et la main qui la sut
Emmailloter le jour qu'elle fut née.
Heureuse fut la mamelle emmannée,
De qui le lait premier elle reçut,
Et bien heureux le ventre qui conçut
Telle beauté de tant de dons ornée.
Heureux parents qui eûtes cet honneur
De la voir naître un astre de bonheur!
Heureux les murs, naissance de la belle!
Heureux le fils dont grosse elle sera,
Mais plus heureux celui qui la fera
Et femme et mère, en lieu d'une pucelle!

CXLI

1552

L'astre ascendant sous qui je pris naissance,
De son regard ne maîtrisait les Cieux :
Quand je naquis il était dans tes yeux,
Futurs tyrans de mon obéissance.
Mon tout, mon bien, mon heur, ma connaissance
Vint de ton œil; car pour nous lier mieux,
Tant nous unit son feu présagieux,
Que de nous deux il ne fit qu'une essence.
En toi je suis et tu es seule en moi,
En moi tu vis et je vis dedans toi,
Tant notre amour est parfaitement ronde.
Ne vivre en toi ce serait mon trépas.
La Pyralide [1] en ce point ne vit pas,
Perdant sa flamme, et le Dauphin son onde.

CXLII

1552

De ton beau poil en tresses noircissant
Amour ourdit * de son arc la ficelle;
Il fit son feu de ta vive étincelle,
Il fit son trait de ton œil brunissant.
Son premier coup me rendait périssant,
Mais son second de la mort me rappelle,
Qui mon ulcère en santé renouvelle,
Et par son coup le coup va guérissant.
Ainsi jadis sur la poudre Troyenne,
Du soudard Grec la hache Pélienne,
Du Mysien mit la douleur à fin [2].
Ainsi le trait que ton bel œil me rue,
D'un même coup me guérit et me tue.
Hé! quelle Parque a filé mon destin!

CXLIII

1552

Ce ris * plus doux que l'œuvre d'une abeille,
Ces dents, ainçois * deux remparts argentés,
Ces diamants à double rang plantés
Dans le corail de sa bouche vermeille,
Ce doux parler qui les âmes réveille,
Ce chant qui tient mes soucis enchantés,
Et ces deux cieux sur deux astres entés *,
De ma Déesse annoncent la merveille.
Du beau jardin de son jeune printemps
Naît un parfum, qui le ciel en tous temps
Embaumerait de ses douces haleines,
Et de là sort le charme d'une voix,
Qui tout ravis fait sauteler les bois,
Planer les monts, et montagner les plaines.

CXLIV

1552

J'irai toujours et rêvant et songeant
En cette prée où je vis l'angelette,
Qui d'espérance et de crainte m'allaite,
Et dans ses yeux mes destins va logeant.
Quel fil de soie en tresses s'allongeant
Ornait ce jour sa tête nouvelette ?
De quelle rose, et de quelle fleurette
Sa face allait, comme Iris [1], se changeant ?
Ce n'était point une mortelle femme
Que je vis lors, ni de mortelle dame
Elle n'avait ni le front ni les yeux.
Donques, Raison, ce ne fut chose étrange
Si je fus pris : c'était vraiment un Ange,
Qui pour nous prendre était venu des Cieux.

CXLV 1569

J'avais l'esprit tout morne et tout pesant,
Quand je reçus du lieu qui me tourmente,
L'orange d'or comme moi jaunissante
Du même mal qui nous est si plaisant.
Les pommes sont de l'Amour le présent :
Tu le sais bien, ô guerrière Atalante,
Et Cydippé [1] qui encor se lamente
De l'esprit d'or qui lui fut si cuisant.
Les pommes sont de l'Amour le vrai signe.
Heureux celui qui de la pomme est digne!
Toujours Vénus a des pommes au sein.
Depuis Adam désireux nous en sommes;
Toujours la Grâce en a dedans la main,
Et bref l'Amour n'est qu'un beau jeu de pommes.

CXLVI 1552

Tout effrayé je cherche une fontaine
Pour expier un horrible songer,
Qui toute nuit ne m'a fait que ronger
L'âme effrayée au travail de ma peine.
Il me semblait que ma douce-inhumaine
Criait : « Ami, sauve-moi du danger »,
A toute force un larron étranger
Par les forêts prisonnière m'emmène. »
Lors en sursaut, où me guidait la voix,
Le fer au poing je brossay * dans le bois
Mais en courant après la dérobée,
Du larron même assaillir me suis veu,
Qui, me perçant le cœur de mon épée,
M'a fait tomber dans un torrent de feu.

CHANSON

1552

Ma Dame, je n'eusse pensé
Opiniâtre en ma langueur,
Que ton cœur m'eut récompensé
D'une si cruelle rigueur,
Et qu'en lieu de me secourir
Tes beaux yeux m'eussent fait mourir.
Si prévoyant j'eusse aperçu,
Quand je te vis premièrement,
Le mal que j'ai depuis reçu
Pour aimer trop loyalement,
Mon cœur qui franc avait vécu,
N'eût pas été si tôt vaincu.
Tu fis promettre à tes beaux yeux
Qui seuls me vinrent décevoir,
De me donner encore mieux
Que mon cœur n'espérait avoir.
Puis comme jaloux de mon bien
Ont transformé mon aise en rien.
Si tôt que je vis leur beauté,
Amour me força d'un désir
D'assujettir ma loyauté
Sous l'empire de leur plaisir,
Et décocha de leur regard
Contre mon cœur le premier dard.
Ce fut, Dame, ton bel accueil,
Qui pour me faire bienheureux,
M'ouvrit par la clef de ton œil
Le paradis des Amoureux,
Et fait esclave en si beau lieu,
D'un homme je devins un Dieu.
Si bien que n'étant plus à moi,
Mais à l'œil qui m'avait blessé,

Mon cœur en gage de ma foi
A lui mon maître j'ai laissé,
Où serf si doucement il est
Qu'une autre beauté lui déplaît.
  Et bien qu'il souffre jours et nuits
Mainte amoureuse adversité,
Le plus cruel de ses ennuis
Lui semble une félicité,
Et ne saurait jamais vouloir
Qu'un autre œil le fasse douloir *.
  Un grand rocher qui a le dos
Et les pieds toujours outragés,
Ores * des vents, ores des flots
Contre les rives enragés,
N'est point si ferme que mon cœur
Sous l'orage de ta rigueur.
  Car lui sans se changer, aimant
Les beaux yeux qui l'ont enrethé *,
Semble du tout au diamant
Qui pour garder sa fermeté
Se rompt plutôt sous le marteau,
Que se voir tailler de nouveau.
  Ainsi ne l'or qui peut tenter,
Ni grâce, beauté, ni maintien
Ne sauraient dans mon cœur enter *
Un autre portrait que le tien,
Et plutôt il mourrait d'ennui,
Que d'en souffrir un autre en lui.
  Il ne faut donc pour empêcher
Qu'une autre Dame en ait sa part,
L'environner d'un grand rocher,
Ou d'une fosse, ou d'un rempart :
Amour te l'a si bien conquis,
Que plus il ne peut être acquis.
  Chanson, les étoiles seront

La nuit sans les Cieux allumer,
Et plutôt les vents cesseront
De tempêter dessus la mer,
Que de ses yeux la cruauté
Puisse amoindrir ma loyauté.

CXLVII

1552

Un voile obscur par l'horizon épars
Troublait le Ciel d'une humeur survenue,
Et l'air crevé, d'une grêle menue
Frappait à bonds les champs de toutes parts.
Déjà Vulcan de ses borgnes soudards
Hâtait les mains à la forge connue,
Et Jupiter dans le creux d'une nue
Armait sa main de l'éclair de ses dards,
Quand ma Nymphette en simple verdugade *
Cueillant les fleurs, des rais * de son œillade
Essuya l'air grêleux et pluvieux,
Des vents sortis remprisonna les tropes,
Et fit cesser les marteaux des Cyclopes[1],
Et de Jupin[2] rasséréna les yeux.

CXLVIII

1552

En autre lieu les deux flambeaux de celle
Qui m'éclairait, sont allés faire jour,
Voire un midi, qui d'un ferme séjour
Sans voir la nuit dans les cœurs étincelle.
Hé! que ne sont et d'une et d'une autre aile
Mes deux côtés emplumés à l'entour?
Haut par le Ciel sous l'escorte d'Amour
Je volerais comme un cygne auprès d'elle.
De ses beaux rais * ayant percé le flanc,
J'empourprerais mes plumes en mon sang,
Pour témoigner la peine que j'endure;

Et suis certain que ma triste langueur
Pourrait fléchir non seulement son cœur
De mes soupirs, mais une roche dure.

CXLIX

1552

Si tu ne veux contre Dieu t'irriter,
Écoute-moi, ne mets point en arrière
L'humble soupir, enfant de la prière :
La prière est fille de Jupiter.
Quiconque veut la prière éviter,
Jamais n'achève une jeunesse entière
Et voit toujours de son audace fière
Jusqu'aux enfers l'orgueil précipiter.
Pource *, orgueilleuse, échappe cet orage,
Dedans mes pleurs attrempe ton courage,
Sois pitoyable, et guéris ma langueur.
Toujours le Ciel, toujours l'eau n'est venteuse,
Toujours ne doit ta beauté dépiteuse
Contre ma plaie endurcir sa rigueur.

CL

1552

En ce printemps qu'entre mes bras n'arrive
Celle qui tient ma plaie en sa verdeur,
Et ma pensée en oisive langueur,
Sur le tapis de cette herbeuse rive ?
Et que n'est-elle une Nymphe native
De ce bois vert ? par l'ombreuse froideur,
Nouveau Sylvain, j'alenterais * l'ardeur
Du feu qui m'ard * d'une flamme trop vive.
Et pourquoi, cieux ! l'arrêt de vos destins
Ne m'a fait naître un de ces Paladins
Qui seuls portaient en croupe les pucelles ?
Et qui, tâtant, baisant et devisant,

Loin de l'envie et loin du médisant,
Par les forêts vivaient avecques elles?

CLI

1552

Que toute chose en ce monde se mue,
Soit désormais Amour soûlé * de pleurs,
Des chênes durs puissent naître les fleurs,
Au choc des vents l'eau ne soit plus émue;
Le miel d'un roc contre nature sue,
Soient du printemps semblables les couleurs,
L'été soit froid, l'hiver plein de chaleurs,
Pleine de vents ne s'enfle plus la nue;
Tout soit changé, puisque le nœud si fort
Qui m'étreignait, et que la seule mort
Devait trancher, elle a voulu défaire.
Pourquoi d'Amour méprises-tu la loi?
Pourquoi fais-tu ce qui ne se peut faire?
Pourquoi romps-tu si faussement ta foi?

CLII

1552

Lune à l'œil brun, Déesse aux noirs chevaux,
Qui çà, qui là, qui haut, qui bas, te tournent,
Et de retours qui jamais ne séjournent,
Traînent ton char éternel en travaux,
A tes désirs les miens ne sont égaux,
Car les amours qui ton âme époinçonnent,
Et les ardeurs qui la mienne aiguillonnent,
Divers souhaits désirent à leurs maux.
Toi, mignotant ton dormeur de Latmie [1],
Voudrais toujours qu'une course endormie
Retînt le train de ton char qui s'enfuit;
Mais moi qu'Amour toute la nuit dévore,
Depuis le soir je souhaite l'Aurore,
Pour voir le jour, que me celait ta nuit.

CLIII

1552

Une diverse amoureuse langueur,
Sans se mûrir en mon âme verdoie;
Dedans mes yeux une fontaine ondoie,
Un Montgibel[1] fait son feu de mon cœur.
L'un de son chaud, l'autre de sa liqueur,
Ore * me gèle et ore me foudroie;
Et l'un et l'autre à son tour me guerroie,
Sans que l'un soit dessus l'autre vainqueur.
Fais, Amour, fais qu'un seul gagne la place,
Ou bien le feu ou bien la froide glace,
Et par l'un d'eux mets fin à ce débat.
Hélas! Amour, j'ai de mourir envie.
Mais deux venins n'étouffent point la vie,
Tandis que l'un à l'autre se combat.

CLIV

1552

Puisque cet œil, dont l'influence baille
Ses lois aux miens, sur les miens plus ne luit,
L'obscur m'est jour, le jour m'est une nuit,
Tant son absence âprement me travaille.
Le lit me semble un dur champ de bataille,
Rien ne me plaît, toute chose me nuit,
Et ce penser qui me suit et resuit,
Presse mon cœur plus fort qu'une tenaille.
Jà près du Loir entre cent mille fleurs,
Soûlé d'ennuis, de regrets et de pleurs,
J'eusse mis fin à mon angoisse forte,
Sans quelque Dieu qui mon œil va tournant
Vers le pays où tu es séjournant,
Dont le seul air sans plus me réconforte.

CLV

1552

Comme le chaud au faîte d'Erymanthe [1],
Ou sus Rhodope [2], ou sur quelque autre mont,
Sur le printemps la froide neige fond
En eau qui fuit par les rochers coulante,
Ainsi tes yeux (soleil qui me tourmente)
Qui cire et neige à leur regard me font,
Frappant les miens, jà distillés les ont
En un ruisseau qui de mes pleurs s'augmente.
Herbes ne fleurs ne séjournent auprès,
Ains des soucis, des ifs et des cyprès,
Ni de cristal sa rive ne court pleine.
Les autres eaux par les prés vont roulant,
Mais cette-ci par mon sein va coulant,
Qui sans tarir s'enfante de ma peine.

CLVI

1552

De soins mordants et de soucis divers
Soit sans repos ta paupière éveillée,
Ta lèvre soit de noir venin mouillée,
Tes cheveux soient de vipères couverts;
Du sang infect de ces gros lézards verts
Soit ta poitrine et ta gorge souillée,
Et d'une œillade obliquement rouillée,
Tant que voudras guigne-moi de travers,
Toujours au Ciel je lèverai la tête,
Et d'un écrit qui bruit comme tempête,
Je foudroirai de tes monstres l'effort.
Autant de fois que tu seras leur guide
Pour m'assaillir, ou pour saper mon Fort,
Autant de fois me sentiras Alcide [3].

CLVII 1552

De la mielleuse et fielleuse pâture,
De qui le nom s'appelle trop aimer,
Qui m'est et sucre et riagas * amer,
Sans me saouler * je prends ma nourriture.
Ce bel œil brun, qui force ma nature,
D'un jeûne tel me fait tant consumer,
Que je ne puis ma faim désaffamer
Qu'au seul regard d'une vaine peinture.
Plus je la vois, moins saouler je m'en puis :
Un vrai Narcisse en misère je suis.
Hé! qu'Amour est une cruelle chose!
Je connais bien qu'il me fera mourir,
Et si ne puis ma douleur secourir,
Tant j'ai sa peste en mes veines enclose.

CLVIII 1552

En m'abusant je me trompe les yeux,
Aimant l'objet d'une figure vaine.
O nouveauté d'une cruelle peine!
O fier destin! ô malice des Cieux!
Faut-il que moi de moi-même envieux,
Pour aimer trop les eaux d'une fontaine,
Que ma raison par les sens incertaine
Cuide * en faillant son mal être son mieux?
Donques faut-il que le vain de ma face
De membre à membre anéantir me fasse,
Comme une cire aux rais * de la chaleur?
Ainsi pleurait l'amoureux Céphiside [1],
Quand il sentit dessus le bord humide
De son beau sang naître une belle fleur.

CLIX

1552

En ma douleur, malheureux, je me plais,
Soit quand la nuit les feux du Ciel augmente,
Ou quand l'Aurore enjonche d'amarante
Le jour mêlé d'un long fleurage épais.
D'un joyeux deuil mon esprit je repais,
Et quelque part où seulet je m'absente,
Devant mes yeux je vois toujours présente
Celle qui cause et ma guerre et ma paix.
Pour l'aimer trop également j'endure
Ore * un plaisir, ore une peine dure,
Qui d'ordre égal viennent mon cœur saisir.
Bref, d'un tel miel mon absinthe est si pleine,
Qu'autant me plaît le plaisir que la peine,
La peine autant comme fait le plaisir.

CLX

1552

Or' * que Jupin [1] espoint de sa semence
Veut enfanter ses enfants bien-aimés,
Et que du chaud de ses reins allumés
L'humide sein de Junon ensemence;
Or' que la mer, or' que la véhémence
Des vents fait place aux grands vaisseaux armés,
Et que l'oiseau parmi les bois ramés,
Du Thracien [2] les tançons * recommence;
Or' que les prés et ore que les fleurs
De mille et mille et de mille couleurs
Peignent le sein de la terre si gaie,
Seul et pensif, aux rochers plus secrets
D'un cœur muet je conte mes regrets,
Et par les bois je vais celant ma plaie.

MADRIGAL

1569

Que maudit soit le miroir qui vous mire
Et vous fait être ainsi fière en beauté,
Ainsi enfler le cœur de cruauté,
Me refusant le bien que je désire!
Depuis trois ans pour vos yeux je soupire,
Et si mes pleurs, ma Foi, ma Loyauté
N'ont, ô destin! de votre cœur ôté
Ce doux orgueil qui cause mon martyre.
Et cependant vous ne connaissez pas
Que ce beau mois et votre âge se passe,
Comme une fleur qui languit contrebas,
Et que le temps passé ne se ramasse.
Tandis qu'avez la jeunesse et la grâce,
Et le temps propre aux amoureux combats,
Des doux plaisirs ne soyez jamais lasse
Et sans aimer n'attendez le trépas.

CLXI

1552

Que n'ai-je, Amour, cette Fere * aussi vive
Entre mes bras, qu'elle est vive en mon cœur?
Un seul moment guérirait ma langueur,
Et ma douleur ferait aller à rive.
Plus elle court, et plus elle est fuitive
Par le sentier d'audace et de rigueur,
Plus je me lasse, et recru de vigueur
Je marche après d'une jambe tardive.
Au moins écoute, et ralente tes pas :
Comme veneur je ne te poursuis pas,
Ou comme archer qui blesse à l'impourvue :
Mais comme ami de ton amour touché,
Navré du coup qu'Amour m'a décoché,
Forgeant ses traits des beaux rais * de ta vue.

CLXII

1552

Contre le ciel mon cœur était rebelle,
Quand le destin que forcer je ne puis,
Me fit revoir la Dame à qui je suis,
Ains que vétir cette écorce nouvelle.
Un chaud adonc de moëlle en moëlle,
De nerfs en nerfs, de conduits en conduits,
Brûla mon cœur, dont j'ai vécu depuis
Or' en plaisir, or' en peine cruelle.
Si qu'en voyant ses beautés et combien
Elle est divine, il me ressouvint bien
L'avoir jadis en paradis laissée;
Car dès le jour que j'en refus blessé,
Soit près ou loin, je n'ai jamais cessé
De l'adorer de fait ou de pensée.

CLXIII

1552

Voici le bois que ma sainte Angelette
Sur le printemps réjouit de son chant;
Voici les fleurs où son pied va marchant,
Quand à soi-même elle pense seulette;
Voici la prée et la rive molette,
Qui prend vigueur de sa main la touchant,
Quand pas à pas en son sein va cachant
Le bel émail de l'herbe nouvelette.
Ici chanter, là pleurer je la vis,
Ici sourire, et là je fus ravis
De ses discours par lesquels je dévie;
Ici s'asseoir, là je la vis danser :
Sus le métier d'un si vague penser
Amour ourdit * les trames de ma vie.

CLXIV

1563

Certes mon œil fut trop aventureux
De regarder une chose si belle,
Une vertu digne d'une immortelle,
Et dont Amour est mêmes amoureux.
Depuis ce jour je devins langoureux
Pour aimer trop cette beauté cruelle;
Cruelle, non, mais doucement rebelle
A ce désir qui me rend malheureux.
Malheureux, non, heureux, je le confesse,
Tant vaut l'amour d'une telle maîtresse,
Pour qui je vis, à qui seule je suis.
En lui plaisant je cherche à me déplaire,
Je l'aime tant qu'aimer je ne me puis,
Bien que pour elle Amour me désespère.

CLXV

1552

Sainte Gâtine, ô douce secrétaire
De mes ennuis, qui réponds en ton bois,
Ores en haute ores en basse voix,
Aux longs soupirs que mon cœur ne peut taire;
Loir, qui refreins la course volontaire
Des flots roulants par notre Vendômois,
Quand accuser cette beauté tu m'ois *,
De qui toujours je m'affame et m'altère :
Si dextrement l'augure j'ai reçu,
Et si mon œil ne fut hier déçu
Des doux regards de ma douce Thalie [1],
Maugré la mort Poëte me ferez
Et par la France appelés vous serez
L'un mon Laurier, l'autre ma Castalie [2].

CLXVI

1552

Pendant, Baïf [1], que tu frappes au but
De la vertu, qui n'a point de seconde,
Et qu'à longs traits tu t'enivres de l'onde
Que l'Ascréan [2] entre les Muses but,
Ici banni, où le mont de Sabut [3]
Charge de vins son épaule féconde,
Pensif je vois la fuite vagabonde
Du Loir qui traîne à la mer son tribut.
Ores * un antre, ores un bois sauvage,
Ores me plaît le secret d'un rivage,
Pour essayer de tromper mon ennui,
Mais je ne puis, quoique seul je me tienne,
Faire qu'Amour en se taisant ne vienne
Parler à moi, et moi toujours à lui.

CLXVII

1552

Quel bien aurai-je après avoir été
Si longuement privé des yeux de celle,
Qui le Soleil de leur vive étincelle
Rendraient honteux au midi d'un été?
Et quel plaisir, voyant le ciel voûté
De ce beau front qui les beautés recèle,
Et ce col blanc qui de blancheur excelle
Un mont de lait sus le jonc cailloté *?
Comme du Grec la troupe errante et sotte,
Affriandée aux douceurs de la lote [4],
Sans retourner se plaisait d'en manger,
Ainsi j'ai peur que mon âme, friande
D'une si rare et si douce viande,
Laisse mon corps pour vivre en l'étranger.

CLXVIII

1552

Puisque je n'ai pour faire ma retraite
Du labyrinth, qui me va séduisant,
Comme Thésée, un filet conduisant
Mes pas douteux dans les erreurs de Crète [1],
Eussé-je au moins une poitrine faite
Ou de cristal, ou de verre luisant,
Ton œil irait dedans mon cœur lisant
De quelle foi mon amour est parfaite.
Si tu savais de quelle affection
Je suis captif de ta perfection,
La mort serait un confort à ma plainte;
Et lors peut-être éprise de pitié,
Tu pousserais sur ma dépouille éteinte,
Quelque soupir de tardive amitié.

CLXIX

1552

Ha! Bel-Accueil [2], que ta douce parole
Vint traîtrement ma jeunesse offenser,
Quand au verger tu la menas danser,
Sur mes vingt ans, l'amoureuse carole *!
Amour adonc * me mit à son école,
Ayant pour maître un peu sage penser,
Qui sans raison me mena commencer
Le chapelet * de la danse plus folle.
Depuis cinq ans hôte de ce verger,
Je vais ballant avecque Faux-Danger,
Tenant la main d'une dame trop caute *.
Je ne suis seul par Amour abusé :
A ma jeunesse il faut donner la faute;
En cheveux gris je serai plus rusé.

CLXX

1552

En escrimant, le malheur élança
Sur mon bras gauche une arme rabattue,
Qui de sa pointe entre-mousse et pointue
Jusques à l'os le coude m'offensa.
Jà tout le bras à saigner commença,
Quand par pitié la beauté qui me tue,
De l'étancher soigneuse s'évertue,
Et de ses doigts ma plaie elle pansa.
Las, dis-je lors, si tu as quelque envie
De soulager les plaies de ma vie,
Et lui donner sa première vigueur,
Non cette-ci, mais de ta pitié sonde
L'autre qu'Amour m'engrave si profonde
Par tes beaux yeux au milieu de mon cœur!

CLXXI

1552

Toujours des bois la cime n'est chargée
Du faix neigeux d'un hiver éternel;
Toujours des Dieux le foudre criminel
Ne darde en bas sa menace enragée.
Toujours les vents, toujours la mer Egée
Ne gronde pas d'un orage cruel;
Mais de la dent d'un soin continuel
Ma pauvre vie est toujours outragée.
Plus je me force à le vouloir tuer,
Plus il renaît pour mieux s'évertuer
De féconder une guerre en moi-même.
O fort Thébain [1], si ta serve vertu
Avait encor ce monstre combattu,
Ce serait bien de tes faits le treizième.

CLXXII

1552

Je veux brûler pour m'envoler aux cieux,
Tout l'imparfait de mon écorce humaine,
M'éternisant comme le fils d'Alcmène [1],
Qui tout en feu s'assit entre les Dieux.
Jà * mon esprit désireux de son mieux,
Dedans ma chair, rebelle, se promène,
Et jà le bois de sa victime amène
Pour s'immoler aux rayons de tes yeux.
O saint brasier, ô flamme entretenue
D'un feu divin, avienne que ton chaud
Brûle si bien ma dépouille connue,
Que libre et nu je vole d'un plein saut
Outre le ciel, pour adorer là-haut
L'autre beauté dont la tienne est venue.

CLXXIII

1552

Mon fol penser pour s'envoler plus haut
Après le bien que hautain je désire,
S'est emplumé d'ailes jointes de cire,
Propres à fondre aux rais du premier chaud.
Lui fait oiseau, dispot *, de saut en saut
Poursuit en vain l'objet de son martyre,
Et toi qui peux et lui dois contredire,
Tu le vois bien, Raison, et ne t'en chaut *.
Sous la clarté d'une étoile si belle
Cesse, Penser, de hasarder ton aile,
Qu'on ne te voie en brûlant déplumer.
Pour amortir une ardeur si cuisante,
L'eau de mes yeux ne serait suffisante,
Ni l'eau du ciel, ni les flots de la mer.

CLXXIV

1552

Or' * que le ciel, or' que la terre est pleine
De glas *, de grêle éparse en tous endroits,
Et que l'horreur des plus froidureux mois
Fait hérisser les cheveux de la plaine;
Or' que le vent qui mutin se promène,
Rompt les rochers, et déplante les bois,
Et que la mer redoublant ses abois,
Sa rage enflée aux rivages amène,
Amour me brûle, et l'hiver froidureux,
Qui gèle tout, de mon feu chaleureux
Ne gèle point l'ardeur qui toujours dure.
Voyez, Amants, comme je suis traité,
Je meurs de froid au plus chaud de l'été,
Et de chaleur au cœur de la froidure.

CLXXV

1552

Je ne suis point, Muses, accoutumé
De voir vos sauts sous la tarde serée;
Je n'ai point bu dedans l'onde sacrée,
Fille du pied du cheval emplumé [1].
De tes beaux rais * vivement allumé
Je fus Poëte, et si ma voix récrée,
Et si ma lyre en t'enchantant t'agrée,
Ton œil en soit, mon Parnasse, estimé.
Certes le ciel te devait à la France,
Quand le Thuscan [2], et Sorgue, et sa Florence,
Et son Laurier engrava dans les cieux.
Ore * trop tard, beauté plus que divine,
Tu vois notre âge, hélas! qui n'est pas digne
Tant seulement de parler de tes yeux.

CLXXVI

1552

Ni les dédains d'une Nymphe si belle,
Ni le plaisir de me fondre en langueur,
Ni la fierté de sa douce rigueur,
Ni contre Amour sa chasteté rebelle,
Ni le penser de trop penser en elle,
Ni de mes yeux l'éternelle liqueur,
Ni mes soupirs messagers de mon cœur,
Ni de sa glace une ardeur éternelle,
Ni le désir qui me lime et me mord,
Ni voir écrite en ma face la mort,
Ni les erreurs d'une longue complainte,
Ne briseront mon cœur de diamant,
Que sa beauté n'y soit toujours empreinte :
« Belle fin fait qui meurt en bien aimant. »

CLXXVII

1552

Au même lit où pensif je repose,
Presque ma Dame en langueur trépassa
Devant-hier, quand la fièvre effaça
Son teint d'œillets, et sa lèvre de rose.
Une vapeur avec sa fièvre éclose,
Dedans le lit son venin me laissa,
Qui par destin, diverse m'offensa
D'une autre fièvre en mes veines enclose.
L'un après l'autre elle avait froid et chaud.
Ne * l'un ne l'autre à mon mal ne défaut,
Et quand l'un croît, l'autre ne diminue.
L'accès fiévreux toujours ne la tentait,
De deux jours l'un sa chaleur s'alentait *;
Je sens toujours la mienne continue.

CLXXVIII

1552

O traits fichés jusqu'au fond de mon âme,
O folle emprise, ô pensers repensés,
O vainement mes jeunes ans passés,
O miel, ô fiel, dont me repaît ma Dame!
O chaud, ô froid, qui m'englace et m'enflamme,
O prompts désirs d'espérance cassés,
O douce erreur, ô pas en vain tracés,
O monts, ô rocs, que ma douleur entame!
O terre, ô mer, chaos, destins et cieux,
O nuit, ô jour, ô Manes stygieux,
O fière ardeur, ô passion trop forte,
O vous Daimons, ô vous divins esprits,
Si quelque amour quelquefois vous a pris,
Voyez, pour Dieu, quelle peine je porte!

CLXXIX

1552

En me brûlant il faut que je me taise,
Car d'autant plus qu'éteindre je me veux,
Plus le désir me rallume les feux
Qui languissaient sous une morte braise.
Si suis-je heureux, et cela me rapaise,
De plus souffrir que souffrir je ne peux,
Et d'endurer le mal dont je me deulx *.
Je me deulx? non, mais dont je suis bien aise.
Par ce doux mal j'adorai la beauté,
Qui me liant d'une humble cruauté,
Me dénoua les liens d'ignorance.
Par lui j'appris les mystères d'Amour,
Par lui j'appris que pouvait l'espérance,
Par lui mon âme au ciel fit son retour.

CLXXX

1552

Amour et Mars sont presque d'une sorte :
L'un en plein jour, l'autre combat de nuit,
L'un aux rivaux, l'autre aux gendarmes nuit,
L'un rompt un huis, l'autre rompt une porte;
L'un finement trompe une ville forte,
L'autre coiment une maison séduit;
L'un le butin, l'autre le gain poursuit,
L'un déshonneur, l'autre dommage apporte.
L'un couche à terre, et l'autre gît souvent
Devant un huis à la froideur du vent;
L'un boit mainte eau, l'autre boit mainte larme.
Mars va tout seul, les Amours vont tous seuls;
Qui voudra donc ne languir paresseux,
Soit l'un ou l'autre, amoureux, ou gendarme.

CLXXXI

1552

Jamais au cœur ne sera que je n'aie,
Soit que je tombe en l'oubli du cercueil,
Le souvenir du favorable accueil,
Qui reguérit et rengrègea * ma plaie.
Cette beauté, pour qui cent morts j'essaie,
Me saluant d'un petit ris * de l'œil,
Se présenta si bénigne à mon deuil,
Qu'un seul regard de tous mes maux me paie.
Si donc le bien d'un espéré bon jour,
Plein de caresse, après un long séjour,
En cent nectars mon espérance plonge,
Quel paradis m'apporterait ce bien,
Si bras à bras d'un amoureux lien
Je la tenais tant seulement en songe?

CLXXXII 1569

Seul je me deuls *, et nul ne peut savoir
Si ce n'est moi, la peine que je porte :
Amour trop fin comme un larron emporte
Mon cœur d'emblée, et ne le puis ravoir.
Je ne devais donner tant de pouvoir
A l'ennemi qui a la main si forte,
Mais au premier le retenir de sorte
Qu'à la raison obéit le devoir.
Or c'en est fait! Il a pris la carrière,
Plus je ne puis le tirer en arrière;
Opiniâtre, il est maître du frein.
Je connais bien qu'il entraîne ma vie.
Je vois ma faute, et si ne m'en soucie,
Tant le mourir est beau de votre main!

CLXXXIII 1552

Au fond d'un val émaillé tout au rond
De mille fleurs, de loin j'avisai celle,
Dont la beauté dedans mon cœur se cèle,
Et les douleurs m'apparaissent au front.
De bois touffus voyant le lieu profond,
J'armai mon cœur d'assurance nouvelle,
Pour lui chanter les maux que j'ai pour elle,
Et les tourments que ses beaux yeux me font.
En cent façons déjà ma faible langue
Étudiait sa première harangue,
Pour soulager de mes peines le faix :
Quand un Centaure envieux de ma vie,
L'ayant en croupe, au galop l'a ravie,
Me laissant seul et mes cris imparfaits.

CLXXXIV

1552

Veuve maison des beaux yeux de ma Dame,
Qui près et loin me paissent de douleur,
Je t'accompare à quelque pré sans fleur,
A quelque corps orphelin de son âme.
L'honneur du ciel est-ce pas cette flamme,
Qui donne à tous et lumière et chaleur?
Ton ornement est-ce pas la valeur
De son bel œil, dont la force me pâme?
Soient tes buffets chargés de masses d'or,
Et soient tes murs retapissés encor
De broderie en fils d'or enlacée.
Cela, Maison, ne me peut réjouir,
Sans voir chez toi cette Dame, et l'ouïr,
Que j'ois toujours, et vois dans ma pensée.

CLXXXV

1552

Puisqu'aujourd'hui pour me donner confort,
De ses cheveux ma maîtresse me donne,
D'avoir reçu, mon cœur, je te pardonne,
Mes ennemis au-dedans de mon fort.
Non pas cheveux, mais un filet bien fort
Qu'Amour me lace, et que le ciel m'ordonne,
Où franchement captif je m'abandonne
En si beau poil, le lien de ma mort.
De tels cheveux le Dieu que Dèle [1] honore,
Son col de lait blondement ne décore,
Ni les flambeaux du chef Égyptien [2],
Quand de leurs feux les astres se couronnent,
Maugré la nuit ne reluisent si bien
Que ces beaux nœuds qui mes bras environnent.

CLXXXVI

1552

Je m'assurai qu'au changement des cieux,
Cet an nouveau romprait ma destinée,
Et que sa trace en serpent retournée [1]
Adoucirait mon travail soucieux.
Mais puisqu'il est neigeux et pluvieux,
Baignant son front d'une humide journée,
Cela me dit qu'au cours de cette année
J'écoulerai ma vie par mes yeux.
O toi qui es de moi la quinte essence,
De qui l'humeur sur la mienne a puissance,
Ou de tes yeux serène mes douleurs,
Ou bien les miens alambique en fontaine,
Pour étouffer mon amour et ma peine
Dans le ruisseau qui naîtra de mes pleurs.

CLXXXVII

1552

Méchante Aglaure [2], âme pleine d'envie,
Langue confite en caquet indiscret,
D'avoir osé publier le secret
Que je tenais aussi cher que ma vie!
Fière à ton col Tisiphone [3] se lie,
Qui d'un remords, d'un soin *, et d'un regret,
D'un feu, d'un fouet, d'un serpent, et d'un trait,
Sans se lasser punisse ta folie.
Pour me venger ce vers injurieux
Suive l'horreur du dépit furieux,
Dont Archiloch [4] aiguisa son ïambe.
Mon fier courroux t'ourdisse le licol
Du fil meurtrier, que l'envieux Lycambe,
Pour se sauver, étreignit à son col.

CLXXXVIII 1552

En nul endroit, comme a chanté Virgile,
La foi n'est sûre, et me l'a fait savoir
Ton jeune cœur, mais vieil pour décevoir,
Rompant la sienne en amour trop fragile.
Tu ne saurais, comme femme inutile,
Assujettir les cœurs à ton pouvoir,
Jouet à vent, flot prompt à s'émouvoir,
Beauté trop belle en âme trop mobile.
Écoute, Amour, si tu as quelquefois
Haussé ton vol sous le vent de ma voix,
Jamais mon cœur de son cœur ne racointes *.
Puisse le Ciel sur sa langue envoyer
Le plus aigu de sa foudre à trois pointes
Pour le paîment de son juste loyer.

CLXXXIX 1552

Son chef est d'or, son front est un tableau,
Où je vois peint le gain de mon dommage;
Belle est sa main, qui me fait devant l'âge
Changer de teint, de cheveux et de peau.
Belle est sa bouche et son soleil jumeau,
De neige et feu s'embellit son visage,
Pour qui Jupin reprendrait le plumage
Ore d'un Cygne, or' le poil d'un Taureau [1].
Doux est son ris *, qui la Méduse même
Endurcirait en quelque roche blême,
Vengeant d'un coup cent mille cruautés.
Mais tout ainsi que le Soleil efface
Les moindres feux, ainsi ma foi surpasse
Le plus parfait de toutes ses beautés.

CXC 1552

Toujours l'erreur qui séduit les Ménades [1],
Ne déçoit pas leurs cerveaux étonnés;
Toujours au son des cornets entonnés
Les monts Troyens ne foulent de gambades.
Toujours le Dieu des vineuses Thyades
N'affole pas leurs cœurs espoinçonnés,
Et quelquefois leurs esprits forcenés
Cessent leur rage, et ne sont plus malades.
Le corybante a quelquefois repos,
Et le curet [2] sous les armes dispos,
Ne sent toujours le taon de sa Déesse.
Mais la fureur de celle qui me joint,
En patience une heure ne me laisse,
Et de ses yeux toujours le cœur me poind *.

CXCI 1552

Bien que les champs, les fleuves et les lieux,
Les monts, les bois, que j'ai laissés derrière,
Me tiennent loin de ma douce guerrière,
Astre fatal d'où s'écoule mon mieux,
Quelque Démon par le congé * des Cieux,
Qui présidait à mon ardeur première,
Conduit toujours d'une aile coutumière
Sa belle image au séjour de mes yeux.
Toutes les nuits, impatient de hâte,
Entre mes bras je rembrasse et retâte
Son vain portrait en cent formes trompeur.
Mais quand il voit que content je sommeille,
Rompant mon bien, s'envole, et me réveille
Seul en mon lit, plein de honte et de peur.

CXCII 1552

Il faisait chaud, et le somme coulant
Se distillait dans mon âme songearde,
Quand l'incertain d'une idole * gaillarde
Fut doucement mon dormir affolant.
Penchant sous moi son bel ivoire blanc,
Et m'y tirant sa langue frétillarde,
Me baisotait d'une lèvre mignarde,
Bouche sur bouche, et le flanc sus le flanc.
Que de corail, que de lis, que de roses,
Ce me semblait, à pleines mains décloses
Tâtai-je lors entre deux maniements!
Mon Dieu, mon Dieu, de quelle douce haleine
De quelle odeur était sa bouche pleine,
De quels rubis, et de quels diamants!

CXCIII 1552

Ces flots jumeaux de lait bien épaissi
Vont et revont par leur blanche vallée,
Comme à son bord la marine salée,
Qui lente va, lente revient aussi.
Une distance entre eux se fait, ainsi
Qu'entre deux monts une sente égalée,
Blanche par tout de neige dévalée,
Quand en hiver le vent s'est adouci.
Là deux rubis haut élevés rougissent,
Dont les rayons cet ivoire finissent
De toutes parts uniment arrondis.
Là tout honneur, là toute grâce abonde,
Et la beauté, si quelqu'une est au monde,
Vole au séjour de ce beau paradis.

CXCIV

1552

Quelle langueur ce beau front déshonore?
Quel voile obscur embrunit ce flambeau?
Quelle pâleur dépourpre ce sein beau,
Qui per à per combat avec l'Aurore?
Dieu médecin, si en toi vit encore
L'antique feu du Thessale arbrisseau [1],
Viens au secours de ce teint damoiseau,
Et son lis pâle en œillets recolore.
Et toi, Barbu [2], fidèle gardien
Des Ragusins [3], peuple Epidaurien,
Fais amortir le tison de ma vie!
S'il vit je vis, s'il meurt je ne suis riens;
Car tant son âme à la mienne est unie,
Que ses destins seront suivis des miens.

CXCV

1552

Du bord d'Espagne, où le jour se limite,
Jusques à l'Inde il ne croît point de fleur,
Qui de beauté, de grâce et de valeur
Puisse égaler le teint de Marguerite.
Si riche gemme en Orient eslite
Comme est son lustre enrichi de bonheur,
N'emperla point de la Conque l'honneur
Où s'apparut Vénus encor petite [4].
Le pourpre éclos du sang Adonien,
Le triste ai! ai! du Télamonien [5],
Ni des Indois la gemmeuse largesse [6],
Ni tous les biens d'un rivage étranger,
A leurs trésors ne sauraient échanger
Le moindre honneur de sa double richesse.

CXCVI

1552

Au plus profond de ma poitrine morte
Il m'est avis qu'une main je reçoi,
Qui me pillant entraîne avecque soi
Mon cœur captif, que maîtresse elle emporte.
Coutume inique, et de mauvaise sorte,
Malencontreuse et misérable loi,
Tu m'as tué, tant tu es contre moi,
Loi des humains, bride trop dure et forte,
Faut-il que veuf, seul entre mille ennuis,
Mon lit désert je couve tant de nuits?
Hà! que je porte et de haine et d'envie
A ce Vulcan ingrat et sans pitié,
Qui s'opposant aux rais * de ma moitié,
Fait éclipser le Soleil de ma vie.

CXCVII

1552

Rends-moi mon cœur, rends-moi mon cœur,
[mignarde,
Que tu retiens dans ton sein arrêté;
Rends-moi, rends-moi ma douce liberté,
Qu'à tes beaux yeux, mal-caut *, je mis en garde;
Rends-moi ma vie, ou bien la mort retarde,
Qui me poursuit en aimant ta beauté,
Par ne sais quelle honnête cruauté,
Et de plus près mes angoisses regarde.
Si d'un trépas tu paies ma langueur,
L'âge à venir maugréant ta rigueur,
Dira sus toi : « De cette fière amie
Puissent les os reposer durement,
Qui de ses yeux occit cruellement
Un qui l'avait plus chère que sa vie. »

CXCVIII

1552

Quand le grand œil dans les Jumeaux[1] arrive,
Un jour plus doux serène l'univers,
D'épis crêtés ondoyent les champs verts,
Et de couleurs se peinture la rive.
Mais quand sa fuite obliquement tardive,
Par le sentier qui roule de travers,
Atteint l'Archer[2], un changement divers
De jour, de fleurs, et de beauté nous prive.
Ainsi quand l'œil de ma Déesse luit
Dedans mon cœur, en mon cœur se produit
Maint beau penser qui me donne assurance.
Mais aussitôt que son rayon s'enfuit,
De mes pensers fait avorter le fruit,
Et sans mûrir coupe mon espérance.

CXCIX

1552

Page, suis-moi; par l'herbe plus épaisse
Fauche l'émail de la verte saison,
Puis à plein poing enjonche la maison
Des fleurs qu'avril enfante en sa jeunesse.
Dépends du croc ma lyre chanteresse :
Je veux charmer si je puis la poison,
Dont un bel œil enchanta ma raison
Par la vertu d'une œillade maîtresse.
Donne-moi l'encre et le papier aussi :
En cent papiers, témoins de mon souci,
Je veux tracer la peine que j'endure,
En cent papiers plus durs que Diamant,
Afin qu'un jour notre race future
Juge du mal que je souffre en aimant.

CC

1552

Les vers d'Homère entrelus d'aventure,
Soit par destin, par rencontre ou par sort,
En ma faveur chantent tous d'un accord
La guérison du tourment que j'endure.
Ces vieux Barbus [1], qui la chose future
Des traits, des mains, du visage et du port
Vont prédisant, annoncent réconfort
Aux passions de ma peine si dure.
Même la nuit, le somme qui vous met
Douce en mon lit, augure me promet
Que je verrai vos fiertés adoucies,
Et que vous seule, oracle de l'amour,
Vérifirez en mes bras quelque jour
L'arrêt fatal de tant de prophéties.

MADRIGAL

1552

Un sot Vulcan ma Cyprine fâchait :
Elle en pleurant qui son courroux ne cèle,
L'un de ses yeux arma d'une étincelle,
De l'autre une eau sur sa joue épanchait.
Tandis Amour, qui petit se cachait
Comme un oiseau dans le sein de la belle,
En l'œil humide allait baignant son aile,
Puis en l'ardent ses plumes il séchait.
Ainsi voit-on d'une face diverse
Rire et pleurer tout en un même temps
Douteusement le Soleil du printemps,
Quand une nue à demi le traverse.
Quel deuil * ensemble et quel plaisir c'était
De voir son geste, et les pleurs qu'elle verse
Pleins de regrets que le Ciel écoutait?

CCI

1552

Amour, quel deuil, et quelles larmes feintes,
Et quels soupirs ma Dame allait formant,
Et quels sanglots, alors que le tourment
D'un teint de mort ses grâces avait peintes!
Croisant ses mains à l'estomac étreintes
Fichait au Ciel son regard lentement,
Et larmoyant parlait si tristement,
Que les rochers se brisaient de ses plaintes.
Les Cieux fermés aux cris de sa douleur,
Changeant de teint, de grâce et de couleur,
Par sympathie en devinrent malades.
Tout renfrognés les Astres secouaient
Leurs rais * du chef : telles pitiés nouaient
Dans le cristal de ses moites œillades.

CCII

1552

Le feu jumeau de ma Dame brûlait,
Par le rayon de leur flamme divine,
L'amas pleureux d'une obscure bruine,
Qui de leur jour la lumière celait.
Un bel argent chaudement s'écoulait
Dessus sa joue, en la gorge ivoirine,
Au beau séjour de sa chaste poitrine,
Où l'Archerot ses flèches émoulait.
De neige tiède était sa face pleine,
D'or ses cheveux, ses deux sourcils d'ébène,
Ses yeux luisaient comme un astre fatal,
Roses et lis où la douleur contrainte
Formait l'accent de sa juste complainte,
Feu ses soupirs, ses larmes un cristal.

CCIII

1552

Celui qui fit le monde façonné
Sur le compas * de son parfait exemple,
Le couronnant des voûtes de son temple,
M'a par destin ton esclave ordonné.
Comme l'esprit qui saintement est né
Pour voir son Dieu, quand sa face il contemple,
Plus heureux bien, récompense plus ample,
Que de le voir, ne lui est point donné :
Ainsi je perds ma peine coutumière,
Quand à longs traits j'œillade la lumière
De ton bel œil, chef-d'œuvre nonpareil.
Voilà pourquoi, quelque part qu'il séjourne,
Toujours vers lui maugré moi je me tourne,
Comme un souci aux rayons du Soleil.

CCIV

1569

Le doux Sommeil qui toute chose apaise,
N'apaise point le soin qui m'a ravi :
En vous je meurs, en vous seule je vi,
Ne voyant rien sinon vous qui me plaise.
Vos yeux au cœur m'ont jeté telle braise,
Qu'un feu depuis m'a toujours poursuivi,
Et dès le jour qu'en dansant je vous vi,
Je meurs pour vous et si en suis bien aise.
De mal en mal, de souci en souci,
J'ai l'âme triste et le corps tout transi,
Sans échauffer le froid de votre glace.
Au moins lisez et voyez sur mon front
Combien de morts vos doux regards me font :
Le soin caché se connaît à la face.

CCV

1552

Comme on soulait *, si plus on ne me blâme
D'avoir l'esprit et le corps ocieux *,
L'honneur en soit au trait de ces beaux yeux,
Qui m'ont poli l'imparfait de mon âme.
Le seul rayon de leur gentille flamme
Dressant en l'air mon vol audacieux
Pour voir le Tout m'éleva jusqu'aux Cieux,
Dont ici-bas la partie m'enflamme.
Par le moins beau qui mon penser aila,
Au sein du beau mon penser s'envola,
Espoinçonné d'une manie extrême.
Là du vrai beau j'adore le parfait,
Là d'ocieux actif je me suis fait,
Là je connus ma maîtresse et moi-même.

CCVI

1552

Fier Aquilon, horreur de la Scythie,
Le chasse-nue, et l'ébranle-rocher,
L'irrite-mer, et qui fais approcher
Aux enfers l'une, aux cieux l'autre partie,
S'il te souvient de la belle Orithye [1],
Toi de l'Hiver le ministre et l'archer,
Fais à mon Loir ses mines * relâcher,
Tant que ma Dame à rive soit sortie.
Ainsi ton front ne soit jamais moiteux,
Et ton gosier horriblement venteux
Meugle toujours dans les cavernes basses;
Ainsi les bras des chênes les plus vieux,
Ainsi la terre et la mer et les cieux
Tremblent d'effroi, quelque part où tu passes.

CCVII

1552

Sœur de Pâris [1], la fille au Roi d'Asie,
A qui Phébus en doute fit avoir
Peu cautement l'aiguillon du savoir,
Dont sans profit ton âme fut saisie,
Tu varieras vers moi de fantaisie,
Puisqu'il te plaît, bien que tard, de vouloir
Changer ton Loire au séjour de mon Loir [2],
Pour y fonder ta demeure choisie.
En ma faveur le Ciel te guide ici,
Pour te montrer de plus près le souci
Qui peint au vif de ses couleurs ma face.
Viens, Nymphe, viens, les rochers et les bois
Qui de pitié s'enflamment sous ma voix,
Pleurant ma peine, échaufferont ta glace.

CCVIII

1552

L'or crépelu que d'autant plus j'honore,
Que mes douleurs s'augmentent de son beau,
Lâchant un jour le nœud de son bandeau,
S'éparpillait sur le sein que j'adore.
Mon cœur, hélas! qu'en vain je rappelle ore *,
Vola dedans ainsi qu'un jeune oiseau,
Qui s'envolant dedans un arbrisseau,
De branche en branche à son plaisir s'essore.
Lorsque dix doigts, dix rameaux ivoirins,
En ramassant de ce beau chef les brins,
Prirent mon cœur en leur rets * qui m'affole,
Je le vis bien, mais je ne pus crier,
Tant un effroi ma langue vint lier,
Glaçant d'un coup mon cœur et ma parole.

CCIX

1553

L'homme a la tête ou de plomb ou de bois,
S'il ne tressaut de crainte et de merveille,
Quand face à face il voit ma nonpareille,
Ou quand il oit * les accords de sa voix;
Ou quand, pensive, aux jours des plus beaux mois
Amour tout seul seulette la conseille
Par les jardins, et d'une main vermeille
Faire un bouquet des fleurettes de choix;
Ou quand l'Été, lors que le chaud s'avale,
Au soir à l'huis l'aperçoit qu'elle égale
La soie à l'or d'un pouce ingénieux,
Puis de ses doigts qui les roses effacent,
Toucher son Luth, et d'un tour de ses yeux
Piller les cœurs de mille hommes qui passent.

CCX

1553

Avec les fleurs et les boutons éclos
Le beau Printemps fait printaner ma peine,
En chaque nerf, en chaque artère et veine
Soufflant un feu qui m'ard * jusques à l'os.
Le marinier ne compte tant de flots,
Quand plus Borée horrible son haleine,
Ni de sablons * l'Afrique n'est si pleine,
Que de tourments dans mon cœur sont enclos.
J'ai tant de mal, qu'il me prendrait envie
Cent fois le jour de me trancher la vie,
Minant le Fort où loge ma langueur,
Si ce n'était que je tremble de crainte,
Qu'après la mort ne fût la plaie éteinte
Du coup mortel qui m'est si doux au cœur.

CCXI 1552

Si blond, si beau, comme est une toison
Qui mon deuil * tue et mon plaisir renforce,
Ne fut oncq l'or, que les taureaux par force
Aux champs de Mars donnèrent à Jason [1].
De ceux qui Tyr [2] ont choisi pour maison,
Si fine soie au métier ne fut torse,
Ni mousse au bois ne revêtit écorce
Si tendre qu'elle en la prime saison.
Poil digne d'être aux têtes des Déesses,
Puisque pour moi tes compagnons tu laisses,
Je sens ramper l'espérance en mon cœur.
Courage, Amour, déjà la ville est prise,
Lorsqu'en deux parts, mutine, se divise,
Et qu'une part se vient rendre au vainqueur.

CCXII 1552

D'une vapeur enclose sous la terre
Ne s'est conçu un air si ventueux,
Ni de ses flots le Loir impétueux
Perdant nos blés, les campagnes n'enserre.
Le Prince Eole en ces mois ne déterre
L'esclave orgueil des vents tumultueux,
Ni l'Océan des flots tempétueux
De sa grand clef les sources ne desserre.
Seuls mes soupirs ont ce vent enfanté,
Et de mes pleurs le Loir s'est augmenté
Pour le départ d'une beauté si fière,
Et m'ébahis de tant continuer
Soupirs et pleurs, que je n'ai vu muer
Les uns en vent, les autres en rivière.

CCXIII

1553

Je suis plus aise en mon cœur que les Dieux,
Quand chaudement tu me baises, Maîtresse :
De ton baiser la douceur larronnesse
Tout éperdu m'envole jusqu'aux Cieux.
Baise-moi donc, mon cœur, car j'aime mieux
Ton seul baiser, que si quelque Déesse
Au jeu d'amour d'une accolade épaisse
M'embrassait nu d'un bras délicieux.
Mais ton orgueil a toujours de coutume
D'accompagner ton baiser d'amertume,
Froid, sans saveur; aussi je ne pourrais
Souffrir tant d'heur, car mon âme qui touche
Mille beautés, s'enfuirait par ma bouche,
Et de trop d'aise en ton sein je mourrais.

CCXIV

1553

Je sens portraits dedans ma souvenance
Tes longs cheveux et ta bouche et tes yeux,
Ton doux regard, ton parler gracieux,
Ton doux maintien, ta douce contenance.
Un seul Janet[1], honneur de notre France,
De ses crayons ne les portrairait mieux,
Que de l'Archer le trait ingénieux
M'a peint au cœur leur vive remembrance *.
Dans le cœur donque au fond d'un diamant
J'ai son portrait, que je suis plus aimant
Que mon cœur même. O vive portraiture!
De ce Janet l'artifice mourra :
Dedans mon cœur le tien me demourra,
Pour être vif après ma sépulture.

CCXV

1553

De ses maris, l'industrieuse Hélène,
L'aiguille en main, retraçait les combats
Dessus sa toile : en ce point tu t'ébats
D'ouvrer le mal duquel ma vie est pleine.
Mais tout ainsi, Maîtresse, que ta laine
Et ton fil noir dessinent mon trépas,
Tout au rebours pourquoi ne peins-tu pas
De quelque vert un espoir à ma peine ?
Mon œil ne voit sur ta gaze rangé
Sinon du noir, sinon de l'orangé,
Tristes témoins de ma longue souffrance.
O fier Destin ! son œil ne me défait
Tant seulement, mais tout ce qu'elle fait,
Ne me promet qu'une désespérance.

CCXVI

1553

Amour, que j'aime à baiser les beaux yeux
De ma maîtresse, et à tordre en ma bouche
De ses cheveux l'or fin qui s'escarmouche
Dessus son front astré comme les cieux !
C'est à mon gré le meilleur de son mieux
Que son bel œil, qui jusqu'au cœur me touche,
Dont le beau nœud d'un Scythe plus farouche
Rendrait le cœur courtois et gracieux.
Son beau poil d'or, et ses sourcils encore
De leurs beautés font vergogner l'Aurore,
Quand au matin elle embellit le jour.
Dedans son œil une vertu demeure,
Qui va jurant par les flèches d'Amour
De me guérir ; mais je ne m'en asseure.

CCXVII

1553

L'arc qui commande aux plus braves gendarmes
Qui n'a souci de plastron ni d'écu,
D'un si doux trait mon courage a vaincu,
Que sus le champ je lui rendis les armes.
Comme inconstant je n'ai point fait d'alarmes
Depuis que serf sous Amour j'ai vécu,
Ni n'eusse pu, car pris je n'ai oncq eu
Pour tout secours, que l'aide de mes larmes.
Et toutefois il me fâche beaucoup
D'être défait, même du premier coup,
Sans résister plus longtemps à la guerre;
Mais ma défaite est digne de grand prix,
Puisque le Roi, ains * le Dieu, qui m'a pris,
Combat le Ciel, les Enfers, et la Terre.

CCXVIII

1553

Cet œil qui fait qu'au monde je me plais,
Qui fait rocher celui qui s'en approche,
Ore d'un ris, or' d'un regard farouche
Nourrit mon cœur en querelle et en paix.
Par vous, bel œil, en souffrant je me tais;
Mais aussitôt que la douleur me touche,
Toi, belle, sainte et angélique bouche,
De tes douceurs revivre tu me fais.
Bouche, pourquoi me viens-tu secourir,
De tes propos lorsque je veux mourir?
Pourquoi veux-tu que vif je redevienne?
Fertile au soin je revis en langueur,
Un vrai Prothée [1], afin que le soin vienne
Plus longuement se paître de mon cœur.

CCXIX

1553

Depuis le jour que captif je soupire,
Comme un serpent l'an s'est tourné sept fois :
Sous astre tel je pris l'hain *, toutefois
Plus qu'au premier ma fièvre me martyre.
Quand je soulais en mon étude lire
Du Florentin[1] les lamentables voix,
Comme incrédule alors je ne pouvois
En le moquant, me contenir de rire.
Je ne pensais, tant novice j'étais,
Qu'homme eût senti ce que je ne sentais,
Et par mon fait les autres je jugeoye.
Mais l'Archerot qui de moi se fâcha,
Pour me punir, un tel trait me cacha
Dedans le cœur, qu'onque puis je n'eus joie.

CCXX

1569

Quand je te vois discourant à part toi,
Toute amusée avecques ta pensée,
Un peu la tête en contrebas baissée,
Te retirant du vulgaire et de moi,
Je veux souvent pour rompre ton émoi,
Te saluer, mais ma voix offensée,
De trop de peur se retient amassée
Dedans la bouche, et me laisse tout coi.
Mon œil confus ne peut souffrir ta vue,
De ses rayons mon âme tremble émue;
Langue ne voix ne font leur action.
Seuls mes soupirs, seul mon triste visage
Parlent pour moi, et telle passion
De mon amour donne assez témoignage.

CCXXI

1569

De veine en veine, et d'artère en artère,
De nerfs en nerfs le salut me passa,
Que l'autre jour ma Dame me laissa
Dedans le cœur tout triste et solitaire.
Il fut si doux, que je ne puis m'en taire
Tant en passant d'aiguillons me laissa,
Et tellement de son trait me blessa,
Que de mon cœur il ne fit qu'un ulcère.
Les yeux, la voix, le gracieux maintien,
A même fois s'accordèrent si bien,
Que l'âme fut d'un tel plaisir si gloute,
Qu'affriandée au goût d'un si doux bien,
Entrerompant son terrestre lien,
De me laisser fut mille fois en doute.

CCXXII

1569

Que dites-vous, que faites-vous, mignonne?
Que songez-vous? pensez-vous point en moi?
Avez-vous point souci de mon émoi,
Comme de vous le souci m'espoinçonne?
De votre amour tout le cœur me bouillonne,
Devant mes yeux sans cesse je vous vois,
Je vous entends, absente je vous ois *,
Et mon penser d'autre amour ne résonne.
J'ai vos beautés, vos grâces et vos yeux
Gravés en moi, les places et les lieux,
Où je vous vis danser, parler et rire.
Je vous tiens mienne, et si ne suis pas mien,
Vous êtes seule en qui mon cœur respire,
Mon œil, mon sang, mon malheur et mon bien.

CCXXIII 1553

Mets en oubli, Dieu des herbes[1] puissant,
Le mauvais tour que non loin d'Hellesponte[2]
Te fit m'amie, et viens d'une main prompte
Guérir son teint de fièvres pâlissant.
Tourne en santé son beau corps périssant!
Ce te sera, Phébus, une grand-honte,
Si la langueur sans ton secours surmonte
L'œil qui te tint si longtemps languissant.
En ma faveur si tu as pitié d'elle,
Je chanterai comme l'errante Dèle[3]
S'enracina par ton commandement,
Que Python[4] fut ta première conquête,
Et comme Dafne[5] aux tresses de ta tête
Donna l'honneur du premier ornement.

CCXXIV 1553

Bien que ton trait, Amour, soit rigoureux,
Et toi rempli de fraude et de malice,
Assez, Amour, en te faisant service,
Suivant ton camp, j'ai vécu bienheureux.
Cette beauté qui me fait langoureux,
Non, mais qui veut qu'en vain je ne languisse,
En la baisant me dit que je tondisse
De son poil d'or un lien amoureux.
J'eus tant d'honneur, que de son ciseau même
Je le tranchai. Voyez l'amour extrême,
Voyez, Amants, la grandeur de mon bien.
Jamais ne soit, qu'en mes vers je n'honore
Et le ciseau, et les cheveux encore,
L'un mon ministre, et l'autre mon lien.

CCXXV

1552

Si hors du cep * où je suis arrêté,
Cep où l'Amour de ses flèches m'encloue,
J'échappe franc *, et du reth * qui me noue,
En libre col je me vois dérèté,
Au cœur d'un pré, loin de gens écarté,
Qu'à bras fourchus l'eau du Loir entrenoue,
De gazons d'herbe un temple je te voue,
Heureuse, sainte, et alme Liberté.
Là je veux pendre au plus haut chœur du temple
Un saint tableau, qui servira d'exemple
A tous amants, qu'ils ne m'aillent suivant.
Et pour garder que plus je n'y retombe,
Je veux tuer aux Dieux une Hécatombe[1] :
Belle fin fait qui s'amende en vivant.

CCXXVI

1552

Vu la douleur qui doucement me lime,
Et qui me suit, compagne, pas à pas,
Je prévois bien qu'encor je ne suis pas
Pour trop aimer à la fin de ma rime.
Dame, l'ardeur qui de chanter m'anime,
Et qui me rend en ce labeur moins las,
C'est que je vois qu'agréable tu l'as,
Et que je tiens de tes pensers la cime.
Je suis, Amour, heureux et plus qu'heureux
De vivre aimé, et de vivre amoureux
De la beauté d'une Dame si belle,
Qui lit mes vers, qui en fait jugement,
Et dont les yeux me baillent argument
De soupirer heureusement pour elle.

CCXXVII

1554

Le Jeu, la Grâce et les Frères jumeaux [1]
Suivent ma Dame, et quelque part qu'elle erre,
Dessous ses pieds fait émailler la terre,
Et des hivers fait des printemps nouveaux.
En sa faveur jargonnent les oiseaux,
Ses vents Eole en sa caverne enserre,
Le doux Zéphyre un doux soupir desserre,
Et tous muets s'accoisent les ruisseaux.
Les Éléments se remirent en elle.
Nature rit de voir chose si belle.
Je tremble tout, que quelqu'un de ces Dieux
Ne passionne après son beau visage,
Et qu'en pillant le trésor de notre âge,
Ne la ravisse et ne l'emporte aux cieux.

BAISER

1569

Quand hors de tes lèvres décloses,
Comme entre deux fleuris sentiers,
Je sens ton haleine de roses,
Les miennes, les avant-portiers
Du baiser, se rougissent d'aise,
Et de mes souhaits tous entiers
Me font jouir, quand je te baise.
Car l'humeur du baiser apaise,
S'écoulant au cœur peu à peu,
Cette chaude amoureuse braise,
Dont tes yeux allumaient le feu.

ÉLÉGIE A CASSANDRE 1554

Mon œil, mon cœur, ma Cassandre, ma vie,
Hé! qu'à bon droit tu dois porter d'envie
A ce grand Roi, qui ne veut plus souffrir
Qu'à mes chansons ton nom se vienne offrir.
C'est lui qui veut qu'en trompette j'échange
Mon luth, afin d'entonner sa louange [1],
Non de lui seul mais de tous ses aïeux,
Qui sont là-haut assis au rang des Dieux.
Je le ferai puisqu'il me le commande,
Car d'un tel Roi la puissance est si grande,
Que tant s'en faut qu'on la puisse éviter,
Qu'un camp armé n'y pourrait résister.
Mais que me sert d'avoir tant lu Tibulle,
Properce, Ovide, et le docte Catulle,
Avoir tant vu Pétrarque et tant noté,
Si par un Roi le pouvoir m'est ôté
De les ensuivre, et s'il faut que ma lyre
Pendue au croc ne m'ose plus rien dire?
Doncques en vain je me paissais d'espoir
De faire un jour à la Tuscane voir
Que notre France, autant qu'elle, est heureuse
A soupirer une plainte amoureuse;
Et pour montrer qu'on la peut surpasser,
J'avais déjà commencé de tracer
Mainte Élégie à la façon antique,
Mainte belle Ode, et mainte Bucolique.
Car, à vrai dire, encore mon esprit
N'est satisfait de ceux qui ont écrit
En notre langue, et leur amour mérite
Ou du tout rien, ou faveur bien petite.
Non que je sois vanteur si glorieux
D'oser passer les vers laborieux

De tant d'amants qui se plaignent en France;
Mais pour le moins j'avais bien espérance,
Que si mes vers ne marchaient les premiers,
Qu'ils ne seraient sans honneur les derniers.
Car Ératon[1] qui les amours descœuvre,
D'assez bon œil m'attirait à son œuvre.
L'un trop enflé les chante grossement,
L'un énervé les traîne bassement,
L'un nous dépeint une dame paillarde,
L'un plus aux vers qu'aux sentences regarde,
Et ne put oncq, tant se sût déguiser,
Apprendre l'art de bien Pétrarquiser.
Que pleures-tu, Cassandre, ma douce âme?
Encor Amour ne veut couper la trame
Qu'en ta faveur je pendis au métier,
Sans achever l'ouvrage tout entier.
Mon Roi n'a pas d'une bête sauvage
Sucé le lait, et son jeune courage,
Ou je me trompe, a senti quelquefois
Le trait d'Amour qui surmonte les Rois.
S'il l'a senti, ma coulpe est effacée,
Et sa grandeur ne sera courroucée,
Qu'à mon retour des horribles combats,
Hors de son croc mon Luth j'aveigne * à-bas,
Le pincetant, et qu'en lieu des alarmes
Je chante Amour, tes beautés et mes larmes.
Car l'arc tendu trop violentement,
Ou s'alentit, ou se rompt vitement.
Ainsi Achille, après avoir par terre
Tant fait mourir de soudards en la guerre,
Son Luth doré prenait entre ses mains
Teintes encor de meurtres inhumains,
Et vis-à-vis du fils de Ménétie[2],
Chantait l'amour de Briséïs s'amie,
Puis tout soudain les armes reprenait,

Et plus vaillant au combat retournait.
Ainsi, après que l'aïeul de mon maître [1]
Hors des combats retirera sa dextre,
Se désarmant dedans sa tente à part,
Dessus le Luth à l'heure ton Ronsard
Te chantera, car il ne se peut faire
Qu'autre beauté lui puisse jamais plaire,
Ou soit qu'il vive, ou soit qu'outre le port,
Léger fardeau, Charon [2] le passe mort.

ÉLÉGIE A MURET 1553

Non, Muret [3], non, ce n'est pas du jour d'hui
Que l'Archerot qui cause notre ennui,
Cause l'erreur qui retrompe les hommes;
Non Muret, non, les premiers nous ne sommes,
A qui son arc d'un petit trait vainqueur,
Si grande plaie a caché sous le cœur :
Tous animaux, ou soient ceux des campagnes,
Soient ceux des bois, ou soient ceux des montagnes,
Sentent sa force, et son feu doux-amer
Brûle sous l'eau les Monstres de la mer.
Hé! qu'est-il rien que ce garçon ne brûle?
Ce porte-ciel, ce tu'-géant Hercule [4],
Le sentit bien; je dis ce fort Thébain
Qui le sangler étrangla de sa main,
Qui tua Nesse, et qui de sa massue
Morts abattit les enfants de la Nue;
Qui de son arc toute Lerne étonna,
Qui des Enfers le chien emprisonna,
Qui sur le bord de l'eau Thermodontée
Prit le baudrier de la vierge domptée;
Qui tua l'Ourque, et qui par plusieurs fois
Se remoqua des feintes d'Achelois;
Qui fit mourir la pucelle de Phorce,

Qui le Lion démachoîra par force,
Qui dans ses bras Antée acravanta,
Qui deux piliers pour ses marques planta.
Bref, cet Héros correcteur de la terre,
Ce cœur sans peur, ce foudre de la guerre,
Sentit ce Dieu, et l'amoureuse ardeur
Le mata plus que son Roi commandeur [1].
Non pas épris comme on nous voit éprendre,
Toi de ta Janne ou moi de ma Cassandre,
Mais de tel taon Amour l'aiguillonnait,
Que tout son cœur sans raison bouillonnait
Au soufre ardent qui lui cuisait les veines.
Du feu d'amour elles fumaient si pleines,
Si pleins ses os, ses muscles et ses nerfs,
Que dans Hercul' qui purgea l'univers,
Ne resta rien sinon une amour folle,
Que lui versaient les deux beaux yeux d'Iole.
Toujours d'Iole il aimait les beaux yeux,
Fût que le char qui donne jour aux cieux
Sortît de l'eau, ou fût que dévalée
Tournât sa roue en la plaine salée,
De tous humains accoisant les travaux,
Mais non d'Hercul' les misérables maux.
Tant seulement il n'avait de sa Dame
Les yeux fichés au plus profond de l'âme,
Mais son parler, sa grâce, et sa douceur
Toujours collés s'attachaient à son cœur.
D'autre que d'elle en son âme ne pense.
Toujours absente il la voit en présence.
Et de fortune, Alcid', si tu la vois,
Dans ton gosier bègue reste ta voix,
Glacé de peur voyant la face aimée.
Ore une fièvre amoureuse allumée
Ronge ton âme, et ores un glaçon
Te fait trembler d'amoureuse frisson.

Bas à tes pieds ta meurtrière massue
Gît sans honneur, et bas la peau velue
Qui sur ton dos raide se hérissait,
Quand ta grand-main les Monstres punissait.
Plus ton sourcil contre eux ne se renfrogne.
O vertu vaine, ô bâtarde vergogne,
O vilain blâme, Hercule étant dompté,
Après avoir le monde surmonté,
Non d'Eurysthée, ou de Junon cruelle,
Mais de la main d'une simple pucelle.
Voyez, pour Dieu, quelle force a l'Amour,
Quand une fois elle a gagné la tour
De la raison, ne nous laissant partie
Qui ne soit toute en fureur convertie.
Ce n'est pas tout : seulement pour aimer,
Il n'oublia la façon de s'armer,
Ou d'empoigner sa masse hasardeuse,
Ou d'achever quelque emprise douteuse;
Mais lent et vain anonchalant son cœur,
Qui des Tyrans l'avait rendu vainqueur,
Terreur du monde, ô plus lâche diffame,
Il s'habilla des habits d'une femme,
Et d'un Héros devenu damoiseau,
Guidait l'aiguille, et tournait le fuseau,
Et vers le soir, comme une chambrière,
Rendait sa tâche à sa douce geôlière,
Qui le tenait en ses fers plus serré
Qu'un prisonnier dans les ceps * enferré.
Grande Junon [1], tu es assez vengée
De voir sa vie en paresse changée,
De voir ainsi devenu filandier
Ce grand Alcid' des Monstres le meurtrier,
Sans ajouter à ton ire indomptée
Les mandements de son frère Eurysthée.
Que veux-tu plus? Iole le contraint

D'être une femme : il la doute, il la craint.
Il craint ses mains plus qu'un valet esclave
Ne craint les coups de quelque maître brave.
Et cependant qu'il ne fait que penser
A s'attifer, à s'oindre, à s'agencer,
A dorloter sa barbe bien rognée,
A mignoter sa tête bien peignée,
Impunément les Monstres ont loisir
D'assujettir la terre à leur plaisir,
Sans plus cuider qu'Hercule soit au monde.
Aussi n'est-il, car la poison profonde
Qui dans son cœur s'allait trop dérivant,
L'avait tué dedans un corps vivant.
Nous donc, Muret, à qui la même rage
Peu cautement * affole le courage,
S'il est possible, évitons le lien
Que nous ourdit * l'enfant Cythérien,
Et rabaissons la chair qui nous domine,
Dessous le joug de la raison divine,
Raison qui dût au vrai bien nous guider
Et de nos sens maîtresse présider.
Mais si l'Amour de son trait indomptable
A déjà fait notre plaie incurable,
Tant que le mal, peu sujet au conseil,
De la raison dédaigne l'appareil,
Vaincus par lui, faisons place à l'envie,
Et sur Alcid' déguisons notre vie;
En cependant que les rides ne font
Crêper* encor l'aire de notre front,
Et que la neige en vieillesse venue
Encor ne fait notre tête chenue,
Qu'un jour ne coule entre nous pour néant
Sans suivre Amour : il n'est pas malséant,
Mais grand honneur au simple populaire,
Des grands seigneurs imiter l'exemplaire.

CHANSON

1553

D'un gosier mâche-laurier
J'ois crier
Dans Lycophron[1] ma Cassandre,
Qui prophétise aux Troyens
Les moyens
Qui les réduiront en cendre.

Mais ces pauvre obstinés,
Destinés
Pour ne croire à leur Sibylle,
Virent, bien que tard apres,
Les feux Grecs
Forcener parmi leur ville.

Ayant la mort dans le sein,
De la main
Plombaient * leur poitrine nue,
Et tordant leurs cheveux gris,
De longs cris
Pleuraient qu'ils ne l'avaient crue.

Mais leurs cris n'eurent pouvoir
D'émouvoir
Les Grecs si chargés de proie,
Qu'ils ne laissèrent sinon
Que le nom
De ce qui fut jadis Troie.

Ainsi pour ne croire pas,
Quand tu m'as
Prédit ma peine future,
Et que je n'aurais en don,

Pour guerdon
De t'aimer, que la mort dure,

Un grand brasier sans repos,
Et mes os,
Et mes nerfs, et mon cœur brûle,
Et pour t'amour j'ai receu
Plus de feu
Que ne fit Troie incrédule.

CCXXVIII

1560

Mon Des Autels [1], qui avez dès enfance
Puisé de l'eau qui coule sur le mont,
Où les neuf Sœurs [2] dedans un antre font
Seules à part leur sainte demeurance,
Si autrefois l'amoureuse puissance
Vous a planté le myrte sur le front,
Enamouré de ces beaux yeux qui sont
Par vos écrits l'honneur de notre France,
Ayez pitié de ma pauvre langueur,
Et de vos sons adoucissez le cœur
D'une qui tient ma franchise en contrainte.
Si quelquefois en Bourgogne je suis,
Je fléchirai par mes vers, si je puis,
La cruauté de votre belle Sainte [3].

CHANSON

1555

Du jour que je fus amoureux,
Nul past *, tant soit-il savoureux,
Ne vin, tant soit-il délectable,
Au cœur ne m'est point agréable;

Car depuis l'heure je ne su
Manger ou boire qui m'ait plu.
Une tristesse en l'âme close
Me nourrit, et non autre chose.
Tous les plaisirs que j'estimais
Alors que libre je n'aimais,
Maintenant je les désestime :
Plus ne m'est plaisante l'escrime,
La paume, la chasse, et le bal,
Mais comme un farouche animal
Je me perds, pour celer ma rage,
En l'abri d'un antre sauvage.
L'amour fut bien forte poison
Qui m'ensorcela la raison,
Et qui me déroba l'audace
Que je portais dessus la face,
Me faisant aller pas à pas,
Triste et pensif, le front à bas,
En homme qui craint et qui n'ose
Se fier plus en nulle chose.
Le tourment qu'on feint d'Ixion,
N'approche de ma passion,
Et mieux j'aimerais de Tantale [1]
Endurer la peine fatale
Un an, qu'être un jour amoureux,
Pour languir autant malheureux
Que j'ai fait, depuis que Cassandre
Tient mon cœur et ne le veut rendre.

ÉLÉGIE A JANET [2], PEINTRE DU ROI 1555

Peins-moi, Janet, peins-moi, je te supplie,
Sur ce tableau les beautés de m'amie
De la façon que je te les dirai.

Comme importun je ne te supplierai
D'un art menteur quelque faveur lui faire :
Il suffit bien si tu la sais portraire
Telle qu'elle est, sans vouloir déguiser
Son naturel pour la favoriser,
Car la faveur n'est bonne que pour celles
Qui se font peindre, et qui ne sont pas belles.
Fais lui premier les cheveux ondelés,
Serrés, retors, recrêpés, annelés,
Qui de couleur le cèdre représentent;
Ou les allonge, et que libres ils sentent
Dans le tableau, si par art tu le peux,
La même odeur de ses propres cheveux,
Car ses cheveux comme fleurettes sentent,
Quand les Zéphyrs au printemps les éventent.
Que son beau front ne soit entrefendu
De nul sillon en profond étendu,
Mais qu'il soit tel qu'est l'eau de la marine,
Quand tant soit peu le vent ne la mutine,
Et que gisante en son lit elle dort,
Calmant ses flots sillés * d'un somme mort.
Tout au milieu par la grève * descende
Un beau rubis, de qui l'éclat s'épande
Par le tableau, ainsi qu'on voit de nuit
Briller les rais de la Lune qui luit
Dessus la neige au fond d'un val coulée,
De trace d'homme encore non foulée.
Après fais-lui son beau sourcil voutis
D'Ébène noir, et que son pli tortis
Semble un Croissant, qui montre par la nue
Au premier mois sa vouture cornue.
Ou si jamais tu as vu l'arc d'Amour,
Prends le portrait dessus le demi-tour
De sa courbure à demi-cercle close,
Car l'arc d'Amour et lui n'est qu'une chose.

Mais las! Janet, hélas! je ne sais pas
Par quel moyen ni comment tu peindras
(Voire eusses-tu l'artifice d'Apelle [1])
De ses beaux yeux la grâce naturelle,
Qui font vergogne aux étoiles des Cieux.
Que l'un soit doux, l'autre soit furieux,
Que l'un de Mars, l'autre de Vénus tienne;
Que du bénin toute espérance vienne,
Et du cruel vienne tout désespoir;
L'un soit piteux et larmoyant à voir,
Comme celui d'Ariadne laissée
Aux bords de Die [2], alors que l'insensée,
Près de la mer, de pleurs se consommait,
Et son Thésée en vain elle nommait;
L'autre soit gai, comme il est bien croyable
Que l'eut jadis Pénélope louable,
Quand elle vit son mari retourné,
Ayant vingt ans loin d'elle séjourné.
Après fais-lui sa rondelette oreille
Petite, unie, entre blanche et vermeille,
Qui sous le voile apparaisse à l'égal
Que fait un lis enclos dans un cristal,
Ou tout ainsi qu'apparaît une rose
Tout fraîchement dedans un verre enclose.
Mais pour néant tu aurais fait si beau
Tout l'ornement de ton riche tableau,
Si tu n'avais de la linéature
De son beau nez bien portrait la peinture.
Peins-le moi donc ni court, ni aquilin,
Poli, traitis *, où l'envieux malin
Quand il voudrait n'y saurait que reprendre,
Tant proprement tu le feras descendre
Parmi la face, ainsi comme descend
Dans une plaine un petit mont qui pend.
Après au vif peins-moi sa belle joue

Pareille au teint de la rose qui noue *
Dessus du lait, ou au teint blanchissant
Du lis qui baise un œillet rougissant.
Dans le milieu portraits une fossette,
Fossette, non, mais d'Amour la cachette,
D'où ce garçon de sa petite main
Lâche cent traits et jamais un en vain,
Que par les yeux droit au cœur il ne touche.
Hélas! Janet, pour bien peindre sa bouche,
A peine Homère en ses vers te dirait
Quel vermillon égaler la pourrait,
Car pour la peindre ainsi qu'elle mérite,
Peindre il faudrait celle d'une Charite.
Peins-la-moi donc, qu'elle semble parler,
Ores sourire, ores embaumer l'air
De ne sais quelle ambrosienne haleine.
Mais par sur tout fais qu'elle semble pleine
De la douceur de persuasion.
Tout à l'entour attache un million
De ris *, d'attraits, de jeux, de courtoisies,
Et que deux rangs de perlettes choisies
D'un ordre égal en la place des dents
Bien poliment soient arrangés dedans.
Peins tout autour une lèvre bessonne,
Qui d'elle-même en s'élevant semonne *
D'être baisée, ayant le teint pareil
Ou de la rose, ou du corail vermeil,
Elle flambante au Printemps sur l'épine,
Lui rougissant au fond de la marine.
Peins son menton au milieu fosselu,
Et que le bout en rondeur pommelu
Soit tout ainsi que l'on voit apparoistre
Le bout d'un coin qui jà commence à croistre.
Plus blanc que lait caillé dessus le jonc
Peins-lui le col, mais peins-le un petit long,

Grêle et charnu, et sa gorge douillette
Comme le col soit un petit longuette.
Après fais-lui, par un juste compas *,
Et de Junon les coudes et les bras,
Et les beaux doigts de Minerve, et encore
La main égale à celle de l'Aurore.
Je ne sais plus, mon Janet, où j'en suis,
Je suis confus et muet : je ne puis,
Comme j'ai fait, te déclarer le reste
De ses beautés qui ne m'est manifeste.
Las! car jamais tant de faveurs je n'eu,
Que d'avoir vu ses beaux tétins à nu.
Mais si l'on peut juger par conjecture,
Persuadé de raisons je m'assure
Que la beauté qui ne s'apparaît, doit
Être semblable à celle que l'on voit.
Doncque peins-la, et qu'elle me soit faite
Parfaite autant comme l'autre est parfaite.
Ainsi qu'en bosse élève-moi son sein,
Net, blanc, poli, large, entrouvert et plein,
Dedans lequel mille rameuses veines
De rouge sang tressaillent toutes pleines.
Puis, quand au vif tu auras découvers
Dessous la peau les muscles et les nerfs,
Enfle au-dessus deux pommes nouvelettes,
Comme l'on voit deux pommes verdelettes
D'un oranger, qui encores du tout
Ne font qu'à l'heure à se rougir au bout.
Tout au plus haut des épaules marbrines,
Peins le séjour des Charites divines,
Et que l'Amour sans cesse voletant
Toujours les couve et les aille éventant,
Pensant voler avec le Jeu son frère
De branche en branche ès vergers de Cythère.
Un peu plus bas, en miroir arrondi,

Tout potelé, grasselet, rebondi,
Comme celui de Vénus, peins son ventre;
Peins son nombril ainsi qu'un petit centre,
Le fond duquel paraisse plus vermeil
Qu'un bel œillet favori du Soleil.
Qu'attends-tu plus? portrais-moi l'autre chose
Qui est si belle, et que dire je n'ose,
Et dont l'espoir impatient me poind;
Mais je te pri', ne me l'ombrage point,
Si ce n'était d'un voile fait de soie
Clair et subtil, à fin qu'on l'entrevoie.
Ses cuisses soient comme faites au tour
A pleine chair, rondes tout à l'entour,
Ainsi qu'un Terme arrondi d'artifice
Qui soutient ferme un royal édifice.
Comme deux monts enlève ses genoux,
Douillets, charnus, ronds, délicats et mous,
Dessous lesquels fais-lui la grève * pleine,
Telle que l'ont les vierges de Lacène [1],
Quand près d'Eurote en s'accrochant des bras
Luttent ensemble et se jettent à bas,
Ou bien chassant à meutes découplées
Quelque vieil cerf ès forêts Amyclées [2].
Puis, pour la fin, portrais-lui de Thétis [3]
Les pieds étroits, et les talons petits.
Hà, je la vois! elle est presque portraite :
Encore un trait, encore un, elle est faite!
Lève tes mains, hà mon Dieu! je la voi!
Bien peu s'en faut qu'elle ne parle à moi.

CCXXIX

1552

J'allai roulant ces larmes de mes yeux,
Or' plein de doute, ore plein d'espérance,

Lorsque Henry loin des bornes de France
Vengeait l'honneur de ses premiers aïeux;
Lorsqu'il tranchait d'un bras victorieux
Au bord du Rhin [1] l'Espagnole vaillance,
Jà * se traçant de l'aigu de sa lance
Un beau sentier pour s'en aller aux cieux.
Vous, saint troupeau, mon soutien et ma gloire,
Dont le beau vol m'a l'esprit enlevé,
Si autrefois m'avez permis de boire
Les eaux qui ont Hésiode abreuvé,
Soit pour jamais ce soupir engravé
Au plus saint lieu du temple de Mémoire.

LE SECOND LIVRE DES AMOURS

PREMIÈRE PARTIE

Amours de Marie[1]

ÉLÉGIE A SON LIVRE 1556

Mon fils, si tu savais ce qu'on dira de toi,
Tu ne voudrais jamais déloger de chez moi,
Enclos en mon étude, et ne voudrais te faire
Salir ni feuilleter aux mains du populaire.
Quand tu seras parti, sans jamais retourner,
Étranger loin de moi te faudra séjourner,
Car ainsi que le vent sans retourner s'envole,
Sans espoir de retour s'échappe la parole.
Or tu es ma parole, à qui de nuit et jour
J'ai conté les propos que me contait Amour,
Pour les mettre en ces vers qu'en lumière tu portes,
Crochetant maugré moi de ma chambre les portes,
Pauvret! qui ne sais pas que nos citoyens sont
Plus subtils par le nez que le Rhinoceront.
Donc avant que tenter la mer et le naufrage,
Vois du port la tempête, et demeure au rivage :
Tard est le repentir de tôt s'être embarqué.
Tu seras tous les jours des médisants moqué
D'yeux, et de hausse-becs *, et d'un branler de teste.
Sage est celui qui croit à qui bien l'admoneste.
Tu sais (mon cher enfant) que je ne te voudrais

Tromper : contre nature impudent je faudrais *,
Et serais un Serpent de farouche nature
Si je voulais trahir ma propre géniture,
Car tout tel que tu es, naguère je te fis,
Et je ne t'aime moins qu'un père aime son fils.
Quoi ? tu veux donc partir, et tant plus je te cuide *
Retenir au logis, plus tu hausses la bride.
Va donc puisqu'il te plaît, mais je te supplirai
De répondre à chacun ce que je te dirai,
Afin que toi, mon fils, tu gardes en l'absence
De moi le père tien, l'honneur et l'innocence.
Si quelque dame honnête et gentille de cœur,
Qui aura l'inconstance et le change en horreur,
Me vient, en te lisant, d'un gros sourcil reprendre
De quoi je ne devais oublier ma Cassandre,
Qui la première au cœur le trait d'amour me mit,
Et que le bon Pétrarque un tel péché ne fit,
Qui fut trente et un ans amoureux de sa dame,
Sans qu'une autre jamais lui pût échauffer l'âme,
Réponds-lui je te pri', que Pétrarque sur moi
N'avait autorité de me donner sa loi,
Ni à ceux qui viendraient après lui, pour les faire
Si longtemps amoureux sans leur lien défaire.
Lui-même ne fut tel, car à voir son écrit,
Il était éveillé d'un trop gentil esprit
Pour être sot trente ans, abusant sa jeunesse
Et sa Muse au giron d'une vieille maîtresse :
Ou bien il jouissait de sa Laurette, ou bien
Il était un grand fat d'aimer sans avoir rien.
Ce que je ne puis croire, aussi n'est-il croyable.
Non, il en jouissait, puis la fit admirable,
Chaste, divine, sainte; aussi l'amoureux doit
Célébrer la beauté dont plaisir il reçoit,
Car celui qui la blâme après la jouissance
N'est homme, mais d'un Tigre il a pris sa naissance.

Quand quelque jeune fille est au commencement
Cruelle, dure, fière, à son premier amant,
Constant, il faut attendre : il peut être qu'une heure
Viendra sans y penser, qui la rendra meilleure.
Mais quand elle devient voire de jour en jour
Plus dure et plus rebelle, et plus rude en amour,
On s'en doit éloigner, sans se rompre la tête
De vouloir adoucir une si sotte bête.
Je suis de tel avis : me blâme de ceci,
M'estime qui voudra, je le conseille ainsi.
Les femmes bien souvent sont cause que nous sommes
Volages et légers, amadouant les hommes
D'un espoir enchanteur, les tenant quelquefois
Par une douce ruse, un an, ou deux, ou trois,
Dans les liens d'Amour sans aucune allégeance;
Cependant un valet en aura jouissance,
Ou bien quelque badin emportera ce bien
Que le fidèle ami à bon droit cuidait sien.
Et si ne laisseront, je parle des rusées
Qui ont au train d'amour leurs jeunesses usées,
(C'est bien le plus grand mal qu'un homme puisse avoir
Que servir une femme accorte à décevoir),
D'enjoindre des travaux qui sont insupportables,
Des services cruels, des tâches misérables;
Car sans avoir égard à la simple amitié
De leurs pauvres servants, cruelles n'ont pitié,
Non plus qu'un fier corsaire, en arrogance braves,
N'a pitié des captifs à l'aviron esclaves.
Il faut vendre son bien, il faut faire présents
De chaînes, de carquans, de diamants luisants;
Il faut donner la perle, et l'habit magnifique,
Il faut entretenir la table et la musique,
Il faut prendre querelle, il faut les supporter.
Certes j'aimerais mieux dessus le dos porter
La hotte, pour curer les étables d'Augée[1],

Que me voir serviteur d'une Dame rusée.
La mer est bien à craindre, aussi est bien le feu,
Et le Ciel, quand il est de tonnerres émeu;
Mais trop plus est à craindre une femme clergesse,
Savante en l'art d'amour, quand elle est tromperesse :
Par mille inventions, mille maux elle fait,
Et d'autant qu'elle est femme, et d'autant qu'elle sait.
Quiconque fut le Dieu qui la mit en lumière,
Il fut premier auteur d'une grande misère.
Il fallait par présents consacrés aux autels
Acheter nos enfants des grands Dieux immortels,
Et non user sa vie avec ce mal aimable,
Les femmes, passion de l'homme misérable,
Misérable et chétif, d'autant qu'il est vassal,
Durant le temps qu'il vit, d'un si fier animal.
Mais je vous pri', voyez comme par fines ruses
Elles savent trouver mille feintes excuses,
Après qu'ell's ont failli! voyez Hélène, après
Qu'Ilion fut brûlé par la flamme des Grecs,
Comme elle amadoua d'une douce blandice *
Son badin de mari, qui lui remit son vice,
Et qui, plus que devant, de ses yeux fut épris
Qui scintillaient encor des amours de Pâris.
Que dirons-nous d'Ulysse? encores qu'une trope
De jeunes poursuivants aimassent Pénélope,
Dévorant tout son bien, si est-ce qu'il brûlait
D'embrasser son épouse, et jamais ne voulait
Devenir immortel avec Circe la belle,
Pour ne revoir jamais Pénélope, laquelle
Pleurant lui récrivait de son fâcheux séjour,
Pendant qu'en son absence elle faisait l'amour,
Si bien que le Dieu Pan de ses jeux prit naissance [1],
D'elle et de ses muguets la commune semence,
Envoyant tout exprès, pour sa commodité,
Le fils [2] chercher le père en Sparte la cité.

Voilà comment la femme avec ses ruses dompte
L'homme, de qui l'esprit toute bête surmonte.
Quand on peut par hasard heureusement choisir
Quelque belle maîtresse, et l'avoir à plaisir,
Soit de haut ou bas lieu, pourvu qu'elle soit fille
Humble, courtoise, honnête, amoureuse et gentille,
Sans fard, sans tromperie, et qui sans mauvaistié
Garde de tout son cœur une simple amitié,
Aimant trop mieux cent fois à la mort être mise,
Que de rompre sa foi quand elle l'a promise,
Il la faut honorer, tant qu'on sera vivant,
Comme un rare joyau qu'on trouve peu souvent.
Celui certainement mérite sur la tête
Le feu le plus ardent d'une horrible tempête,
Qui trompe une pucelle et mêmement alors
Qu'elle se donne à nous, et de cœur et de corps.
N'est-ce pas un grand bien, quand on fait un voyage,
De rencontrer quelqu'un qui d'un pareil courage
Veut nous accompagner, et comme nous passer
Les torrents, les rochers, fâcheux à traverser?
Aussi n'est-ce un grand bien de trouver une amie
Qui nous aide à passer cette chétive vie,
Qui sans être fardée ou pleine de rigueur,
Traite fidèlement de son ami le cœur?
Dis-leur, si de fortune une belle Cassandre
Vers moi se fût montrée un peu courtoise et tendre,
Et pleine de pitié eût cherché de guérir
Le mal dont ses beaux yeux dix ans m'ont fait mourir,
Non seulement du corps, mais sans plus d'une œillade
Eût voulu soulager mon pauvre cœur malade,
Je ne l'eusse laissée, et m'en soit à témoin
Ce jeune enfant ailé qui des amours a soin.
Mais voyant que toujours elle marchait plus fière,
Je déliai du tout mon amitié première,
Pour en aimer une autre en ce pays d'Anjou

Où maintenant Amour me détient sous le joug,
Laquelle tout soudain je quitterai, si elle
M'est comme fut Cassandre, orgueilleuse et rebelle,
Pour en chercher une autre, afin de voir un jour
De pareille amitié récompenser m'amour,
Sentant l'affection d'un autre dans moi-même :
Car un homme est bien sot d'aimer, si on ne l'aime,
Or si quelqu'un après me vient blâmer de quoy
Je ne suis plus si grave en mes vers que j'estoy
A mon commencement, quand l'humeur Pindarique
Enflait ampoulément ma bouche magnifique,
Dis-lui que les amours ne se soupirent pas
D'un vers hautement grave, ains * d'un beau style bas,
Populaire et plaisant, ainsi qu'a fait Tibulle,
L'ingénieux Ovide, et le docte Catulle.
Le fils de Vénus hait ces ostentations :
Il suffit qu'on lui chante au vrai ses passions
Sans enflure ni fard, d'un mignard et doux style,
Coulant d'un petit bruit, comme une eau qui distille.
Ceux qui font autrement, ils font un mauvais tour
A la simple Vénus, et à son fils Amour.
S'il advient quelque jour que d'une voix hardie
J'anime l'échafaud par une tragédie
Sentencieuse et grave, alors je ferai voir
Combien peuvent les nerfs de mon petit savoir.
Et si quelque Furie en mes vers je rencontre,
Hardi j'opposerai mes Muses à l'encontre,
Et ferai résonner d'un haut et grave son,
Pour avoir part au bouc, la tragique tançon *.
Mais ores * que d'Amour les passions je pousse,
Humble, je veux user d'une Muse plus douce.
Je ne veux que ce vers d'ornement indigent
Entre dans une école, ou qu'un brave régent
Me lise pour parade : il suffit si m'amie
Le touche de la main dont elle tient ma vie.

Car je suis satisfait, si elle prend à gré
Ce labeur que je voue à ses pieds consacré.

I 1555

Tyard[1], on me blâmait, à mon commencement,
De quoi j'étais obscur au simple populaire,
Mais on dit aujourd'hui que je suis au contraire,
Et que je me démens, parlant trop bassement.
Toi de qui le labeur enfante doctement
Des livres immortels, dis-moi, que dois-je faire?
Dis-moi, car tu sais tout, comme dois-je complaire
A ce monstre têtu, divers en jugement?
Quand je tonne en mes vers, il a peur de me lire;
Quand ma voix se désenfle, il ne fait qu'en médire.
Dis-moi de quel lien, force, tenaille, ou clous
Tiendrai-je ce Proté qui se change à tous coups?
Tyard, je t'entends bien, il le faut laisser dire,
Et nous rire de lui, comme il se rit de nous.

MADRIGAL 1560

Docte Butet[2], qui as montré la voie
Aux tiens, de suivre Apollon et son Chœur,
Qui le premier t'espoinçonnant le cœur
Te fit chanter sur les monts de Savoie,
Puisque l'amour à la mort me convoie,
Dessur ma Tombe, après que la douleur
M'aura tué, engrave mon malheur
De ces sept vers que pleurant je t'envoie :
Celui qui gît sous cette tombe ici,
Aima première une belle Cassandre,
Aima seconde une Marie aussi,
Tant en amour il fut facile a prendre.

De la première il eut le cœur transi,
De la seconde il eut le cœur en cendre,
Rochers pour lui, non cœurs pleins de merci.

II 1555

Marie, vous avez la joue aussi vermeille
Qu'une rose de mai, vous avez les cheveux
Entre bruns et châtains, frisés de mille nœuds,
Gentement tortillés tout autour de l'oreille.
Quand vous étiez petite, une mignarde abeille
Sur vos lèvres forma son nectar savoureux,
Amour laissa ses traits en vos yeux rigoureux,
Pithon[1] vous fit la voix à nulle autre pareille.
Vous avez les tétins comme deux monts de lait,
Qui pommellent ainsi qu'au printemps nouvelet
Pommellent deux boutons que leur châsse environne.
De Junon sont vos bras, des Grâces votre sein,
Vous avez de l'Aurore et le front et la main,
Mais vous avez le cœur d'une fière Lionne.

CHANSON 1556

Petite pucelle Angevine,
Qui m'as d'un amoureux souris *
Tiré le cœur de la poitrine,
Puis dès l'heure que tu le pris,
Tu l'enfermas contre raison
Dans les liens de ta prison.
Ainsi perdant la jouissance
De sa première liberté,
Il vit sous ton obéissance
Si malmené, si maltraité,

Qu'un Lion tout plein de rigueur
Aurait pitié de sa langueur.
Car toi, de façon plus cruelle
Qu'un roc pendu dessus la mer,
Tu te fais tous les jours plus belle
Du mal qui le vient consommer,
Honorant, depuis que tu l'as,
Tes victoires de son trépas.
Non seulement, comme trop rude,
Tu fais languir mon cœur à tort
Par une honnête ingratitude,
Lui donnant une lente mort,
Voyant pâmer en triste émoi
En tes liens mon cœur et moi,
Mais en lieu d'un sacré Poète,
Qui si haut chantait ton honneur,
Tu as nouvelle amitié faite
Avecques un nouveau Seigneur
Qui maintenant tout seul te tient,
Et plus de moi ne te souvient.
Hà! vierge simple et sans malice,
Tu ne sais encore que c'est
De faire aux grands Seigneurs service,
Qui en amour n'ont point d'arrêt,
Et qui suivent sans loyautés
En un jour dix mille beautés.
Si tôt qu'une proie ils ont prise,
Ils la dédaignent tout exprès,
Afin qu'une autre soit conquise
Pour s'en moquer bientôt après,
Et n'ont jamais autre plaisir
Que de changer et de choisir.
Le Ciel qui les Amants contemple,
Sait bien les méchants rechercher :
Anaxarète en sert d'exemple [1],

Qui fut changée en un rocher,
Portant la semblable rigueur
Au rocher qu'elle avait au cœur.

III

1555

Jodelle[1], l'autre jour l'enfant de Cythérée
Au combat m'appela courbant son arc Turquois *,
Et lors comme hardi je vêtis le harnois,
Pour avoir contre lui la chair plus assurée.
Il me tira premier une flèche acérée
Droit au cœur, puis une autre, et puis tout à la fois
Il décocha sur moi les traits de son carquois,
Sans qu'il eût d'un seul coup ma poitrine enferrée.
Mais quand il vit son arc de flèches désarmé,
Tout dépit s'est lui-même en flèche transformé,
Puis en moi se rua d'une puissance extrême.
Quand je me vis vaincu, je me désarmai lors,
Car rien ne m'eût servi de m'armer par-dehors,
Puisque mon ennemi était dedans moi-même.

IV

1555

Le vingtième d'avril, couché sur l'herbelette
Je vis, ce me semblait, en dormant, un chevreuil,
Qui çà, qui là marchait où le menait son vueil,
Foulant les belles fleurs de mainte gambelette.
Une corne et une autre encore nouvelette
Enflait son petit front d'un gracieux orgueil;
Comme un Soleil luisait la rondeur de son œil,
Et un carquan * pendait sous sa gorge douillette.
Si tôt que je le vis, je voulus courre après,
Et lui qui m'avisa prit sa fuite ès forêts,

Où se moquant de moi ne me voulut attendre.
Mais en suivant son trac, je ne m'avisai pas
D'un piège entre les fleurs, qui me lia le pas :
Ainsi pour prendre autrui moi-même me fis prendre.

V 1555

Cependant que tu vois le superbe rivage
De la rivière Tusque [1], et le mont Palatin,
Et que l'air des Latins te fait parler latin,
Changeant à l'étranger ton naturel langage,
Une fille d'Anjou me détient en servage,
Ores * baisant sa main et ores son tétin,
Et ores ses beaux yeux, astres de mon destin.
Je vis, comme l'on dit, trop plus heureux que sage.
Tu diras à Maigni [2], lisant ces vers ici :
« C'est grand cas que Ronsard est encore amoureux! »
Mon Bellay, je le suis, et le veux être aussi,
Et ne veux confesser qu'amour soit malheureux,
Ou si c'est un malheur, baste, je délibère
De vivre malheureux en si belle misère.

VI 1555

Douce, belle, amoureuse et bien-fleurante Rose,
Qu tu es à bon droit aux amours consacrée!
Ta délicate odeur hommes et Dieux recrée,
Et bref, Rose, tu es belle sur toute chose.
Marie pour son chef un beau bouquet compose
De ta feuille, et toujours sa tête en est parée;
Toujours cette Angevine, unique Cythérée,
Du parfum de ton eau sa jeune face arrose.

Hà Dieu! que je suis aise alors que je te voy
Éclore au point du jour sur l'épine à requoy,
Aux jardins de Bourgueil, près d'une eau solitaire!
De toi les Nymphes ont les coudes et le sein,
De toi l'Aurore emprunte et sa joue et sa main,
Et son teint la beauté qu'on adore en Cythère.

MADRIGAL 1553

Prenez mon cœur, Dame, prenez mon cœur,
Prenez mon cœur, je vous l'offre, ma Dame :
Il est tout vôtre, et ne peut d'autre femme,
Tant vôtre il est, devenir serviteur.
Doncque si vôtre, il meurt vôtre en langueur,
Vôtre à jamais, vôtre en sera le blâme,
Et si là-bas on punira votre âme
Pour tel péché d'une juste rigueur.
Quand vous seriez quelque fille d'un Scythe,
Encor l'amour, qui les Tigres incite,
Vous fléchirait; mais trop cruellement
Vous me gênez de tourment sur tourment,
Me reperçant d'amoureuses alênes,
Pour témoigner que du commencement
L'homme naquit de rochers et de chênes.

MADRIGAL 1555

Mon docte Peletier [1], le temps léger s'enfuit,
Je change nuit et jour de poil et de jeunesse,
Mais je ne change pas l'amour d'une maîtresse,
Qui dans mon cœur collée éternelle me suit.
Toi qui es dès enfance en tout savoir instruit,

Si de notre amitié l'antique nœud te presse,
Comme sage et plus vieil, donne-moi quelque adresse
Pour éviter ce mal, qui ma raison séduit.
  Aide-moi, Peletier : si par Philosophie
Ou par le cours des Cieux tu as jamais appris
Un remède d'amour, dis-le moi, je te prie.
  De l'arbre à Jupiter [1], qui fut jadis en prix,
De nos premiers aïeuls la vieille Prophétie,
Tu aurais à bon droit la couronne et le prix,
D'avoir par le conseil de tes doctes écrits
Sauvé de ton ami la franchise et la vie.

CHANSON 1556

  Je veux chanter en ces vers ma tristesse,
Car sans pleurer chanter je ne pourrais,
Vu que je suis absent de ma maîtresse :
Si je chantais autrement, je mourrais.
  Pour ne mourir il faut donc que je chante
En chants piteux ma plaintive langueur,
Pour le départ de ma maîtresse absente,
Qui de mon sein m'a dérobé le cœur.
  Déjà l'Été, et Cérès la blétière *,
Ayant le front orné de son présent,
Ont ramené la moisson nourricière
Depuis le temps que d'elle suis absent,
  Loin de ses yeux, dont la lumière belle
Seule pourrait guérison me donner,
Et si j'étais là-bas en la nacelle [2],
Me pourrait faire au monde retourner.
  Mais ma raison est si bien corrompue
Par une fausse et vaine illusion,
Que nuit et jour je la porte en la vue,
Et sans la voir j'en ai la vision.

Comme celui qui contemple les nues,
Fantastiquant mille monstres bossus,
Hommes, oiseaux, et Chimères cornues,
Tant par les yeux ses esprits sont déçus,
Et comme ceux, qui d'une haleine forte,
En haute mer, à puissance de bras
Tirent la rame, ils l'imaginent torte,
Et toutefois la rame ne l'est pas;
Ainsi je vois d'une œillade trompée
Cette beauté dont je suis dépravé,
Qui par les yeux dedans l'âme frappée,
M'a vivement son portrait engravé.
Et soit que j'erre au plus haut des montagnes,
Ou dans un bois, loin de gens et de bruit,
Ou sur le Loir, ou parmi les campagnes,
Toujours au cœur ce beau portrait me suit;
Si j'aperçois quelque champ qui blondoie
D'épis frisés au travers des sillons,
Je pense voir ses beaux cheveux de soie
Épars au vent en mille crêpillons.
Si le Croissant au premier mois j'avise,
Je pense voir son sourcil ressemblant
A l'arc d'un Turc qui la sagette a mise
Dedans la coche * et menace le blanc * .
Quand à mes yeux les étoiles drillantes *
Viennent la nuit en temps calme s'offrir,
Je pense voir ses prunelles ardentes,
Que je ne puis ni fuir ni souffrir.
Quand j'aperçois la rose sur l'épine,
Je pense voir de ses lèvres le teint;
La rose au soir de sa couleur décline,
L'autre couleur jamais ne se déteint.
Quand j'aperçois les fleurs en quelque prée
Ouvrir leur robe au lever du Soleil,
Je pense voir de sa face pourprée

S'épanouir le beau lustre vermeil.
Si j'aperçois quelque chêne sauvage,
Qui jusqu'au ciel élève ses rameaux,
Je pense voir sa taille et son corsage,
Ses pieds, sa grève * et ses coudes jumeaux.
Si j'entends bruire une fontaine claire,
Je pense ouïr sa voix dessus le bord,
Qui se plaignant de ma triste misère,
M'appelle à soi pour me donner confort.
Voilà comment, pour être fantastique,
En cent façons ses beautés j'aperçoi,
Et m'éjouis d'être mélancolique,
Pour recevoir tant de formes en moi.
Aimer vraiment est une maladie,
Les médecins la savent bien juger,
Nommant ce mal fureur de fantasie,
Qui ne se peut par herbes soulager.
J'aimerais mieux la fièvre dans mes veines,
Ou quelque peste ou quelque autre douleur,
Que de souffrir tant d'amoureuses peines,
Dont le bonheur n'est sinon que malheur.
Or va, Chanson, dans le sein de Marie,
Pour l'assurer que ce n'est tromperie
Des visions que je raconte ici,
Qui me font vivre et mourir en souci.

VII

1555

Écoute, mon Aurat [1], la terre n'est pas digne
De pourrir en la tombe un tel corps que le tien :
Tu fus en ton vivant des Muses le soutien,
Et pource après ta mort tu deviendras un cygne.
Tu deviendras cigale ou mouche Limousine

Qui fait un miel plus doux que n'est l'Hymettien [1],
Ou voix qui redit tout et si ne redit rien,
Ou l'oiseau [2] qui maudit Téré sur une épine.
Si tu n'es transformé tout entier en quelqu'un,
Tu vêtiras un corps à cinq autres commun,
Et seras composé de tous les cinq ensemble;
Car un seul pour d'Aurat suffisant ne me semble;
Et d'homme seras fait un beau monstre nouveau,
De voix, cygne, cigale, et d'avette *, et d'oiseau.

VIII

1555

Hé! n'est-ce, mon Pasquier [3], hé! n'est-ce pas grand [cas?
Bien que le corps parti de tant de membres j'aye,
De muscles, nerfs, tendons, poumons, artères, faye,
De mains, de pieds, de flancs, de jambes, et de bras,
Qu'Amour les laisse en paix, et ne les navre pas,
Et que lui pour son but opiniâtre essaie
De faire dans mon cœur une éternelle plaie,
Sans que jamais il vise ou plus haut ou plus bas?
S'il était un enfant sourd, volage, aveuglé,
Son coup ne serait point si sûr ne si réglé.
Ce n'est pas un enfant, car ses traits sans mesure
Ne se viendraient ficher toujours en même lieu.
Apollon tire droit, mais Amour est un Dieu
Qui, sans viser aux cœurs, y frappe de nature.

IX

1555

Marie, qui voudrait votre nom retourner,
Il trouverait aimer : aimez-moi donc, Marie,

Votre nom de nature à l'amour vous convie :
A qui trahit Nature il ne faut pardonner.
S'il vous plaît votre cœur pour gage me donner,
Je vous offre le mien : ainsi de cette vie
Nous prendrons les plaisirs, et jamais autre envie
Ne me pourra l'esprit d'une autre emprisonner.
Il faut aimer, maîtresse, au monde quelque chose.
Celui qui n'aime point, malheureux se propose
Une vie d'un Scythe, et ses jours veut passer
Sans goûter la douceur, des douceurs la meilleure.
Rien n'est doux sans Vénus et sans son fils : à l'heure
Que je n'aimerai plus, puissé-je trépasser!

X 1555

Marie, en me tançant vous me venez reprendre
Que je suis trop léger, et me dites toujours,
Quand j'approche de vous, que j'aille à ma Cassandre,
Et toujours m'appelez inconstant en amours.
L'inconstance me plaît; les hommes sont bien lourds
Qui de nouvelle amour ne se laissent surprendre;
Qui veut opiniâtre une seule prétendre
N'est digne que Vénus lui fasse de bons tours.
Celui qui n'ose faire une amitié nouvelle,
A faute de courage, ou faute de cervelle,
Se défiant de soi que ne peut avoir mieux.
Les hommes maladifs ou matés de vieillesse
Doivent être constants, mais sotte est la jeunesse
Qui n'est point éveillée et qui n'aime en cent lieux.

XI 1555

Amour étant marri qu'il avait ses sagettes *
Tiré contre Marie, et ne l'avoit blessée,
Par dépit dans un bois sa trousse avait laissée,
Tant que pleine elle fût d'un bel essaim d'avettes *.
Jà de leurs piquerons ces captives mouchettes
Pour avoir liberté la trousse avaient percée,
Et s'enfuyaient alors qu'Amour l'a renversée
Sur la face à Marie, et sur ses mammelettes.
Soudain après qu'il eut son carquois déchargé,
Tout riant sautela, pensant s'être vengé
De celle à qui son arc n'avait su faire outrage.
Mais il riait en vain, car ces filles du Ciel,
En lieu de la piquer, baisant son beau visage,
En amassaient les fleurs et en faisaient du miel.

XII 1555

Je veux, me souvenant de ma gentille Amie,
Boire ce soir d'autant, et pource, Corydon[1],
Fais remplir mes flacons, et verse à l'abandon
Du vin pour réjouir toute la compagnie.
Soit que m'amie ait nom ou Cassandre ou Marie,
Neuf fois je m'en vais boire aux lettres de son nom,
Et toi, si de ta belle et jeune Madelon,
Belleau[2] l'amour te poind *, je te pri', ne l'oublie.
Apporte ces bouquets que tu m'avais cueillis,
Ces roses, ces œillets, ce jasmin et ces lis;
Attache une couronne à l'entour de ma tête.
Gagnons ce jour ici, trompons notre trépas :
Peut-être que demain nous ne reboirons pas.
S'attendre au lendemain n'est pas chose trop prête.

XIII 1555

Ma plume sinon vous ne sait autre sujet,
Mon pied qu'à vous chercher ne sait autre voyage,
Ma langue sinon vous ne sait autre langage,
Et mon œil ne connaît que vous pour son objet.
Si je souhaite rien, vous êtes mon souhait,
Vous êtes le doux gain de mon plaisant dommage,
Vous êtes le seul but où vise mon courage,
Et seulement en vous tout mon rond se parfait.
Je ne suis point de ceux qui changent de fortune.
Puisque je n'ai qu'un cœur, je n'en puis aimer qu'une :
Une m'est un millier, la nature y consent.
Il faudrait, pour vêtir toute amour rencontrée,
Être né Géryon, ou Typhe, ou Briarée [1].
Qui n'en peut servir une, il n'en peut servir cent.

XIV 1554

Amour, quiconque ait dit que le Ciel fut ton père,
Et que la Cyprienne en ses flancs te porta,
Il trompa les humains, un Dieu ne t'enfanta :
Tu n'es pas fils du Ciel, Vénus n'est pas ta mère.
Des champs Massyliens [2] la plus cruelle fère *
Entre ses lionneaux dans un roc t'allaita,
En t'ouvrant ses tétins par son lait te jeta
Tout à l'entour du cœur sa rage la plus fière.
Rien ne te plaît, cruel, que sanglots et que pleurs,
Que déchirer nos cœurs d'épineuses douleurs,
Que tirer tout d'un coup mille morts de ta trousse.
Un si méchant que toi du ciel n'est point venu :
Si Vénus t'eût conçu, tu eusses retenu
Quelque peu de douceur d'une mère si douce.

XV 1554

Beauté dont la douceur pourrait vaincre les Rois,
Renvoyez-moi mon cœur qui languit en servage,
Ou, si le mien vous plaît, baillez le vôtre en gage :
Sans le vôtre ou le mien, vivre je ne pourrois.
Quand mort en vous servant sans mon cœur je serais,
Ce me serait honneur, à vous serait dommage,
Dommage en me perdant, à moi trop d'avantage,
J'en jure par vos yeux, quand pour vous je mourrais.
Pourvu que mon trépas vous plaise en quelque chose,
Il me plaît de mourir, mon trépas poursuivant,
Sans plus ravoir le mien, dont le vôtre dispose;
Et veux que sur ma lame Amour aille écrivant :
Celui qui gît ici sans cœur était vivant,
Et trépassa sans cœur, et sans cœur il repose.

XVI 1554

Amour, qui dès jeunesse en ton camp m'as tenu,
Qui premier débauchas ma liberté nouvelle,
S'il te plaît d'adoucir la fierté de ma belle,
Et si par ton moyen mon mal est reconnu,
Sur un pilier d'airain je t'appendrai tout nu,
En l'air un pied levé, à chaque flanc une aile,
L'arc courbé dans la main, le carquois sous l'aisselle,
Le corps gras et douillet, le poil crêpe * et menu.
Tu vois (un Dieu voit tout) combien j'ai de tristesse,
Tu vois de quel orgueil me brave ma maîtresse;
Ton soldat en ton camp te doit accompagner.
Mais tu le dois défendre, et si tu le dédaignes,
Seul tu verras aux champs sans hommes tes enseignes.
Un Roi qui perd les siens, n'est digne de régner.

XVII 1554

Fuyons, mon cœur, fuyons! que mon pied ne s'arrête
Un quart d'heure à Bourgueil, où par l'ire des Dieux,
Sur mon vingt et un an, le feu de deux beaux yeux,
Souvenir trop amer, me foudroya la tête.
Le Grec qui a senti la meurtrière tempête
Des rochers Capharès [1], abomine tels lieux,
Et s'il les aperçoit, ils lui sont odieux,
Et pour n'y aborder tient sa navire prête.
Adieu donc, ville, adieu, puisqu'en toi je ne fais
Que resemer le mal dont toujours je me pais,
Et toujours refraîchir mon ancienne plaie.
Vivons, mon cœur, vivons sans désirer la mort!
Je ne cours plus fortune, il est temps que j'essaie,
Après tant de rochers, de rencontrer le port.

XVIII 1554

L'amant est une bête, et bête est qui s'empêtre
Dans les liens d'amour : sa peine est plus cruelle
Que s'il tournait là-bas la rou' continuelle,
Ou s'il baillait son cœur aux vautours à repaître [2].
Maugré lui dans son âme à toute heure il sent naître
Un joyeux déplaisir, qui douteux l'espointelle.
Quoy? l'espointelle! ainçois le gêne et le martelle;
Sa raison est vaincue, et l'appétit est maître.
Il ressemble à l'oiseau, lequel plus se remue
Captif dans les gluaux, tant plus fort se renglue,
Se débattant en vain d'échapper l'oiseleur.
Ainsi tant plus l'amant les rets * d'amour secoue,
Plus à l'entour du col son destin les renoue,
Pour jamais n'échapper d'un si plaisant malheur.

CHANSON 1556

Ma maîtresse est toute angelette,
Ma toute rose nouvelette,
Toute mon gracieux orgueil,
Toute ma petite brunette,
Toute ma douce mignonnette,
Toute mon cœur, toute mon œil.
Toute ma Muse, ma Charite,
Ma toute où mon penser habite,
Toute mon tout, toute mon rien,
Toute ma maîtresse Marie,
Toute ma douce tromperie,
Toute mon mal, toute mon bien.
Toute fiel, toute ma sucrée,
Toute ma jeune Cythérée,
Toute ma joie, et ma langueur,
Toute ma petite Angevine,
Ma toute simple et toute fine,
Toute mon âme et tout mon cœur.
Encore un envieux me nie
Que je ne dois aimer Marie.
Mais quoi! si ce sot envieux
Disait que mes yeux je n'aimasse,
Voudriez-vous bien que je laissasse
Pour un sot à n'aimer mes yeux?

CHANSON 1556

Si le Ciel est ton pays et ton père,
Si le Nectar est ton vin savoureux,
Si Vénus est ta délicate mère,
Si l'Ambrosie est ton pain bienheureux,

Pourquoi viens-tu loger en notre terre?
Pourquoi viens-tu te cacher en mon sein?
Pourquoi fais-tu contre mes os la guerre?
Pourquoi bois-tu mon pauvre sang humain?
Pourquoi prends-tu de mon cœur nourriture?
O fils d'un Tigre! ô cruel animal!
Tu es un Dieu de méchante nature!
Je suis à toi, pourquoi me fais-tu mal?

XIX

1555

Marie, levez-vous, ma jeune paresseuse :
Jà la gaie alouette au ciel a fredonné,
Et jà le rossignol doucement jargonné,
Dessus l'épine assis, sa complainte amoureuse.
Sus! debout! allons voir l'herbelette perleuse,
Et votre beau rosier de boutons couronné,
Et vos œillets mignons auxquels aviez donné,
Hier au soir, de l'eau d'une main si soigneuse.
Harsoir en vous couchant vous jurâtes vos yeux
D'être plus tôt que moi ce matin éveillée;
Mais le dormir de l'Aube, aux filles gracieux,
Vous tient d'un doux sommeil encor les yeux sillée *.
Cà! çà! que je les baise et votre beau tétin
Cent fois, pour vous apprendre à vous lever matin.

XX

1555

Je ne suis variable, et si ne veux apprendre
Le métier d'inconstance, aussi ce n'est qu'émoi;
Je ne dis pas si Jane était prise de moi,
Que tôt je n'oubliasse et Marie et Cassandre.

Je ne suis pas celui qui veux Pâris reprendre
D'avoir manqué si tôt à Pégasis[1] de foi :
Plutôt que d'accuser ce jeune enfant de Roi
D'avoir changé d'amour, je voudrais le défendre.
Pour ne garder longtemps sa sotte loyauté,
Il fit bien de ravir cette jeune beauté,
Bien qu'à sa propre ville elle fût malheureuse.
L'amant est bien novice, et son art il apprend,
Quand il trouve son mieux, si son mieux il ne prend,
Sans grisonner au sein d'une vieille amoureuse.

XXI 1555

Amour est un charmeur : si je suis une année
Avecque ma maîtresse à babiller toujours,
Et à lui raconter quelles sont mes amours,
L'an me semble plus court qu'une courte journée.
Si quelque tiers survient, j'en ai l'âme gênée,
Ou je deviens muet, ou mes propos sont lourds;
Au milieu du devis s'égarent mes discours,
Et tout ainsi que moi ma langue est étonnée.
Mais quand je suis tout seul auprès de mon plaisir,
Ma langue interprétant le plus de mon désir,
Alors de caqueter mon ardeur ne fait cesse.
Je ne fais qu'inventer, que conter, que parler,
Car, pour être cent ans auprès de ma maîtresse,
Cent ans me sont trop courts, et ne m'en puis aller.

XXII 1554

Que ne suis-je insensible? ou que n'est mon visage
De rides labouré? ou que ne puis-je épandre

Sans trépasser le sang, qui, chaud, subtil et tendre,
Bouillonnant dans mon cœur me trouble le courage?
  Ou bien, en mon erreur que ne suis-je plus sage?
Ou pourquoi la raison, qui me devrait reprendre,
Ne commande à ma chair sans, paresseuse, attendre
Qu'un tel commandement me soit enjoint par l'âge?
  Mais que pourrais-je faire, et puisque ma maîtresse,
Mes sens, mes ans, Amour, et ma raison traîtresse
Ont juré contre moi? las! quand mon chef serait
  Aussi blanc que celui de la vieille Cumée [1],
En la tombe jamais mon mal ne cesserait,
Tant l'Astre eut contre moi son influence armée.

XXIII 1554

  Morphée, si en songe il te plaît présenter
Cette nuit ma maîtresse aussi belle et gentille
Que je la vis le soir que sa vive scintille
Par un poignant regard vint mes yeux enchanter,
  Et s'il te plaît, ô Dieu, tant soit peu d'alenter *,
Misérable souhait, de sa feinte inutile
Le feu qu'Amour me vient de son aile subtile
Tout alentour du cœur sans repos éventer,
  J'appendrai sur mon lit ta peinture plumeuse
En la même façon que je t'aurai conçu
La nuit par le plaisir de ta forme douteuse,
  Et comme Jupiter à Troie fut déçu
Du Somme et de Junon, après avoir reçu
De la simple Vénus la ceinture amoureuse [2].

XXIV

1554

Ecumière Vénus [1], Reine en Cypre puissante,
Mère des doux amours, à qui toujours se joint
Le plaisir et le jeu, qui tout animal point *
A toujours réparer sa race périssante,
Sans toi, Nymphe aime-ris *, la vie est languissante,
Sans toi rien n'est de beau, de vaillant ni de coint *,
Sans toi la Volupté joyeuse ne vient point,
Et des Grâces sans toi la grâce est déplaisante.
Ores * qu'en ce printemps on ne saurait rien voir
Qui, fiché dans le cœur, ne sente ton pouvoir,
Sans plus une pucelle en sera-t'elle exente?
Si tu ne veux du tout la traiter de rigueur,
Au moins que sa froideur en ce mois d'avril sente
Quelque peu du brasier qui m'enflamme le cœur.

XXV

1554

Cache pour cette nuit ta corne, bonne Lune!
Ainsin * Endymion [2] soit toujours ton ami,
Ainsi soit-il toujours en ton sein endormi,
Ainsi nul enchanteur jamais ne t'importune.
Le jour m'est odieux, la nuit m'est opportune,
Je crains de jour l'aguet d'un voisin ennemi;
De nuit plus courageux je traverse parmi
Les espions, couvert de ta courtine brune.
Tu sais, Lune, que peut l'amoureuse poison.
Le Dieu Pan pour le prix d'une blanche toison
Peut bien fléchir ton cœur. Et vous, Astres insignes,
Favorisez au feu qui me tient allumé,
Car s'il vous en souvient, la plupart de vous, Signes,
N'a place dans le ciel que pour avoir aimé.

CHANSON 1556

Bon jour mon cœur, bon jour ma douce vie,
Bon jour mon œil, bon jour ma chère amie!
  Hé! bon jour ma toute belle,
  Ma mignardise, bon jour,
  Mes délices, mon amour,
Mon doux printemps, ma douce fleur nouvelle,
Mon doux plaisir, ma douce colombelle,
Mon passereau, ma gente tourterelle,
  Bon jour ma douce rebelle.

Je veux mourir, si plus on me reproche
Que mon service est plus froid qu'une roche,
  T'abandonnant, ma maîtresse,
  Pour aller suivre le Roi,
  Et chercher je ne sais quoi,
Que le vulgaire appelle une largesse.
Plutôt périsse honneur, cour et richesse,
Que pour les biens jamais je te relaisse,
  Ma douce et belle Déesse.

CHANSON 1556

  Fleur Angevine de quinze ans,
Ton front montre assez de simplesse,
Mais ton cœur ne cache au-dedans
Sinon que malice et finesse,
Celant sous ombre d'amitié
Une jeunette mauvaistié.
  Rends-moi, si tu as quelque honte,
Mon cœur que je t'avais donné,
Dont tu ne fais non plus de compte
Que d'un esclave emprisonné,

T'éjouissant de sa misère,
Et te plaisant de lui déplaire.
Une autre moins belle que toi,
Mais de bien meilleure nature,
Le voudrait bien avoir de moi.
Elle l'aura, je te le jure;
Elle l'aura, puisqu'autrement
Il n'a de toi bon traitement.
Mais non : j'aime trop mieux qu'il meure
Sans espérance en ta prison,
J'aime trop mieux qu'il y demeure
Mort de douleur contre raison,
Qu'en te changeant jouir de celle
Qui m'est plus douce, et non si belle.

XXVI

1556

Les villes et les bourgs me sont si odieux,
Que je meurs si je vois quelque tracette humaine;
Seulet dedans les bois, pensif je me promène,
Et rien ne m'est plaisant que les sauvages lieux.
Il n'y a dans ces bois sangliers si furieux,
Ni roc si endurci, ni ruisseau, ni fontaine,
Ni arbre tant soit sourd qui ne sache ma peine,
Et qui ne soit marri de mon mal ennuyeux.
Un penser qui renaît d'un autre, m'accompaigne
Avec un pleur amer qui tout le sein me baigne,
Travaillé de soupirs qui compagnons me sont;
Si bien que si quelqu'un me trouvait au bocage,
Voyant mon poil rebours et l'horreur de mon front,
Ne me dirait pas homme, ains un monstre sauvage.

XXVII 1556

Amour, j'en suis témoin, ne naît d'oisiveté :
S'il naissait du loisir, il ne fût plus mon maître.
Je cours, je vais, je viens, et si ne me dépêtre
De son lien qui tient serve ma liberté.
Je ne suis paresseux et ne l'ai point été :
Toujours la harquebuze, ou la paume champêtre,
Ou l'escrime qui rend une jeunesse adextre,
Me retient en travail tout le jour arrêté.
Ore le chien couchant, les oiseaux, et la chasse,
Ore un ballon poussé sur une verte place,
Ore nager, lutter, courir et voltiger,
Jamais à mon esprit de repos je ne bâille.
Et si ne puis Amour de mon cœur déloger :
Plus je suis en affaire et plus il me travaille.

XXVIII 1556

Vous méprisez nature : êtes-vous si cruelle
De ne vouloir aimer ? voyez les passereaux
Qui démènent l'amour, voyez les colombeaux,
Regardez le ramier, voyez la tourterelle.
Voyez deçà, delà d'une frétillante aile
Voleter par les bois les amoureux oiseaux,
Voyez la jeune vigne embrasser les ormeaux,
Et toute chose rire en la saison nouvelle.
Ici la bergerette en tournant son fuseau
Dégoise ses amours, et là le pastoureau
Répond à sa chanson ; ici toute chose aime,
Tout parle de l'amour, tout s'en veut enflammer.
Seulement votre cœur froid d'une glace extrême
Demeure opiniâtre et ne veut point aimer.

CHANSON

1556

Le Printemps n'a point tant de fleurs,
L'Automne tant de raisins meurs,
L'Été tant de chaleurs hâlées,
L'Hiver tant de froides gelées,
Ni la Mer n'a tant de poissons,
Ni la Beauce tant de moissons,
Ni la Bretagne tant d'arènes,
Ni l'Auvergne tant de fontaines,
Ni la nuit tant de clairs flambeaux,
Ni les forêts tant de rameaux,
Que je porte au cœur, ma maîtresse,
Pour vous de peine et de tristesse.

CHANSON

1556

Demandes-tu, chère Marie,
Quelle est pour toi ma pauvre vie?
Je jure par tes yeux qu'elle est
Telle qu'ordonner te la plaît :
Pauvre, chétive, langoureuse,
Dolente, triste, malheureuse,
Et tout le mal qui vient d'amour,
Ne m'abandonne nuit ni jour!
Après demandes-tu, Marie,
Quels compagnons suivent ma vie?
Suivie en sa fortune elle est
De tels compagnons qu'il te plaît :
Ennui, travail, peine, tristesse,
Larmes, soupirs, sanglots, détresse,
Et tout le mal qui vient d'amour,
Ne m'abandonne nuit ni jour.

Voilà comment pour toi, Marie,
Je traîne ma chétive vie,
Heureux du mal que je reçoi
Pour t'aimer cent fois plus que moi.

XXIX 1556

J'aime la fleur de Mars [1], j'aime la belle rose,
L'une qui est sacrée à Vénus la Déesse,
L'autre qui a le nom de ma belle maîtresse,
Pour qui troublé d'esprit en paix je ne repose.
J'aime trois oiselets, l'un qui sa plume arrose
De la pluie de mai, et vers le Ciel se dresse,
L'autre qui veuf au bois lamente sa détresse,
L'autre qui pour son fils mille versets compose [2].
J'aime un pin de Bourgueil [3], où Vénus appendit
Ma jeune liberté, quand prise elle rendit
Mon cœur que doucement un bel œil emprisonne.
J'aime un jeune laurier, de Phœbus l'arbrisseau,
Dont ma belle maîtresse, en pliant un rameau
Lié de ses cheveux, me fit une couronne.

XXX 1556

Mars fut votre parrain quand naquîtes, Marie,
La Mer votre marraine : un Dieu cruel et fier,
Une Mer à laquelle on ne se doit fier;
Lui toujours est colère, elle est toujours marrie.
Sous un titre d'honneur, ce guerrier nous convie
De hanter les combats, puis est notre meurtrier;
La Mer en se calmant fait semblant de prier
Qu'on aille en son giron, puis nous ôte la vie.
Vous tenez de ce Dieu, mais trop plus de la Mer,

Qui fîtes vos beaux yeux sereinement calmer,
Pour m'attirer chez vous par vos belles œillades.
Heureux et plus qu'heureux si je m'étais gardé,
Et si j'eusse la Mer du havre regardé,
Sans me faire presser en tant de Symplégades[1]!

XXXI 1556

S'il y a quelque fille en toute une contrée,
Qui soit inexorable, inhumaine et cruelle,
Toujours elle est de moi pour dame rencontrée,
Et toujours le malheur me fait serviteur d'elle.
Mais si quelqu'une est douce, honnête, aimable et belle,
La prise en est pour moi toujours désespérée :
J'ai beau être courtois, jeune, accort * et fidèle,
Elle sera toujours d'un sot enamourée.
Sous tel astre malin je naquis en ce monde!
Voilà que c'est d'aimer : ceux qui ont mérité
D'être récompensés sont en douleur profonde,
Et le sot volontiers est toujours bien traité.
O traître et lâche Amour, que tu es malheureux!
Malheureux est celui qui devient amoureux.

CHANSON 1556

Amour, dis, je te prie (ainsi de tous humains
Et des Dieux soit toujours l'empire entre tes mains),
Qui te fournit de flèches?
Vu que toujours colère, en mille et mille lieux,
Tu perds tes traits ès * cœurs des hommes et des Dieux,
Empennés * de flammèches?
Mais je te pri', dis-moi! est-ce point le Dieu Mars,
Quand il revient chargé du butin des soldars
Tués à la bataille?

Ou bien si c'est Vulcan qui dedans ses fourneaux,
Après les tiens perdus, t'en refait de nouveaux,
Et toujours t'en rebaille?

Pauvret, répond Amour, eh quoi! ignores-tu
La rigueur, la douceur, la force, la vertu
Des beaux yeux de t'amie?
Plus je répands de traits sus hommes et sus Dieux,
Et plus d'un seul regard m'en fournissent les yeux
De ta belle Marie.

XXXII 1555

J'ai pour maîtresse une étrange Gorgone
Qui va passant les Anges en beauté;
C'est un vrai Mars en dure cruauté,
En chasteté la fille de Latone [1].
Quand je la vois, mille fois je m'étonne,
La larme à l'œil, ou que ma fermeté
Ne la fléchit, ou que sa dureté
Ne me conduit d'où plus on ne retourne.
De la nature un cœur je n'ai reçeu,
Ainçois * plutôt pour se nourrir en feu,
En lieu de lui j'ai une Salamandre.
Mon corps n'est point ni de terre ni d'eau
Ni d'air léger, il est fait d'un flambeau
Qui se consume et n'est jamais en cendre.

XXXIII 1556

Sitôt qu'entre les bois tu as bu la rosée,
Soit de nuit soit de jour logé dans un buisson,
Des ailes trémoussant, tu dis une chanson
D'une note rustique à plaisir composée.

Au contraire de toi, j'ai la voix disposée
A chanter en ce bois, mais en autre façon,
Car toujours en pleurant je dégoise mon son.
Aussi j'ai toujours l'âme en larmes arrosée.
Je te gagne à chanter : ta voix est de trois mois.
L'an entier oit toujours les plaintes de ma voix,
Navré d'une beauté qui me tient en servage.
Mais, hélas! Rossignol, ou bien à mes chansons,
Si quelque amour te poingt *, accorde tes doux sons,
Ou laisse-moi tout seul pleurer en ce bocage.

XXXIV 1556

Belle, gentille, honnête, humble et douce Marie,
Qui mon cœur en vos yeux prisonnier détenez,
Et qui sans contredit à votre gré menez
De votre blanche main les brides de ma vie,
Quantefois * en l'esprit sens-je naître une envie
De couper vos liens par monceaux trançonnés?
Mais mon âme s'en rit que vous emprisonnez,
Et qui mourrait de deuil sans vous être asservie.
Hà! je vous aime tant que je suis fol pour vous!
J'ai perdu ma raison, et ma langue débile,
En parlant à quelqu'un, vous nomme à tous les coups
Vous, comme son sujet, sa parole et son style,
Et qui parlant ne fait qu'interpréter sinon
Mon esprit qui ne pense en rien qu'en votre nom.

MADRIGAL 1556

Comment au départir adieu pourrais-je dire,
Duquel le souvenir tant seulement me pâme?

Adieu ma chère vie, adieu ma seconde âme,
Adieu mon cher souci, pour qui seul je soupire!
Adieu le bel objet de mon plaisant martyre,
Adieu bel œil divin qui m'englace et m'enflamme!
Adieu ma douce glace, adieu ma douce flamme,
Adieu par qui je vis et par qui je respire!
Adieu, belle, humble, honnête et gentille maîtresse,
Adieu les doux liens où vous m'avez tenu
Maintenant en travail, maintenant en liesse!
Il est temps de partir, le jour en est venu.
Le besoin importun, non le désir, me presse.
Le désir ne sauroit déloger de son lieu.
Le pied vous laisse bien, mais le cœur ne vous laisse.
Je vous conjure ici par Amour, notre Dieu,
De prendre cependant mon cœur; tenez, maîtresse,
Voi-le-là, baisez-moi, gardez-le, et puis adieu!

XXXV

1556

Quand je vous vois, ma mortelle Déesse,
Je deviens fol, sourd, muet et sans âme.
Dedans mon sein mon pauvre cœur se pâme,
Entre-surpris de joie et de tristesse.
Mon poil au chef se frissonne et se dresse,
De glace froide une fièvre m'enflamme,
Je perds le sens par vos regards, ma Dame,
Et quand à vous pour parler je m'adresse,
Mon œil craint plus les vôtres, qu'un enfant
Ne craint la verge, ou la fille sa mère;
Et toutefois vous ne m'êtes sévère,
Sinon au point que l'honneur vous défend.
Mais c'est assez, puisque de ma misère
La guérison d'autre part ne dépend.

XXXVI 1556

Mes soupirs, mes amis, vous m'êtes agréables,
D'autant que vous sortez pour un lieu qui le vaut;
Je porte dans le cœur des flammes incurables,
Le feu pourtant m'agrée et du mal ne me chaut.
Autant me plaît sentir le froid comme le chaud;
Plaisir et déplaisir me sont biens incroyables.
Bienheureux je m'estime, aimant en lieu si haut,
Bien que mon sort me mette au rang des misérables.
Des misérables? non, mais au rang des heureux.
Un homme ne pourrait sans se voir amoureux
Connaître par le mal que valent les liesses.
Non, je ne voudrais pas pour l'or de l'Univers
N'avoir souffert les maux qu'en aimant j'ai soufferts
Pour l'attente d'un bien qui vaut mille tristesses!

XXXVII 1556

J'ai cent mille tourments, et n'en voudrais moins d'un,
Tant ils me sont plaisants pour vous, belle maîtresse.
Un fâcheux déplaisir me vaut une liesse,
Et jamais votre orgueil ne me fut importun.
Je suis bien assuré que si jamais aucun
Fut heureux en servant une humaine Déesse,
Sur tous les amoureux heureux je me confesse,
Et ne veux point céder en bonheur à quelqu'un.
Plus je suis abaissé, plus j'espère de gloire,
Plus je suis en l'obscur, plus j'espère de jour.
Il vaut trop mieux mourir pour si belle victoire,
Que de gagner ailleurs ce bon enfant Amour.
Je jure par ses traits, et je le veux bien croire,
Qu'il blanchit et noircit ma fortune à son tour.

XXXVIII

1556

Si quelque amoureux passe en Anjou par Bourgueil,
Voie un pin qui s'élève au-dessus du village,
Et là, sur le sommet de son pointu feuillage,
Verra ma liberté, trophée d'un bel œil,
Qu'Amour victorieux, qui se plaît de mon deuil,
Appendit pour sa pompe et mon servile hommage,
Afin qu'à tous passants elle fût témoignage
Que l'amoureuse vie est un plaisant cercueil.
Je ne pouvais trouver plante plus estimée
Pour pendre ma dépouille, en qui fut transformée
La jeune peau d'Atys [1] dessur le mont Idé.
Mais entre Atys et moi il y a différence :
C'est qu'il fut amoureux d'un visage ridé,
Et moi d'une beauté qui ne sort que d'enfance.

CHANSON

1556

Mon mal, mon soin *, mon émoi,
Voyez combien de merveilles
Vous parfaites dedans moi
Par vos beautés nonpareilles.
De telle façon vos yeux,
Où toujours mon cœur s'envole,
Votre front impérieux,
Votre ris, votre parole
Me brûlent depuis le jour
Que j'en eus la connaissance,
Désirant d'extrême amour
En avoir la jouissance,
Que sans l'aide de mes pleurs
Dont ma vie est arrosée,

Longtemps a que les chaleurs
D'Amour l'eussent embrasée.
  Au contraire, vos beaux yeux,
Où toujours mon cœur s'envole,
Votre front impérieux,
Votre ris *, votre parole
  Me gèlent depuis le jour
Que j'en eus la connaissance,
Désirant d'extrême amour
En avoir la jouissance,
  Que sans l'aide des chaleurs
Dont mon âme est embrasée,
Longtemps a que par mes pleurs
En eau se fût épuisée.
  Voyez donc mon doux émoi,
Voyez combien de merveilles
Vous parfaites dedans moi
Par vos beautés nonpareilles.

LE VOYAGE DE TOURS
OU LES AMOUREUX

1560

THOINET ET PERROT [1]

C'était en la saison que l'amoureuse Flore
Faisait pour son ami les fleurettes éclore
Par les prés bigarrés d'autant d'émail de fleurs
Que le grand arc de Ciel s'émaille de couleurs;
Lorsque les papillons et les blondes avettes,
Les uns chargés au bec, les autres aux cuissettes,
Errent par les jardins, et les petits oiseaux,
Voletant par les bois de rameaux en rameaux,

Amassent la becquée, et parmi la verdure
Ont souci comme nous de leur race future.
Thoinet au mois d'avril passant par Vendômois,
Me mena voir à Tours Marion que j'aimois,
Qui aux noces était d'une sienne cousine;
Et ce Thoinet aussi allait voir sa Francine [1],
Qu'Amour en se jouant, d'un trait plein de rigueur,
Lui avait près le Clain [2] écrite dans le cœur.
Nous partîmes tous deux du hameau de Coustures [3],
Nous passâmes Gâtine et ses hautes verdures,
Nous passâmes Marré, et vîmes à mi-jour
Du Pasteur Phelippot [4] s'élever la grand-tour,
Qui de Beaumont la Ronce honore le village
Comme un pin fait honneur aux arbres d'un bocage.
Ce pasteur qu'on nommait Phelippot, tout gaillard,
Chez lui nous festoya jusques au soir bien tard.
De là vînmes coucher au gué de Lengerie,
Sous des saules plantés le long d'une prairie;
Puis, dès le point du jour redoublant le marcher,
Nous vîmes en un bois s'élever le clocher
De saint Cosme près Tours [5], où la noce gentille
Dans un pré se faisait au beau milieu de l'île.
Là Francine dansait, de Thoinet le souci,
Là Marion ballait, qui fut le mien aussi;
Puis nous mettant tous deux en l'ordre de la danse,
Thoinet tout le premier cette plainte commence :
« Ma Francine, mon cœur, qu'oublier je ne puis,
Bien que pour ton amour oublié je me suis,
Quand dure en cruauté tu passerais les ourses
Et les torrents d'hiver débordés de leurs courses,
Et quand tu porterais, en lieu d'humaine chair,
Au fond de l'estomac pour un cœur un rocher,
Quand tu aurais sucé le lait d'une lionne,
Quand tu serais, cruelle, une bête félonne,
Ton cœur serait pourtant de mes pleurs adouci,

Et ce pauvre Thoinet tu prendrais à merci.
Je suis, s'il t'en souvient, Thoinet qui dès jeunesse
Te voyant sur le Clain t'appella sa maîtresse,
Qui musette et flageol à ses lèvres usa
Pour te donner plaisir, mais cela m'abusa,
Car te pensant fléchir comme une femme humaine,
Je trouvai ta poitrine et ton oreille pleine,
Hélas! qui l'eût pensé! de cent mille glaçons!
Lesquels ne t'ont permis d'écouter mes chansons.
Et toutefois le temps, qui les prés de leurs herbes
Dépouille d'an en an, et les champs de leurs gerbes,
Ne m'a point dépouillé le souvenir du jour
Ni du mois où je mis en tes yeux mon amour,
Ni ne fera jamais, voire eussé-je avalée
L'onde qui court là-bas sous l'obscure vallée.
C'était au mois d'avril, Francine, il m'en souvient,
Quand tout arbre florit, quand la terre devient
De vieillesse en jouvence, et l'étrange arondelle
Fait contre un soliveau sa maison naturelle;
Quand la limace au dos qui porte sa maison,
Laisse un trac * sur les fleurs; quand la blonde toison
Va couvrant la chenille, et quand parmi les prées
Volent les papillons aux ailes diaprées,
Lorsque fol je te vis, et depuis je n'ai pu
Rien voir après tes yeux que tout ne m'ait déplu.
Six ans sont jà passés, toutefois dans l'oreille
J'entends encor' le son de ta voix nonpareille,
Qui me gagna le cœur, et me souvient encor
De ta vermeille bouche et de tes cheveux d'or,
De ta main, de tes yeux, et si le temps qui passe
A depuis dérobé quelque peu de leur grâce,
Hélas! je ne suis moins de leurs grâces ravi
Que je fus sur le Clain, le jour que je te vi
Surpasser en beauté toutes les pastourelles
Que les jeunes pasteurs estimaient les plus belles.

Car je n'ai pas égard à cela que tu es,
Mais à ce que tu fus, tant les amoureux traits
Te gravèrent en moi, voire de telle sorte
Que telle que tu fus telle au sang je te porte.
Dès l'heure que le cœur de l'œil tu me perças,
Pour en savoir la fin je fis tourner le Sas * [1]
Par une Janeton, qui au bourg de Crotelles
Soit du bien soit du mal disait toutes nouvelles.
Après qu'elle eut trois fois craché dedans son sein,
Trois fois éternué, elle prit du levain,
Le retâte en ses doigts, et en fit une image
Qui te semblait de port, de taille et de visage.
Puis tournoyant trois fois, et trois fois marmonnant,
De sa gertière * alla tout mon col entournant,
Et me dit : Je ne tiens si fort de ma gertière
Ton col, que ta vie est de malheur héritière,
Captive de Francine, et seulement la mort
Dénouera le lien qui te serre si fort.
Et n'espère jamais de vouloir entreprendre
D'échauffer un glaçon qui te doit mettre en cendre.
Las! je ne la crus pas, et pour vouloir adonc
En être plus certain, je fis couper le jonc
La veille de saint Jean; mais je vis sur la place
Le mien, signe d'Amour, croître plus d'une brasse,
Le tien demeurer court, signe que tu n'avais
Souci de ma langueur, et que tu ne m'aimais,
Et que ton amitié qui n'est point assurée,
Ainsi que le jonc court, est courte demeurée.
Je mis pour t'essayer encores d'avant-hier
Dans le creux de ma main des feuilles de coudrier :
Mais en tapant dessus, nul son ne me rendirent [2],
Et flaques sans sonner sur la main me fanirent,
Vrai signe que je suis en ton amour moqué,
Puisqu'en frappant dessus elles n'ont point craqué,
Pour montrer par effet que ton cœur ne craquète

Ainsi que fait le mien d'une flamme secrète.
O ma belle Francine, ô ma fière, et pourquoi,
En dansant, de tes mains ne me prends-tu le doi?
Pourquoi, lasse du bal, entre ces fleurs couchée,
N'ai-je sur ton giron ou la tête penchée,
Ou mes yeux sur les tiens, ou ma bouche dessus
Tes deux tétins de neige et d'ivoire conçus?
Te semblai-je trop vieil? encor la barbe tendre
Ne fait que commencer sur ma joue à s'étendre,
Et ta bouche qui passe en beauté le coural,
S'elle veut me baiser, ne se fera point mal.
Mais, ainsi qu'un lézard se cache sous l'herbette,
Sous ma blonde toison cacheras ta languette;
Puis en la retirant, tu tireras à toi
Mon cœur, pour te baiser, qui sortira de moi.
Hélas! prends donc mon cœur, avecques cette paire
De ramiers que je t'offre; ils sont venus de l'aire
De ce gentil ramier dont je t'avais parlé :
Margot m'en a tenu plus d'une heure accolé,
Les pensant emporter pour les mettre en sa cage.
Mais ce n'est pas pour elle, et demain davantage
Je t'en rapporterai, avecques un pinson
Qui déjà sait par cœur une belle chanson
Que je fis l'autre jour dessous une aubépine,
Dont le commencement est Thoinet et Francine.
Hà! cruelle, demeure, et tes yeux amoureux
Ne détourne de moi; hà! je suis malheureux!
Car je connais mon mal, et si connais encore
La puissance d'Amour, qui le sang me dévore.
Sa puissance est cruelle, et n'a point d'autre jeu,
Sinon de rebrûler nos cœurs à petit feu,
Ou de les englacer, comme ayant pris son être
D'une glace ou d'un feu ou d'un rocher champêtre.
Hà! que ne suis-je abeille, ou papillon! j'irais
Maugré toi te baiser, et puis je m'assirais

Sur tes tétins, afin de sucer de ma bouche
Cette humeur qui te fait contre moi si farouche.
O belle au doux regard, Francine au beau sourcil,
Baise-moi je te prie, et m'embrasses ainsi
Qu'un arbre est embrassé d'une vigne bien forte.
Souvent un vain baiser quelque plaisir apporte.
Je meurs! tu me feras dépecer ce bouquet
Que j'ai cueilli pour toi, de thym et de muguet,
Et de la rouge fleur qu'on nomme Cassandrette,
Et de la blanche fleur qu'on appelle Olivette,
A qui Bellot [1] donna et la vie et le nom,
Et de celle qui prend de ton nom son surnom.
Las! où fuis-tu de moi? hà! ma fière ennemie,
Je m'en vais dépouiller jaquette et souquenie *,
Et m'en courrai tout nu au haut de ce rocher,
Où tu vois ce garçon à la ligne pêcher,
Afin de me lancer à corps perdu dans Loire
Pour laver mon souci, ou afin de tant boire
D'écumes et de flots, que la flamme d'aimer
Par l'eau, contraire au feu, se puisse consumer. »
Ainsi disait Thoinet, qui se pâma sur l'herbe,
Presque transi de voir sa dame si superbe,
Qui riait de son mal, sans daigner seulement
D'un seul petit clin d'œil apaiser son tourment.
J'ouvrais déjà la lèvre après Thoinet, pour dire
De combien Marion m'était encore pire,
Quand j'avise sa mère en hâte gagner l'eau
Et sa fille emmener avec elle au bateau,
Qui se jouant sur l'onde, attendait cette charge,
Lié contre le tronc d'un saule au faîte large.
Jà les rames tiraient le bateau bien pansu,
Et la voile en enflant son grand repli bossu
Emportait le plaisir qui mon cœur tient en peine,
Quand je m'assis au bord de la première arène,
Et voyant le bateau qui s'ennuyait de moi,

Parlant à Marion, je chantai ce convoi.
« Bateau qui par les flots ma chère vie emportes,
Des vents en ta faveur les haleines soient mortes.
Et le banc périlleux qui se trouve parmi
Les eaux, ne t'enveloppe en son sable endormi!
Que l'air, le vent et l'eau favorisent ma Dame,
Et que nul flot bossu ne détourbe sa rame.
En guise d'un étang sans vague, paresseux
Aille le cours de Loire, et son limon crasseux
Pour ce jourd'hui se change en gravelle menue,
Pleine de maint rubis et mainte perle élue.
Que les bords soient semés de mille belles fleurs,
Représentant sur l'eau mille belles couleurs,
Et le troupeau Nymphal des gentilles Naïades
Alentour du vaisseau fasse mille gambades,
Les unes balayant des paumes de leurs mains
Les flots devant la barque, et les autres leurs seins
Découvrent à fleur d'eau, et d'une main ouvrière
Conduisent le bateau du long de la rivière.
L'azuré martinet puisse voler devant
Avecques la mouette, et le plongeon [1], suivant
Son malheureux destin, pour le jourd'hui ne songe
En sa belle Hespérie, et dans l'eau ne se plonge,
Et le héron criard, qui la tempête fuit,
Haut pendu dedans l'air ne fasse point de bruit.
Ains tout gentil oiseau qui va cherchant sa proie
Par les flots poissonneux, bienheureux te convoie,
Pour sûrement venir avec ta charge au port,
Où Marion verra, peut-être, sur le bord
Un orme des longs bras d'une vigne enlacée,
Et la voyant ainsi doucement embrassée,
De son pauvre Perrot se pourra souvenir,
Et voudra sur le bord embrassé le tenir.
On dit au temps passé que quelques-uns changèrent
En rivière leur forme, et eux-mêmes nagèrent

Au flot qui de leur rang goutte à goutte saillait,
Quand leur corps transformé en eau se distillait.
Que ne puis-je muer ma ressemblance humaine
En la forme de l'eau qui cette barque emmène!
J'irais en murmurant sous le fond du vaisseau,
J'irais tout alentour, et mon amoureuse eau
Baiserait or' sa main, ore sa bouche franche,
La suivant jusqu'au port de la Chapelle blanche;
Puis laissant mon canal pour jouir de mon veuil,
Par le trac de ses pas j'irais jusqu'à Bourgeuil,
Et là, dessous un pin, couché sur la verdure,
Je voudrais revêtir ma première figure.
Se trouve point quelque herbe en ce rivage ici
Qui ait le goût si fort qu'elle me puisse ainsi
Muer, comme fut Glauque [1], en aquatique monstre,
Qui homme ne poisson, homme et poisson se montre?
Je voudrais être Glauque, et avoir dans mon sein
Les pommes qu'Hippomane [2] élançait de sa main
Pour gagner Atalante : à fin de te surprendre,
Jes les ruerais sur l'eau, et te ferais apprendre
Que l'or n'a seulement sur la terre pouvoir,
Mais qu'il peut desur l'eau des femmes décevoir.
Or cela ne peut être, et ce qui se peut faire,
Je le veux achever afin de te complaire :
Je veux soigneusement ce coudrier arroser,
Et des chapeaux de fleurs sur ses feuilles poser,
Et avec un poinçon je veux desur l'écorce
Engraver de ton nom les six lettres à force,
Afin que les passants en lisant Marion,
Fassent honneur à l'arbre entaillé de ton nom.
Je veux faire un beau lit d'une verte jonchée
De parvenche feuillue en contre-bas couchée,
De thym, qui fleure bon, et d'aspic * porte-épi,
D'odorant poliot * contre terre tapi,
De neufard * toujours vert, qui la froideur incite,

Et de jonc qui les bords des rivières habite.
Je veux jusques au coude avoir l'herbe, et je veux
De roses et de lis couronner mes cheveux.
Je veux qu'on me défonce une pipe Angevine,
Et en me souvenant de ma toute divine,
De toi, mon doux souci, épuiser jusqu'au fond
Mille fois ce jourd'hui mon gobelet profond,
Et ne partir d'ici jusqu'à tant qu'à la lie
De ce bon vin d'Anjou la liqueur soit faillie.
Melchior Champenois, et Guillaume Manceau,
L'un d'un petit rebec *, l'autre d'un chalumeau,
Me chanteront comment j'eus l'âme dépourvue
De sens et de raison sitôt que je t'eus vue,
Puis chanteront comment pour fléchir ta rigueur
Je t'appelai ma vie et te nommai mon cœur,
Mon œil, mon sang, mon tout! mais ta haute pensée
N'a voulu regarder chose tant abaissée,
Ains en me dédaignant tu aimas autre part
Un qui son amitié chichement te départ.
Voilà comme il te prend pour mépriser ma peine
Et le rustique son de mon tuyau d'aveine.
Ils diront que mon teint, vermeil auparavant,
Se perd comme une fleur qui se fanit au vent,
Que mon poil devient blanc, et que la jeune grâce
De mon nouveau printemps de jour en jour s'efface,
Et que depuis le mois que l'amour me fit tien,
De jour en jour plus triste et plus vieil je devien.
Puis ils diront comment les garçons du village
Disent que ta beauté tire déjà sur l'âge,
Et qu'au matin le coq dès la pointe du jour
N'oira plus à ton huis ceux qui te font l'amour.
Bien fol est qui se fie en sa belle jeunesse,
Qui si tôt se dérobe, et si tôt nous délaisse.
La rose à la parfin devient un gratte-cul *,
Et tout avec le temps par le temps est vaincu.

Quel passe-temps prends-tu d'habiter la vallée
De Bourgueil où jamais la Muse n'est allée?
Quitte-moi ton Anjou, et viens en Vendômois.
Là s'élèvent au ciel les sommets de nos bois,
Là sont mille taillis et mille belles plaines,
Là gargouillent les eaux de cent mille fontaines,
Là sont mille rochers, où Echon [1] alentour
En résonnant * mes vers ne parle que d'Amour.
Ou bien, si tu ne veux, il me plaît de me rendre
Angevin pour te voir, et ton langage apprendre,
Et pour mieux te fléchir, les hauts vers que j'avois
En ma langue traduit du Pindare Grégeois [2],
Humble, je veux redire en un chant plus facile
Sur le doux chalumeau du pasteur de Sicile.
Là, parmi tes sablons Angevin devenu,
Je veux vivre sans nom comme un pauvre inconnu,
Et dès l'aube du jour avec toi mener paître
Auprès du port Guiet notre troupeau champêtre,
Puis, sur le chaud du jour, je veux en ton giron
Me coucher sous un chêne, où l'herbe à l'environ
Un beau lit nous fera de mainte fleur diverse,
Pour nous coucher tous deux sous l'ombre à la renverse;
Puis au Soleil penchant [3] nous conduirons nos bœufs
Boire le haut sommet des ruisselets herbeux,
Et les reconduirons au son de la musette,
Puis nous endormirons dessus l'herbe mollette.
Là, sans ambition de plus grands biens avoir,
Contenté seulement de t'aimer et te voir,
Je passerais mon âge, et sur ma sépulture
Les Angevins mettraient cette brève écriture :
« Celui qui gît ici, touché de l'aiguillon
Qu'Amour nous laisse au cœur, garda comme Apollon
Les troupeaux de sa dame, et en cette prairie
Mourut en bien aimant une belle Marie,
Et elle après sa mort mourut aussi d'ennui,

Et sous ce vert tombeau repose avecques lui. »
A peine avais-je dit, quand Thoinet se dépâme [1],
Et à soi revenu allait après sa dame.
Mais je le retirai le menant d'autre part
Pour chercher à loger, car il était bien tard.
Nous avions jà passé la sablonneuse rive,
Et le flot qui bruyant contre le pont arrive,
Et jà dessus le pont nous étions parvenus,
Et nous apparaissait le tombeau de Turnus [2],
Quand le pasteur Janot [3] tout gaillard nous emmène
Dedans son toit couvert de javelles * d'aveine *.

XXXIX

1559

Maîtresse, de mon cœur vous emportez la clef,
La clef de mes pensers et la clef de ma vie,
Et toutefois, hélas! je ne leur porte envie,
Pourvu que vous ayez pitié de leur meschef *.
Vous me laissez tout seul en un tourment si gref,
Que je mourrai de deuil *, d'ire et de jalousie.
Tout seul je le voudrais, mais une compagnie
Vous me donnez de pleurs qui coulent de mon chef.
Que maudit soit le jour que la flèche cruelle
M'engrava dans le cœur votre face si belle,
Vos cheveux, votre front, vos yeux et votre port,
Qui servent à ma vie et de phare et d'étoile!
Je devais mourir lors sans plus craindre la mort,
Le dépit m'eût servi pour me conduire au port,
Mes pleurs servi de fleuve, et mes soupirs de voile.

XL

1559

Quand ravi je me pais de votre belle face,
Je vois dedans vos yeux je ne sais quoi de blanc,
Je ne sais quoi de noir, qui m'émeut tout le sang,
Et qui jusques au cœur de veine en veine passe.
Je vois dedans Amour qui va changeant de place,
Ores * bas, ores haut, toujours me regardant,
Et son arc contre moi coup sur coup débandant.
Si je faux *, ma raison, que veux-tu que je fasse?
Tant s'en faut que je sois alors maître de moi,
Que je nierais les Dieux, et trahirais mon Roi,
Je vendrais mon pays, je meurtrirais mon père,
Telle rage me tient après que j'ai tâté
A longs traits amoureux de la poison amère
Qui sort de ces beaux yeux dont je suis enchanté!

XLI

1559

Je reçois plus de joie à regarder vos yeux,
Qu'à boire, qu'à manger, qu'à dormir, ni qu'à faire
Chose qui soit à l'âme ou au corps nécessaire,
Tant de votre regard je suis ambitieux.
Pource ni froid hiver, ni été chaleureux
Ne me peut empêcher que je m'aille complaire
A ce cruel plaisir, qui me rend tributaire
De vos yeux qui me sont si doux et rigoureux.
Marie, vous avez de vos lentes œillades
Gâté de mes deux yeux les lumières malades,
Et si ne vous chaut * point du mal que m'avez fait.
Ou guérissez mes yeux, ou confessez l'offense :
Si vous la confessez, je serai satisfait,
Me donnant un baiser pour toute récompense.

XLII

1559

Si j'étais Jupiter, Marie, vous seriez
Mon épouse Junon; si j'étais Roi des ondes,
Vous seriez ma Téthys, Reine des eaux profondes [1],
Et pour votre maison les ondes vous auriez.
Si la terre était mienne, avec moi vous tiendriez
L'empire sous vos mains, dame des terres rondes,
Et dessus un beau coche *, en belles tresses blondes,
Par le peuple en honneur Déesse vous iriez.
Mais je ne suis pas Dieu, et si ne le puis être.
Le Ciel pour vous servir seulement m'a fait naître,
De vous seule je prends mon sort aventureux.
Vous êtes tout mon bien, mon mal, et ma fortune.
S'il vous plaît de m'aimer, je deviendrai Neptune,
Tout Jupiter, tout Roi, tout riche et tout heureux.

XLIII

1559

Marie, que je sers en trop cruel destin,
Quand d'un baiser d'amour votre bouche me baise,
Je suis tout éperdu, tant le cœur me bat d'aise.
Entre vos doux baisers puissé-je prendre fin!
Il sort de votre bouche un doux flair qui le thym,
Le jasmin et l'œillet, la framboise et la fraise
Surpasse de douceur, tant une douce braise
Vient de la bouche au cœur par un nouveau chemin.
Il sort de votre sein une odoreuse haleine
(Je meurs en y pensant) de parfum toute pleine,
Digne d'aller au ciel embâmer Jupiter.
Mais quand toute mon âme en plaisir se consomme
Mourant dessus vos yeux, lors pour me dépiter
Vous fuyez de mon col pour baiser un jeune homme.

XLIV

1559

Marie, baisez-moi; non, ne me baisez pas,
Mais tirez-moi le cœur de votre douce haleine;
Non, ne le tirez pas, mais hors de chaque veine
Sucez-moi toute l'âme éparse entre vos bras;
Non, ne la sucez pas; car après le trépas
Que serais-je sinon une semblance * vaine,
Sans corps, desur la rive, où l'amour ne démène
(Pardonne-moi, Pluton) qu'en feintes ses ébats?
Pendant que nous vivons, entr'aimons-nous, Marie,
Amour ne règne point sur la troupe blêmie
Des morts, qui sont sillés d'un long somme de fer.
C'est abus que Pluton ait aimé Proserpine [1];
Si doux soin * n'entre point en si dure poitrine :
Amour règne en la terre et non point en enfer.

MADRIGAL

1559

Comme d'un ennemi je veux en toute place
M'éloigner de vos yeux, qui m'ont le cœur déçu,
Petits yeux de Vénus, par lesquels j'ai reçu
Le coup mortel au sang qui d'outre en outre passe.
Je vois, les regardant, Amour qui me menace;
Au moins voyant son arc, je l'ai bien aperçu,
Mais remparer * mon cœur contre lui je n'ai su,
Dont le trait fausserait une forte cuirasse.
Or, pour ne les voir plus, je veux aller bien loin
Vivre desur le bord d'une mer solitaire.
Encore j'ai grand-peur de ne perdre le soin,
Qui m'est par habitude un mal héréditaire,
Tant il a pris en moi de force et de séjour.
On peut outre la mer un long voyage faire,
Mais on ne peut changer ni de cœur ni d'amour.

XLV 1559

Astres qui dans le ciel rouez * votre voyage,
D'où vient notre destin de la Parque ordonné,
Si ma muse autrefois vos honneurs a sonné,
Détournez, s'il vous plaît, mon malheureux présage.
Cette nuit en dormant sans faire aucun outrage
A l'anneau que Marie au soir m'avait donné,
S'est rompu dans mon doigt, et du fait étonné,
J'ai senti tout mon cœur bouillonner d'une rage.
Si ma Dame parjure a pu rompre sa foi
Ainsi que cet anneau s'est rompu dans mon doi,
Astres, je veux mourir, envoyez-moi le Somme,
Somme aux liens de fer, ennemi du Soleil,
Et faites, s'il est vrai, que mes yeux il assomme
Pour victime éternelle au frère du Sommeil.

XLVI 1559

Vos yeux étaient moiteux d'une humeur enflammée,
Qui m'ont gâté les miens d'une semblable humeur,
Et pource que vos yeux aux miens ont fait douleur,
Je vous ai d'un nom Grec Sinope [1] surnommée.
Mais cette humeur mauvaise au cœur est dévalée,
Et là comme maîtresse a pris force et vigueur,
Gâtant mon pauvre sang d'une blême langueur,
Qui jà * par tout le corps lente s'est écoulée.
Mon cœur environné de ce mortel danger,
En voulant résister au malheur étranger,
A mon sang converti en larmes et en pluie,
Afin que par les yeux, auteurs de mon souci,
Mon malheur fût noyé, ou que par eux aussi,
Fuyant devant le feu, j'épuisasse ma vie.

XLVII 1555

Ha! que je porte et de haine et d'envie
Au médecin qui vient soir et matin
Sans nul propos tâtonner le tétin,
Le sein, le ventre et les flancs de m'amie!
Las! il n'est pas si soigneux de sa vie
Comme elle pense, il est méchant et fin :
Cent fois le jour il la visite, afin
De voir son sein qui d'aimer le convie
Vous qui avez de sa fièvre le soin *,
Parents, chassez ce médecin bien loin,
Ce médecin amoureux de Marie,
Qui fait semblant de la venir panser
Que plût à Dieu, pour l'en récompenser.
Qu'il eût mon mal, et qu'elle fût guérie!

CHANSON 1556

Vu que tu es plus blanche que le lis,
Qui t'a rougi ta lèvre vermeillette?
Qui est l'ouvrier qui proprement t'a mis
Dessus ton teint cette couleur rougette?
Qui t'a noirci les arcs de tes sourcils?
Qui t'a noirci tes yeux brunets, Madame?
O grand-beauté, sujet de mes soucis,
O grand-beauté qui me réjouis l'âme!
O douce, belle, honnête cruauté
Qui doucement me contrains de te suivre!
O fière, ingrate et fâcheuse beauté,
Avecques toi je veux mourir et vivre!

XLVIII

1555

Chacun qui voit ma couleur triste et noire,
Me dit : « Ronsard, vous êtes amoureux ».
Mais ce bel œil qui me fait langoureux,
Le sait, le voit, et si * ne le veut croire.
De quoi me sert que mon mal soit notoire,
Quand à mon dam son œil trop rigoureux,
Par ne sais quel désastre malheureux,
Voit bien ma plaie, et si la prend à gloire?
J'ai beau pleurer, protester et jurer,
J'ai beau promettre et cent fois assurer
Qu'autre jamais n'aura sus moi puissance,
Qu'elle s'ébat de me voir en langueur,
Et plus de moi je lui donne assurance,
Moins me veut croire, et m'appelle un moqueur.

CHANSON

1556

Quand je te veux raconter mes douleurs,
Et de quel mal en te servant je meurs,
Et quelle fièvre ard * toute ma moëlle,
Ma voix tremblote, et ma langue chancelle,
Mon cœur se pâme, et le sang me tressaut;
En même instant j'endure froid et chaud,
Sur mes genoux descend une gelée,
Jusqu'aux talons une sueur salée
De tout mon corps comme un fleuve se suit,
Et sur mes yeux nage une obscure nuit.
Tant seulement mes larmes abondantes
Sont les témoins de mes flammes ardentes,
De mes soupirs et de mon long souci,
Qui sans parler te demandent merci.

CHANSON 1556

Je suis si ardent amoureux,
Que, fol, souvenir ne me puis
Ni où je suis ne * qui je suis,
Ni combien je suis malheureux.
J'ai pour mes hôtes nuit et jour
En mon cœur la rage et l'émoi,
Qui vont pratiquant dessus moi
Toutes les cruautés d'Amour.
Et toutefois je n'ose armer
Ma raison pour vaincre le tort,
Car plus on me donne la mort,
Et plus je suis content d'aimer.

XLIX 1555

Si vous pensez qu'avril et sa belle verdure
De votre fièvre quarte effacent la langueur,
Vous êtes bien trompée : il faut guérir mon cœur
Du chaud mal dont il meurt, duquel vous n'avez cure.
Il faut premier * guérir l'ancienne pointure
Que vos yeux en mon sang me font par leur rigueur,
Et en me guérissant vous reprendrez vigueur
Du mal que vous souffrez, et du mal que j'endure.
La fièvre qui vous ard *, ne vient d'autre raison,
Sinon de moi qui fis aux Dieux une oraison,
Pour me contrevenger, de vous faire malade.
Vous souffrez à bon droit. Quoi ? voulez-vous guérir,
Et si ne voulez pas vos amis secourir,
Que vous guéririez bien seulement d'une œillade ?

L

1555

J'ai désiré cent fois me transformer, et d'être
Un esprit invisible, afin de me cacher
Au fond de votre cœur, pour l'humeur rechercher
Qui vous fait contre moi si cruelle apparaître.
Si j'étais dedans vous, au moins je serais maître
De l'humeur qui vous fait contre l'Amour pécher,
Et si n'auriez ni pouls ni nerfs dessous la chair,
Que je ne recherchasse à fin de vous connaître.
Je saurais, maugré vous et vos complexions,
Toutes vos volontés et vos conditions,
Et chasserais si bien la froideur de vos veines,
Que les flammes d'Amour vous y allumeriez.
Puis quand je les verrais de son feu toutes pleines,
Je me referais homme, et lors vous m'aimeriez.

LI

1555

Tu as beau, Jupiter [1], l'air de flammes dissoudre,
Et faire d'un grand bruit galoper tes chevaux
Ronflant à longs éclairs par le creux des nuaux *,
Et en cent mille éclats coup sur coup les découdre,
Je ne crains tes éclairs, ni ton son, ni ta foudre,
Comme le cœur peureux des autres animaux :
Il y a trop longtemps que les foudres jumeaux
Des yeux de ma maîtresse ont mis le mien en poudre,
Je n'ai plus ni tendons ni artères ni nerfs;
Les feux trop violents qu'en aimant j'ai soufferts,
M'ont tourné tout le corps et toute l'âme en cendre.
Je ne suis plus un homme, ô étrange méchef *!
Mais un fantôme vain, qu'on ne saurait plus prendre,
Tant la foudre amoureuse est chute sus mon chef.

LII 1555

Veux-tu savoir, Bruez[1], en quel état je suis?
Je te le veux conter : d'un pauvre misérable
Il n'y a nul malheur, tant soit-il pitoyable,
Que je n'aille passant d'un seul de mes ennuis.
Je tiens tout, je n'ai rien, je veux, et si ne puis,
Je revis, je remeurs, ma plaie est incurable.
Qui veut servir Amour, ce Tyran exécrable,
Pour toute récompense il reçoit de tels fruits.
Pleurs, larmes et soupirs accompagnent ma vie,
Langueur, douleur, regret, soupçon et jalousie.
Transporté d'un penser qui me vient décevoir,
Je meurs d'impatience, et plus je ne sens vivre
L'espérance en mon cœur, mais le seul désespoir
Qui me guide à la mort, et je le veux bien suivre.

LIII 1555

Quiconque voudra suivre Amour ainsi que moi,
Celui se délibère en pénible tristesse
Vivre comme je vis. Il plut à la Déesse
Qui tient Cypre en ses mains, d'ordonner telle loi.
Après avoir souffert les maux que je reçoi,
Il mourra de langueur, et sa fière maîtresse,
Le voyant trépassé, sautera de liesse,
Se moquant du tombeau, du mort et de sa foi.
Allez donc, Amoureux, faire service aux Dames,
Offrez-leur pour présent et vos corps et vos âmes,
Vous en receverez un salaire bien doux.
Je crois que Dieu les fit à fin de nuire à l'homme;
Il les fit, Pardaillan[2], pour notre malheur, comme
Les tigres, les lions, les serpents et les loups.

LIV

1555

J'avais cent fois juré de jamais ne revoir,
O serment d'amoureux! l'angélique visage
Qui depuis quinze mois en peine et en servage
Emprisonne mon cœur que je ne puis ravoir.
J'en avais fait serment; mais je n'ai le pouvoir
D'être seigneur de moi, tant mon traître courage,
Violenté d'amour et conduit par usage,
Y reconduit mes pieds, abusé d'un espoir.
Le Destin, Pardaillan, est une forte chose :
L'homme dedans son cœur ses affaires dispose,
Le Ciel faisant tourner ses desseins au rebours.
Je sais bien que je fais ce que je ne dois faire,
Je sais bien que je suis de trop folles amours;
Mais quoi! puisque le Ciel délibère au contraire?

LV

1555

Ne me suis point, Belleau, allant à la maison
De celle qui me tient en douleur nonpareille.
Ignores-tu les vers chantés par la corneille
A Mopse[1] qui suivait la trace de Jason?
« Prophète, dit l'oiseau, tu n'as point de raison
De suivre cet amant, qui tout seul s'appareille
D'aller voir ses amours : malheureux qui conseille
Et qui suit un amant quand il n'en est saison. »
Pour ton profit, Belleau, que ton regard ne voie
Celle qui par les yeux la plaie au cœur m'envoie,
De peur qu'il ne reçoive un mal au mien pareil.
Il suffit que sans toi je sois seul misérable.
Reste sain, je te pri', pour être secourable
A ma douleur extrême, et m'y donner conseil.

CHANSON

1556

Comme la cire peu à peu,
Quand près de la flamme on l'approche,
Se fond à la chaleur du feu,
Ou comme au faîte d'une roche
La neige encore non foulée
Au Soleil se perd écoulée,
Quand tu tournes tes yeux ardents
Sur moi d'une œillade gentille,
Je sens tout mon cœur au-dedans
Qui se consomme et se distille,
Et ma pauvre âme n'a partie
Qui ne soit en feu convertie.
Comme une rose qu'un amant
Cache au sein de quelque pucelle,
Qu'elle enferme bien chèrement
Près de son tétin qui pommelle,
Puis chet fanie sur la place,
Au soir quand elle se délace,
Et comme un lis par trop lavé
De quelque pluie printanière,
Penche à bas son chef aggravé
Dessus la terre nourricière,
Sans que jamais il se relève,
Tant l'humeur pesante le grève,
Ainsi ma tête à tous les coups
Se penche de tristesse à terre.
Sur moi ne bat veine ni pouls,
Tant la douleur le cœur me serre;
Je ne puis parler, et mon âme
Engourdie en mon corps se pâme.
Adonques pâmé je mourrais,
Si d'un seul baiser de ta bouche

Mon âme tu ne secourais,
Et mon corps froid comme une souche,
Me resoufflant en chaque veine
La vie par ta douce haleine.
Mais c'est pour être tourmenté
De plus longue peine ordinaire,
Comme le cœur de Prométhé,
Qui se renaît à sa misère,
Éternel repas misérable
De son vautour insatiable.

LVI

1555

Si j'avais un haineux qui machinât ma mort,
Pour me contrevenger d'un si fier adversaire,
Je voudrais qu'il aimât les yeux de ma contraire,
Qui si fiers contre moi me font si doux effort.
Cette punition, tant son regard est fort,
Lui serait un enfer, et se voudrait défaire,
Ni le même plaisir ne lui saurait plus plaire,
Seulement au trépas serait son réconfort.
Le regard monstrueux de la Méduse antique
N'est rien au prix du sien que fable poétique.
Méduse seulement tournait l'homme en rocher,
Mais cette-ci en-roche, en-eaue, en-foue, en-glace [1]
Ceux qui de ses regards osent bien approcher.
De quel monstre, Lecteur, a-t-elle pris sa race?

LVII

1555

J'aurai toujours en l'âme attachés les rameaux
Du lierre où ma Dame osa premier * écrire
L'amour qu'elle n'osait de sa bouche me dire,
Pour crainte d'un seigneur, la cause de mes maux.

Sur toi jamais hiboux, orfraies ni corbeaux
Ne se viennent brancher, jamais ne puisse nuire
Le fer à tes rameaux, et à toi soit l'empire,
O lierre amoureux, de tous les arbrisseaux.
Non pour autre raison le grand fils de Semelle [1]
Environne de toi sa perruque immortelle,
Que pour récompenser le bien que tu lui fis,
Quand sur les bords de Die Ariadne laissée,
Comme sur un papier lui conta ses ennuis,
Écrivant dessus toi s'amour et sa pensée.

LVIII 1555

Amour voulut le corps de cette mouche prendre,
Qui fait courir les bœufs en été par les bois,
Puis il choisit un trait de ceux de son carquois,
Qui piquant sait le mieux dedans les cœurs descendre.
Il éloigna ses mains et fit son arc étendre
En croissant, qui se courbe aux premiers jours du mois
Puis me lâcha le trait contre qui le harnois
D'Achille ni d'Hector ne se pourrait défendre.
Après qu'il m'eut blessé, en riant s'envola,
Et par l'air mon penser avec lui s'en alla.
Penser, va-t'en au Ciel, la terre est trop commune.
Adieu Amour, adieu, adieu penser, adieu;
Ni l'un ni l'autre en moi vous n'aurez plus de lieu :
Toujours l'un me maîtrise, et l'autre m'importune.

CHANSON 1556

Voulant, ô ma douce moitié,
T'assurer que mon amitié
Ne se verra jamais finie,

Je fis, pour t'en assurer mieux,
Un serment juré par mes yeux
Et par mon cœur et par ma vie.
  Tu jures ce qui n'est à toi,
Ton cœur et tes yeux sont à moi,
D'une promesse irrévocable,
Ce me dis-tu. — Hélas! au moins
Reçois mes larmes pour témoins
Que ma parole est véritable.
  Alors, belle, tu me baisas
Et doucement désattisas
Mon feu d'un gracieux visage.
Puis tu fis signe de ton œil,
Que tu recevais bien mon deuil
Et mes larmes pour témoignage.

LIX

1560

  A Phébus, Patoillet [1], tu es du tout semblable
De face et de cheveux et d'art et de savoir;
A tous deux dans le cœur Amour a fait avoir
Pour une belle Dame une plaie incurable.
  Ni herbe ni onguent contre Amour n'est valable,
Car rien ne peut forcer de Vénus le pouvoir.
Seulement tu peux bien par tes vers recevoir
A ta plaie amoureuse un secours allégeable.
  En chantant, Patoillet, on charme le souci :
Le Cyclope Ætnéan se guérissait ainsi,
Chantant sur son flageol sa belle Galatée [2].
  La peine découverte adoucit notre ardeur.
Ainsi moindre devient la plaisante langueur
Qui vient de trop aimer, quand elle est bien chantée.

LX 1555

Marie, tout ainsi que vous m'avez tourné
Ma raison qui de libre est maintenant servile,
Ainsi m'avez tourné mon grave premier style,
Qui pour chanter si bas n'était point ordonné.
Au moins si vous m'aviez pour ma perte donné
Congé de manier votre cuisse gentille,
Ou bien si vous étiez à mes désirs facile,
Je n'eusse regretté mon style abandonné.
Las! ce qui plus me deul, c'est que n'êtes contente
De voir que ma Muse est si basse et si rampante,
Qui soulait apporter aux Français un effroi.
Mais votre peu d'amour ma loyauté tourmente,
Et sans aucun espoir d'une meilleure attente,
Toujours vous me liez et triomphez de moi.

CHANSON 1556

Si je t'assauls, Amour, Dieu qui m'es trop connu,
Pour néant en ton camp je ferai des alarmes :
Tu es un vieil routier et bien appris aux armes,
Et moi, jeune guerrier mal appris et tout nu.
Si je fuis devant toi, je ne saurais aller
En lieu que je ne sois devancé de ton aile.
Si je veux me cacher, l'amoureuse étincelle
Qui reluit en mon cœur ne viendra déceler.
Si je veux m'embarquer, tu es fils de la mer,
Si je m'envole au Ciel, ton pouvoir y commande,
Si je tombe aux enfers, ta puissance y est grande :
Ainsi maître de tout, force m'est de t'aimer.

Or je t'aimerai donq, bien qu'envis de * mon cœur,
Si c'est quelque amitié que d'aimer par contrainte;
Toutefois, comme on dit, on voit souvent la crainte
S'accompagner d'amour et l'amour de la peur.

CHANSON 1556

Je suis un demi-dieu quand assis vis-à-vis
De toi, mon cher souci, j'écoute les devis,
Devis entrerompus d'un gracieux sourire,
Souris * qui me retient le cœur emprisonné;
En contemplant tes yeux je me pâme étonné,
Et de mes pauvres flancs un seul vent je ne tire.
Ma langue s'engourdit, un petit feu me court
Frétillant sous la peau; je suis muet et sourd,
Un voile sommeillant dessus mes yeux demeure;
Mon sang devient glacé, le courage me faut,
Mon esprit s'évapore, et alors peu s'en faut,
Que sans âme à tes pieds étendu je ne meure.

LXI 1555

J'ai l'âme pour un lit de regrets si touchée,
Que nul homme jamais ne fera que j'approuche
De la chambre amoureuse, encor moins de la couche
Où je vis ma maîtresse au mois de mai couchée.
Un somme languissant la tenait mi-penchée
Dessus le coude droit, fermant sa belle bouche,
Et ses yeux dans lesquels l'archer Amour se couche,
Ayant toujours la flèche à la corde encochée.
Sa tête, en ce beau mois, sans plus était couverte
D'un riche escofion * ouvré de soie verte

Où les Grâces venaient à l'envi se nicher,
Puis en ses beaux cheveux choisissaient leur demeure.
J'en ai tel souvenir que je voudrais qu'à l'heure
Mon cœur pour n'y penser fût devenu rocher.

LXII

1555

Caliste [1], pour aimer je pense que je meurs,
Je sens dedans mon sang la fièvre continue,
Qui de chaud qui de froid jamais ne diminue,
Ainçois de pis en pis rengrège * mes douleurs.
Plus je veuil refroidir mes bouillantes chaleurs,
Plus Amour les rallume, et plus je m'évertue
De réchauffer mon froid, plus la froideur me tue,
Pour languir au milieu de deux divers malheurs.
Un ardent appétit de jouir de l'aimée
Tient tellement mon âme en pensers allumée,
Et ces pensers fiévreux me font rêver si fort,
Que diète ne jus ni section de veine
Ne me sauraient guérir; car de la seule mort
Dépend et non d'ailleurs le secours de ma peine.

LXIII

1555

Que dis-tu, que fais-tu, pensive Tourterelle,
Dessus cet arbre sec? *T.* Viateur *, je lamente.
R. Pourquoi lamentes-tu? *T.* Pour ma compagne absente
Dont je meurs de douleur. R. En quelle part est-elle?
T. Un cruel oiseleur par glueuse cautelle *
L'a prise et l'a tuée, et nuit et jour je chante
Ses obsèques ici, nommant la mort méchante
Qu'elle ne m'a tuée avecques ma fidèle.

R. Voudrais-tu bien mourir et suivre ta compaigne?
T. Aussi bien je languis en ce bois ténébreux,
Où toujours le regret de sa mort m'accompaigne.
R. O gentils oiselets, que vous êtes heureux!
Nature d'elle-même à l'amour vous enseigne,
Qui vivez et mourez, fidèles amoureux.

CHANSON 1556

Harsoir *, Marie, en prenant maugré toi
Un doux baiser, accoudé sur ta couche,
Sans y penser je laissai dans ta bouche
L'âme en baisant qui s'enfuit de moi.
Comme j'étais sur le point de mourir,
Et que mon âme, amusée à te suivre,
Ne revenait mon corps faire revivre,
Je renvoyai mon cœur pour la querir.
Mais mon cœur pris de ton œil blandissant *
Aima trop mieux être chez toi, Madame,
Que retourner, et non plus qu'à mon âme
Ne lui chalut * de mon corps périssant.
Lors si je n'eusse en te baisant ravi
De ton haleine une vapeur ardente,
Qui depuis seule, en lieu de l'âme absente
Et de mon cœur, de vie m'a servi,
Voulant harsoir mon tourment apaiser,
Par qui sans âme et sans cœur je demeure,
Je fusse mort entre tes bras à l'heure
Que maugré toi je te pris un baiser.

LXIV 1554

Bien que ton œil me fasse une dure escarmouche,
Moi vaincu de sa flamme et lui toujours vainqueur;
Bien que depuis trois ans sa cruelle rigueur
Me tienne prisonnier de ta beauté farouche;
Bien que son trait meurtrier jusqu'à l'âme me touche
Si ne veux-je échapper de si douce langueur,
Ne vivre sans avoir ton image en mon cœur,
Tes mains dedans ma plaie, et ton nom en ma bouche.
Ce m'est extrême honneur de trépasser pour toi,
Qui passes de beauté la beauté la plus belle.
Un soudard *, pour garder son enseigne et sa foi,
Meurt bien sur le rempart d'une forte Rochelle.
Je mourrai bienheureux s'il te souvient de moi.
La mort n'est pas grand mal, c'est chose naturelle.

LXV 1555

Amour, voyant du Ciel un pêcheur sur la mer,
Calla son aile bas sur le bord du navire;
Puis il dit au pêcheur : « Je te pri' que je tire
Ton rets * qu'au fond de l'eau le plomb fait abîmer *. »
Un Dauphin qui savait le feu qui vient d'aimer,
Voyant Amour sur l'eau, à Téthys[1] le va dire :
« Thétys, si quelque soin vous tient de notre empire,
Secourez-le ou bientôt il s'en va consumer. »
Téthys laissa de peur sa caverne profonde,
Haussa le chef sur l'eau et vit Amour sur l'onde.
Puis elle s'écria : « Mon mignon, mon neveu,
Fuyez et ne brûlez mes ondes, je vous prie.
— Ma tante, dit Amour, n'ayez peur de mon feu,
Je le perdis hier dans les yeux de Marie. »

CHANSON 1556

Quand j'étais libre, ains qu'une amour nouvelle
Ne se fut prise en ma tendre moëlle,
Je vivais bienheureux.
Comme à l'envi les plus accortes * filles
Se travaillaient par leurs flammes gentilles
De me rendre amoureux.

Mais tout ainsi qu'un beau poulain farouche,
Qui n'a mâché le frein dedans la bouche,
Va seulet écarté,
N'ayant souci sinon d'un pied superbe
A mille bonds fouler les fleurs et l'herbe,
Vivant en liberté,

Ores * il court le long d'un beau rivage,
Ores il erre en quelque bois sauvage,
Fuyant de saut en saut;
De toutes parts les poutres * hennissantes
Lui font l'amour pour néant blandissantes *
A lui qui ne s'en chaut *;

Ainsi j'allais dédaignant les pucelles
Qu'on estimait en beauté les plus belles,
Sans répondre à leur veuil;
Lors je vivais amoureux de moi-même,
Content et gai, sans porter couleur blême
Ni les larmes à l'œil.

J'avais écrite au plus haut de la face,
Avec l'honneur, une agréable audace
Pleine d'un franc désir.

Avec le pied marchait ma fantaisie
Où je voulais, sans peur ne jalousie,
Seigneur de mon plaisir.

Mais aussitôt que, par mauvais désastre,
Je vis ton sein blanchissant comme albastre,
Et tes yeux, deux soleils,
Tes beaux cheveux épanchés par ondées,
Et les beaux lis de tes lèvres bordées
De cent œillets vermeils,

Incontinent j'appris que c'est service.
La liberté, de mon âme nourrice,
S'échappa loin de moi :
Dedans tes rets * ma première franchise,
Pour obéir à ton bel œil, fut prise
Esclave sous ta loi.

Tu mis, cruelle, en signe de conquête,
Comme vainqueur tes deux pieds sur ma tête,
Et du front m'as ôté
L'honneur, la honte et l'audace première,
Accouardant mon âme prisonnière,
Serve à ta volonté,

Vengeant d'un coup mille fautes commises,
Et les beautés qu'à grand tort j'avais mises
Paravant à mépris,
Qui me priaient en lieu que je te prie;
Mais d'autant plus que merci je te crie,
Tu es sourde à mes cris,

Et ne réponds non plus que la fontaine
Qui de Narcis mira la forme vaine,
En vengeant à son bord

Mille beautés des Nymphes amoureuses,
Que cet enfant par mines dédaigneuses
Avait mises à mort.

LXVI

1555

Je mourrais de plaisir voyant par ces bocages
Les arbres enlacés de lierres épars,
Et la verte lambrunche * errante en mille parts
Sur l'aubépin fleuri près des roses sauvages.
Je mourrais de plaisir oyant les doux ramages
Des huppes, des cocus, et des ramiers rouhards *
Dessur un arbre vert bec en bec frétillards,
Et des tourtres * aux bois voyant les mariages.
Je mourrais de plaisir voyant en ces beaux mois
Débusquer au matin le chevreuil hors du bois,
Et de voir frétiller dans le Ciel l'alouette.
Je mourrais de plaisir où je languis transi,
Absent de la beauté qu'en ce pré je souhaite.
Un demi-jour d'absence est un an de souci.

CHANSON

1559

Qui veut savoir Amour et sa nature,
Son arc, ses feux, ses traits et sa pointure,
Quel est son être, et que c'est qu'il désire,
Lise ces vers, je m'en vais le décrire.
C'est un plaisir tout rempli de tristesse,
C'est un tourment tout confit de liesse,
Un désespoir où toujours on espère,
Un espérer où l'on se désespère.
C'est un regret de jeunesse perdue,
C'est dedans l'air une poudre épandue,

C'est peindre en l'eau, et c'est vouloir encore
Prendre le vent et dénoircir un More.
C'est un feint ris *, c'est une douleur vraie,
C'est sans se plaindre avoir au cœur la plaie,
C'est devenir valet en lieu de maître,
C'est mille fois le jour mourir et naître.
C'est un fermer à ses amis la porte
De la raison qui languit presque morte,
Pour en bailler la clef à l'ennemie,
Qui la reçoit sous ombre d'être amie.
C'est mille maux pour une seule œillade,
C'est être sain et feindre le malade,
C'est en mentant se parjurer, et faire
Profession de flatter et de plaire.
C'est un grand feu couvert d'un peu de glace,
C'est un beau jeu tout rempli de fallace,
C'est un dépit, une guerre, une trève,
Un long penser, une parole brève.
C'est par-dehors dissimuler sa joie,
Celant une âme au-dedans qui larmoie.
C'est un malheur si plaisant qu'on désire
Toujours languir en un si beau martyre.
C'est une paix qui n'a point de durée,
C'est une guerre au combat assurée,
Où le vaincu reçoit toute la gloire,
Et le vainqueur ne gagne la victoire.
C'est une erreur de jeunesse qui prise
Une prison trop plus que sa franchise.
C'est un penser qui douteux ne repose,
Et pour sujet n'a jamais qu'une chose.
Bref, Nicolas [1], c'est une jalousie,
C'est une fièvre en une frénésie.
Quel plus grand mal au monde pourrait être
Que recevoir une femme pour maître?
Donques afin que ton cœur ne se mette

Sous les liens d'une loi si sujette,
Si tu m'en crois, prends-y devant bien garde :
Le repentir est une chose tarde.

AMOURETTE 1559

Or' que l'hiver roidit la glace épaisse,
Réchauffons-nous, ma gentille maîtresse,
Non accroupis près le foyer cendreux,
Mais aux plaisirs des combats amoureux.
Assisons-nous sur cette molle couche.
Sus! baisez-moi, tendez-moi votre bouche,
Pressez mon col de vos bras dépliés,
Et maintenant votre mère oubliez.
Que de la dent votre tétin je morde,
Que vos cheveux fil à fil je détorde.
Il ne faut point, en si folâtres jeux,
Comme au dimanche arranger ses cheveux.
Approchez donc, tournez-moi votre joue.
Vous rougissez? il faut que je me joue.
Vous souriez : avez-vous point ouï
Quelque doux mot qui vous ait réjoui?
Je vous disais que la main j'allais mettre
Sur votre sein : le voulez-vous permettre ?
Ne fuyez pas sans parler : je vois bien
A vos regards que vous le voulez bien.
Je vous connais en voyant votre mine.
Je jure Amour que vous êtes si fine,
Que pour mourir, de bouche ne diriez
Qu'on vous baisât, bien que le désiriez;
Car toute fille, encor' qu'elle ait envie
Du jeu d'aimer, désire être ravie.
Témoin en est Hélène, qui suivit
D'un franc vouloir Pâris, qui la ravit.

Je veux user d'une douce main-forte.
Hà! vous tombez, vous faites jà la morte.
Hà! quel plaisir dans le cœur je reçoi!
Sans vous baiser, vous moqueriez de moi
En votre lit, quand vous seriez seulette.
Or sus! c'est fait, ma gentille brunette.
Recommençons afin que nos beaux ans
Soient réchauffés de combats si plaisants.

LA QUENOUILLE 1559

Quenouille, de Pallas la compagne et l'amie,
Cher présent que je porte à ma chère Marie,
Afin de soulager l'ennui qu'elle a de moi,
Disant quelque chanson en filant dessur toi,
Faisant pirouetter à son huis amusée,
Tout le jour son rouet et sa grosse fusée *,
Quenouille, je te mène où je suis arrêté :
Je voudrais racheter par toi la liberté.
Tu ne viendras ès mains d'une mignonne oisive,
Qui ne fait qu'attifer sa perruque lascive,
Et qui perd tout son temps à mirer et farder
Sa face, à celle fin qu'on l'aille regarder,
Mais bien entre les mains d'une dispote * fille
Qui dévide, qui coud, qui ménage et qui file
Avecques ses deux sœurs pour tromper ses ennuis,
L'hiver devant le feu, l'été devant son huis.
Aussi je ne voudrais que toi, Quenouille, faite
En notre Vendômois, où le peuple regrette
Le jour qui passe en vain, allasses en Anjou
Pour demeurer oisive et te rouiller au clou.
Je te puis assurer que sa main délicate
Filera dextrement quelque drap d'écarlate,
Qui si fin et si souef * en sa laine sera,

Que pour un jour de fête un Roi le vêtira.
Suis-moi donc, tu seras la plus que bienvenue,
Quenouille, des deux bouts et grêlette et menue,
Un peu grosse au milieu où la filasse tient
Étreinte d'un ruban qui de Montoire [1] vient.
Aime-laine, aime-fil, aime-étain, maisonnière [2],
Longue, Palladienne [3], enflée, chansonnière [4],
Suis-moi, laisse Cousture, et allons à Bourgueil,
Où, Quenouille, on te doit recevoir d'un bon œil,
Car le petit présent qu'un loyal ami donne
Passe des puissants Rois le sceptre et la couronne.

CHANSON

1563

Quand ce beau Printemps je vois,
J'aperçois
Rajeunir la terre et l'onde,
Et me semble que le jour,
Et l'amour,
Comme enfants naissent au monde.

Le jour qui plus beau se fait,
Nous refait
Plus belle et verte la terre,
Et Amour armé de traits
Et d'attraits,
En nos cœurs nous fait la guerre.

Il répand de toutes parts
Feux et dards
Et dompte sous sa puissance
Hommes, bêtes et oiseaux,
Et les eaux
Lui rendent obéissance.

Vénus, avec son enfant
Triomphant
Au haut de son coche assise,
Laisse ses cygnes voler
Parmi l'air
Pour aller voir son Anchise [1].

Quelque part que ses beaux yeux
Par les cieux
Tournent leurs lumières belles,
L'air qui se montre serein,
Est tout plein
D'amoureuses étincelles.

Puis, en descendant à bas,
Sous ses pas
Naissent mille fleurs écloses;
Les beaux lis et les œillets
Vermeillets
Rougissent entre les roses.

Je sens en ce mois si beau
Le flambeau
D'Amour qui m'échauffe l'âme,
Y voyant de tous côtés
Les beautés
Qu'il emprunte de ma Dame.

Quand je vois tant de couleurs
Et de fleurs
Qui émaillent un rivage,
Je pense voir le beau teint
Qui est peint
Si vermeil en son visage.

Quand je vois les grands rameaux
Des ormeaux
Qui sont lacés de lierre,
Je pense être pris ès * las
De ses bras,
Et que mon col elle serre.

Quand j'entends la douce voix
Par les bois
Du gai rossignol qui chante,
D'elle je pense jouir,
Et ouïr
Sa douce voix qui m'enchante.

Quand je vois en quelque endroit
Un pin droit,
Ou quelque arbre qui s'élève,
Je me laisse décevoir,
Pensant voir
Sa belle taille et sa grève *.

Quand je vois dans un jardin,
Au matin,
S'éclore une fleur nouvelle,
J'accompare le bouton
Au téton
De son beau sein qui pommelle.

Quand le Soleil tout riant
D'Orient
Nous montre sa blonde tresse,
Il me semble que je voi
Davant moi
Lever ma belle maîtresse.

Quand je sens parmi les prés
Diaprés
Les fleurs dont la terre est pleine,
Lors je fais croire à mes sens
Que je sens
La douceur de son haleine.

Bref, je fais comparaison
Par raison
Du Printemps et de m'amie :
Il donne aux fleurs la vigueur,
Et mon cœur
D'elle prend vigueur et vie.

Je voudrais, au bruit de l'eau
D'un ruisseau,
Déplier ses tresses blondes,
Frisant en autant de nœuds
Ses cheveux,
Que je verrais friser d'ondes.

Je voudrais, pour la tenir,
Devenir
Dieu de ces forêts désertes,
La baisant autant de fois
Qu'en un bois
Il y a de feuilles vertes.

Hà! maîtresse, mon souci,
Viens ici,
Viens contempler la verdure!
Les fleurs de mon amitié
Ont pitié,
Et seule tu n'en as cure.

Au moins lève un peu tes yeux
Gracieux,
Et vois ces deux colombelles,
Qui font naturellement,
Doucement,
L'amour du bec et des ailes;

Et nous, sous ombre d'honneur,
Le bonheur
Trahissons par une crainte :
Les oiseaux sont plus heureux
Amoureux,
Qui font l'amour sans contrainte.

Toutefois ne perdons pas
Nos ébats
Pour ces lois tant rigoureuses;
Mais si tu m'en crois, vivons,
Et suivons
Les colombes amoureuses.

Pour effacer mon émoi,
Baise-moi,
Rebaise-moi, ma Déesse!
Ne laissons passer en vain
Si soudain
Les ans de notre jeunesse.

LE CHANT DES SERENES 1567

Fameux Ulysse, honneur de tous les Grecs,
De notre bord approche-toi plus près,

Ne cingle point sans prêter les oreilles
A nos chansons, et tu oirras merveilles.
Nul étranger de passer a souci
Par cette mer sans aborder ici,
Et sans contraindre un petit son voyage,
Pour prendre port à notre beau rivage.
Puis tout joyeux les ondes va tranchant,
Ravi d'esprit, tant doux est notre chant,
Ayant appris de nous cent mille choses,
Que nous portons en l'estomac encloses.
Nous savons bien tout cela qui s'est fait,
Quand Ilion par les Grecs fut défait;
Nous n'ignorons une si longue guerre,
Ni tout cela qui se fait sur la terre.
Doncques retiens ton voyage entrepris,
Tu apprendras, tant sois-tu bien appris.
Ainsi disait le chant de la Serene,
Pour arrêter Ulysse sur l'arène,
Qui, attaché au mât, ne voulut pas
Se laisser prendre à si friands appâts,
Mais en fuyant la voix voluptueuse,
Hâta son cours sur l'onde tortueuse,
Sans par l'oreille humer cette poison
Qui des plus grands offense la raison.
Ainsi, Jamin[1], pour sauver ta jeunesse,
Suis le conseil du fin soldat de Grèce :
N'aborde point au rivage d'Amour,
Pour y vieillir sans espoir de retour.
L'Amour n'est rien qu'ardente frénésie,
Qui de fumée emplit la fantaisie
D'erreur, de vent et d'un songe importun,
Car le songer et l'Amour, ce n'est qu'un.

CHANSON

1563

Douce Maîtresse, touche,
Pour soulager mon mal,
Ma bouche de ta bouche
Plus rouge que coral;
Que mon col soit pressé
De ton bras enlacé.
Puis, face dessus face,
Regarde-moi les yeux,
Afin que ton trait passe
En mon cœur soucieux,
Cœur qui ne vit sinon
D'Amour et de ton nom.
Je l'ai vu fier et brave,
Avant que ta beauté
Pour être son esclave
Du sein me l'eût ôté;
Mais son mal lui plaît bien,
Pourvu qu'il meure tien.
Belle, par qui je donne
A mes yeux tant d'émoi,
Baise-moi, ma mignonne,
Cent fois rebaise-moi :
Et quoi ? faut-il en vain
Languir dessus ton sein ?
Maîtresse, je n'ai garde
De vouloir t'éveiller.
Heureux quand je regarde
Tes beaux yeux sommeiller,
Heureux quand je les voi
Endormis dessus moi.
Veux-tu que je les baise

Afin de les ouvrir?
Hà! tu fais la mauvaise
Pour me faire mourir!
Je meurs entre tes bras,
Et s'il ne t'en chaut * pas!
  Hà! ma chère ennemie,
Si tu veux m'apaiser,
Redonne-moi la vie
Par l'esprit d'un baiser.
Hà! j'en sens la douceur
Couler jusques au cœur.
  J'aime la douce rage
D'amour continuel,
Quand d'un même courage
Le soin est mutuel.
Heureux sera le jour
Que je mourrai d'amour!

LXVII

1569

En vain pour vous ce bouquet je compose,
En vain pour vous, ma Déesse, il est fait,
Votre beauté est bouquet du bouquet,
La fleur des fleurs, la rose de la rose.
  Vous et les fleurs différez d'une chose :
C'est que l'Hiver les fleurettes défait,
Votre Printemps, en ses grâces parfait,
Ne craint des ans nulle métamorphose.
  Heureux bouquet, n'entre point au séjour
De ce beau sein, ce beau logis d'Amour,
Ne touche point cette pomme jumelle!
  Ton lustre gai d'ardeur se fanirait,
Et ta verdeur sans grâce périrait,
Comme je suis fani pour l'amour d'elle.

ÉLÉGIE A MARIE

1560

Ma seconde âme afin que le siècle à venir
De nos jeunes amours se puisse souvenir,
Et que votre beauté que j'ai longtemps aimée,
Ne se perde au tombeau, par les ans consumée,
Sans laisser quelque marque après elle de soi,
Je vous consacre ici le plus gaillard de moi,
L'esprit de mon esprit qui vous fera revivre
Ou longtemps ou jamais par l'âge de ce livre.
Ceux qui liront les vers que j'ai chantés pour vous
D'un style varié entre l'aigre et le doux
Selon les passions que vous m'avez données,
Vous tiendront pour Déesse, et tant plus les années
En volant s'enfuiront, et plus votre beauté
Contre l'âge croîtra vieille en sa nouveauté.
O ma belle Angevine, ô ma douce Marie,
Mon œil, mon cœur, mon sang, mon esprit et ma vie,
Dont la vertu me montre un droit chemin aux cieux,
Je reçois tel plaisir quand je baise vos yeux,
Quand je languis dessus, et quand je les regarde,
Que sans une frayeur qui la main me retarde,
Je me serais occis, qu'impuissant je ne puis
Vous montrer par effet combien vôtre je suis.
Or' cela que je puis, je le veux ici faire :
Je veux en vous chantant vos louanges parfaire,
Et ne sentir jamais mon labeur engourdi,
Que tout l'ouvrage entier pour vous ne soit ourdi.
Si j'étais un grand Roi, pour éternel exemple
De fidèle amitié, je bâtirais un temple
Desur le bord de Loire, et ce temple aurait nom
Le temple de Ronsard et de sa Marion.
De marbre Parien * serait votre effigie,
Votre robe serait à plein fons élargie

De plis recamés * d'or, et vos cheveux tressés
Seraient de filets d'or par ondes enlacés.
D'un crêpe canelé serait la couverture
De votre chef divin, et la rare ouverture
D'un reth * de soie et d'or, fait de l'ouvrière main
D'Arachne [1] ou de Pallas, couvrirait votre sein.
Votre bouche serait de roses toute pleine,
Répandant par le temple une amoureuse haleine.
Vous auriez d'une Hébé [2] le maintien gracieux,
Et un essaim d'Amours sortirait de vos yeux.
Vous tiendriez le haut bout de ce temple honorable,
Droite sur le sommet d'un pilier vénérable.
Et moi, d'autre côté assis au même lieu,
Je serais remarquable en la forme d'un Dieu;
J'aurais en me courbant dedans la main senestre
Un arc demi-voûté, tout tel qu'on voit renaître
Aux premiers jours du mois le repli d'un croissant,
Et j'aurais sur la corde un beau trait menaçant,
Non le serpent Python [3], mais ce sot de jeune homme
Qui maintenant sa vie et son âme vous nomme,
Et qui, seul me fraudant, est Roi de votre cœur,
Qu'en fin en votre amour vous trouverez moqueur.
Quiconque soit celui, qu'en vivant il languisse,
Et, de chacun haï, lui-même se haïsse,
Qu'il se ronge le cœur, et voie ses desseins
Toujours lui échapper comme vent de ses mains,
Soupçonneux et rêveur, arrogant, solitaire,
Et lui-même se puisse à lui-même déplaire.
J'aurais desur le chef un rameau de laurier,
J'aurais desur le flanc un beau poignard guerrier,
Mon épé' serait d'or, et la belle poignée
Ressemblerait à l'or de ta tresse peignée :
J'aurais un sistre [4] d'or, et j'aurais tout auprès
Un carquois tout chargé de flammes et de traits.
Ce temple fréquenté de fêtes solennelles

Passerait en honneur celui des Immortelles,
Et par vœux nous serions invoqués tous les jours,
Comme les nouveaux Dieux des fidèles amours.
D'âge en âge suivant au retour de l'année
Nous aurions près le temple une fête ordonnée,
Non pour faire courir, comme les anciens,
Des chariots couplés aux jeux Olympiens,
Pour sauter, pour lutter, ou de jambe venteuse
Franchir en haletant la carrière poudreuse *,
Mais tous les jouvenceaux des pays d'alentour,
Touchés au fond du cœur de la flèche d'Amour,
Ayant d'un gentil feu les âmes allumées,
S'assembleraient au temple avecques leurs aimées.
Et là, celui qui mieux sa lèvre poserait
Dessus la lèvre aimée, et plus doux baiserait,
Ou soit d'un baiser sec ou d'un baiser humide,
D'un baiser court ou long, ou d'un baiser qui guide
L'âme desur la bouche, et laisse trépasser
Le baiseur qui ne vit sinon que du penser,
Ou d'un baiser donné comme les colombelles,
Lorsqu'ils se font l'amour de la bouche et des ailes.
Celui qui mieux serait en tels baisers appris,
Sur tous les jouvenceaux emporterait le prix,
Serait dit le vainqueur des baisers de Cythère,
Et tout chargé de fleurs s'en irait à sa mère.
Aux pieds de mon autel en ce temple nouveau
Luirait le feu veillant d'un éternel flambeau,
Et seraient ces combats nommés après ma vie
Les jeux que fit Ronsard pour sa belle Marie.
O ma belle Maîtresse, hé! que je voudrais bien
Qu'amour nous eût conjoints d'un semblable lien,
Et qu'après nos trépas, dans nos fosses ombreuses,
Nous fussions la chanson des bouches amoureuses!
Que ceux de Vendômois dissent tous d'un accord,
Visitant le tombeau sous qui je serais mort :

« Notre Ronsard, quittant son Loir et sa Gâtine,
A Bourgueil fut épris d'une belle Angevine »;
Et que les Angevins dissent tous d'une voix :
« Notre belle Marie aimait un Vendômois :
Les deux n'avaient qu'un cœur, et l'amour mutuelle
Qu'on ne voit plus ici leur fut perpétuelle;
Siècle vraiment heureux, siècle d'or estimé,
Où toujours l'amoureux se voyait contre-aimé. »
Puisse arriver après l'espace d'un long âge,
Qu'un esprit vienne à bas, sous le mignard ombrage
Des Myrtes [1], me conter que les âges n'ont peu
Effacer la clarté qui luit de notre feu,
Mais que de voix en voix, de parole en parole,
Notre gentille ardeur par la jeunesse vole,
Et qu'on apprend par cœur les vers et les chansons
Qu'Amour chanta pour vous en diverses façons,
Et qu'on pense amoureux celui qui remémore
Votre nom et le mien et nos tombes honore.
Or il en adviendra ce que le Ciel voudra,
Si est-ce que ce Livre immortel apprendra
Aux hommes et au temps et à la renommée
Que je vous ai six ans plus que mon cœur aimée.

LXVIII 1554

Cesse tes pleurs, mon livre : il n'est pas ordonné
Du Destin que, moi vif, tu sois riche de gloire.
Avant que l'homme passe outre la rive noire,
L'honneur de son travail ne lui est point donné.
Quelqu'un, après mille ans, de mes vers étonné,
Voudra dedans mon Loir, comme en Permesse [2], boire,
Et voyant mon pays, à peine pourra croire
Que d'un si petit lieu tel Poëte soit né.
Prends, mon livre, prends cœur : la vertu précieuse

De l'homme, quand il vit, est toujours odieuse;
Après qu'il est absent, chacun le pense un Dieu.
La rancœur nuit toujours à ceux qui sont en vie;
Sur les vertus d'un mort elle n'a plus de lieu,
Et la postérité rend l'honneur sans envie.

LE SECOND LIVRE DES AMOURS

SECONDE PARTIE

Sur la mort de Marie[1] 1578

I

Je songeais, sous l'obscur de la nuit endormie,
Qu'un sépulchre entrouvert s'apparaissait à moi :
La Mort gisait dedans toute pâle d'effroi,
Dessus était écrit : Le tombeau de Marie.
Épouvanté du songe, en sursaut je m'écrie :
« Amour est donc sujet à notre humaine loi!
Il a perdu son règne, et le meilleur de soi,
Puisque par une mort sa puissance est périe. »
Je n'avais achevé, qu'au point du jour voici
Un passant à ma porte, adeulé * de souci *,
Qui de la triste mort m'annonça la nouvelle.
Prends courage, mon âme, il faut suivre sa fin,
Je l'entends dans le ciel comme elle nous appelle :
Mes pieds avec les siens ont fait même chemin.

STANCES

Je lamente sans réconfort,
Me souvenant de cette mort
Qui déroba ma douce vie,

Pensant en ces yeux qui soulaient *
Faire de moi ce qu'ils voulaient,
De vivre je n'ai plus d'envie.
  Amour, tu n'as point de pouvoir,
A mon dam tu m'as fait savoir
Que ton arc partout ne commande.
Si tu avais quelque vertu,
La Mort ne t'eût pas dévêtu
De ta richesse la plus grande.
  Tout seul tu n'as perdu ton bien :
Comme toi j'ai perdu le mien,
Cette beauté que je désire,
Qui fut mon trésor le plus cher;
Tous deux contre un même rocher
Avons froissé notre navire.
  Soupirs, échauffez son tombeau!
Larmes, lavez-le de votre eau!
Ma voix si doucement lamente,
Qu'à la Mort vous fassiez pitié,
Ou qu'elle rende ma moitié,
Ou bien que je la suive absente.
  Fol qui au monde met son cœur,
Fol qui croit en l'espoir moqueur,
Et en la beauté tromperesse!
Je me suis tout seul offensé,
Comme celui qui n'eût pensé
Que morte fût une Déesse.
  Quand son âme au corps s'attachait,
Rien, tant fût dur, ne me fâchait,
Ni destin ni rude influence.
Menaces, embûches, dangers,
Villes et peuples étrangers
M'étaient doux pour sa souvenance.
  En quelque part que je vivais,
Toujours en mes yeux je l'avais,

Transformé du tout en la belle,
Et si bien Amour de son trait
Au cœur m'engrava son portrait,
Que mon tout n'était sinon qu'elle.
  Espérant lui conter un jour
L'impatience de l'Amour
Qui m'a fait des peines sans nombre,
La mort soudaine m'a déçu :
Pour le vrai, le faux j'ai reçu,
Et pour le corps, seulement l'ombre.
  Ciel, que tu es malicieux!
Qui eût pensé que ces beaux yeux
Qui me faisaient si douce guerre,
Ces mains, cette bouche et ce front
Qui prirent mon cœur, et qui l'ont,
Ne fussent maintenant que terre ?
  Hélas! où est ce doux parler,
Ce voir, cet ouïr, cet aller,
Ce ris * qui me faisait apprendre
Que c'est qu'aimer? hà! doux refus!
Hà! doux dédains, vous n'êtes plus,
Vous n'êtes plus qu'un peu de cendre.
  Hélas! où est cette beauté,
Ce Printemps, cette nouveauté
Qui n'aura jamais de seconde?
Du Ciel tous les dons elle avait.
Aussi parfaite ne devait
Longtemps demeurer en ce monde.
  Je n'ai regret en son trépas,
Comme prêt de suivre ses pas.
Du chef les astres elle touche;
Et je vis! et je n'ai sinon
Pour réconfort que son beau nom,
Qui si doux me sonne en la bouche.
  Amour, qui pleures avec moi,

Tu sais que vrai est mon émoi,
Et que mes larmes ne sont feintes.
S'il te plaît, renforce ma voix,
Et de pitié rochers et bois
Je ferai rompre sous mes plaintes.

Mon feu s'accroît plus véhément,
Quand plus lui manque l'argument
Et la matière de se paître,
Car son œil qui m'était fatal,
La seule cause de mon mal,
Est terre qui ne peut renaître.

Toutefois en moi je la sens
Encore l'objet de mes sens,
Comme à l'heure qu'elle était vive :
Ni mort ne me peut retarder,
Ni tombeau ne me peut garder,
Que par penser je ne la suive.

Si je n'eusse eu l'esprit chargé
De vaine erreur, prenant congé
De sa belle et vive figure,
Oyant sa voix, qui sonnait mieux
Que de coutume, et ses beaux yeux,
Qui reluisaient outre mesure,

Et son soupir qui m'embrasait,
J'eusse bien vu qu'ell' me disait :
« Or' soûle-toi * de mon visage,
Si jamais tu en eus souci :
Tu ne me verras plus ici,
Je m'en vais faire un long voyage! »

J'eusse amassé de ses regards
Un magasin de toutes parts,
Pour nourrir mon âme étonnée,
Et paître longtemps ma douleur.
Mais oncques mon cruel malheur
Ne sut prévoir ma destinée.

Depuis j'ai vécu de souci,
Et de regret qui m'a transi,
Comblé de passions étranges.
Je ne déguise mes ennuis :
Tu voix l'état auquel je suis,
Du ciel, assise entre les anges.
Hà! belle âme, tu es là-haut,
Auprès du Bien qui point ne faut *,
De rien du monde désireuse,
En liberté, moi en prison.
Encore n'est-ce pas raison
Que seule tu sois bienheureuse.
Le sort doit toujours être égal.
Si j'ai pour toi souffert du mal,
Tu me dois part de ta lumière.
Mais franche du mortel lien,
Tu as seule emporté le bien,
Ne me laissant que la misère.
En ton âge le plus gaillard
Tu as seul laissé ton Ronsard,
Dans le ciel trop tôt retournée,
Perdant beauté, grâce et couleur,
Tout ainsi qu'une belle fleur
Qui ne vit qu'une matinée.
En mourant tu m'as su fermer
Si bien tout argument d'aimer
Et toute nouvelle entreprise,
Que rien à mon gré je ne voi,
Et tout cela qui n'est pas toi
Me déplaît et je le méprise.
Si tu veux, Amour, que je sois
Encore un coup dessous tes lois,
M'ordonnant un nouveau service,
Il te faut sous la terre aller
Flatter Pluton, et rappeler

En lumière mon Eurydice [1].
Ou bien va-t'en là-haut crier
A la Nature, et la prier
D'en faire une aussi admirable;
Mais j'ai grand-peur qu'elle rompit
Le moule, alors qu'elle la fit,
Pour n'en tracer plus de semblable.
Refais-moi voir deux yeux pareils
Aux siens qui m'étaient deux soleils
Et m'ardaient d'une flamme extrême,
Où tu soulais tendre tes laqs *,
Tes hameçons, et tes appâts,
Où s'engluait la raison même.
Rends-moi ce voir et cet ouïr,
De ce parler fais-moi jouir,
Si douteux à rendre réponse.
Rends-moi l'objet de mes ennuis!
Si faire cela tu ne puis,
Va-t'en ailleurs, je te renonce.
A la Mort j'aurai mon recours;
La Mort me sera mon secours,
Comme le but que je désire.
Dessus la Mort tu ne peux rien,
Puisqu'elle a dérobé ton bien,
Qui fut l'honneur de ton empire.
Soit que tu vives près de Dieu,
Ou aux Champs Elysé's, adieu,
Adieu, cent fois adieu, Marie!
Jamais Ronsard ne t'oubliera,
Jamais la Mort ne déliera
Le nœud dont ta beauté me lie.

II

Terre, ouvre-moi ton sein, et me laisse reprendre
Mon trésor, que la Parque a caché dessous toi;
Ou bien, si tu ne peux, ô terre, cache-moi
Sous même sépulture avec sa belle cendre.
Le trait qui la tua devait faire descendre
Mon corps auprès du sien pour finir mon émoi.
Aussi bien, vu le mal qu'en sa mort je reçoi,
Je ne saurais plus vivre, et me fâche d'attendre.
Quand ses yeux m'éclairaient, et qu'en terre j'avais
Le bonheur de les voir, à l'heure je vivais,
Ayant de leurs rayons mon âme gouvernée.
Maintenant je suis mort : la Mort qui s'en alla
Loger dedans ses yeux, en partant m'appela,
Et me fit de son soir accomplir ma journée.

III

Alors que plus Amour nourrissait mon ardeur,
M'assurant de jouir de ma longue espérance,
A l'heure que j'avais en lui plus d'assurance,
La Mort a moissonné mon bien en sa verdeur.
J'espérais par soupirs, par peine et par langueur,
Adoucir son orgueil : las! je meurs quand j'y pense,
Mais en lieu d'en jouir, pour toute récompense,
Un cercueil tient enclos mon espoir et mon cœur.
Je suis bien malheureux, puisqu'elle vive et morte
Ne me donne repos, et que de jour en jour
Je sens par son trépas une douleur plus forte.
Comme elle je devrais reposer à mon tour.
Toutefois je ne vois par quel chemin je sorte,
Tant la Mort me rempêtre au labyrinth d'amour.

IV

Comme on voit sur la branche au mois de mai la rose,
En sa belle jeunesse, en sa première fleur,
Rendre le ciel jaloux de sa vive couleur,
Quand l'Aube de ses pleurs au point du jour l'arrose;
La grâce dans sa feuille, et l'amour se repose,
Embâmant les jardins et les arbres d'odeur;
Mais battue ou de pluie, ou d'excessive ardeur,
Languissante elle meurt, feuille à feuille déclose.
Ainsi en ta première et jeune nouveauté,
Quand la Terre et le Ciel honoraient ta beauté,
La Parque t'a tuée, et cendre tu reposes.
Pour obsèques reçois mes larmes et mes pleurs,
Ce vase plein de lait, ce panier plein de fleurs,
Afin que vif et mort ton corps ne soit que roses.

DIALOGUE

LE PASSANT ET LE GÉNIE

V

PASSANT

Vu que ce marbre enserre un corps qui fut plus beau
Que celui de Narcisse, ou celui de Clitie [1],
Je suis émerveillé qu'une fleur n'est sortie,
Comme elle fit d'Ajax [2], du creux de ce tombeau.

GÉNIE

L'ardeur qui reste encore, et vit en ce flambeau,
Ard * la terre d'amour, qui si bien a sentie
La flamme, qu'en brasier elle s'est convertie,
Et sèche ne peut rien produire de nouveau.
Mais si Ronsard voulait sur sa Marie épandre
Des pleurs pour l'arroser, soudain l'humide cendre
Une fleur du sépulchre enfanterait au jour.

PASSANT

A la cendre on connaît combien vive était forte
La beauté de ce corps, quand mêmes étant morte
Elle enflamme la terre et la tombe d'amour.

VI

Ha! Mort, en quel état maintenant tu me changes!
Pour enrichir le Ciel tu m'as seul appauvri,
Me dérobant les yeux desquels j'étais nourri,
Qui nourrissent là-haut les astres et les anges.
Entre pleurs et soupirs, entre pensers étranges,
Entre le désespoir tout confus et marri,
Du monde et de moi-même et d'Amour je me ri,
N'ayant autre plaisir qu'à chanter tes louanges.
Hélas! tu n'es pas morte, hé! c'est moi qui le suis.
L'homme est bien trépassé, qui ne vit que d'ennuis,
Et des maux qui me font une éternelle guerre.
Le partage est mal fait : tu possèdes les cieux,
Et je n'ai, malheureux, pour ma part que la terre,
Les soupirs en la bouche, et les larmes aux yeux.

VII

Quand je pense à ce jour, où je la vis si belle
Toute flamber d'amour, d'honneur et de vertu,
Le regret, comme un trait mortellement pointu,
Me traverse le cœur d'une plaie éternelle.
Alors que j'espérais la bonne grâce d'elle,
Amour a mon espoir par la mort combattu;
La mort a son beau corps d'un cercueil revêtu,
Dont j'espérais la paix de ma longue querelle *.
Amour, tu es enfant inconstant et léger;
Monde, tu es trompeur, piqueur et mensonger,
Décevant d'un chacun l'attente et le courage.
Malheureux qui se fie en l'Amour et en toi!
Tous deux comme la mer vous n'avez point de foi
La mer toujours parjure, Amour toujours volage.

VIII

Homme ne peut mourir par la douleur transi.
Si quelqu'un trépassait d'une extrême tristesse,
Je fusse déjà mort pour suivre ma maîtresse;
Mais en lieu de mourir je vis par le souci.
Le penser, le regret et la mémoire aussi
D'une telle beauté, qui pour les Cieux nous laisse,
Me fait vivre, croyant qu'elle est ores * Déesse,
Et que du Ciel là-haut elle me voit ici.
Elle se souriant du regret qui m'affole,
En vision, la nuit, sur mon lit je la voi,
Qui mes larmes essuie, et ma peine console,
Et semble qu'elle a soin des maux que je reçoi.
Dormant ne me déçoit, car je la recognoi
A la main, à la bouche, aux yeux, à la parole.

IX

Deux puissants ennemis me combattaient alors
Que ma Dame vivait : l'un dans le ciel se serre,
De Laurier triomphant; l'autre dessous la terre
Un Soleil d'Occident reluit entre les morts [1].
C'était la chasteté, qui rompait les efforts
D'Amour et de son arc qui tout bon cœur enferre,
Et la douce beauté qui me faisait la guerre,
De l'œil par le dedans, du ris * par le dehors.
La Parque maintenant cette guerre a défaite :
La terre aime le corps, et de l'âme parfaite
Les Anges de là sus se vantent bienheureux.
Amour d'autre lien ne saurait me reprendre.
Ma flamme est un sépulchre, et mon cœur une cendre,
Et par la Mort je suis de la Mort amoureux.

ÉLÉGIE

Le jour que la beauté du monde la plus belle
Laissa dans le cercueil sa dépouille mortelle
Pour s'envoler parfaite entre les plus parfaits,
Ce jour Amour perdit ses flammes et ses traits,
Éteignit son flambeau, rompit toutes ses armes,
Les jeta sur la tombe, et l'arrosa de larmes.
Nature la pleura, le Ciel en fut fâché,
Et la Parque, d'avoir un si beau fil tranché,
Depuis le jour couchant jusqu'à l'Aube vermeille
Phénix en sa beauté ne trouvait sa pareille,
Tant de grâces au front et d'attraits elle avait;
Ou si je me trompais, Amour me décevait.
Sitôt que je la vis, sa beauté fut enclose
Si avant en mon cœur, que depuis nulle chose

Je n'ai vu qui m'ait plu, et si fort elle y est,
Que toute autre beauté encore me déplaît.
Dans mon sang elle fut si avant imprimée,
Que toujours, en tous lieux, de sa figure aimée
Me suivait le portrait, et telle impression
D'une perpétuelle imagination
M'avait tant dérobé l'esprit et la cervelle,
Qu'autre bien je n'avais que de penser en elle,
En sa bouche, en son ris *, en sa main, en son œil,
Qu'encor je sens au cœur, bien qu'ils soient au cercueil.
J'avais auparavant, vaincu de la jeunesse,
Autres dames aimé, ma faute je confesse;
Mais la plaie n'avait profondément saigné,
Et le cuir seulement n'était qu'égratigné,
Quand Amour, qui les Dieux et les hommes menace,
Voyant que son brandon * n'échauffait point ma glace,
Comme rusé guerrier ne me voulant faillir,
La prit pour son escorte et me vint assaillir.
Encor, ce me dit-il, que de maint beau trophée
D'Horace, de Pindare, Hésiode et d'Orphée,
Et d'Homère qui eut une si forte voix,
Tu as orné la langue et l'honneur des François [1],
Vois cette dame ici : ton cœur, tant soit-il brave,
Ira sous son empire, et sera son esclave.
Ainsi dit, et son arc m'enfonçant de roideur,
Ensemble dame et trait m'envoya dans le cœur.
Lors ma pauvre raison, des rayons éblouie
D'une telle beauté, se perd évanouie,
Laissant le gouvernail aux sens et au désir,
Qui depuis ont conduit la barque à leur plaisir.
Raison, pardonne-moi : un plus caut * en finesse
S'y fut bien englué, tant une douce presse
De grâces et d'amours la suivaient, tout ainsi
Que les fleurs le Printemps, quand il retourne ici.
De moi par un destin sa beauté fut connue;

Son divin se vêtait d'une mortelle nue,
Qui méprisait le monde, et personne n'osait
Lui regarder les yeux, tant leur flamme luisait.
Son ris * et son regard et sa parole pleine
De merveilles, n'étaient d'une nature humaine,
Son front, ni ses cheveux, son aller, ni sa main.
C'était une Déesse en un habit humain
Qui visitait la terre, aussitôt enlevée
Au ciel, comme elle fut en ce monde arrivée.
Du monde elle partit aux mois de son printemps :
Aussi toute excellence ici ne vit longtemps.
Bien qu'elle eût pris naissance en petite bourgade[1],
Non de riches parents ni d'honneurs ni de grade,
Il ne faut la blâmer : la même Déité
Ne dédaigna de naître en très pauvre cité,
Et souvent sous l'habit d'une simple personne
Se cache tout le mieux que le Destin nous donne.
Vous qui vîtes son corps, l'honorant comme moi,
Vous savez si je mens, et si triste je doi
Regretter à bon droit si belle créature,
Le miracle du Ciel, le miroir de Nature.
O beaux yeux, qui m'étiez si cruels et si doux,
Je ne me puis lasser de repenser en vous,
Qui fûtes le flambeau de ma lumière unique,
Les vrais outils d'Amour, la forge et la boutique.
Vous m'ôtâtes du cœur tout vulgaire penser,
Et l'esprit jusqu'au Ciel vous me fîtes hausser.
J'appris à votre école à rêver sans mot dire,
A discourir tout seul, à cacher mon martyre,
A ne dormir la nuit, en pleurs me consumer,
Et bref, en vous servant, j'appris que c'est qu'aimer.
Car depuis le matin que l'Aurore s'éveille,
Jusqu'au soir que le Jour dedans la mer sommeille,
Et durant que la nuit par les Pôles tournait,
Toujours pensant en vous, de vous me souvenait.

Vous seule étiez mon bien, ma toute, et ma première,
Et le serez toujours, tant la vive lumière
De vos yeux, bien que morts, me poursuit, dont je voi
Toujours le simulacre * errer autour de moi.
Puis Amour, que je sens par mes veines s'épandre,
Passe dessous la terre, et rattise la cendre
Qui froide languissait dessous votre tombeau,
Pour rallumer plus vif en mon cœur son flambeau,
Afin que vous soyez ma flamme morte et vive,
Et que par le penser en tous lieux je vous suive.
Pourrai-je raconter le mal que je senti,
Oyant votre trépas? mon cœur fut converti
En rocher insensible, et mes yeux en fontaines,
Et si bien le regret s'écoula par mes veines,
Que pâmé je me fis la proie du tourment,
N'ayant que votre nom pour confort seulement.
Bien que je résistasse, il ne me fut possible
Que mon cœur, de nature à la peine invincible,
Pût cacher sa douleur; car plus il la celait,
Et plus dessus le front son mal étincelait.
Enfin, voyant mon âme extrêmement atteinte,
Je déliai ma bouche, et fis telle complainte.
Ah! faux Monde trompeur, que tu m'as bien déçu!
Amour, tu es enfant; par toi j'avais reçu
La divine beauté qui surmontait l'envie,
Que maugré toi la Mort en ton règne a ravie.
Je déplais à moi-même, et veux quitter le jour,
Puisque je vois la Mort triompher de l'Amour,
Et lui ravir son mieux, sans faire résistance.
Malheureux qui te croit, et qui suit ton enfance!
Et toi, Ciel, qui te dis le père des humains,
Tu ne devais tracer un tel corps de tes mains
Pour si tôt le reprendre; et toi, mère Nature,
Pour mettre si soudain ton œuvre en sépulture.
Maintenant à mon dam je connais pour certain

Que tout cela qui vit sous ce globe mondain,
N'est que songe et fumée, et qu'une vaine pompe,
Qui doucement nous rit et doucement nous trompe.
Hà! bienheureux esprit fait citoyen des Cieux,
Tu es assis au rang des Anges précieux,
En repos éternel, loin de soins et de guerres;
Tu vois dessous tes pieds les hommes et les terres,
Et je ne vois qu'ennuis, que soucis, et qu'émoi,
Comme ayant emporté tout mon bien avec toi.
Je ne te trompe point : du ciel tu vois mes peines,
Si tu as soin * là-haut des affaires humaines.
Que dois-je faire, Amour? que me conseilles-tu?
J'irais comme un Sauvage en noir habit vêtu
Volontiers par les bois, et mes douleurs non feintes
Je dirais aux forêts... mais ils savent mes plaintes.
Il vaut mieux que je meure au pied de ce rocher,
Nommant toujours son nom qui me sonne si cher,
Sans chercher par la peine après elle de vivre,
Gagnant le bruit d'ingrat de ne la vouloir suivre.
Aussi toute la terre, où j'ai perdu mon bien,
Après son fâcheux vol ne me semble plus rien
Sinon qu'horreur, qu'effroi, qu'une obscure poussière.
Au ciel est mon Soleil, au ciel est ma lumière;
Le monde ni ses laqs * n'y ont plus de pouvoir.
Il faut hâter ma mort, si je la veux revoir :
La Mort en a la clef, et par sa seule porte
Je reverrai le jour qui ma nuit réconforte.
Or quand la dure Parque aura le fil coupé,
Qui retient en mon corps l'esprit enveloppé,
J'ordonne que mes os, pour toute couverture,
Reposent près des siens sous même sépulture;
Que des larmes du ciel le tombeau soit lavé,
Et tout à l'environ de ces vers engravé :
« Passant, de cet amant entends l'histoire vraie.
De deux traits différents il reçut double plaie :

L'une, que fit Amour, ne versa qu'amitié,
L'autre, que fit la Mort, ne versa que pitié.
Ainsi mourut navré d'une double tristesse,
Et tout pour aimer trop une jeune maîtresse. »

X

De cette belle, douce, honnête chasteté
Naissait un froid glaçon, ains * une chaude flamme,
Qu'encores aujourd'hui éteinte sous la lame
Me réchauffe, en pensant quelle fut sa clarté.
Le trait que je reçus n'eût le fer épointé :
Il fut des plus aigus qu'Amour nous tire en l'âme,
Qui s'armant d'un trépas, par le penser m'entame,
Et sans jamais tomber se tient à mon côté.
Narcisse fut heureux mourant sur la fontaine,
Abusé du miroir de sa figure vaine :
Au moins il regardait je ne sais quoi de beau.
L'erreur le contentait, voyant sa face aimée;
Et la beauté que j'aime en terre est consumée.
Il mourut pour une ombre, et moi pour un tombeau.

XI

Je vois toujours le trait de cette belle face
Dont le corps est en terre et l'esprit est aux cieux.
Soit que je veille ou dorme, Amour ingénieux
En cent mille façons devant moi le repasse.
Elle qui n'a souci de cette terre basse,
Et qui boit du Nectar, assise entre les Dieux,
Daigne souvent revoir mon état soucieux,

Et en songe apaiser la Mort qui me menace.
Je songe que la nuit elle me prend la main,
Se fâchant de me voir si longtemps la survivre,
Me tire, et fait semblant que de mon voile humain
Veut rompre le fardeau pour être plus délivre *.
Mais partant de mon lit son vol est si soudain
Et si prompt vers le ciel, que je ne la puis suivre.

XII

Aussitôt que Marie en terre fut venue,
Le Ciel en fut marri, et la voulut ravoir :
A peine notre siècle eut loisir de la voir,
Qu'elle s'évanouit comme un feu dans la nue.
Des présents de Nature elle vint si pourvue,
Et sa belle jeunesse avait tant de pouvoir,
Qu'elle eût pu d'un regard les rochers émouvoir,
Tant elle avait d'attraits et d'amours en la vue.
Ores * la Mort jouit des beaux yeux que j'aimais,
La boutique et la forge, Amour, où tu t'armais.
Maintenant de ton camp cassé * je me retire.
Je veux désormais vivre en franchise et tout mien :
Puisque tu n'as gardé l'honneur de ton empire,
Ta force n'est pas grande, et je le connais bien.

ÉPITAPHE DE MARIE

XIII

Ci reposent les os de la belle Marie,
Qui me fit pour Anjou quitter mon Vendômois,

Qui m'échauffa le sang au plus vert de mes mois,
Qui fut toute mon Tout, mon bien et mon envie.
  En sa tombe repose honneur et courtoisie,
Et la jeune beauté qu'en l'âme je sentois,
Et le flambeau d'Amour, ses traits et son carquois,
En ensemble mon cœur, mes pensers et ma vie.
  Tu es, belle Angevine, un bel astre des cieux;
Les Anges tous ravis se paissent de tes yeux.
La terre te regrette. O beauté sans seconde!
  Maintenant tu es vive, et je suis mort d'ennui.
Malheureux qui se fie en l'attente d'autrui!
Trois amis m'ont déçu : toi, l'Amour, et le monde.

Sonnets et madrigals pour Astrée[1] 1578

I

Dois-je voler, emplumé d'espérance,
Ou si je dois, forcé du désespoir,
Du haut du Ciel en terre laisser choir
Mon jeune amour avorté de naissance?
Non, j'aime mieux, léger d'outrecuidance,
Tomber d'en-haut et fol me décevoir,
Que voler bas, dussé-je recevoir
Pour mon tombeau toute une large France.
Icare fit de sa chute nommer,
Pour trop oser, les ondes de la mer [1],
Et moi je veux honorer ma contrée
De mon sépulchre et dessus engraver :
Ronsard, voulant aux astres s'élever,
Fut foudroyé par une belle Astrée.

II

Le premier jour que j'avisai la belle
Ainsi qu'un Astre [2] éclairer à mes yeux,
Je discourais en esprit si les Dieux
Au ciel là-haut étaient aussi beaux qu'elle.

De son regard mainte vive étincelle
Sortait menu comme flamme des Cieux,
Si qu'ébloui du feu victorieux,
Je fus vaincu de sa clarté nouvelle.
Depuis ce jour mon cœur qui s'alluma,
D'aller au Ciel sottement présuma,
En imitant des Géants le courage.
Cesse, mon cœur, la force te défaut;
Bellérophon [1] te devrait faire sage :
Pour un mortel le voyage est trop haut.

III

Belle Erigone, Icarienne race [2],
Qui luis au Ciel et qui viens en la terre
Faire à mon cœur une si douce guerre,
De ma raison ayant gagné la place;
Je suis vaincu, que veux-tu que je fasse
Sinon prier cet Archer qui m'enferre,
Que doucement mon lien il desserre,
Trouvant un jour pitié devant ta face?
Puisque ma nef au danger du naufrage
Pend amoureuse au milieu de l'orage,
De mât, de voile assez mal accoutrée,
Veuille du Ciel en ma faveur reluire.
Il appartient aux Astres, mon Astrée,
Luire, sauver, fortuner et conduire.

MADRIGAL I

L'homme est bien sot qui aime sans connaître.
J'aime et jamais je ne vis ce que j'aime;
D'un faux penser je me déçois moi-même,
Je suis esclave et ne connais mon maître.

L'imaginer seulement me fait être
Comme je suis en une peine extrême.
L'œil peut faillir, l'oreille fait de même,
Mais nul des sens mon amour n'a fait naître.
Je n'ai ni vu, ni ouï, ni touché,
Ce qui m'offense à mes yeux est caché,
La plaie au cœur à crédit m'est venue.
Ou nos esprits se connaissent aux Cieux
Ains que d'avoir notre terre vêtue,
Qui vont gardant la même affection
Dedans les corps qu'au Ciel ils avaient eue;
Ou je suis fol; encore vaut-il mieux
Aimer en l'air une chose inconnue
Que n'aimer rien, imitant Ixion,
Qui pour Junon embrassait une nue [1].

IV

Douce Françoise [2], ainçois * douce framboise,
Fruit savoureux, mais à moi trop amer,
Toujours ton nom, hélas! pour trop aimer,
Vit en mon cœur quelque part que je voise.
Ma douce paix, mes trèves et ma noise,
Belle qui peux mes Muses animer,
Ton nom si franc * devrait t'accoutumer
Mettre les cœurs en franchise Françoise.
Mais tu ne veux redonner liberté
Au mien captif que tu tiens arrêté,
Pris en ta chaîne étroitement serrée.
Laisse la force : Amour le retiendra;
Ou bien, Maîtresse, autrement il faudra
Que pour Françoise on t'appelle ferrée.

MADRIGAL II

De quoi te sert mainte Agate gravée,
Maint beau Rubis, maint riche Diamant?
Ta beauté seule est ton seul ornement,
Beauté qu'Amour en son sein a couvée.
Cache ta perle en l'Orient trouvée,
Tes grâces soient tes bagues seulement :
De tes joyaux en toi parfaitement
Est la splendeur et la force éprouvée.
Dedans tes yeux reluisent leurs beautés,
Leurs vertus sont en toi de tous côtés;
Tu fais sur moi tes miracles, ma Dame.
Sans eux je sens que peut ta Déité :
Tantôt glaçon et tantôt une flamme,
De jalousie et d'amour agité,
Pâle, pensif, sans raison et sans âme,
Ravi, transi, mort et ressuscité.

V

Jamais Hector aux guerres n'était lâche
Lorsqu'il allait combattre les Grégeois;
Toujours sa femme attachait son harnois,
Et sur l'armet lui plantait son pennache.
Il ne craignait la Pélienne[1] hache
Du grand Achille, ayant deux ou trois fois
Baisé sa femme, et tenant en ses doigts
Une faveur de sa belle Andromache.
Heureux cent fois, toi Chevalier errant,
Que ma Déesse allait hier parant,
Et qu'en armant baisait comme je pense!
De sa vertu procède ton honneur,
Que plût à Dieu, pour avoir ce bonheur,
Avoir changé mes plumes à ta lance!

VI

Il ne fallait, Maîtresse, autres tablettes
Pour vous graver que celles de mon cœur,
Où de sa main Amour, notre vainqueur,
Vous a gravée et vos grâces parfaites.
Là vos vertus au vif y sont portraites,
Et vos beautés, causes de ma langueur,
L'honnêteté, la douceur, la rigueur,
Et tous les biens et maux que vous me faites.
Là vos cheveux, votre œil et votre teint
Et votre front s'y montre si bien peint,
Et votre face y est si bien enclose,
Que tout est plein : il n'y a nul endroit
Vide en mon cœur, et quand Amour voudroit,
Plus ne pourrait y graver autre chose.

VII

Au mois d'avril, quand l'an se renouvelle,
L'Aube ne sort si belle de la mer,
Ni hors des flots la Déesse d'aimer
Ne vint à Cypre en sa conque si belle,
Comme je vis la beauté que j'appelle
Mon Astre saint, au matin s'éveiller,
Rire le ciel, la terre s'émailler,
Et les Amours voler à l'entour d'elle.
Beauté, jeunesse, et les Grâces qui sont
Filles du Ciel, lui pendaient sur le front;
Mais ce qui plus redoubla mon service,
C'est qu'elle avait un visage sans art.
La femme laide est belle d'artifice,
La femme belle est belle sans du fard.

MADRIGAL III

Depuis le jour que je te vis, Maîtresse,
Tu as passé deux fois auprès de moi :
L'une, muette et d'un visage coi,
Sans daigner voir quelle était ma tristesse;
L'autre, pompeuse, en habit de Déesse,
Belle pour plaire aux délices d'un Roi,
Tirant de l'œil tout à l'entour de toi
Pour voir ton voile une amoureuse presse.
Je pensais voir Europe sur la mer [1],
Et tous les vents en ton voile enfermer,
Tremblant de peur, te regardant si belle,
Que quelque Dieu ne te ravît aux Cieux,
Et ne te fît une essence immortelle.
Si tu m'en crois, fuis l'or ambitieux,
Ne porte au chef une coiffure telle.
Le simple habit, ma Dame, te sied mieux.

VIII

L'Astre divin, qui d'aimer me convie,
Tenait du Ciel la plus haute maison [2],
Le jour qu'Amour me mit en sa prison,
Et que je vis ma liberté ravie.
Depuis ce temps j'ai perdu toute envie
De me ravoir, et veux que la poison
Qui corrompit mes sens et ma raison,
Soit désormais maîtresse de ma vie.
Je veux pleurer, sangloter et gémir,
Passer les jours et les nuits sans dormir,

Haïr moi-même et de tous me distraire,
Et devenir un sauvage animal.
Que me vaudrait de faire le contraire,
Puisque mon Astre est cause de mon mal?

IX

Le premier jour que l'heureuse aventure
Conduit vers toi mon esprit et mes pas,
Tu me donnas pour mon premier repas
Mainte dragée et mainte confiture.
Jalouse après de si douce pâture,
En mauvais goût tu changeas tes appas,
Et pour du sucre, ô cruelle, tu m'as
Donné du fiel qui corrompt ma nature.
Le sucre doit pour sa douceur nourrir.
Le tien m'a fait cent mille fois mourir,
Tant il se tourne en fâcheuse amertume.
Ce ne fut toi, ce fut ce Dieu d'aimer
Qui me déçut, poursuivant sa coutume
D'entremêler le doux avec l'amer.

X

Adieu, cheveux, liens ambitieux,
Dont l'or frisé me retint en service,
Cheveux plus beaux que ceux que Bérénice [1]
Loin de son chef envoya dans les Cieux.
Adieu miroir, qui fais seul glorieux
Son cœur trop fier d'amoureuse malice.
Amour m'a dit qu'autre chemin j'apprisse,
Et pource adieu belle bouche et beaux yeux.

Trois mois entiers d'un désir volontaire
Je vous servis, et non comme forçaire *,
Qui par contrainte est sujet d'obéir.
Comme je vins je m'en revais, maîtresse,
Et toutefois je ne te puis haïr.
Le cœur est bon, mais la fureur me laisse.

XI

Quand tu portais l'autre jour sur ta tête
Un vert Laurier, était-ce pour montrer
Qu'homme si fort ne se peut rencontrer,
Dont la victoire en tes mains ne soit prête ?
Ou pour montrer ton heureuse conquête
De m'avoir fait en tes liens entrer ?
Dont je te pri' me vouloir dépêtrer.
Peu sert le bien que par force on acquête.
Le Laurier est aux victoires duisant.
Le Romarin [1] dont tu m'as fait présent,
Désespéré m'a fait lever le siège.
C'était congé que je prends maugré moi,
Car de vouloir résister contre toi,
Astre divin, c'est être sacrilège.

XII

Je haïssais et ma vie et mes ans,
Triste j'étais, de moi-même homicide,
Mon cœur en feu, mon œil était humide,
Les cieux m'étaient obscurs et déplaisants ;
Alors qu'Amour dont les traits sont cuisants,
Me dit : « Ronsard, pour avoir un bon guide
De l'Astre saint qui maître te préside,

Peins le portrait au milieu de tes gants. »
  Sans contredit à mon Dieu j'obéi.
J'ai bien connu qu'il ne m'avait trahi,
Car dès le jour que je fis la peinture,
  Heureux je vis prospérer mes desseins.
Comment n'aurai-je une bonne aventure,
Quand j'ai toujours mon Astre entre les mains [1]?

XIII

  Est-ce le bien que tu me rends, d'avoir
Pris dessous moi ta docte nourriture,
Ingrat disciple et d'étrange nature [2]?
Pour mon loyer me viens-tu décevoir ?
  Tu me devais garder à ton pouvoir
De n'avaler l'amoureuse pâture,
Et tu m'as fait sous douce couverture
Dedans le cœur la poison recevoir.
  Tu me parlas le premier de ma Dame,
Tu mis premier le soufre dans ma flamme,
Et le premier en prison tu me mis.
  Je suis vaincu, que veux-tu que je fasse,
Puisque celui qui doit garder la place,
Du premier coup la rend aux ennemis ?

XIV

  A mon retour, hé! je m'en désespère,
Tu m'as reçu d'un baiser tout glacé,
Froid, sans saveur, baiser d'un trépassé,
Tel que Diane en donnait à son frère,
  Tel qu'une fille en donne à sa grand-mère,

La fiancée en donne au fiancé,
Ni savoureux, ni moiteux, ni pressé.
Et quoi! ma lèvre est-elle si amère?
  Hà! tu devrais imiter les pigeons,
Qui bec en bec de baisers doux et longs
Se font l'amour sur le haut d'une souche.
  Je te suppli', maîtresse, désormais
Ou baise-moi la saveur en la bouche,
Ou bien du tout ne me baise jamais.

XV

  Pour retenir un amant en servage,
Il faut aimer et non dissimuler,
De même flamme amoureuse brûler,
Et que le cœur soit pareil au langage.
  Toujours un ris *, toujours un bon visage,
Toujours s'écrire et s'entre-consoler,
Ou qui ne peut écrire ni parler,
A tout le moins s'entrevoir par message.
  Il faut avoir de l'ami le portrait,
Cent fois le jour en rebaiser le trait,
Que d'un plaisir deux âmes soient guidées,
  Deux corps en un rejoints en leur moitié.
Voilà les points qui gardent l'amitié,
Et non pas vous qui n'aimez qu'en idées.

XVI

  Si mon grand Roi n'eût vaincu mainte armée [1],
Son nom n'irait comme il fait dans les Cieux:
Ses ennemis l'ont fait victorieux
Et des vaincus il prend sa renommée.

Si de plusieurs je te vois bien aimée,
C'est mon trophée et n'en suis envieux.
D'un tel honneur je deviens glorieux,
Ayant choisi chose tant estimée.
Ma jalousie est ma gloire de voir
Mêmes Amour soumis à ton pouvoir.
Mais s'il advient que de lui je me venge,
Vous honorant d'un service constant,
Jamais mon Roi, par trois fois combattant,
N'eut tant d'honneur que j'aurai de louange.

ÉLÉGIE DU PRINTEMPS

A LA SŒUR D'ASTRÉE [1]

Printemps, fils du Soleil, que la terre arrosée
De la fertile humeur d'une douce rosée,
Au milieu des œillets et des roses conçut,
Quand Flore entre ses bras nourrice vous reçut,
Naissez, croissez, Printemps, laissez-vous apparaître :
En voyant Isabeau vous pourrez vous connaître.
Elle est votre miroir, et deux lis assemblés
Ne se ressemblent tant que vous entresemblez.
Tous les deux n'êtes qu'un, c'est une même chose.
La Rose que voici ressemble à cette Rose,
Le Diamant à l'autre, et la fleur à la fleur :
Le Printemps est le frère, Isabeau est la sœur.
On dit que le Printemps, pompeux de sa richesse,
Orgueilleux de ses fleurs, enflé de sa jeunesse,
Logé comme un grand Prince en ses vertes maisons,
Se vantait le plus beau de toutes les saisons,

Et se glorifiant le contait à Zéphyre.
Le Ciel en fut marri, qui soudain le vint dire
A la mère Nature. Elle, pour rabaisser
L'orgueil de cet enfant, va partout ramasser
Les biens qu'elle épargnait de mainte et mainte année.
Quand elle eut son épargne en son moule ordonnée,
La fit fondre, et versant ce qu'elle avait de beau,
Miracle nous fit naître une belle Isabeau,
Belle Isabeau de nom, mais plus belle de face,
De corps belle et d'esprit, des trois Grâces la grâce.
Le Printemps étonné qui si belle la voit,
De vergogne la fièvre en son cœur il avoit;
Tout le sang lui bouillonne au plus creux de ses veines;
Il fit de ses deux yeux saillir mille fontaines,
Soupirs dessus soupirs comme feu lui sortaient,
Ses muscles et ses nerfs en son corps lui battaient,
Il devint en jaunisse, et d'une obscure nue
La face se voila pour n'être plus connue.
Et quoi! disait ce Dieu, de honte furieux,
Ayant la honte au front et les larmes aux yeux,
Je ne sers plus de rien, et ma beauté première,
D'autre beauté vaincue, a perdu sa lumière!
Une autre tient ma place, et ses yeux en tout temps
Font aux hommes sans moi tous les jours un Printemps;
Et même le Soleil plus longuement retarde
Ses chevaux sur la terre, afin qu'il la regarde;
Il ne veut qu'à grand-peine entrer dedans la mer,
Et se faisant plus beau fait semblant de l'aimer.
« Elle m'a dérobé mes grâces les plus belles,
Mes œillets et mes lis et mes roses nouvelles,
Ma jeunesse, mon teint, mon fard, ma nouveauté,
Et diriez en voyant une telle beauté,
Que tout son corps ressemble une belle prairie
De cent mille couleurs au mois d'avril fleurie.
Bref, elle est toute belle, et rien je n'aperçoi

Qui la puisse égaler, seule semblable à soi.
Le beau trait de son œil seulement ne me touche,
Je n'aime seulement ses cheveux et sa bouche,
Sa main qui peut d'un coup et blesser et guérir :
Sur toutes ses beautés son sein me fait mourir.
Cent fois ravi je pense, et si ne saurais dire
De quelle veine fut emprunté le porphyre,
Et le marbre poli dont Amour l'a bâti,
Ni de quels beaux jardins cet œillet est sorti,
Qui donna la couleur à sa jeune mamelle,
Dont le bouton ressemble une fraise nouvelle,
Verdelet, pommelé, des Grâces le séjour.
Vénus et ses enfants volent tout à l'entour,
La douce mignardise et les douces blandices *,
Et tout cela qu'Amour inventa de délices.
Je m'en vais furieux, sans raison ni conseil,
Je ne saurais souffrir au monde mon pareil. »
Ainsi disait ce Dieu tout rempli de vergogne,
Voilà pourquoi de nous si longtemps il s'élogne :
Craignant votre beauté dont il est surpassé.
Ayant quitté la place à l'hiver tout glacé,
Il n'ose retourner. Retourne, je te prie,
Printemps, père des fleurs : il faut qu'on te marie
A la belle Isabeau, car vous apparier,
C'est aux mêmes beautés les beautés marier,
Les fleurs avec les fleurs; de si belle alliance
Naîtra de siècle en siècle un Printemps en la France.
Pour douaire * certain tous deux vous promettez,
De vous entre-donner vos fleurs et vos beautés,
Afin que vos beaux ans, en dépit de vieillesse,
Ainsi qu'un renouveau soient toujours en jeunesse.

Sonnets pour Hélène

Le Premier Livre des sonnets pour Hélène[1] 1578

I

Le premier jour de mai, Hélène, je vous jure
Par Castor, par Pollux, vos deux frères jumeaux,
Par la vigne enlacée à l'entour des ormeaux,
Par les prés, par les bois hérissés de verdure,
Par le nouveau Printemps, fils aîné de Nature,
Par le cristal qui roule au giron des ruisseaux,
Par tous les rossignols, miracle des oiseaux,
Que seule vous serez ma dernière aventure.
Vous seule me plaisez, j'ai par élection
Et non à la volée * aimé votre jeunesse.
Aussi je prends en gré toute ma passion,
Je suis de ma fortune auteur, je le confesse :
La vertu m'a conduit en telle affection.
Si la vertu me trompe, adieu belle Maîtresse!

II

Quand à longs traits je bois l'amoureuse étincelle
Qui sort de tes beaux yeux, les miens sont éblouis.
D'esprit ni de raison troublé je ne jouis,
Et comme ivre d'amour tout le corps me chancelle.

Le cœur me bat au sein, ma chaleur naturelle
Se refroidit de peur, mes sens évanouis
Se perdent tout en l'air, tant tu te réjouis
D'acquérir par ma mort le surnom de cruelle.
Tes regards foudroyants me percent de leurs rais *
La peau, le corps, le cœur, comme pointes de traits
Que je sens dedans l'âme, et quand je me veux plaindre
Ou demander merci du mal que je reçois,
Si bien ta cruauté me resserre la voix,
Que je n'ose parler, tant tes yeux me font craindre.

III

Ma douce Hélène, non, mais bien ma douce haleine,
Qui froide rafraîchis la chaleur de mon cœur,
Je prends de ta vertu connaissance et vigueur,
Et ton œil comme il veut à son plaisir me mène.
Heureux celui qui souffre une amoureuse peine
Pour un nom si fatal, heureuse la douleur,
Bienheureux le tourment, qui vient pour la valeur
Des yeux, non pas des yeux, mais de l'astre d'Hélène!
Nom, malheur des Troyens [1], sujet de mon souci,
Ma sage Pénélope et mon Hélène aussi,
Qui d'un soin amoureux tout le cœur m'enveloppe;
Nom, qui m'a jusqu'au ciel de la terre enlevé,
Qui eût jamais pensé que j'eusse retrouvé
En une même Hélène une autre Pénélope?

IV

Tout ce qui est de saint, d'honneur et de vertu,
Tout le bien qu'aux mortels la Nature peut faire,
Tout ce que l'artifice ici peut contrefaire,
Ma maîtresse en naissant dans l'esprit l'avait eu.

Du juste et de l'honnête à l'envi débattu
Aux écoles des Grecs, de ce qui peut attraire
A l'amour du vrai bien, à fuir le contraire,
Ainsi que d'un habit son corps fut revêtu.
Toujours la chasteté, des beautés ennemie,
Comme l'or fait la Perle, honore son Printemps,
Une vertu naïve, une peur d'infamie,
Un œil qui fait les Dieux et les hommes contents.
La voyant si parfaite, il faut que je m'écrie :
Bienheureux qui l'adore, et qui vit de son temps!

V

Hélène sut charmer avecque son Népenthe [1]
Les pleurs de Télémaque. Hélène, je voudroi
Que tu pusses charmer les maux que je reçoi
Depuis deux ans passés, sans que je m'en repente.
Naisse de nos amours une nouvelle plante,
Qui retienne nos noms pour éternelle foi
Qu'obligé je me suis de servitude à toi,
Et qu'à notre contrat la terre soit présente.
O terre, de nos os en ton sein chaleureux
Naisse une herbe au Printemps propice aux amoureux,
Qui sur nos tombeaux croisse en un lieu solitaire.
O désir fantastiq', duquel je me déçoi,
Mon souhait n'adviendra, puisqu'en vivant je voi
Que mon amour me trompe, et qu'il n'a point de frère.

VI

Dedans les flots d'Amour je n'ai point de support
Je ne vois point de phare, et si je ne désire
(O désir trop hardi!) sinon que ma navire
Après tant de périls puisse gagner le port.

Las! devant que payer mes vœux dessus le bord,
Naufragé je mourrai : car je ne vois reluire
Qu'une flamme sur moi, qu'une Hélène qui tire
Entre mille rochers ma navire à la mort.
Je suis seul me noyant, de ma vie homicide,
Choisissant un enfant, un aveugle pour guide,
Dont il me faut de honte et pleurer et rougir.
Je ne sais si mes sens, ou si ma raison tâche
De conduire ma nef; mais je sais qu'il me fâche
De voir un si beau port et n'y pouvoir surgir.

CHANSON

Quand je devise assis auprès de vous,
Tout le cœur me tressaut;
Je tremble tout de nerfs et de genoux,
Et le pouls me défaut *.
Je n'ai ni sang, ni esprit, ni haleine,
Qui ne se trouble en voyant mon Hélène,
Ma chère et douce peine.

Je deviens fol, je perds toute raison.
Connaître je ne puis
Si je suis libre, ou mort, ou en prison :
Plus en moi je ne suis.
En vous voyant, mon œil perd connaissance;
Le vôtre altère et change mon essence,
Tant il a de puissance.

Votre beauté me fait en même temps
Souffrir cent passions,
Et toutefois tous mes sens sont contents,
Divers d'affections.

L'œil vous regarde, et d'autre part l'oreille
Oit votre voix, qui n'a point de pareille,
Du monde la merveille.

Voilà comment vous m'avez enchanté,
Heureux de mon malheur.
De mon travail je me sens contenté,
Tant j'aime ma douleur,
Et veux toujours que le souci me tienne,
Et que de vous toujours il me souvienne,
Vous donnant l'âme mienne.

Donc ne cherchez de parler au Devin,
Qui savez tout charmer :
Vous seule auriez un esprit tout divin,
Si vous pouviez aimer.
Que plût à Dieu, ma moitié bien aimée,
Qu'Amour vous eût d'une flèche enflammée
Autant que moi charmée!

En se jouant il m'a de part en part
Le cœur outrepercé;
A vous s'amie il n'a montré le dard
Duquel il m'a blessé.
De telle mort heureux je me confesse,
Et ne veux point que la plaie me laisse
Pour vous, belle Maîtresse.

Dessus ma tombe engravez mon souci
En mémorable écrit :
« D'un Vendômois le corps repose ici,
Sous les Myrtes l'esprit.
Comme Pâris là-bas faut que je voise,
Non pour l'amour d'une Hélène Grégeoise,
Mais d'une Saintongeoise. »

VII

Amour, abandonnant les vergers de Cythères,
D'Amathonte et d'Eryce [1] en la France passa :
Et me montrant son arc, comme Dieu, me tança,
Que j'oubliais, ingrat, ses lois et ses mystères.
Il me frappa trois fois de ses ailes légères,
Un trait le plus aigu dans les yeux m'élança.
La plaie vint au cœur, qui chaude me laissa
Une ardeur de chanter les honneurs de Surgères.
« Chante, me dit Amour, sa grâce et sa beauté,
Sa bouche, ses beaux yeux, sa douceur, sa bonté :
Je la garde pour toi le sujet de ta plume.
— Un sujet si divin ma Muse ne poursuit. —
« Je te ferai l'esprit meilleur que de coutume :
L'homme ne peut faillir, quand un Dieu le conduit. »

VIII

Tu ne dois en ton cœur superbe devenir,
Ni braver mon malheur, accident de fortune :
La misère amoureuse à chacun est commune;
Tel échappe souvent, qu'on pense bien tenir.
Toujours de Némésis [2] il te faut souvenir,
Qui fait notre aventure ore blanche ore brune.
Aux superbes Tyrans appartient la rancune,
Comme ton serf conquis tu me dois maintenir.
Les Guerres et l'Amour se semblent d'une chose :
Le vainqueur bien souvent du vaincu est battu,
Qui paravant fuyait de honte à bouche close.
L'amant désespéré souvent reprend vertu;
Pource un nouveau trophée à mon mal je propose,
D'avoir contre tes yeux si longtemps combattu.

IX

L'autre jour que j'étais sur le haut d'un degré,
Passant, tu m'avisas, et me tournant la vue,
Tu m'éblouis les yeux, tant j'avais l'âme émue
De me voir en sursaut de tes yeux rencontré.
Ton regard dans le cœur, dans le sang m'est entré
Comme un éclat de foudre alors qu'il fend la nue.
J'eus de froid et de chaud la fièvre continue,
D'un si poignant regard mortellement outré.
Lors si ta belle main passant ne m'eût fait signe,
Main blanche, qui se vante être fille d'un Cygne [1],
Je fusse mort, Hélène, aux rayons de tes yeux.
Mais ton signe retint l'âme presque ravie,
Ton œil se contenta d'être victorieux,
Ta main se réjouit de me donner la vie.

X

Ce siècle où tu naquis ne te connaît, Hélène :
S'il savait tes vertus, tu aurais en la main
Un sceptre à commander dessus le genre humain,
Et de ta majesté la terre serait pleine.
Mais lui tout embourbé d'avarice vilaine,
Qui met comme ignorant les vertus à dédain,
Ne te connut jamais : je te connus soudain
A ta voix, qui n'était d'une personne humaine.
Ton esprit en parlant à moi se découvrit,
Et cependant Amour l'entendement m'ouvrit
Pour te faire à mes yeux un miracle apparaître.
Je tiens, je le sens bien, de la divinité,
Puis que seul j'ai connu que peut ta Déité,
Et qu'un autre avant moi ne l'avait pu connaître.

XI

Le Soleil l'autre jour se mit entre nous deux,
Ardent de regarder tes yeux par la verrière;
Mais lui, comme ébloui de ta vive lumière,
Ne pouvant la souffrir, s'en alla tout honteux.
Je te regardai ferme, et devins glorieux
D'avoir vaincu ce Dieu qui se tournait arrière,
Quand regardant vers moi tu me dis, ma guerrière :
« Ce Soleil est fâcheux, je t'aime beaucoup mieux. »
Une joie en mon cœur incroyable s'envole
Pour ma victoire acquise, et pour telle parole;
Mais longuement cette aise en moi ne trouva lieu.
Arrivant un mortel de plus fraîche jeunesse,
Sans égard que j'avais triomphé d'un grand Dieu,
Tu me laissas tout seul pour lui faire caresse.

XII

Deux Vénus en avril, puissante Déité,
Naquirent, l'une en Cypre, et l'autre en la Saintonge.
La Vénus Cyprienne est des Grecs la mensonge,
La chaste Saintongeoise est une vérité.
L'avril se réjouit de telle nouveauté,
Et moi qui jour ni nuit d'autre Dame ne songe,
Qui le fil amoureux de mon destin allonge
Ou l'accourcit, ainsi qu'il plaît à sa beauté,
Je me sens bienheureux d'être né de son âge.
Sitôt que je la vis, je fus mis en servage
De ses yeux, que j'estime un sujet plus qu'humain.
Ma raison sans combattre abandonna la place,
Et mon cœur se vit pris comme un poisson à l'hain *.
Si j'ai failli, ma faute est bien digne de grâce.

XIII

Soit que je sois haï de toi, ma Pasithée[1],
Soit que j'en sois aimé, je veux suivre mon cours.
J'ai joué comme aux dés mon cœur et mes amours :
Arrive bien ou mal, la chance en est jetée.
Si mon âme, et de glace et de feu tourmentée,
Peut deviner son mal, je vois que sans secours,
Passionné d'amour, je dois finir mes jours,
Et que devant mon soir se clora ma nuitée.
Je suis du camp d'Amour pratique Chevalier.
Pour avoir trop souffert, le mal m'est familier;
Comme un habillement j'ai vêtu le martyre.
Donques je te défie, et toute ta rigueur.
Tu m'as déjà tué, tu ne saurais m'occire
Pour la seconde fois, car je n'ai plus de cœur.

XIV

Trois ans sont jà * passés que ton œil me tient pris,
Et si ne suis marri de me voir en servage.
Seulement je me deuls * des ailes de mon âge,
Qui me laissent le chef semé de cheveux gris.
Si tu me vois ou pâle, ou de fièvre surpris,
Quelquefois solitaire, ou triste de visage,
Tu devrais d'un regard soulager mon dommage :
L'Aurore ne met point son Tithon[2] à mépris.
Si tu es de mon mal seule cause première,
Il faut que de mon mal tu sentes les effets :
C'est une sympathie aux hommes coutumière.
Je suis, j'en jure Amour, tout tel que tu me fais.
Tu es mon cœur, mon sang, ma vie et ma lumière.
Seule je te choisis, seule aussi tu me plais.

XV

De vos yeux tout divins, dont un Dieu se paîtrait,
Si un Dieu se paissait de quelque chose en terre,
Je me paissais hier, et Amour qui m'enferre,
Cependant sur mon cœur ses flèches racoutrait.
Mon œil dedans le vôtre ébahi rencontrait
Cent beautés, qui me font une si longue guerre,
Et la même vertu, qui toute se resserre
En vous, d'aller au Ciel le chemin me montrait.
Je n'avais ni esprit, ni penser, ni oreille,
Qui ne fussent ravis de crainte et de merveille,
Tant d'aise transportés mes sens étaient contents.
J'étais Dieu, si mon œil vous eût vu davantage;
Mais le soir qui survint, cacha votre visage,
Jaloux que les mortels le vissent si longtemps.

XVI

Te regardant assise auprès de ta cousine [1],
Belle comme une Aurore, et toi comme un Soleil,
Je pensai voir deux fleurs d'un même teint pareil,
Croissantes en beauté, l'une à l'autre voisine.
La chaste, sainte, belle et unique Angevine,
Vite comme un éclair sur moi jeta son œil.
Toi, comme paresseuse et pleine de sommeil,
D'un seul petit regard tu ne m'estimas digne.
Tu t'entretenais seule au visage abaissé,
Pensive toute à toi, n'aimant rien que toi-même,
Dédaignant un chacun d'un sourcil ramassé,
Comme une qui ne veut qu'on la cherche ou qu'on
[l'aime.
J'eus peur de ton silence, et m'en allai tout blême,
Craignant que mon salut n'eût ton œil offensé.

XVII

De toi, ma belle Grecque, ainçois * belle Espagnole,
Qui tires tes aïeux du sang Ibérien [1],
Je suis tant serviteur que je ne vois plus rien
Qui me plaise, sinon tes yeux et ta parole.
Comme un miroir ardent, ton visage m'affole
Me perçant de ses rais *, et tant je sens de bien
En t'oyant deviser, que je ne suis plus mien,
Et mon âme fuitive à la tienne s'envole.
Puis contemplant ton œil, du mien victorieux,
Je vois tant de vertus que je n'en sais le compte,
Éparses sur ton front comme étoiles aux Cieux.
Je voudrais être Argus [2], mais je rougis de honte
Pour voir tant de beautés que je n'ai que deux yeux,
Et que toujours le fort le plus faible surmonte.

XVIII

Cruelle, il suffisait de m'avoir pouldroyé,
Outragé, terrassé, sans m'ôter l'espérance!
Toujours du malheureux l'espoir est l'assurance :
L'amant sans espérance est du tout * foudroyé.
L'espoir va soulageant l'homme demi-noyé,
L'espoir au prisonnier annonce délivrance.
Le pauvre par l'espoir allège sa souffrance :
A l'homme un plus beau don les Dieux n'ont octroyé.
Ni d'yeux ni de semblant vous ne m'êtes cruelle;
Mais par l'art cauteleux d'une voix qui me gèle,
Vous m'ôtez l'espérance, et dérobez mon jour.
O belle Cruauté, des beautés la première,
Qu'est-ce parler d'amour sans point faire l'amour,
Sinon voir le Soleil sans aimer sa lumière?

XIX

Tant de fois s'appointer *, tant de fois se fâcher,
Tant de fois rompre ensemble et puis se renouer,
Tantôt blâmer Amour et tantôt le louer,
Tant de fois se fuir, tant de fois se chercher,
Tant de fois se montrer, tant de fois se cacher,
Tantôt se mettre au joug, tantôt le secouer,
Avouer sa promesse et la désavouer,
Sont signes que l'Amour de près nous vient toucher.
L'inconstance amoureuse est marque d'amitié.
Si donc tout à la fois avoir haine et pitié,
Jurer, se parjurer, serments faits et défaits,
Espérer sans espoir, confort sans réconfort,
Sont vrais signes d'amour, nous entr'aimons bien fort,
Car nous avons toujours ou la guerre, ou la paix.

XX

Quoi! me donner congé de servir toute femme,
Et mon ardeur éteindre au premier corps venu,
Ainsi qu'un vagabond, sans être retenu,
Abandonner la bride au vouloir de ma flamme,
Non, ce n'est pas aimer. L'Archer ne vous entame
Qu'un peu le haut du cœur d'un trait faible et menu.
Si d'un coup bien profond il vous était connu,
Ce ne serait que soufre et braise de votre âme :
En soupçon de votre ombre en tous lieux vous seriez;
A toute heure, en tous temps, jalouse me suivriez,
D'ardeur et de fureur et de crainte allumée.
Amour au petit pas, non au galop, vous court,
Et votre amitié n'est qu'une flamme de Cour,
Où peu de feu se trouve et beaucoup de fumée.

XXI

Je t'avais dépitée, et jà trois mois passés
Se perdaient, Temps ingrat, que je ne t'avais vue,
Quand détournant sur moi les éclairs de ta vue,
Je sentis la vertu de tes yeux offensés.
Puis tout aussi soudain que les feux élancés
Qui par le ciel obscur s'éclatent de la nue,
Rassérénant l'ardeur de ta colère émue,
Souriant tu rendis mes péchés effacés.
J'étais sot d'apaiser par soupirs et par larmes
Ton cœur qui me fait vivre au milieu des alarmes
D'Amour, et que six ans n'ont pu jamais ployer.
Dieu peut avec raison mettre son œuvre en poudre;
Mais je ne suis ton œuvre, ou sujet de ta foudre.
Qui sert bien, sans parler demande son loyer.

XXII

Puisqu'elle est tout hiver, toute la même glace,
Toute neige, et son cœur tout armé de glaçons,
Qui ne m'aime sinon pour avoir mes chansons,
Pourquoi suis-je si fol que je ne m'en délace?
De quoi me sert son nom, sa grandeur et sa race,
Que d'honnête servage et de belles prisons?
Maîtresse, je n'ai pas les cheveux si grisons,
Qu'une autre de bon cœur ne prenne votre place.
Amour, qui est enfant, ne cèle vérité.
Vous n'êtes si superbe, ou si riche en beauté,
Qu'il faille dédaigner un bon cœur qui vous aime.
Rentrer en mon avril désormais je ne puis :
Aimez-moi, s'il vous plaît, grison comme je suis,
Et je vous aimerai quand vous serez de même.

XXIII

Étant près de ta face, où l'honneur se repose,
Tout ravi je humais et tirais à longs traits
De ton estomac saint un millier de secrets,
Par qui le Ciel en moi ses mystères expose[1].
J'appris en tes vertus n'avoir la bouche close,
J'appris tous les secrets des Latins et des Grecs.
Tu me fis un Oracle, et m'éveillant après,
Je devins un Démon savant en toute chose[2].
J'appris que c'est Amour, du Ciel le fils aîné.
O bon Endymion[3], je ne suis étonné
Si dormant près la Lune en ton sommeil extrême
La Lune te fit Dieu! Tu es un froid ami.
Si j'avais près ma Dame un quart d'heure dormi,
Je serais, non pas Dieu, je serais les Dieux même.

XXIV

Je liai d'un filet de soie cramoisie
Votre bras l'autre jour, parlant avecques vous;
Mais le bras seulement fut captif de mes nouds,
Sans vous pouvoir lier ni cœur ni fantaisie.
Beauté, que pour maîtresse unique j'ai choisie,
Le sort est inégal : vous triomphez de nous.
Vous me tenez esclave, esprit, bras et genoux,
Et Amour ne vous tient ni prise ni saisie.
Je veux parler, Maîtresse, à quelque vieil sorcier,
Afin qu'il puisse au mien votre vouloir lier,
Et qu'une même plaie à nos cœurs soit semblable.
Je faux : l'amour qu'on charme est de peu de séjour.
Être beau, jeune, riche, éloquent, agréable,
Non les vers enchantés, sont les sorciers d'Amour.

XXV

D'un profond pensement j'avais si fort troublée
L'imagination qui toute en vous était,
Que mon âme à tous coups de mes lèvres sortait,
Pour être en me laissant à la vôtre assemblée.
J'ai cent fois la fuitive au logis rappelée,
Qu'Amour me débauchait; ores elle écoutait,
Et ores sans m'ouïr le frein elle emportait,
Comme un jeune poulain, qui court à la volée.
La tançant je disais : « Tu te vas décevant :
Si elle nous aimait, nous aurions plus souvent
Ou chiffres ou message ou lettre accoutumée.
Elle a de nos chansons et non de nous souci.
Mon âme, sois plus fine : il nous faut tout ainsi
Qu'elle nous paît de vent, la paître de fumée. »

XXVI

Je fuis les pas frayés du méchant populaire,
Et les villes où sont les peuples amassés.
Les rochers, les forêts déjà savent assez
Quelle trempe a ma vie étrange et solitaire.
Si ne suis-je si seul, qu'Amour mon secrétaire,
N'accompagne mes pieds débiles et cassés,
Qu'il ne conte mes maux et présents et passés
A cette voix sans corps [1], qui rien ne saurait taire.
Souvent, plein de discours, pour flatter mon émoi,
Je m'arrête, et je dis : Se pourrait-il bien faire
Qu'elle pensât, parlât, ou se souvînt de moi?
Qu'à sa pitié mon mal commençât à déplaire?
Encor que je me trompe, abusé du contraire,
Pour me faire plaisir, Hélène, je le croi.

XXVII

Chef, école des arts, le séjour de science,
Où vit un intellect qui foi du Ciel nous fait,
Une heureuse mémoire, un jugement parfait,
D'où Pallas reprendrait sa seconde naissance;
Chef, le logis d'honneur, de vertu, de prudence,
Ennemi capital du vice contrefait;
Chef, petit Univers, qui montres par effet
Que tu as du grand Tout parfaite connaissance[1];
Et toi, divin Esprit qui du Ciel es venu,
En son chef comme au Ciel saintement retenu,
Simple, rond et parfait, comme ici nous ne sommes,
Où tout est embrouillé, sans ordre ni sans loi,
Puisque tu es divin aie pitié de moi :
Il appartient aux Dieux d'avoir pitié des hommes.

XXVIII

Si j'étais seulement en votre bonne grâce
Par l'erre * d'un baiser doucement amoureux,
Mon cœur au départir ne serait langoureux,
En espoir d'échauffer quelque jour votre glace.
Si j'avais le portrait de votre belle face,
Las! je demande trop! ou bien de vos cheveux,
Content de mon malheur, je serais bien heureux,
Et ne voudrais changer aux célestes de place.
Mais je n'ai rien de vous que je puisse emporter,
Qui soit cher à mes yeux pour me réconforter,
Ne qui me touche au cœur d'une douce mémoire.
Vous dites que l'Amour entretient ses accords
Par l'esprit seulement : je ne saurais le croire,
Car l'esprit ne sent rien que par l'aide du corps.

XXIX

De vos yeux, le miroir du Ciel et de nature,
La retraite d'Amour, la forge de ses dards,
D'où coule une douceur, que versent vos regards
Au cœur, quand un rayon y survient d'aventure,
Je tire pour ma vie une douce pâture,
Une joie, un plaisir, que les plus grands Césars
Au milieu du triomphe, entre un camp de soudards *,
Ne sentirent jamais, mais courte elle me dure.
Je la sens distiller goutte à goutte en mon cœur,
Pure, sainte, parfaite, angélique liqueur,
Qui m'échauffe le sang d'une chaleur extrême.
Mon âme la reçoit avecque tel plaisir,
Que tout évanoui je n'ai pas le loisir
Ni de goûter mon bien, ni penser à moi-même.

XXX

L'arbre qui met à croître a la plante assurée;
Celui qui croît bien tôt, ne dure pas long temps,
Il n'endure des vents les soufflets inconstants :
Ainsi l'amour tardive est de longue durée.
Ma foi du premier jour ne vous fut pas donnée :
L'Amour et la Raison, comme deux combattants,
Se sont escarmouchés l'espace de quatre ans.
A la fin j'ai perdu, vaincu par Destinée.
Il était destiné par sentence des Cieux,
Que je devais servir, mais adorer vos yeux.
J'ai, comme les Géants, au Ciel fait résistance [1].
Aussi je suis comme eux maintenant foudroyé;
Pour résister au bien qu'ils m'avaient octroyé
Je meurs, et si ma mort m'est trop de récompense.

XXXI

Otez votre beauté, ôtez votre jeunesse,
Otez ces rares dons que vous tenez des Cieux,
Otez ce docte esprit, ôtez-moi ces beaux yeux,
Cet aller, ce parler digne d'une Déesse.
Je ne vous serai plus d'une importune presse,
Fâcheux comme je suis; vos dons si précieux
Me font en les voyant devenir furieux,
Et par le désespoir l'âme prend hardiesse.
Pource si quelquefois je vous touche la main,
Par courroux votre teint n'en doit devenir blême.
Je suis fol, ma raison n'obéit plus au frein,
Tant je suis agité d'une fureur extrême.
Ne prenez, s'il vous plaît, mon offense à dédain,
Mais douce, pardonnez mes fautes à vous-même.

XXXII

De votre belle, vive, angélique lumière,
Le beau logis d'Amour, de douceur, de rigueur,
S'élance un doux regard, qui, me navrant le cœur,
Dérobe loin de moi mon âme prisonnière.
Je ne sais ni moyen, remède, ni manière
De sortir de vos rets *, où je vis en langueur,
Et si l'extrême ennui traîne plus en longueur,
Vous aurez de mon corps la dépouille dernière.
Yeux, qui m'avez blessé, yeux, mon mal et mon bien,
Guérissez votre plaie : Achille le peut bien.
Vous êtes tout divins, il n'était que pur homme.
Voyez, parlant à vous, comme le cœur me faut!
Hélas! je ne me deuls * du mal qui me consomme :
Le mal dont je me deuls, c'est qu'il ne vous en chaut *.

XXXIII

Nous promenant tous seuls, vous me dîtes, Maîtresse,
Qu'un chant vous déplaisait, s'il était doucereux;
Que vous aimiez les plaints des tristes amoureux,
Toute voix lamentable et pleine de tristesse.
Et pource, disiez-vous, quand je suis loin de presse,
Je choisis vos Sonnets qui sont plus douloureux,
Puis d'un chant qui est propre au sujet langoureux,
Ma nature et Amour veulent que je me paisse.
Vos propos sont trompeurs. Si vous aviez souci
De ceux qui ont un cœur larmoyant et transi,
Je vous ferais pitié par une sympathie;
Mais votre œil cauteleux, trop finement subtil,
Pleure en chantant mes vers, comme le crocodil,
Pour mieux me dérober par feintise la vie.

XXXIV

Cent et cent fois le jour l'orange je rebaise,
Et le pâle citron dérobé de ta main,
Doux présent amoureux, que je loge en mon sein
Pour leur faire sentir combien je suis de braise.
Quand ils sont demi-cuits, leur chaleur je rapaise,
Versant des pleurs dessus, dont triste je suis plein,
Et de ta nonchalance avec eux je me plain,
Qui cruelle te ris de me voir à malaise.
Oranges et citrons sont symboles d'Amour,
Ce sont signes muets, que je puis quelque jour
T'arrêter, comme fit Hippomène Atalante [1].
Mais je ne le puis croire : Amour ne le veut pas,
Qui m'attache du plomb pour retarder mes pas,
Et te donne à fuir des ailes à la plante.

XXXV

Toujours pour mon sujet il faut que je vous aie.
Je meurs sans regarder vos deux Astres jumeaux,
Vos yeux, mes deux Soleils, qui m'éclairent si beaux
Qu'à trouver autre jour autre part je n'essaie.
Le chant du rossignol m'est le chant d'une orfraie,
Roses me sont chardons, torrents me sont ruisseaux,
La vigne mariée à l'entour des ormeaux,
Et le Printemps au cœur me rengrège la plaie.
Mon plaisir en ce mois c'est de voir les coloms
S'emboucher bec à bec de baisers doux et longs,
Dès l'aube jusqu'au soir que le Soleil se plonge.
O bienheureux pigeons, vrai germe Cyprien,
Vous avez par nature et par effet le bien
Que je n'ose espérer tant seulement en songe!

XXXVI

Vous me dîtes, Maîtresse, étant à la fenêtre,
Regardant vers Montmartre[1] et les champs d'alentour :
La solitaire vie, et le désert séjour
Valent mieux que la Cour, je voudrais bien y être.
A l'heure mon esprit de mes sens serait maître,
En jeûne et oraison je passerais le jour,
Je défierais les traits et les flammes d'Amour;
Ce cruel de mon sang ne pourrait se repaître.
Quand je vous répondis : « Vous trompez de penser
Qu'un feu ne soit pas feu pour se couvrir de cendre,
Sur les cloîtres sacrés la flamme on voit passer.
Amour dans les déserts comme aux villes s'engendre.
Contre un Dieu si puissant, qui les Dieux peut forcer,
Jeûnes ni oraisons ne se peuvent défendre. »

XXXVII

Voici le mois d'avril, où naquit la merveille
Qui fait en terre foi de la beauté des cieux,
Le miroir de vertu, le Soleil de mes yeux,
Seule Phénix d'honneur, qui les âmes réveille.
Les œillets et les lis et la rose vermeille
Servirent de berceau; la Nature et les Dieux
La regardèrent naître, et d'un soin curieux
Amour enfant comme elle allaita sa pareille.
Les Muses, Apollon et les Grâces étaient
Tout à l'entour du lit, qui à l'envi jetaient
Des fleurs sur l'Angelette. Ah! ce mois me convie
D'élever un autel, et suppliant Amour
Sanctifier d'avril le neuvième jour,
Qui m'est cent fois plus cher que celui de ma vie.

XXXVIII

D'autre torche mon cœur ne pouvait s'allumer
Sinon de tes beaux yeux, où l'Amour me convie.
J'avais déjà passé le meilleur de ma vie,
Tout franc * de passion, fuyant le nom d'aimer.
Je soulais * maintenant cette dame estimer,
Et maintenant cette autre où me portait l'envie,
Sans rendre ma franchise à quelqu'une asservie.
Rusé je ne voulais dans les rets m'enfermer.
Maintenant je suis pris, et si je prends à gloire
D'avoir perdu le camp, frustré de la victoire,
Ton œil vaut un combat de dix ans d'Ilion.
Amour comme étant Dieu n'aime pas les superbes :
Sois douce à qui te prie, imitant le lion.
La foudre abat les monts, non les petites herbes.

XXXIX

Agate, où du Soleil le signe est imprimé,
L'écrevisse marchant, comme il fait, en arrière,
Cher présent que je donne à toi, chère guerrière [1],
Mon don pour le Soleil est digne d'être aimé.
Le Soleil va toujours de flammes allumé,
Je porte au cœur le feu de ta belle lumière;
Il est l'âme du monde, et ma force première
Dépend de ta vertu, dont je suis animé.
O douce, belle, vive, angélique Sereine,
Ma toute Pasithée [2], essence surhumaine,
Merveille de Nature, exemple sans pareil,
D'honneur et de beauté l'ornement et le signe,
Puisque rien ici-bas de ta vertu n'est digne
Que te puis-je donner sinon que le Soleil?

XL

Puisque tu connais bien qu'affamé je me pais
Du regard de tes yeux, dont larron je retire
Des rayons, pour nourrir ma douleur qui s'empire,
Pourquoi me caches-tu l'œil par qui tu me plais?
Tu es deux fois venue à Paris, et tu fais
Semblant de n'y venir, afin que mon martyre
Ne s'allège en voyant ton œil que je désire,
Ton œil qui me nourrit par le trait de ses rais.
Tu vas bien à Hercueil [3] avecque ta cousine
Voir les prés, les jardins et la source voisine
De l'Antre où j'ai chanté tant de divers accords.
Tu devais m'appeler, oublieuse Maîtresse :
En ton coche * porté je n'eusse fait grand-presse,
Car je ne suis plus rien qu'un fantôme sans corps.

XLI

Comme je regardais ces yeux, mais cette foudre,
Dont l'éclat amoureux ne part jamais en vain,
Sa blanche, charitable et délicate main
Me parfuma le chef et la barbe de poudre.
Poudre, l'honneur de Cypre, actuelle à résoudre
L'ulcère qui s'encharne au plus creux de mon sein,
Depuis telle faveur j'ai senti mon cœur sain,
Ma plaie se reprendre, et mon mal se dissoudre.
Poudre, Atomes sacrés qui sur moi voletaient,
Où toute Cypre, l'Inde et leurs parfums étaient,
Je vous sens dedans l'âme. O Poudre souhaitée,
En parfumant mon chef vous avez combattu
Ma douleur et mon cœur : je faux *, c'est la vertu
De cette belle main qui vous avait jetée.

XLII

Cet amoureux dédain, ce Nenni gracieux,
Qui refusant mon bien, me réchauffent l'envie
Par leur fière douceur d'assujettir ma vie,
Où sont déjà sujets mes pensers et mes yeux,
Me font transir le cœur, quand trop impétueux
A baiser votre main le désir me convie,
Et vous, la retirant, feignez d'être marrie,
Et m'appelez, honteuse, amant présomptueux.
Mais surtout je me plains de vos douces menaces,
De vos lettres qui sont toutes pleines d'audaces,
De moi-même, d'Amour, de vous et de votre art,
Qui si doucement farde et sucre sa harangue,
Qu'écrivant et parlant vous n'avez trait de langue
Qui ne me soit au cœur la pointe d'un poignard.

XLIII

J'avais, en regardant tes beaux yeux, enduré
Tant de flammes au cœur, que plein de sécheresse
Ma langue était réduite en extrême détresse,
Ayant de trop parler tout le corps altéré.
Lors tu fis apporter en ton vase doré
De l'eau froide d'un puits, et la soif qui me presse
Me fit boire à l'endroit où tu bois, ma Maîtresse,
Quand ton vaisseau se voit de ta lèvre honoré.
Mais le vase amoureux de ta bouche qu'il baise,
En réchauffant ses bords du feu qu'il a reçeu,
Le garde en sa rondeur comme en une fournaise.
Seulement au toucher je l'ai bien aperceu.
Comment pourrai-je vivre un quart d'heure à mon aise,
Quand je sens contre moi l'eau se tourner en feu ?

XLIV

Comme une belle fleur assise entre les fleurs,
Mainte herbe vous cueillez en la saison plus tendre,
Pour me les envoyer, et pour soigneuse apprendre
Leurs noms et qualités, espèces et valeurs.
Était-ce point afin de guérir mes douleurs,
Ou de me faire ma plaie amoureuse reprendre ?
Ou bien s'il vous plaisait par charmes entreprendre
D'ensorceler mon mal, mes flammes et mes pleurs ?
Certes je crois que non : nulle herbe n'est maîtresse
Contre le coup d'Amour envieilli par le temps.
C'était pour m'enseigner qu'il faut dès la jeunesse,
Comme d'un usufruit, prendre son passe-temps,
Que pas à pas nous suit l'importune vieillesse,
Et qu'Amour et les fleurs ne durent qu'un Printemps.

XLV

Doux dédains, douce amour d'artifice cachée,
Doux courroux enfantin, qui ne garde son cœur,
Doux d'endurer passer un long temps en longueur,
Sans me voir, sans m'écrire, et faire la fâchée.
Douce amitié souvent perdue et recherchée,
Doux de tenir d'entrée une douce rigueur,
Et sans me saluer me tenir en langueur,
Et feindre qu'autre part on est bien empêchée.
Doux entre le dépit et entre l'amitié,
Dissimulant beaucoup, ne parler qu'à moitié.
Mais m'appeler volage et prompt de fantaisie,
Blâmer ma conscience et douter de ma foi,
Injure plus mordante au cœur je ne reçoi,
Car douter de ma foi, c'est crime d'hérésie.

XLVI

Pour voir d'autres beautés mon désir ne s'apaise,
Tant du premier assaut vos yeux m'ont surmonté,
Toujours à l'entour d'eux vole ma volonté,
Yeux qui versent en l'âme une si chaude braise.
Mais vous embellissez de me voir à malaise,
Tigre, roche de mer, la même cruauté,
Comme ayant le dédain si joint à la beauté,
Que de plaire à quelqu'un semble qu'il vous déplaise.
Déjà par longue usance * aimer je ne saurais
Sinon vous, qui sans pair à soi-même ressemble.
Si je changeais d'amour, de douleur je mourrais.
Seulement quand je pense au changement, je tremble.
Car tant dedans mon cœur toute je vous reçois,
Que d'aimer autre part, c'est haïr, ce me semble.

XLVII

Coche * cent fois heureux, où ma belle Maîtresse
Et moi nous promenons, raisonnant de l'amour;
Jardin cent fois heureux, des Nymphes le séjour,
Qui pensent, la voyant, voir leur même Déesse.
Bienheureuse l'église où je pris hardiesse
De contempler ses yeux, qui des miens sont le jour,
Qui ont chauds les regards, qui ont tout à l'entour
Un petit camp d'amours, qui jamais ne les laisse.
Heureuse la Magie, et les cheveux brûlés,
Le murmure, l'encens et les vins écoulés
Sur l'image de cire; ô bienheureux servage [1]!
O moi sur tous amants le plus avantureux
D'avoir osé choisir la vertu de notre âge,
Dont la terre est jalouse, et le Ciel amoureux.

XLVIII

Ton extrême beauté par ses rais * me retarde
Que je n'ose mes yeux sur les tiens assurer;
Débile, je ne puis leurs regards endurer.
Plus le Soleil éclaire, et moins on le regarde.
Hélas! tu es trop belle, et tu dois prendre garde
Qu'un Dieu si grand trésor ne puisse désirer,
Qu'il ne t'envole au ciel pour la terre empirer.
La chose précieuse est de mauvaise garde.
Les Dragons [2] sans dormir, tous pleins de cruauté,
Gardaient les pommes d'or pour leur seule beauté.
Le visage trop beau n'est pas chose trop bonne.
Danaé [3] le sut bien, dont l'or se fit trompeur.
Mais l'or qui dompte tout, devant tes yeux s'étonne,
Tant ta chaste vertu le fait trembler de peur.

XLIX

D'un solitaire pas je ne marche en nul lieu,
Qu'Amour, bon artisan, ne m'imprime l'image
Au profond du penser de ton gentil visage,
Et des propos douteux de ton dernier Adieu.
Plus fermes qu'un rocher, engravés au milieu
De mon cœur je les porte, et s'il n'y a rivage,
Fleur, antre ni rocher ni forêt ni bocage,
A qui je ne les conte, à Nymphe ni à Dieu.
D'une si rare et douce ambrosine viande *
Mon espérance vit, qui n'a voulu depuis
Se paître d'autre appât, tant elle en est friande.
Ce jour de mille jours m'effaça les ennuis,
Car tant opiniâtre en ce plaisir je suis,
Que mon âme pour vivre autre bien ne demande.

L

Bien que l'esprit humain s'enfle par la doctrine
De Platon, qui le vante influxion des Cieux [1],
Si est-ce sans le corps qu'il serait ocieux *,
Et aurait beau louer sa céleste origine.
Par les sens l'âme voit, elle oit, elle imagine,
Elle a ses actions du corps officieux;
L'esprit incorporé devient ingénieux,
La matière le rend plus parfait et plus digne.
Or' vous aimez l'esprit, et sans discrétion
Vous dites que des corps les amours sont pollues.
Tel dire n'est sinon qu'imagination
Qui embrasse le faux pour les choses connues,
Et c'est renouveler la fable d'Ixion [2],
Qui se paissait de vent et n'aimait que des nues.

LI

Amour a tellement ses flèches enfermées
En mon âme, et ses coups y sont si bien enclos,
Qu'Hélène est tout mon cœur, mon sang et mes propos,
Tant j'ai dedans l'esprit ses beautés imprimées.
Si les Français avaient les âmes allumées
D'amour ainsi que moi, nous serions en repos :
Les champs de Montcontour n'eussent pourri nos os.
Ni Dreux ni Jazeneuf [1] n'eussent vu nos armées.
Vénus [2], va mignarder les moustaches de Mars,
Conjure ton guerrier de tes bénins regards,
Qu'il nous donne la paix, et de tes bras l'enserre.
Prends pitié des Français, race de tes Troyens,
Afin que nous fassions en paix la même guerre
Qu'Anchise [3] te faisait sur les monts Idéens.

LII

Dessus l'autel d'Amour planté sur votre table
Me fîtes un serment, je vous le fis aussi,
Que d'un cœur mutuel à s'aimer endurci
Notre amitié promise irait inviolable.
Je vous jurai ma foi, vous fîtes le semblable,
Mais votre cruauté, qui des Dieux n'a souci,
Me promettait de bouche, et me trompait ainsi :
Cependant votre esprit demeurait immuable.
O jurement fardé sous l'espèce d'un Bien!
O perjurable autel! ta Déité n'est rien.
O parole d'amour non jamais assurée!
J'ai pratiqué par vous le proverbe des vieux :
Jamais des amoureux la parole jurée
N'entra, pour les punir, aux oreilles des Dieux.

LIII

J'errais à la volée * et, sans respect des lois,
Ma chair, dure à dompter, me commandait à force,
Quand tes sages propos dépouillèrent l'écorce
De tant d'opinions que frivoles j'avois.
En t'oyant discourir d'une si sainte voix,
Qui donne aux voluptés une mortelle entorse,
Ta parole me fit par une douce amorce
Contempler le vrai Bien duquel je m'égarois.
Tes mœurs et ta vertu, ta prudence et ta vie
Témoignent que l'esprit tient de la Déité,
Tes raisons de Platon, et ta Philosophie,
Que le vieil Prométhée est une vérité,
Et qu'après que du Ciel eut la flamme ravie,
Il maria la Terre à la Divinité [1].

LIV

Bienheureux fut le jour où mon âme sujette
Rendit obéissance à ta douce rigueur,
Quand d'un trait de ton œil tu me perças le cœur,
Qui ne veut endurer qu'un autre lui en jette.
La Raison pour néant au chef fit sa retraite,
Et se mit au donjon, comme au lieu le plus seur;
D'espérance assaillie et prise de douceur,
Trahit ma liberté, tant elle est indiscrète.
Le Ciel le veut ainsi, qui pour mieux offenser
Mon cœur, le baille en garde à la foi du Penser,
Qui trompe ma raison, déloyal sentinelle,
Vendant de nuit mon camp aux soudards * des Amours.
J'aurai toujours en l'âme une guerre éternelle :
Mes pensers et mon cœur me trahissent toujours.

LV

Je sens de veine en veine une chaleur nouvelle,
Qui me trouble le sang et m'augmente le soin.
Adieu ma liberté, j'en appelle à témoin
Ce mois qui du beau nom d'Aphrodite s'appelle [1].
Comme les jours d'avril mon mal se renouvelle.
Amour qui tient mon Astre et ma vie en son poing,
M'a tant séduit l'esprit que, de près et de loin,
Toujours à mon secours en vain je vous appelle.
Je veux rendre la place en jurant votre nom,
Que le premier article avant que de la rendre,
C'est qu'un cœur amoureux ne veut de compagnon.
L'amant non plus qu'un Roi de rival ne demande.
Vous aurez en mes vers un immortel renom :
Pour n'avoir rien de vous, la récompense est grande.

MADRIGAL

Si c'est aimer, Madame, et de jour et de nuit
Rêver, songer, penser le moyen de vous plaire,
Oublier toute chose, et ne vouloir rien faire
Qu'adorer et servir la beauté qui me nuit;
Si c'est aimer de suivre un bonheur qui me fuit,
De me perdre moi-même et d'être solitaire,
Souffrir beaucoup de mal, beaucoup craindre et me taire,
Pleurer, crier merci, et m'en voir éconduit;
Si c'est aimer de vivre en vous plus qu'en moi-même,
Cacher d'un front joyeux une langueur extrême,
Sentir au fond de l'âme un combat inégal,
Chaud, froid, comme la fièvre amoureuse me traite,
Honteux, parlant à vous, de confesser mon mal;
Si cela c'est aimer, furieux je vous aime.

Je vous aime, et sais bien que mon mal est fatal.
Le cœur le dit assez, mais la langue est muette.

LVI

Amour est sans milieu, c'est une chose extrême
Qui ne veut, je le sais, de tiers ni de moitié :
Il ne faut point trancher en deux une amitié.
Un est nombre parfait, imparfait le deuxième.
J'aime de tout mon cœur, je veux aussi qu'on m'aime :
Le désir au désir d'un nœud ferme lié
Par le temps ne s'oublie et n'est point oublié,
Il est toujours son tout, contenté de soi-même.
Mon ombre me fait peur, et jaloux je ne puis
Avoir un compagnon, tant amoureux je suis,
Et tant je m'essencie * en la personne aimée.
L'autre amitié ressemble aux enfants sans raison :
C'est se feindre une flamme, une vaine prison,
Où le feu contrefait ne rend qu'une fumée.

LVII

Ma fièvre croît toujours, la vôtre diminue;
Vous le voyez, Hélène, et si ne vous en chaut.
Vous retenez le froid et me laissez le chaud.
La vôtre est à plaisir, la mienne est continue.
Vous avez telle peste en mon cœur répandue,
Que mon sang s'est gâté, et douloir * il me faut
Que ma faible Raison, dès le premier assaut,
Pour craindre trop vos yeux ne s'est point défendue.
Je n'en blâme qu'Amour, seul auteur de mon mal,
Qui me voyant tout nu comme archer déloyal,

De mainte et mainte plaie a mon âme entamée,
Gravant à coups de flèche en moi votre portrait,
Et à vous qui étiez contre tous deux armée,
N'a montré seulement la pointe de son trait.

LVIII

Je sens une douceur à conter impossible,
Dont ravi je jouis par le bien du penser,
Qu'homme ne peut écrire ou langue prononcer,
Quand je baise ta main en amour invincible.
Contemplant tes beaux yeux, ma pauvre âme passible
En se pâmant se perd; lors je sens amasser
Un sang froid sur mon cœur, qui garde de passer
Mes esprits, et je reste une image insensible.
Voilà que peut ta main et ton œil, où les traits
D'Amour sont si ferrés, si chauds et si épais
Au regard Médusin qui en rocher me mue.
Mais bien que mon malheur procède de les voir,
Je voudrais et mille yeux et mille mains avoir,
Pour voir et pour toucher leur beauté qui me tue.

LIX

Ne romps point au métier par le milieu la trame
Qu'Amour en ton honneur m'a commandé d'ourdir *;
Ne laisses au travail mes pouces engourdir,
Maintenant que l'ardeur à l'ouvrage m'enflamme.
Ne verse point de l'eau sur ma bouillante flamme,
Il faut par ta douceur mes Muses enhardir;
Ne souffre de mon sang le bouillon refroidir,
Et toujours de tes yeux aiguillonne-moi l'âme.

Dès le premier berceau n'étouffe point ton nom.
Pour bien le faire croître, il ne le faut sinon
Nourrir d'un doux espoir pour toute sa pâture.
Tu le verras au Ciel de petit s'élever.
Courage, ma Maîtresse, il n'est chose si dure
Que par longueur de temps on ne puisse achever.

LX

J'attachai des bouquets de cent mille couleurs,
De mes pleurs arrosés, harsoir * dessus ta porte.
Les larmes sont les fruits que l'Amour nous apporte,
Les soupirs en la bouche, et au cœur les douleurs.
Les pendant, je leur dis : Ne perdez point vos fleurs
Que jusques à demain que la cruelle sorte :
Quand elle passera, tombez de telle sorte
Que son chef soit mouillé de l'humeur de mes pleurs.
Je reviendrai demain. Mais si la nuit, qui ronge
Mon cœur, me la donnait par songe entre mes bras,
Embrassant pour le vrai l'idole * du mensonge,
Soûlé * d'un faux plaisir, je ne reviendrais pas.
Voyez combien ma vie est pleine de trépas,
Quand tout mon réconfort ne dépend que du songe!

LXI

Ma Dame se levait un beau matin d'Été,
Quand le Soleil attache à ses chevaux la bride;
Amour était présent avec sa trousse vide,
Venu pour la remplir des traits de sa clarté.
J'entrevis dans son sein deux pommes de beauté,
Telles qu'on ne voit point au verger Hespéride;
Telles ne porte point la Déesse de Gnide[1],
Ni celle qui a Mars des siennes allaité[2].

Telle enflure d'ivoire en sa voûte arrondie,
Tel relief de Porphyre, ouvrage de Phidie[1],
Eut Andromède alors que Persée passa[2],
Quand il la vit liée à des roches marines,
Et quand la peur de mort tout le corps lui glaça,
Transformant ses tétins en deux boules marbrines.

LXII

Je ne veux point la mort de celle qui arrête
Mon cœur en sa prison; mais, Amour, pour venger
Mes larmes de six ans, fais ses cheveux changer,
Et sème bien épais des neiges sur sa tête.
Si tu veux, la vengeance est déjà toute prête :
Tu accourcis les ans, tu les peux allonger.
Ne souffres en ton camp ton soudard * outrager.
Que vieille elle devienne, octroyant ma requête.
Elle se glorifie en ses cheveux frisés,
En sa verte jeunesse, en ses yeux aiguisés,
Qui tirent dans les cœurs mille pointes encloses.
Pourquoi te braves-tu de cela qui n'est rien?
La beauté n'est que vent, la beauté n'est pas bien,
Les beautés en un jour s'en vont comme les roses.

LXIII

Je faisais ces Sonnets en l'antre Piéride[3],
Quand on vit les Français sous les armes suer[4],
Quand on vit tout le peuple en fureur se ruer,
Quand Bellone[5] sanglante allait devant pour guide,
Quand en lieu de la Loi le vice, l'homicide,
L'impudence, le meurtre, et se savoir muer
En Glauque et en Protée[6], et l'État remuer,

Étaient titres d'honneur, nouvelle Thébaïde[1],
  Pour tromper les soucis d'un temps si vicieux,
J'écrivais en ces vers ma complainte inutile.
Mars aussi bien qu'Amour de larmes est joyeux.
  L'autre guerre est cruelle, et la mienne est gentille.
La mienne finirait par un combat de deux,
Et l'autre ne pourrait par un camp de cent mille.

LXIV

  Si j'ai bien ou mal dit en ces Sonnets, Madame,
Et du bien et du mal vous êtes cause aussi.
Comme je le sentais j'ai chanté mon souci,
Tâchant à soulager les peines de mon âme.
  Hà! qu'il est malaisé, quand le fer nous entame,
S'engarder de se plaindre et de crier merci!
Toujours l'esprit joyeux porte haut le sourcil,
Et le mélancolique en soi-même se pâme.
  J'ai suivant votre amour le plaisir poursuivi,
Non le soin *, non le deuil *, non l'espoir d'une attente.
S'il vous plaît, ôtez-moi tout argument d'ennui *,
  Et lors j'aurai la voix plus gaillarde et plaisante.
Je ressemble au miroir, qui toujours représente
Tout cela qu'on lui montre et qu'on fait devant lui.

Le Second Livre des sonnets pour Hélène 1578

I

Soit qu'un sage amoureux ou soit qu'un sot me lise,
Il ne doit s'ébahir voyant mon chef grison,
Si je chante d'amour : toujours un vieil tison
Cache un germe de feu sous une cendre grise.
Le bois vert à grand-peine en le soufflant s'attise,
Le sec sans le souffler brûle en toute saison.
La Lune se gagna d'une blanche toison [1],
Et son vieillard Tithon [2] l'Aurore ne méprise.
Lecteur, je ne veux être écolier de Platon
Qui la vertu nous prêche, et ne fait pas de même,
Ni volontaire Icare ou lourdaud Phaëthon [3],
Perdus pour attenter une sottise extrême;
Mais sans me contrefaire ou voleur ou charton *,
De mon gré je me noie et me brûle moi-même.

II

Afin qu'à tout jamais de siècle en siècle vive
La parfaite amitié que Ronsard vous portait,
Comme votre beauté la raison lui ôtait,
Comme vous enchaînez sa liberté captive;

Afin que d'âge en âge à nos neveux arrive
Que toute dans mon sang votre figure était,
Et que rien sinon vous mon cœur ne souhaitait,
Je vous fais un présent de cette Sempervive[1].
Elle vit longuement en sa jeune verdeur :
Longtemps après la mort je vous ferai revivre,
Tant peut le docte soin d'un gentil serviteur,
Qui veut en vous servant toutes vertus ensuivre.
Vous vivrez, croyez-moi, comme Laure[2] en grandeur,
Au moins tant que vivront les plumes et le livre.

III

Amour, qui as ton règne en ce monde si ample,
Vois ta gloire et la mienne errer en ce jardin;
Vois comme son bel œil, mon bel astre divin,
Surmonte de clarté les lampes de ton Temple.
Vois son corps, des beautés le portrait et l'exemple,
Qui ressemble une Aurore au plus beau d'un matin;
Vois son esprit, Seigneur du Sort et du Destin,
Qui passe la Nature, en qui Dieu se contemple.
Regarde-la marcher toute pensive à soi,
T'emprisonner de fleurs et triompher de toi,
Pressant dessous ses pas les herbes bienheureuses.
Vois sortir un Printemps des rayons de ses yeux,
Et vois comme à l'envi ses flammes amoureuses
Embellissent la terre et sérènent les Cieux.

IV

Tandis que vous dansez et ballez * à votre aise,
Et masquez votre face ainsi que votre cœur,
Passionné d'amour, je me plains en langueur,
Ores froid comme neige, ores chaud comme braise.

Le Carnaval vous plaît : je n'ai rien qui me plaise
Sinon de soupirer contre votre rigueur,
Vous appeler ingrate, et blâmer la longueur
Du temps que je vous sers sans que mon mal s'apaise.
Maîtresse, croyez-moi, je ne fais que pleurer,
Lamenter, soupirer et me désespérer.
Je désire la mort et rien ne me console.
Si mon front, si mes yeux ne vous en sont témoins,
Ma plainte vous en serve, et permettez au moins
Qu'aussi bien que le cœur je perde la parole.

V

N'oubliez, mon Hélène, aujourd'hui qu'il faut prendre
Des cendres sur le front [1], qu'il n'en faut point chercher
Autre part qu'en mon cœur que vous faites sécher,
Vous riant du plaisir de le tourner en cendre.
Quel pardon pensez-vous des Célestes attendre ?
Le meurtre de vos yeux ne se saurait cacher.
Leurs rayons m'ont tué, ne pouvant étancher
La plaie qu'en mon sang leur beauté fait descendre.
La douleur me consume, ayez de moi pitié.
Vous n'aurez de ma mort ni profit ni louange.
Cinq ans méritent bien quelque peu d'amitié.
Votre volonté passe et la mienne ne change.
Amour qui voit mon cœur voit votre mauvaistié :
Il tient l'arc en la main, gardez qu'il ne se venge.

VI

ANAGRAMME

Tu es seule mon cœur, mon sang et ma Déesse,
Ton œil est le filet et le RÉ [2] bienheureux,

Qui prend quand il lui plaît les hommes généreux,
Et se prendre des sots jamais il ne se laisse;
  Aussi honneur, vertu, prévoyance et sagesse
Logent en ton esprit, lequel rend amoureux
Tous ceux qui de nature ont un cœur désireux
D'honorer les beautés d'une docte Maîtresse.
  Les noms ont efficace et puissance et vertu :
Je le vois par le tien lequel m'a combattu
Et l'esprit et le corps par armes non légères.
  Son destin m'a causé mon amoureux souci.
Voilà comme de nom, d'effet tu es aussi
LE RÉ DES GÉNÉREUS, Elène de Surgères.

VII

  Ha! que ta Loi fut bonne, et digne d'être apprise,
Grand Moise, grand Prophète, et grand Minos [1] de
[Dieu,
Qui sage commandas au vague peuple Hebrieu,
Que la liberté fût après sept ans remise [2]!
  Je voudrais, grand Guerrier, que celle que j'ai prise
Pour Dame, et qui se sied de mon cœur au milieu,
Voulût qu'en mon endroit ton ordonnance eût lieu,
Et qu'au bout de sept ans m'eût remis en franchise.
  Sept ans sont jà passés qu'en servage je suis;
Servir encor sept ans de bon cœur je la puis,
Pourvu qu'au bout du temps de son cœur je jouisse.
  Mais cette Grecque Hélène ayant peu de souci
Des statuts des Hebrieux, d'un courage endurci
Contre les lois de Dieu n'affranchit mon service.

VIII

Je plante en ta faveur cet arbre de Cybelle [1],
Ce pin, où tes honneurs se liront tous les jours :
J'ai gravé sur le tronc nos noms et nos amours,
Qui croîtront à l'envi de l'écorce nouvelle.
Faunes qui habitez ma terre paternelle,
Qui menez sur le Loir vos danses et vos tours,
Favorisez la plante et lui donnez secours,
Que l'Été ne la brûle, et l'Hiver ne la gèle.
Pasteur, qui conduiras en ce lieu ton troupeau,
Flageolant une Eglogue en ton tuyau d'aveine *,
Attache tous les ans à cet arbre un tableau,
Qui témoigne aux passants mes amours et ma peine;
Puis l'arrosant de lait et du sang d'un agneau,
Dis : « Ce pin est sacré, c'est la plante d'Hélène. »

IX

Ni la douce pitié, ni le pleur lamentable
Ne t'ont baillé ton nom : ton nom Grec vient d'ôter,
De ravir, de tuer, de piller, d'emporter
Mon esprit et mon cœur, ta proie misérable [2].
Homère en se jouant de toi fit une fable,
Et moi, l'histoire au vrai. Amour, pour te flatter,
Comme tu fis à Troie, au cœur me vient jeter
Le feu qui de mes os se paît insatiable.
La voix, que tu feignais à l'entour du Cheval [3]
Pour décevoir les Grecs, me devait faire sage;
Mais l'homme de nature est aveugle à son mal,
Qui ne peut se garder ni prévoir son dommage.
Au pis aller je meurs pour ce beau nom fatal,
Qui mit toute l'Asie et l'Europe en pillage.

X

Adieu, belle Cassandre, et vous, belle Marie,
Pour qui je fus trois ans en servage à Bourgueil :
L'une vit, l'autre est morte, et ores de son œil
Le Ciel se réjouit dont la terre est marrie.
Sur mon premier avril, d'une amoureuse envie
J'adorai vos beautés; mais votre fier orgueil
Ne s'amollit jamais pour larmes ni pour deuil,
Tant d'une gauche main la Parque ourdit ma vie.
Maintenant en Automne encores malheureux,
Je vis comme au Printemps de nature amoureux,
Afin que tout mon âge aille au gré de la peine.
Ores que je dusse être affranchi du harnois,
Mon maître Amour m'envoie à grands coups de carquois
Rassiéger Ilion pour conquérir Hélène.

XI

Trois jours sont jà passés que je suis affamé
De votre doux regard, et qu'à l'enfant je semble
Que sa nourrice laisse, et qui crie et qui tremble
De faim en son berceau, dont il est consommé.
Puisque mon œil ne voit le vôtre tant aimé,
Qui ma vie et ma mort en un regard assemble,
Vous deviez, pour le moins, m'écrire, ce me semble;
Mais vous avez le cœur d'un rocher enfermé.
Fière *, ingrate beauté, trop hautement superbe,
Votre courage dur n'a pitié de l'amour,
Ni de mon pâle teint jà flétri comme une herbe.
Si je suis sans vous voir deux heures à séjour,
Par épreuve je sens ce qu'on dit en proverbe :
L'amoureux qui attend se vieillit en un jour.

XII

Prenant congé de vous, dont les yeux m'ont dompté,
Vous me dites un soir, comme passionnée :
« Je vous aime, Ronsard, par seule destinée,
Le Ciel à vous aimer force ma volonté.
Ce n'est votre savoir, ce n'est votre beauté,
Ni votre âge qui fuit vers l'Automne inclinée;
Ce n'est ni votre corps ni votre âme bien née,
C'est seulement du Ciel l'injuste cruauté.
Vous voyant, ma Raison ne s'est pas défendue.
Vous puissé-je oublier comme chose perdue!
Hélas! je ne saurais et je le voudrais bien.
Le voulant, je rencontre une force au contraire.
Puisqu'on dit que le Ciel est cause de tout bien,
Je n'y veux résister, il le faut laisser faire. »

XIII

Quand je pense à ce jour où, près d'une fontaine,
Dans le jardin royal ravi de ta douceur,
Amour te découvrit les secrets de mon cœur,
Et de combien de maux j'avais mon âme pleine,
Je me pâme de joie, et sens de veine en veine
Couler ce souvenir, qui me donne vigueur,
M'aiguise le penser, me chasse la langueur,
Pour espérer un jour une fin à ma peine.
Mes sens de toutes parts se trouvèrent contents,
Mes yeux en regardant la fleur de ton Printemps,
L'oreille en t'écoutant, et sans cette compagne
Qui toujours nos propos tranchait par le milieu,
D'aise au Ciel je volais, et me faisais un Dieu;
Mais toujours le plaisir de douleur s'accompagne.

XIV

A l'aller, au parler, au flamber de tes yeux,
Je sens bien, je vois bien que tu es immortelle.
La race des humains en essence n'est telle :
Tu es quelque Démon ou quelque Ange des cieux.
Dieu, pour favoriser ce monde vicieux,
Te fit tomber en terre, et dessus la plus belle
Et plus parfaite idée [1] il traça la modelle
De ton corps, dont il fut luy-mesme envieux.
Quand il fit ton esprit, il se pilla soi-même :
Il prit le plus beau feu du Ciel le plus suprême
Pour animer ta masse, ainçois * ton beau printemps.
Hommes, qui la voyez de tant d'honneur pourvue,
Tandis qu'elle est çà-bas, soûlez *-en votre vue.
Tout ce qui est parfait ne dure pas longtemps.

XV

Je ne veux comparer tes beautés à la Lune :
La Lune est inconstante, et ton vouloir n'est qu'un.
Encor moins au Soleil : le Soleil est commun,
Commune est sa lumière, et tu n'es pas commune.
Tu forces par vertu l'envie et la rancune.
Je ne suis, te louant, un flatteur importun.
Tu sembles à toi-même, et n'as portrait aucun :
Tu es toute ton Dieu, ton Astre et ta Fortune.
Ceux qui font de leur Dame à toi comparaison,
Sont ou présomptueux, ou perclus de raison :
D'esprit et de savoir de bien loin tu les passes.
Ou bien quelque Démon de ton corps s'est vêtu,
Ou bien tu es portrait de la même Vertu,
Ou bien tu es Pallas, ou bien l'une des Grâces.

XVI

Si vos yeux connaissaient leur divine puissance,
Et s'ils se pouvaient voir, ainsi que je les voi,
Ils ne s'étonneraient, se connaissant, dequoi
Divins ils ont vaincu une mortelle essence.
Mais par faute d'avoir d'eux-mêmes connaissance,
Ils ne peuvent juger du mal que je reçoi;
Seulement mon visage en témoigne pour moi :
Le voyant si défait, ils voient leur puissance.
Yeux, où devrait loger une bonne amitié,
Comme vous regardez tout le Ciel et la terre,
Que ne pénétrez-vous mon cœur par la moitié,
Ainsi que de ses rais * le Soleil fait le verre!
Si vous le pouviez voir, vous en auriez pitié,
Et aux cendres d'un mort vous ne feriez la guerre.

XVII

Si de vos doux regards je ne vais me repaître
A toute heure, et toujours en tous lieux vous chercher,
Hélas! pardonnez-moi : j'ai peur de vous fâcher,
Comme un serviteur craint de déplaire à son maître.
Puis je crains tant vos yeux, que je ne saurais être
Une heure en les voyant sans le cœur m'arracher,
Sans me troubler le sang; pource il faut me cacher,
Afin de ne mourir pour tant de fois renaître.
J'avais cent fois juré de ne les voir jamais,
Me parjurant autant qu'autant je le promets,
Car soudain je retourne à rengluer mon aile.
Ne m'appellez donc plus dissimulé ne feint.
Aimer ce qui fait mal, et revoir ce qu'on craint,
Est le gage certain d'un service fidèle.

XVIII

Je voyais, me couchant, s'éteindre une chandelle,
Et je disais au lit, bassement à part moi :
Plût à Dieu que le soin *, que la peine et l'émoi,
Qu'Amour m'engrave au cœur, s'éteignissent comme elle!
Un mâtin enragé, qui de sa dent cruelle
Mord un homme, il lui laisse une image de soi
Qu'il voit toujours en l'eau [1]. Ainsi toujours je voi,
Soit veillant ou dormant, le portrait de ma belle.
Mon sang chaud en est cause. Or comme on voit souvent
L'Été moins bouillonner que l'Automne suivant,
Mon septembre est plus chaud que mon juin de fortune.
Hélas! pour vivre trop, j'ai trop d'impression.
Tu es mort une fois, bienheureux Ixion,
Et je meurs mille fois pour n'en mourir pas une.

XIX

Hélène fut occasion que Troie
Se vit brûler d'un feu victorieux :
Vous me brûlez du foudre de vos yeux,
Et aux Amours vous me donnez en proie.
En vous servant vous me montrez la voie
Par vos vertus de m'en aller aux Cieux,
Ravi du nom qu'Amour malicieux
Me tire au cœur, quelque part que je soie.
Nom tant de fois par Homère chanté,
Seul tout le sang vous m'avez enchanté.
O beau visage engendré d'un beau Cygne,
De mes pensers la fin et le milieu!
Pour vous aimer mortel je ne suis digne :
A la Déesse il appartient un Dieu.

XX

Amour, qui tiens tout seul de mes pensers la clef,
Qui ouvres de mon cœur les portes et les serres,
Qui d'une même main me guéris et m'enferres,
Qui me fais trépasser, et vivre derechef,
Tu consommes ma vie en si pauvre mechef *,
Qu'herbes, drogues ni jus ni puissance de pierres
Ne pourraient m'alléger, tant d'amoureuses guerres
Sans trèves tu me fais, du pied jusques au chef.
Oiseau, comme tu es, fais-moi naître des ailes,
Afin de m'envoler pour jamais ne la voir :
En volant je perdrai les chaudes étincelles
Que ses yeux sans pitié me firent concevoir.
Dieu nous vend chèrement les choses qui sont belles,
Puisqu'il faut tant de fois mourir pour les avoir.

XXI

Amour, tu es trop fort, trop faible est ma raison
Pour soutenir le camp d'un si rude adversaire.
Trop tôt, sotte Raison, tu te laisses défaire :
Dès le premier assaut on te mène en prison.
Je veux, pour secourir mon chef demi-grison,
Non la Philosophie ou les Lois : au contraire
Je veux ce deux fois né, ce Thébain [1], ce bon Père,
Lequel me servira d'une contrepoison.
Il ne faut qu'un mortel un immortel assaille.
Mais si je prends un jour cet Indien [2] pour moi,
Amour, tant sois-tu fort, tu perdras la bataille,
Ayant ensemble un homme et un Dieu contre toi.
La Raison contre Amour ne peut chose qui vaille :
Il faut contre un grand Prince opposer un grand Roi.

XXII

Cusin *, monstre à double aile, au mufle éléphantin,
Canal à tirer sang, qui voletant en presse
Siffles d'un son aigu, ne pique ma Maîtresse,
Et la laisse dormir du soir jusqu'au matin.
Si ton corps d'un atome, et ton nez de mâtin
Cherche tant à piquer la peau d'une Déesse,
En lieu d'elle, Cusin, la mienne je te laisse :
Que mon sang et ma peau te soient comme un butin.
Cusin, je m'en dédis : hume-moi de la belle
Le sang, et m'en apporte une goutte nouvelle
Pour goûter quel il est. Hà! que le sort fatal
Ne permet à mon corps de prendre ton essence!
Repiquant ses beaux yeux, elle aurait connaissance
Qu'amour qu'on ne voit point, fait souvent un grand mal.

XXIII

Aller en marchandise aux Indes précieuses,
Sans acheter ni or ni parfum ni joyaux,
Hanter sans avoir soif les sources et les eaux,
Fréquenter sans bouquets les fleurs délicieuses,
Courtiser et chercher les Dames amoureuses,
Etre toujours assise au milieu des plus beaux,
Et ne sentir d'Amour ni flèches ni flambeaux,
Ma Dame, croyez-moi, sont choses monstrueuses.
C'est se tromper soi-même; aussi toujours j'ai cru
Qu'on pouvait s'échauffer en s'approchant du feu,
Et qu'en prenant la glace et la neige on se gèle.
Puis il est impossible, étant si jeune et belle,
Que votre cœur gentil d'Amour ne soit ému,
Sinon d'un grand brasier, au moins d'une étincelle.

XXIV

Amour, je prends congé de ta menteuse école,
Où j'ai perdu l'esprit, la raison et le sens,
Où je me suis trompé, où j'ai gâté mes ans,
Où j'ai mal employé ma jeunesse trop folle.
Malheureux qui se fie en un enfant qui vole,
Qui a l'esprit soudain, les effets inconstants,
Qui moissonne nos fleurs avant notre printemps,
Qui nous paît de créance et d'un songe frivole.
Jeunesse l'allaita, le sang chaud le nourrit,
Cuider * l'ensorcela, Paresse le pourrit
Entre les voluptés vaines comme fumées.
Cassandre me ravit, Marie me tint pris,
Jà grison à la Cour d'une autre je m'épris.
L'ardeur d'amour ressemble aux pailles allumées.

XXV

Le mois d'août bouillonnait d'une chaleur éprise,
Quand j'allai voir ma Dame assise auprès du feu;
Son habit était gris, duquel je me despleu,
La voyant toute pâle en une robe grise.
Que plaignez-vous, disais-je, en une chaire * assise?
— Je tremble et la chaleur réchauffer ne m'a peu;
Tout le corps me fait mal, et vivre je n'ai peu
Saine depuis six ans, tant l'ennui me tient prise.
— Si l'Été, la jeunesse, et le chaud n'ont pouvoir
D'échauffer votre sang, comment pourrai-je voir
Sortir un feu d'une âme en glace convertie?
Mais, Corps, ayant souci de me voir en émoi,
Serais-tu point malade en langueur comme moi,
Tirant à toi mon mal par une sympathie?

XXVI

Au milieu de la guerre, en un siècle sans foi,
Entre mille procès, est-ce pas grand-folie
D'écrire de l'Amour? De manotes on lie
Les fols qui ne sont pas si furieux que moi.
Grison et maladif rentrer dessous la loi
D'Amour, ô quelle erreur! Dieux, merci je vous crie.
Tu ne m'es plus Amour, tu m'es une Furie,
Qui me rends fol enfant et sans yeux comme toi.
Voir perdre mon pays, proie des adversaires,
Voir en nos étendards les fleurs de lis contraires,
Voir une Thébaïde [1] et faire l'amoureux!
Je m'en vais au Palais [2] : adieu vieilles Sorcières!
Muses, je prends mon sac, je serai plus heureux
En gagnant mes procès, qu'en suivant vos rivières.

XXVII

Le juge m'a trompé : ma Maîtresse m'enserre
Si fort en sa prison, que j'en suis tout transi;
La guerre est à mon huis. Pour charmer mon souci,
Page, verse à longs traits du vin dedans mon verre.
Au vent aille l'amour, le procès et la guerre,
Et la mélancolie au sang froid et noirci!
Adieu rides, adieu, je ne vis plus ainsi :
Vivre sans volupté, c'est vivre sous la terre.
La Nature nous donne assez d'autres malheurs
Sans nous en acquérir. Nu je vins en ce monde,
Et nu je m'en irai. Que me servent les pleurs,
Sinon de m'attrister d'une angoisse profonde?
Chassons avec le vin le soin et les malheurs :
Je combats les soucis, quand le vin me seconde.

XXVIII

Ma peine me contente, et prends en patience
La douleur que je sens, puisqu'il vous plaît ainsi,
Et que daignez avoir souci de mon souci,
Et prendre par mon mal du vôtre expérience.
Je nourrirai mon feu d'une douce espérance,
Puisque votre dédain vers moi s'est adouci.
Pour résister au mal mon cœur s'est endurci,
Tant la force d'Amour me donne d'assurance.
Aussi quand je voudrais, je ne pourrais celer
Le feu dont vos beaux yeux me forcent de brûler.
Je suis soufre et salpêtre [1], et vous n'êtes que glace.
De parole et d'écrit je montre ma langueur.
La passion du cœur m'apparaît sur la face.
La face ne ment point : c'est le miroir du cœur.

XXIX

Vous triomphez de moi, et pource je vous donne
Ce lierre qui coule et se glisse à l'entour
Des arbres et des murs, lesquels tour dessus tour,
Plis dessus plis il serre, embrasse et environne.
A vous de ce lierre appartient la Couronne.
Je voudrais, comme il fait, et de nuit et de jour,
Me plier contre vous, et, languissant d'amour,
D'un nœud ferme enlacer votre belle colonne.
Ne viendra point le temps que dessous les rameaux,
Au matin où l'Aurore éveille toutes choses,
En un Ciel bien tranquille, au caquet des oiseaux,
Je vous puisse baiser à lèvres demi-closes,
Et vous conter mon mal, et de mes bras jumeaux
Embrasser à souhait votre ivoire et vos roses?

XXX

Voyez comme tout change (hé, qui l'eût espéré?) :
Vous me souliez donner, maintenant je vous donne
Des bouquets et des fleurs; Amour vous abandonne,
Qui seul dedans mon cœur est ferme demeuré.
Des Dames le vouloir n'est jamais mesuré,
Qui d'une extrême ardeur tantôt se passionne,
Tantôt une froideur extrême l'environne,
Sans avoir un milieu longuement assuré.
Voilà comme Fortune en se jouant m'abaisse :
Votre plus grande gloire un temps fut de m'aimer,
Maintenant je vous aime, et votre amour me laisse;
Ainsi que je vous vis je me vois consumer.
Dieu pour punir l'orgueil commet une Déesse :
Elle vous appartient, je n'ose la nommer.

XXXI

Ma Dame but à moi, puis me baillant sa tasse :
« Buvez, dit-ell', ce reste où mon cœur j'ai versé »,
Et alors le vaisseau * des lèvres je pressai,
Qui comme un batelier son cœur dans le mien passe.
Mon sang renouvelé tant de forces amasse
Par la vertu du vin qu'elle m'avait laissé,
Que trop chargé d'esprits et de cœurs je pensai
Mourir dessous le faix, tant mon âme était lasse.
Ah! Dieux! qui pourrait vivre avec telle beauté
Qui tient toujours Amour en son vase arrêté?
Je ne devais en boire, et m'en donne le blâme.
Ce vase me lia sous les Sens dès le jour
Que je bus de son vin, mais plutôt une flamme,
Mais plutôt un venin qui m'enivra d'amour.

XXXII

J'avais été saigné, ma Dame me vint voir
Lorsque je languissais d'une humeur froide et lente.
Se tournant vers mon sang, comme toute riante,
Me dit en se jouant : « Que votre sang est noir!
Le trop penser en vous a pu si bien mouvoir
L'imagination, que l'âme obéissante
A laissé la chaleur naturelle impuissante
De cuire, de nourrir, de faire son devoir. »
Ne soyez plus si belle, et devenez Médée :
Colorez d'un beau sang ma face jà ridée,
Et d'un nouveau printemps faites-moi ranimer.
Æson [1] vit rajeunir son écorce ancienne.
Nul charme ne saurait renouveler la mienne :
Si je veux rajeunir, il ne faut plus aimer.

XXXIII

Si la beauté se perd, fais-en part de bonne heure,
Tandis qu'en son printemps tu la vois fleuronner.
Si elle ne se perd, ne crains point de donner
A tes amis le bien qui toujours te demeure.
Vénus, tu devrais être en mon endroit meilleure,
Et non dedans ton camp ainsi m'abandonner.
Tu me laisses toi-même esclave emprisonner
Es * mains d'une cruelle où il faut que je meure.
Tu as changé mon aise et mon doux en amer.
Que devais-je espérer de toi, germe de mer,
Sinon toute tempête? et de toi qui es femme
De Vulcan, que du feu? de toi, garce * de Mars [2],
Que couteaux qui sans cesse environnent mon âme,
D'orages amoureux, de flammes et de dards?

XXXIV

Amour, seul artisan de mes propres malheurs,
Contre qui sans repos au combat je m'essaie,
M'a fait dedans le cœur une mauvaise plaie,
Laquelle en lieu de sang ne verse que des pleurs.
Le méchant m'a fait pis : choisissant les meilleurs
De ses traits jà trempés aux veines de mon faye,
La langue m'a navrée afin que je bégaie,
En lieu de raconter à chacun mes douleurs.
Phébus, qui sur Parnasse aux Muses sers de guide,
Prends l'arc, revenge-moi contre mon homicide!
J'ai la langue et le cœur percés, t'ayant suivi.
Vois comme l'un et l'autre en bégayant me saigne.
Phébus, dès le berceau j'ai suivi ton enseigne :
Conserve les outils qui t'ont si bien servi.

XXXV

Cythère entrait au bain, et te voyant près d'elle
Son ceste [1] elle te baille afin de le garder.
Ceinte de tant d'amours, tu me vins regarder,
Me tirant de tes yeux une flèche cruelle.
Muses, je suis navré : ou ma plaie mortelle
Guérissez, ou cessez de plus me commander.
Je ne suis votre école, afin de demander
Qui fait la Lune vieille, ou qui la fait nouvelle.
Je ne vous fais la cour, comme un homme ocieux *,
Pour apprendre de vous le mouvement des cieux,
Que peut la grande Eclipse, ou que peut la petite,
Ou si Fortune ou Dieu ont fait cet Univers :
Si je ne puis fléchir Hélène par mes vers,
Cherchez autre écolier, Déesses, je vous quitte.

XXXVI

J'ai honte de ma honte, il est temps de me taire,
Sans faire l'amoureux en un chef si grison.
Il vaut mieux obéir aux lois de la Raison,
Qu'être plus désormais en l'amour volontaire.
Je l'ai juré cent fois, mais je ne le puis faire.
Les roses pour l'Hiver ne sont plus de saison.
Voici le cinquième an de ma longue prison,
Esclave entre les mains d'une belle Corsaire.
Maintenant je veux être importun amoureux
Du bon père Aristote, et d'un soin généreux
Courtiser et servir la beauté de sa fille[1].
Il est temps que je sois de l'Amour délié.
Il vole comme un Dieu; homme je vais à pié.
Il est jeune, il est fort; je suis gris et débile.

XXXVII

Maintenant que l'Hiver de vagues ampoulées
Orgueillit les torrents, et que le vent qui fuit
Fait ores * éclater les rives d'un grand bruit,
Et ores des forêts les têtes éveillées,
Je voudrais voir d'Amour les deux ailes gelées,
Voir ses traits tous gelés, desquels il me poursuit,
Et son brandon * gelé dont la chaleur me cuit
Les veines que sa flamme a tant de fois brûlées.
L'Hiver est toujours fait d'un gros air épaissi,
Pour le Soleil absent ni chaud ni éclairci,
Et mon ardeur se fait des rayons d'une face,
Laquelle me nourrit d'imagination.
Toujours dedans le sang j'en ai l'impression,
Qui force de l'Hiver les neiges et la glace.

XXXVIII

Une seule vertu, tant soit parfaite et belle,
Ne pourrait jamais rendre un homme vertueux.
Il faut le nombre entier, en rien défectueux;
Le Printemps ne se fait d'une seule arondelle.
Toute vertu divine acquise et naturelle
Se loge en ton esprit. La Nature et les Cieux
Ont versé dessus toi leurs dons plus précieux,
Puis pour n'en faire plus ont rompu la modelle.
Ici à ta beauté se joint la Chasteté,
Ici l'honneur de Dieu, ici la Piété,
La crainte de mal faire, et la peur d'infamie;
Ici un cœur constant, qu'on ne peut ébranler.
Pource, en lieu de mon cœur, d'Hélène et de ma vie,
Je te devrais plutôt mon destin appeler.

XXXIX

Yeux, qui versez en l'âme, ainsi que deux planètes,
Un esprit qui pourrait ressusciter les morts,
Je sais de quoi sont faits tous les membres du corps,
Mais je ne puis savoir quelle chose vous êtes.
Vous n'êtes sang ni chair, et toutefois vous faites
Des miracles en moi, tant vos regards sont forts,
Si bien qu'en foudroyant les miens par le dehors,
Dedans vous me tuez de cent mille sagettes.
Yeux, la forge d'Amour, Amour n'a point de traits,
Que les poignants éclairs qui sortent de vos rais,
Dont le moindre à l'instant toute l'âme me sonde.
Je suis, quand je les sens, de merveille ravi.
Quand je ne les sens plus, à l'heure je ne vi,
Ayant en moi l'effet qu'a le Soleil au monde.

XL

Comme un vieil combattant, qui ne veut plus s'armer,
Ayant le corps chargé de coups et de vieillesse,
Regarde en s'ébattant l'Olympique jeunesse,
Pleine d'un sang bouillant aux joûtes escrimer,
Ainsi je regardais du jeune Dieu d'aimer,
Dieu qui combat toujours par ruse et par finesse,
Les gaillards champions, qui d'une chaude presse
Se veulent dans le camp amoureux enfermer.
Quand tu as reverdi mon écorce ridée
De ta jeune vertu, ainsi que fit Médée
Par herbes et par jus le père de Jason [1],
Je n'ai contre ton charme opposé ma défense.
Toutefois je me deuls * de rentrer en enfance,
Pour perdre tant de fois l'esprit et la raison.

XLI

Laisse de Pharaon la terre Égyptienne,
Terre de servitude, et viens sur le Jourdain [2];
Laisse-moi cette Cour et tout ce fard mondain,
Ta Circe [3], ta Sirène, et ta magicienne.
Demeure en ta maison pour vivre toute tienne,
Contente-toi de peu : l'âge s'enfuit soudain.
Pour trouver ton repos, n'attends point à demain,
N'attends point que l'hiver sur les cheveux te vienne.
Tu ne vois à ta Cour que feintes et soupçons,
Tu vois tourner une heure en cent mille façons,
Tu vois la vertu fausse, et vraie la malice.
Laisse ces honneurs pleins d'un soin ambitieux :
Tu ne verras aux champs que Nymphes et que Dieux,
Je serai ton Orphée, et toi mon Eurydice.

XLII

Ces longues nuits d'hiver, où la Lune ocieuse *
Tourne si lentement son char tout à l'entour,
Où le coq si tardif nous annonce le jour,
Où la nuit semble un an à l'âme soucieuse,
Je fusse mort d'ennui sans ta forme douteuse,
Qui vient par une feinte alléger mon amour,
Et faisant toute nue entre mes bras séjour,
Me pipe doucement d'une joie menteuse.
Vraie tu es farouche, et fière * en cruauté.
De toi fausse on jouit en toute privauté.
Près ton mort[1] je m'endors, près de lui je repose :
Rien ne m'est refusé. Le bon sommeil ainsi
Abuse par le faux mon amoureux souci.
S'abuser en amour n'est pas mauvaise chose.

XLIII

Quand vous serez bien vieille, au soir à la chandelle,
Assise auprès du feu, dévidant et filant,
Direz chantant mes vers, en vous émerveillant :
« Ronsard me célébrait du temps que j'étais belle. »
Lors vous n'aurez servante oyant telle nouvelle,
Déjà sous le labeur à demi sommeillant,
Qui au bruit de mon nom ne s'aille réveillant,
Bénissant votre nom de louange immortelle.
Je serai sous la terre, et fantôme sans os
Par les ombres myrteux[2] je prendrai mon repos;
Vous serez au foyer une vieille accroupie,
Regrettant mon amour et votre fier dédain.
Vivez, si m'en croyez, n'attendez à demain :
Cueillez dès aujourd'hui les roses de la vie.

XLIV

Genèvres * hérissés, et vous, houx épineux,
L'un hôte des déserts, et l'autre d'un bocage,
Lierre, le tapis d'un bel antre sauvage,
Sources qui bouillonnez d'un surgeon * sablonneux;
Pigeons, qui vous baisez d'un baiser savoureux,
Tourtres * qui lamentez d'un éternel veuvage,
Rossignols ramagers, qui d'un plaisant langage
Nuit et jour rechantez vos versets amoureux;
Vous à la gorge rouge, étrangère Arondelle,
Si vous voyez aller ma Nymphe en ce Printemps
Pour cueillir des bouquets par cette herbe nouvelle,
Dites-lui pour néant que sa grâce j'attends,
Et que pour ne souffrir le mal que j'ai pour elle,
J'ai mieux aimé mourir que languir si longtemps.

XLV

Celle, de qui l'amour vainquit la fantasie [1],
Que Jupiter conçut sous un Cygne emprunté,
Cette sœur des Jumeaux [2], qui fit par sa beauté
Opposer toute Europe aux forces de l'Asie,
Disait à son miroir, quand elle vit saisie
Sa face de vieillesse et de hideuseté :
« Que mes premiers maris insensés ont été
De s'armer pour jouir d'une chair si moisie!
Dieux, vous êtes cruels, jaloux de notre temps!
Des Dames sans retour s'envole le printemps :
Aux serpents tous les ans vous ôtez la vieillesse. »
Ainsi disait Hélène en remirant son teint.
Cet exemple est pour vous : cueillez votre jeunesse.
Quand on perd son avril, en octobre on s'en plaint.

XLVI

Heureux le Chevalier [1], que la Mort nous dérobe,
Qui premier me fit voir de ta Grâce l'attrait!
Je la vis de si loin, que la pointe du trait
Sans force demeura dans les plis de ma robe.
Mais ayant de plus près entendu ta parole,
Et vu ton œil ardent, qui de moi m'a distrait,
Au cœur entra la flèche avecque ton portrait,
Mais plutôt le portrait de ce Dieu qui m'affole.
Ébloui de ta vue, où l'Amour fait son nid,
Claire comme un Soleil en flammes infini,
Je n'osais t'aborder, craignant de plus ne vivre.
Je fus trois mois rétif; mais l'Archer qui me vit,
Si bien à coups de traits ma crainte poursuivit,
Que battu de son arc m'a forcé de te suivre.

XLVII

Lettre, je te reçois, que ma Déesse en terre
M'envoie pour me faire ou joyeux, ou transi,
Ou tous les deux ensemble. O Lettre, tout ainsi
Que tu m'apportes seule ou la paix, ou la guerre,
Amour en te lisant de mille traits m'enferre,
Touche mon sein, afin qu'en retournant d'ici
Tu contes à ma Dame en quel piteux souci
Je vis pour sa beauté, tant j'ai le cœur en serre!
Touche mon estomac pour sentir mes chaleurs,
Approche de mes yeux pour recevoir mes pleurs,
Que larme dessus larme Amour toujours m'assemble.
Puis voyant les effets d'un si contraire émoi,
Dis que Deucalion [2] et Phaéton [3] chez moi,
L'un au cœur, l'autre aux yeux, se sont logés ensemble.

XLVIII

Lettre, de mon ardeur véritable interprète,
Qui parles sans parler les passions du cœur,
Poste * des amoureux, va conter ma langueur
A ma Dame, et comment sa cruauté me traite.
Comme une messagère et accorte * et secrète
Contemple en la voyant sa face et sa couleur,
Si elle devient gaie, ou pâle de douleur,
Ou d'un petit soupir si elle me regrette.
Fais office de langue : aussi bien je ne puis
Devant elle parler, tant vergogneux je suis,
Tant je crains l'offenser, et faut que le visage
Tout seul de ma douleur lui rende témoignage.
Tu pourras en trois mots lui dire mes ennuis :
Le silence parlant vaut un mauvais langage.

XLIX

Le soir qu'Amour vous fit en la salle descendre
Pour danser d'artifice un beau ballet d'Amour,
Vos yeux, bien qu'il fût nuit, ramenèrent le jour,
Tant ils surent d'éclairs par la place répandre.
Le ballet fut divin, qui se soulait * reprendre,
Se rompre, se refaire, et tour dessus retour
Se mêler, s'écarter, se tourner à l'entour,
Contre-imitant le cours du fleuve de Méandre.
Ores * il était rond, ores long, or' étroit,
Or' en pointe, en triangle en la façon qu'on voit
L'escadron de la Grue évitant la froidure.
Je faux *, tu ne dansais, mais ton pied voletait
Sur le haut de la terre; aussi ton corps s'était
Transformé pour ce soir en divine nature.

L

Je vois mille beautés, et si * n'en vois pas une
Qui contente mes yeux : seule vous me plaisez,
Seule, quand je vous vois, mes Sens vous apaisez;
Vous êtes mon Destin, mon Ciel, et ma Fortune,
Ma Vénus, mon Amour, ma Charite, ma brune,
Qui tous bas pensements de l'esprit me rasez,
Et de belles vertus l'estomac m'embrasez,
Me soulevant de terre au cercle de la Lune.
Mon œil de vos regards goulûment se repaît.
Tout ce qui n'est pas vous lui fâche et lui déplaît,
Tant il a par usance * accoutumé de vivre
De votre unique, douce, agréable beauté.
S'il pèche contre vous, affamé de vous suivre,
Ce n'est de son bon gré, c'est par nécessité.

LI

Ces cheveux, ces liens dont mon cœur tu enlaces,
Menus, primes *, subtils, qui coulent aux talons,
Entre noirs et châtains, bruns, déliés et longs,
Tels que Vénus les porte et ses trois belles Grâces,
Me tiennent si étreint, Amour, que tu me passes
Au cœur en les voyant cent pointes d'aiguillons,
Dont le moindre des nœuds pourrait des plus félons
En leur plus grand courroux arrêter les menaces.
Cheveux non achetés, empruntés ni fardés,
Qui votre naturel sans feintise gardez,
Que vous me semblez beaux! Permettez que j'en porte
Un lien à mon col, afin que sa beauté
Me voyant prisonnier lié de telle sorte,
Se puisse témoigner quelle est sa cruauté.

LII

Je suis émerveillé que mes pensers ne sont
Las de penser en vous, y pensant à toute heure.
Me souvenant de vous, or' * je chante, or' je pleure,
Et d'un penser passé cent nouveaux se refont.
Puis légers comme oiseaux ils volent et s'en vont,
M'abandonnant tout seul, devers votre demeure,
Et s'ils savaient parler, souvent vous seriez seure
Du mal que mon cœur cache, et qu'on lit sur mon front.
Or sus, venez Pensers, pensons encore en elle;
De tant y repenser, je ne me puis lasser;
Pensons en ses beaux yeux et combien elle est belle.
Elle pourra vers nous les siens faire passer.
Vénus non seulement nourrit de sa mamelle
Amour son fils aîné, mais aussi le Penser.

LIII

Belle gorge d'albâtre, et vous chaste poitrine,
Qui les Muses cachez en un rond verdelet;
Tertres d'Agate blanc, petits gazons de lait,
Des Grâces le séjour, d'Amour et de Cyprine;
Sein de couleur de lis et de couleur rosine,
De veines marqueté, je vous vis par souhait
Lever l'autre matin, comme l'Aurore fait
Quand vermeille elle sort de sa chambre marine.
Je vis de tous côtés le Plaisir et le Jeu,
Vénus, Amour, la Grâce, armés d'un petit feu,
Voler ainsi qu'enfants, par vos coteaux d'ivoire,
M'éblouir, m'assaillir et surprendre mon fort :
Je vis tant de beautés que je ne les veux croire.
Un homme ne doit croire aux témoins de sa mort.

LIV

Lorsque le Ciel te fit, il rompit la modèle
Des Vertus, comme un peintre efface son tableau,
Et quand il veut refaire une image du Beau,
Il te va retracer pour en faire une telle.
Tu apportas d'en haut la forme la plus belle,
Pour paraître en ce monde un miracle nouveau,
Que couleur, ni outil, ni plume, ni cerveau
Ne sauraient égaler, tant tu es immortelle.
Un bonheur te défaut * : c'est qu'en venant çà-bas
Couverte de ton voile ombragé du trépas,
Ton excellence fut à ce monde inconnue,
Qui n'osa regarder les rayons de tes yeux.
Seul je les adorai comme un trésor des cieux,
Te voyant en essence, et les autres en nue.

LV

Je te voulais nommer, pour Hélène, Ortygie [1],
Renouvelant en toi d'Ortyge le renom.
Le tien est plus fatal : Hélène est un beau nom,
Hélène, honneur des Grecs, la terreur de Phrygie.
Si pour sujet fertile Homère t'a choisie,
Je puis, suivant son train qui va sans compagnon,
Te chantant m'honorer, et non pas toi, sinon
Qu'il te plaise estimer ma rude Poësie.
Tu passes en vertus les Dames de ce temps
Aussi loin que l'Hiver est passé du Printemps,
Digne d'avoir autels, digne d'avoir Empire.
Laure ne te vaincrait de renom ni d'honneur
Sans le Ciel qui lui donne un plus digne sonneur [2],
Et le mauvais destin te fait présent du pire.

LVI

J'errais en mon jardin, quand au bout d'une allée
Je vis contre l'Hiver boutonner un Souci.
Cette herbe et mon amour fleurissent tout ainsi :
La neige est sur ma tête, et la sienne est gelée.
O bienheureuse amour en mon âme écoulée
Par celle qui n'a point de parangon * ici,
Qui m'a de ses rayons tout l'esprit éclairci,
Qui devrait des Français Minerve être appelée,
En prudence Minerve, une Grâce en beauté,
Junon en gravité, Diane en chasteté,
Qui sert aux mêmes Dieux, comme aux hommes
[d'exemple,
Si tu fusses venue au temps que la Vertu
S'honorait des humains, tes vertus eussent eu
Vœux, encens et autels, sacrifices et temple.

LVII

De Myrte et de Laurier feuille à feuille enserrés
Hélène entrelaçant une belle Couronne,
M'appela par mon nom : « Voilà que je vous donne :
De moi seule, Ronsard, l'écrivain vous serez. »
Amour qui l'écoutait, de ses traits acérés
Me pousse Hélène au cœur, et son chantre m'ordonne :
« Qu'un sujet si fertil votre plume n'étonne :
Plus l'argument est grand, plus Cygne [1] vous mourrez. »
Ainsi me dit Amour, me frappant de ses ailes;
Son arc fit un grand bruit, les feuilles éternelles
Du Myrte je sentis sur mon chef tressaillir.
Adieu Muses, adieu, votre faveur me laisse!
Hélène est mon Parnasse : ayant telle Maîtresse,
Le Laurier est à moi, je ne saurais faillir.

LVIII

Seule sans compagnie en une grande salle
Tu logeais l'autre jour pleine de majesté,
Cœur vraiment généreux, dont la brave * beauté
Sans pareille ne trouve une autre qui l'égale.
Ainsi seul en son ciel le Soleil se dévale,
Sans autre compagnon en son char emporté;
Ainsi loin de ses Dieux en son Palais voûté
Jupiter a choisi sa demeure royale.
Une âme vertueuse a toujours un bon cœur;
Le lièvre fuit toujours, la biche a toujours peur,
Le lion de soi-même assuré se hasarde.
La peur qui sert au peuple et de frein et de Loi,
Ne saurait étonner ni ta vertu ni toi :
La Loi ne sert de rien, quand la Vertu nous garde.

LIX

Qu'il me soit arraché des tétins de sa mère,
Ce jeune enfant Amour, et qu'il me soit vendu!
Il ne fait que de naître, et m'a déjà perdu.
Vienne quelque marchand, je le mets à l'enchère.
D'un si mauvais garçon la vente n'est pas chère.
J'en ferai bon marché. Ah! j'ai trop attendu.
Mais voyez comme il pleure, il m'a bien entendu.
Apaise-toi, mignon, j'ai passé ma colère,
Je ne te vendrai point : au contraire je veux
Pour Page t'envoyer à ma maîtresse Hélène,
Qui toute te ressemble et d'yeux et de cheveux,
Aussi fine que toi, de malice aussi pleine.
Comme enfants vous croîtrez, et vous jouerez tous deux.
Quand tu seras plus grand, tu me paieras ma peine.

LX

Passant dessus la tombe où Lucrèce[1] repose,
Tu versas dessus elle une moisson de fleurs;
L'échauffant de soupirs, et l'arrosant de pleurs,
Tu montras qu'une mort tenait ta vie enclose.
Si tu aimes le corps dont la terre dispose,
Imagine ta force et conçois tes rigueurs :
Tu me verras, cruelle, entre mille langueurs
Mourir, puisque la mort te plaît sur toute chose.
C'est acte de pitié d'honorer un cercueil,
Mépriser les vivants est un signe d'orgueil.
Puisque ton naturel les fantômes embrasse,
Et que rien n'est de toi, s'il n'est mort, estimé,
Sans languir tant de fois, éconduit de ta grâce,
Je veux du tout mourir pour être mieux aimé.

LXI

Je suis pour votre amour diversement malade,
Maintenant plein de froid, maintenant de chaleur;
Dedans le cœur pour vous autant j'ai de douleur,
Comme il y a de grains dedans votre Grenade.
Yeux qui fîtes sur moi la première embuscade,
Désattisez ma flamme, et desséchez mes pleurs,
Je faux *, vous ne pourriez : car le mal dont je meurs
Est si grand qu'il ne peut se guérir d'une œillade.
Ma Dame, croyez-moi, je trépasse pour vous;
Je n'ai artère, nerf, tendon, veine ni pouls,
Qui ne sente d'Amour la fièvre continue.
La grenade est d'Amour le symbole parfait :
Ses grains en ont encor la force retenue,
Que vous ne connaissez de signe ni d'effet.

LXII

Ma Dame, je me meurs, abandonné d'espoir :
La plaie est jusqu'à l'os, je ne suis celui même
Que j'étais l'autre jour, tant la douleur extrême,
Forçant la patience, a dessus moi pouvoir.
Je ne puis ni toucher, goûter, n'ouïr ni voir :
J'ai perdu tous mes Sens, je suis une ombre blême;
Mon corps n'est qu'un tombeau. Malheureux est qui aime,
Malheureux qui se laisse à l'Amour décevoir!
Devenez un Achille aux plaies qu'avez faites,
Un Télèphe [1] je suis, lequel s'en va périr;
Montrez-moi par pitié vos puissances parfaites,
Et d'un remède prompt daignez moi secourir.
Si votre serviteur, cruelle, vous défaites,
Vous n'aurez le Laurier pour l'avoir fait mourir.

LXIII

Voyant par les soudards * ma maison saccagée,
Et mon pays couvert de Mars et de la mort,
Pensant en ta beauté tu étais mon support,
Et soudain ma tristesse en joie était changée.
Résolu je disais : Fortune s'est vengée,
Elle emporte mon bien et non mon réconfort.
Hà, que je fus trompé! tu me fais plus de tort
Que n'eût fait une armée en bataille rangée.
Les soudards m'ont pillé, tu as ravi mon cœur,
Tu es plus grand voleur, j'en demande justice
Aux Dieux qui n'oseraient châtier ta rigueur.
Tu saccages ma vie en te faisant service :
Encore te moquant tu braves ma langueur,
Qui me fait plus de mal que ne fait ta malice.

LXIV

Vous êtes le bouquet de votre bouquet même,
Et la fleur de sa fleur, sa grâce et sa verdeur,
De votre douce haleine il a pris son odeur,
Il est comme je suis de votre amour tout blême.
Ma Dame, voyez donc : puisqu'un bouquet vous aime,
Indigne de juger que peut votre valeur,
Combien dois-je sentir en l'âme de douleur,
Qui sers par jugement votre excellence extrême?
Mais ainsi qu'un bouquet se flétrit en un jour,
J'ai peur qu'un même jour flétrisse votre amour.
Toute amitié de femme est soudain effacée.
Advienne le destin comme il pourra venir,
Il ne peut de vos yeux m'ôter le souvenir :
Il faudrait m'arracher le cœur et la pensée.

LXV

Je ne serais marri si tu comptais ma peine,
De compter tes degrés recomptés tant de fois;
Tu loges au sommet du Palais de nos Rois [1] :
Olympe n'avait pas la cime si hautaine.
Je perds à chaque marche et le pouls et l'haleine,
J'ai la sueur au front, j'ai l'estomac pantois,
Pour ouïr un nenni, un refus, une voix,
De dédain, de froideur et d'orgueil toute pleine.
Tu es comme Déesse assise en très haut lieu.
Pour monter en ton ciel je ne suis pas un Dieu.
Je ferai de la cour ma plainte coutumière,
T'envoyant jusqu'en haut mon cœur dévotieux.
Ainsi les hommes font à Jupiter prière :
Les hommes sont en terre, et Jupiter aux cieux.

LXVI

Mon âme mille fois m'a prédit mon dommage;
Mais la sotte qu'elle est, après l'avoir prédit,
Maintenant s'en repent, maintenant s'en dédit,
Et voyant ma Maîtresse elle aime davantage.
Si l'âme, si l'esprit, qui sont de Dieu l'ouvrage,
Deviennent amoureux, à grand tort on médit
Du corps qui suit les Sens, non brutal comme on dit,
S'il se trouve ébloui des rais * d'un beau visage.
Le corps ne languirait d'un amoureux souci,
Si l'âme, si l'esprit ne le voulaient ainsi.
Mais du premier assaut l'âme est toute éperdue,
Conseillant, comme Reine, au corps d'en faire autant.
Ainsi le Citoyen trahi du combattant
Se rend aux ennemis, quand la ville est perdue.

LXVII

Il ne faut s'ébahir, disaient ces bons vieillards,
Dessus le mur Troyen, voyant passer Hélène,
Si pour telle beauté nous souffrons tant de peine :
Notre mal ne vaut pas un seul de ses regards.
Toutefois il vaut mieux, pour n'irriter point Mars,
La rendre à son époux afin qu'il la remmène,
Que voir de tant de sang notre campagne pleine,
Notre havre gagné, l'assaut à nos remparts.
Pères, il ne fallait à qui la force tremble,
Par un mauvais conseil les jeunes retarder;
Mais et jeunes et vieux vous deviez tous ensemble
Pour elle corps et biens et ville hasarder.
Ménélas [1] fut bien sage, et Pâris, ce me semble,
L'un de la demander, l'autre de la garder.

LXVIII

Ah! belle liberté, qui me servais d'escorte,
Quand le pied me portait où libre je voulois!
Ah! que je te regrette! hélas, combien de fois
Ai-je rompu le joug, que malgré moi je porte!
Puis je l'ai rattaché, étant né de la sorte,
Que sans aimer je suis et du plomb et du bois,
Quand je suis amoureux j'ai l'esprit et la voix,
L'invention meilleure et la Muse plus forte.
Il me faut donc aimer pour avoir bon esprit,
Afin de concevoir des enfants par écrit,
Pour allonger mon nom aux dépens de ma peine.
Quel sujet plus fertil saurai-je mieux choisir
Que le sujet qui fut d'Homère le plaisir,
Cette toute divine et vertueuse Hélène?

LXIX

Tes frères les Jumeaux [1], qui ce mois verdureux
Maîtrisent, et qui sont tous deux liés ensemble,
Te devraient enseigner, au moins comme il me semble,
A te joindre ainsi qu'eux d'un lien amoureux.
Mais ton corps nonchalant, revêche et rigoureux,
Qui jamais en son cœur le feu d'amour n'assemble,
En ce beau mois de mai, malgré tes ans ressemble,
O perte de jeunesse! à l'Hiver froidureux.
Tu n'es digne d'avoir les deux Jumeaux pour frères :
A leur gentille humeur les tiennes sont contraires,
Vénus t'est déplaisante, et son fils odieux.
Au contraire, par eux la terre est toute pleine
De Grâces et d'Amours; change ce nom d'Hélène :
Un autre plus cruel te convient beaucoup mieux.

LXX

Ni ta simplicité ni ta bonne nature,
Ni même ta vertu ne t'ont pu garantir
Que la Cour, ta nourrice, école de mentir,
N'ait dépravé tes mœurs d'une fausse imposture.
Le proverbe dit vrai, souvent la nourriture
Corrompt le naturel; tu me l'as fait sentir,
Qui fraudant ton serment m'avais au départir
Promis de m'honorer de ta belle figure.
Menteuse contre Amour, qui vengeur te poursuit,
Tu as levé ton camp pour t'enfuir de nuit,
Accompagnant ta Reine (ô vaine couverture!),
Trompant pour la faveur ta promesse et ta foi.
Comment pourrai-je avoir quelque faveur de toi,
Quand tu ne veux souffrir que je t'aime en peinture?

LXXI

Cette fleur de Vertu, pour qui cent mille larmes
Je verse nuit et jour sans m'en pouvoir soûler,
Peut bien sa destinée à ce Grec[1] égaler,
A ce fils de Thétis, à l'autre fleur des armes.
Le Ciel malin borna ses jours de peu de termes,
Il eut courte la vie ailée à s'en aller;
Mais son nom qui a fait tant de bouches parler,
Lui sert contre la mort de piliers et de termes.
Il eut pour sa prouesse un excellent sonneur :
Tu as pour tes vertus en mes vers un honneur,
Qui malgré le tombeau suivra ta renommée.
Les Dames de ce temps n'envient ta beauté,
Mais ton nom tant de fois par les Muses chanté,
Qui languirait d'oubli si je ne t'eusse aimée.

LXXII

Afin que ton honneur coule parmi la plaine
Autant qu'il monte au Ciel engravé dans un pin,
Invoquant tous les Dieux, et répandant du vin,
Je consacre à ton nom cette belle fontaine.
Pasteurs, que vos troupeaux frisés de blanche laine
Ne paissent à ces bords : y fleurisse le thym,
Et tant de belles fleurs qui s'ouvrent au matin,
Et soit dite à jamais la Fontaine d'Hélène.
Le passant en Été s'y puisse reposer,
Et assis dessus l'herbe à l'ombre composer
Mille chansons d'Hélène, et de moi lui souvienne.
Quiconques en boira, qu'amoureux il devienne,
Et puisse, en la humant, une flamme puiser
Aussi chaude qu'au cœur je sens chaude la mienne.

STANCES
DE LA FONTAINE D'HÉLÈNE

POUR CHANTER OU RÉCITER A TROIS PERSONNES

LE PREMIER

Ainsi que cette eau coule et s'enfuit parmi l'herbe,
Ainsi puisse couler en cette eau le souci
Que ma belle Maîtresse, à mon mal trop superbe,
Engrave dans mon cœur sans en avoir merci.

LE SECOND

Ainsi que dans cette eau de l'eau même je verse,
Ainsi de veine en veine Amour qui m'a blessé,
Et qui tout à la fois son carquois me renverse,
Un breuvage amoureux dans le cœur m'a versé.

LE PREMIER

Je voulais de ma peine éteindre la mémoire;
Mais Amour, qui avait en la fontaine beu,
Y laissa son brandon *, si bien qu'au lieu de boire
De l'eau pour l'étancher, je n'ai bu que du feu.

LE SECOND

Tantôt cette fontaine est froide comme glace,
Et tantôt elle jette une ardente liqueur.
Deux contraires effets je sens quand elle passe,
Froide dedans ma bouche, et chaude dans mon cœur.

LE PREMIER

Vous qui rafraîchissez ces belles fleurs vermeilles,
Petits frères ailés, Favones [1] et Zéphyrs,
Portez de ma maîtresse aux ingrates oreilles,
En volant parmi l'air, quelqu'un de mes soupirs.

LE SECOND

Vous enfants de l'Aurore, allez baiser ma Dame,
Dites-lui que je meurs, contez-lui ma douleur,
Et qu'Amour me transforme en un rocher sans âme,
Et non comme Narcisse en une belle fleur.

LE PREMIER

Grenouilles qui jasez quand l'an se renouvelle,
Vous Gressets *, qui servez aux charmes, comme on dit,
Criez en autre part votre antique querelle :
Ce lieu sacré vous soit à jamais interdit.

LE SECOND

Philomèle en avril ses plaintes y jargonne,
Et ses bords sans chansons ne se puissent trouver :
L'Arondelle l'Été, le Ramier en Automne,
Le Pinson en tout temps, la Gadille * en Hiver.

LE PREMIER

Cesse tes pleurs, Hercule, et laisse ta Mysie,
Tes pieds de trop courir sont jà faibles et las.
Ici les Nymphes ont leur demeure choisie,
Ici sont tes Amours, ici est ton Hylas [1].

LE SECOND

Que ne suis-je ravi comme l'enfant Argive [2]!
Pour revancher ma mort, je ne voudrais sinon
Que le bord, le gravois, les herbes et la rive
Fussent toujours nommés d'Hélène, et de mon nom!

LE PREMIER

Dryades [3], qui vivez sous les écorces saintes,
Venez et témoignez combien de fois le jour
Ai-je troublé vos bois par le cri de mes plaintes,
N'ayant autre plaisir qu'à soupirer d'Amour?

LE SECOND

Echo, fille de l'Air, hôtesse solitaire
Des rochers où souvent tu me vois retirer,
Dis quantes fois le jour, lamentant ma misère,
T'ai-je fait soupirer en m'oyant soupirer?

LE PREMIER

Ni Cannes ni Roseaux ne bordent ton rivage,
Mais le gai Poliot *, des bergères ami :
Toujours au chaud du jour le Dieu de ce bocage,
Appuyé sur sa flûte, y puisse être endormi.

LE SECOND

Fontaine à tout jamais ta source soit pavée,
Non de menus gravois, de mousses ni d'herbis,
Mais bien de mainte Perle à bouillons enlevée,
De Diamants, Saphirs, Turquoises et Rubis.

LE PREMIER

Le Pasteur en tes eaux nulle branche ne jette,
Le Bouc de son ergot ne te puisse fouler;
Ains comme un beau Cristal, toujours tranquille et nette
Puisses-tu par les fleurs éternelle couler.

LE SECOND

Les Nymphes de ces eaux et les Hamadryades,
Que l'amoureux Satyre entre les bois poursuit,
Se tenant main à main, de sauts et de gambades,
Aux rayons du Croissant y dansent toute nuit.

LE PREMIER

Si j'étais un grand Prince, un superbe édifice
Je voudrais te bâtir, où je ferais fumer
Tous les ans à ta fête autels et sacrifice,
Te nommant pour jamais la Fontaine d'aimer.

LE SECOND

Il ne faut plus aller en la forêt d'Ardeine
Chercher l'eau, dont Regnaut[1] était si désireux :
Celui qui boit à jeun trois fois cette fonteine,
Soit passant ou voisin, il devient amoureux.

LE PREMIER

Lune, qui as ta robe en rayons étoilée,
Garde cette fontaine aux jours les plus ardents;
Défends-la pour jamais de chaud et de gelée,
Remplis-la de rosée, et te mire dedans.

LE SECOND

Advienne après mille ans qu'un Pastoureau dégoise
Mes amours, et qu'il conte aux Nymphes d'ici près
Qu'un Vendômois mourut pour une Saintongeoise,
Et qu'encore son âme erre entre ces forêts.

LE POÈTE

Garçons ne chantez plus, jà Vesper nous commande
De serrer nos troupeaux : les Loups sont jà dehors.
Demain à la fraîcheur avec une autre bande,
Nous reviendrons danser à l'entour de ces bords.

Fontaine, cependant de cette tasse pleine
Reçois ce vin sacré que je renverse en toi;
Sois dite pour jamais la Fontaine d'Hélène,
Et conserve en tes eaux mes amours et ma foi.

LXXIII

Il ne suffit de boire en l'eau que j'ai sacrée
A cette belle Hélène, afin d'être amoureux :
Il faut aussi dormir dedans un antre ombreux,
Qui a joignant sa rive en un mont son entrée.
Il faut d'un pied dispos * danser dessus la prée,
Et tourner par neuf fois autour d'un saule creux;
Il faut passer la planche, il faut faire des vœux
Au Père saint Germain[1], qui garde la contrée.
Cela fait, quand un cœur serait un froid glaçon,
Il sentira le feu d'une étrange façon
Enflammer sa froideur. Croyez cette écriture.
Amour, du rouge sang des Géants[2] tout souillé,
Essuyant en cette eau son beau corps dépouillé,
Y laissa pour jamais ses feux et sa teinture.

LXXIV

Adieu, cruelle, adieu, je te suis ennuyeux;
C'est trop chanté d'Amour sans nulle récompense.
Te serve qui voudra, je m'en vais, et je pense
Qu'un autre serviteur ne te servira mieux.
Amour en quinze jours m'a fait ingénieux,
Me jetant au cerveau de ces vers la semence;
La Raison maintenant me rappelle, et me tance :
Je ne veux si longtemps devenir furieux.
Il ne faut plus nourrir cet Enfant qui me ronge,
Qui des crédules prend comme un poisson à l'hain *,
Une plaisante farce, une belle mensonge,
Un plaisir pour cent maux, qui s'envole soudain;
Mais il se faut résoudre, et tenir pour certain
Que l'homme est malheureux qui se repaît d'un songe.

ÉLÉGIE 1584

Six ans étaient coulés, et la septième année
Était presques entière en ses pas retournée,
Quand loin d'affection, de désir et d'amour,
En pure liberté je passais tout le jour,
Et franc * de tout souci qui les âmes dévore,
Je dormais dès le soir jusqu'au point de l'aurore.
Car seul maître de moi j'allais, plein de loisir,
Où le pied me portait, conduit de mon désir,
Ayant toujours ès mains pour me servir de guide
Aristote ou Platon, ou le docte Euripide,
Mes bons hôtes muets, qui ne fâchent jamais :
Ainsi que je les prends, ainsi je les remets.
O douce compagnie, et utile et honnête!
Un autre en caquetant m'étourdirait la tête.

Puis du livre ennuyé, je regardais les fleurs,
Feuilles, tiges, rameaux, espèces et couleurs,
En l'entrecoupement de leurs formes diverses,
Peintes de cent façons, jaunes, rouges et perses,
Ne me pouvant soûler *, ainsi qu'en un tableau,
D'admirer la Nature, et ce qu'elle a de beau,
Et de dire en parlant aux fleurettes écloses :
Celui est presque Dieu qui connaît toutes choses,
Éloigné du vulgaire, et loin des courtisans,
De fraude et de malice impudents artisans.
Tantôt j'errais seulet par les forêts sauvages,
Sur les bords enjonchés des peinturés rivages,
Tantôt par les rochers reculés et déserts,
Tantôt par les taillis, verte maison des cerfs.
J'aimais le cours suivi d'une longue rivière,
Et voir onde sur onde allonger sa carrière,
Et flot à l'autre flot en roulant s'attacher,
Et pendu sur le bord me plaisait d'y pêcher,
Étant plus réjoui d'une chasse muette,
Troubler des écaillés la demeure secrète,
Tirer avec la ligne en tremblant emporté
Le crédule poisson pris à l'hain * appâté,
Qu'un grand Prince n'est aise ayant pris à la chasse
Un cerf qu'en haletant tout un jour il pourchasse.
Heureux, si vous eussiez d'un mutuel émoi
Pris l'appât amoureux aussi bien comme moi,
Que tout seul j'avalai, quand par trop désireuse
Mon âme en vos yeux but la poison amoureuse.
Puis, alors que Vesper vient embrunir nos yeux,
Attaché dans le ciel je contemple les cieux,
En qui Dieu nous écrit en notes non obscures
Les sorts et les destins de toutes créatures.
Car lui, en dédaignant, comme font les humains,
D'avoir encre et papier et plume entre les mains,
Par les astres du ciel qui sont ses caractères,

Les choses nous prédit et bonnes et contraires.
Mais les hommes chargés de terre et du trépas
Méprisent tel écrit, et ne le lisent pas.
Or le plus de mon bien pour décevoir ma peine,
C'est de boire à longs traits les eaux de la fontaine
Qui de votre beau nom se brave et en courant
Par les prés vos honneurs va toujours murmurant,
Et la Reine se dit des eaux de la contrée :
Tant vaut le gentil soin d'une Muse sacrée,
Qui peut vaincre la mort, et les sorts inconstants,
Sinon pour tout jamais, au moins pour un long temps.
Là, couché dessus l'herbe, en mes discours je pense
Que pour aimer beaucoup j'ai peu de récompense,
Et que mettre son cœur aux Dames si avant,
C'est vouloir peindre en l'onde et arrêter le vent,
M'assurant toutefois qu'alors que le vieil âge
Aura comme un sorcier changé votre visage,
Et lorsque vos cheveux deviendront argentés,
Et que vos yeux, d'amour ne seront plus hantés,
Que toujours vous aurez, si quelque soin vous touche,
En l'esprit mes écrits, mon nom en votre bouche.
Maintenant que voici l'an septième venir,
Ne pensez plus, Hélène, en vos laqs * me tenir.
La raison m'en délivre, et votre rigueur dure,
Puis il faut que mon âge obéisse à Nature.

LXXV

Je m'enfuis du combat, mon armée est défaite,
J'ai perdu contre Amour la force et la raison;
Jà dix lustres passés, et jà mon poil grison
M'appellent au logis et sonnent la retraite.
Si comme je voulais ta gloire n'est parfaite,

N'en blâme point l'esprit, mais blâme la saison.
Je ne suis ni Pâris, ni déloyal Jason :
J'obéis à la loi que la Nature a faite.
  Entre l'aigre et le doux, l'espérance et la peur,
Amour dedans ma forge a poli cet ouvrage.
Je ne me plains du mal, du temps ni du labeur,
  Je me plains de moi-même et de ton faux courage.
Tu t'en repentiras, si tu as un bon cœur,
Mais le tard repentir n'amende le dommage.

LXXVI

Hélas ! voici le jour que mon maître [1] on enterre.
Muses, accompagnez son funeste convoi.
Je vois son effigie, et au-dessus je voi
La Mort qui de ses yeux la lumière lui serre.
  Voilà comme Atropos [2] les Majestés atterre
Sans respect de jeunesse ou d'empire ou de foi.
CHARLES qui fleurissait, naguères un grand Roi,
Est maintenant vêtu d'une robe de terre.
  Hé! tu me fais languir par cruauté d'amour :
Je suis ton Prométhée, et tu es mon Vautour.
La vengeance du Ciel n'oubliera tes malices.
  Un mal au mien pareil puisse un jour t'advenir;
Quand tu voudras mourir, que mourir tu ne puisses !
Si justes sont les Dieux, je t'en verrai punir.

LXXVII

Je chantais ces Sonnets, amoureux d'une Hélène,
En ce funeste mois que mon Prince mourut :
Son sceptre, tant fût grand, Charles ne secourut,
Qu'il ne payât la dette à la Nature humaine.

La Mort fut d'un côté, et l'Amour, qui me mène,
Était de l'autre part, dont le trait me ferut *,
Et si bien la poison par les veines courut,
Que j'oubliai mon maître, atteint d'une autre peine.
Je sentis dans le cœur deux diverses douleurs :
La rigueur de ma Dame, et la tristesse enclose
Du Roi, que j'adorais pour ses rares valeurs.
La vivante et le mort tout malheur me propose :
L'une aime les regrets, et l'autre aime les pleurs,
Car l'Amour et la Mort n'est qu'une même chose.

Amours diverses[1]

I — 1552

Ayant la Mort mon cœur désallié
De son sujet, ma flamme était éteinte,
Mon chant muet et la corde déceinte,
Qui si longtemps m'avait ars * et lié.
Puis je disais : Et quelle autre moitié
Après la mort de ma moitié si sainte,
D'un nouveau feu et d'une neuve étreinte
Ardra, nouera ma seconde amitié?
Quand je sentis le plus froid de mon âme
Se rembraser d'une nouvelle flamme,
Prise ès filets des rets Idaliens [1].
Amour reveut, pour échauffer ma glace,
Qu'autre œil me brûle, et qu'autre main m'enlace.
O flamme heureuse, ô bienheureux liens!

II — 1578

Ce Châteauneuf [2], ce nouvel édifice
Tout enrichi de marbre et de Porphyre,
Qu'Amour bâtit château de son empire,
Où tout le Ciel a mis son artifice,

Est un rempart, un fort contre le vice,
Où la Vertu maîtresse se retire,
Que l'œil regarde, et que l'esprit admire,
Forçant les cœurs à lui faire service.
C'est un Château féé * de telle sorte
Que nul ne peut approcher de la porte,
Si des grands Rois il n'a tiré sa race,
Victorieux, vaillant et amoureux.
Nul Chevalier, tant soit aventureux,
Sans être tel ne peut gagner la place.

III 1569

Ce jour de mai, qui a la tête peinte
D'une gaillarde et gentille verdeur,
Ne doit passer sans que ma vive ardeur
De votre grâce un peu ne soit éteinte.
De votre part si vous êtes atteinte
Autant que moi d'amoureuse langueur,
D'un feu pareil soulageons notre cœur.
Qui aime bien ne doit point avoir crainte.
Le temps s'enfuit; cependant ce beau jour
Nous doit apprendre à démener l'amour,
Et le pigeon qui sa femelle baise.
Baisez-moi donc, et faisons tout ainsi
Que les oiseaux, sans nous donner souci :
Après la mort on ne voit rien qui plaise.

IV 1553

Je voudrais bien n'avoir jamais tâté
Si follement le tétin de m'amie :
Sans ce malheur l'autre plus grande envie
Ne m'eût jamais le courage tenté.

Comme un poisson, pour s'être trop hâté,
Par un appât suit la fin de sa vie,
Ainsi je vais où la mort me convie,
D'un beau tétin doucement appâté.
Qui eût pensé que le cruel Destin
Eût enfermé sous un si beau tétin
Un si grand feu pour m'en faire la proie?
Avisez donc quel serait le coucher,
Quand le péché d'un seul petit toucher
Ne me pardonne, et les mains me foudroie!

V. A PHÉBUS 1578

Sois médecin, Phébus, de la Maîtresse
Qui tient mon cœur en servage si doux;
Vole à son lit et lui tâte le pouls :
Il faut qu'un Dieu guérisse une Déesse.
Mets en effet ton métier, et ne cesse
De la panser et lui donner secours,
Ou autrement le règne des amours
Sera perdu, si le mal ne la laisse.
Ne souffre point qu'une blême langueur
De son beau teint efface la vigueur,
Ni de ses yeux où l'Amour se repose.
Exauce-moi, ô Phébus! si tu veux,
D'un même coup tu en guériras deux :
Deux cœurs en un n'est qu'une même chose.

VI 1552

O, de repos et d'amour toute pleine,
Chambrette heureuse, où deux heureux flambeaux
De deux beaux yeux, plus que les Astres beaux,
Me font escorte après si longue peine!

Or' * je pardonne à la mer inhumaine,
Aux flots, aux vents, mon naufrage et mes maux,
Puisque par tant et par tant de travaux
Une main douce à si doux port me mène.
Adieu tourmente, adieu tempête, adieu
Vous flots cruels, aïeux du petit Dieu
Qui dans mon sang a sa flèche souillée.
Ores ancré dedans le sein du port,
En vœu promis j'appends dessus le bord
Aux Dieux marins ma dépouille mouillée.

VII 1552

Petit nombril, que mon penser adore,
Et non mon œil qui n'eut oncques le bien
De te voir nu, et qui mérites bien
Que quelque ville on te bâtisse encore;
Signe amoureux, duquel Amour s'honore,
Représentant l'Androgyne lien,
Et le courroux du grand Saturnien[1],
Dont le nombril toujours se remémore.
Ni ce beau chef ni ces yeux ni ce front,
Ni ce beau sein où les flèches se font,
Que les beautés diversement se forgent,
Ne me pourraient ma douleur conforter,
Sans espérer quelque jour de tâter
Ton compagnon où les Amours se logent.

CHANSON I 1552

Petite Nymphe folâtre,
Nymphette que j'idolâtre,
Ma mignonne, dont les yeux
Logent mon pis et mon mieux;

Ma doucette, ma sucrée,
Ma Grâce, ma Cythérée,
Tu me dois pour m'apaiser
Mille fois le jour baiser.
Tu m'en dois au matin trente,
Puis après dîner cinquante,
Et puis vingt après souper.
Et quoi? me veux-tu tromper?
Avance mes quartiers, belle,
Ma tourtre, ma colombelle;
Avance-moi les quartiers
De mes paîments tout entiers.
Demeure! où fuis-tu, Maîtresse?
Le désir qui trop me presse,
Ne saurait arrêter tant,
S'il n'est payé tout comptant.
Reviens, reviens, mignonnette,
Mon doux miel, ma violette,
Mon œil, mon cœur, mes amours,
Ma cruelle, qui toujours
Trouves quelque mignardise,
Qui d'une douce feintise
Peu à peu mes forces fond,
Comme on voit dessus un mont
S'écouler la neige blanche,
Ou comme la rose franche
Perd le vermeil de son teint
Des rais du Soleil éteint.
Où fuis-tu, mon Angelette,
Ma vie, mon âmelette?
Apaise un peu ton courroux,
Assis-toi sur mes genoux,
Et de cent baisers apaise
De mon cœur la chaude braise.
Donne-moi bec contre bec,

Or' un moite, ores un sec,
Or' un babillard, et ores
Un qui soit plus long encores
Que ceux des pigeons mignards,
Couple à couple frétillards.
Hà Dieu! ma douce guerrière,
Tire un peu ta bouche arrière :
Le dernier baiser donné
A tellement étonné
De mille douceurs ma vie,
Que du sein me l'a ravie,
Et m'a fait voir à demi
Le Nautonnier ennemi [1],
Et les plaines où Catulle,
Et les rives où Tibulle,
Pas à pas se promenant,
Vont encore maintenant
De leurs bouchettes blêmies
Rebaisotant leurs amies.

VIII 1578

Doux cheveux, doux présent de ma douce maîtresse
Doux liens qui liez ma douce liberté,
Doux filets où je suis doucement arrêté,
Qui pourriez adoucir d'un Scythe la rudesse;
Cheveux, vous ressemblez à ceux de la princesse [2],
Qui eurent pour leur grâce un Astre mérité;
Cheveux dignes d'un Temple et d'immortalité,
Et d'être consacrés à Vénus la Déesse.
Je ne cesse, cheveux, pour mon mal apaiser,
De vous voir et toucher, baiser et rebaiser,
Vous parfumer de musc, d'ambre gris et de bâme,
Et de vos nœuds crêpés tout le col m'enserrer,

Afin que prisonnier, je vous puisse assurer
Que les liens du col sont les liens de l'âme.

IX

1578

Celui qui le premier d'un art ingénieux
Peignit Amour, il sut les causes naturelles,
Non lui baillant du feu, non lui baillant des ailes,
Mais d'un bandeau de crêpe enveloppant ses yeux.
Amour hait la clarté, le jour m'est odieux :
J'ai qui me sert de jour, mes propres étincelles,
Sans qu'un Soleil jaloux de ses flammes nouvelles
S'amuse si longtemps à tourner dans les Cieux.
Argus [1] règne en Été, qui d'une œillade épaisse
Épie l'amoureux parlant à sa maîtresse.
Le jour est de l'amour ennemi dangereux.
Soleil, tu me déplais, la nuit est trop meilleure;
Prends pitié de mon mal, cache-toi de bonne heure :
Tu fus comme je suis autrefois amoureux.

X

1578

D'autant que l'arrogance est pire que l'humblesse,
Que les pompes et fards sont toujours déplaisants,
Que les riches habits d'artifice pesants
Ne sont jamais si beaux que la pure simplesse;
D'autant que l'innocente et peu caute * jeunesse
D'une Vierge vaut mieux en la fleur de ses ans,
Qu'une Dame épousée abondante en enfants,
D'autant j'aime ma vierge, humble et jeune maîtresse.
J'aime un bouton vermeil, entréclos au matin,
Non la Rose du soir, qui au Soleil se lâche,

J'aime un corps de jeunesse en son Printemps fleuri;
J'aime une jeune bouche, un baiser enfantin
Encore non souillé d'une rude moustache,
Et qui n'a point senti le poil blanc d'un mari.

CHANSON II 1569

Quiconque soit le peintre qui a fait
Amour oiseau, et lui a feint des ailes,
Celui n'avait auparavant portrait,
Comme je crois, sinon des arondelles.
Voire et pensait en peignant ses tableaux,
Quand à l'ouvrage il avait la main prête,
Qu'hommes et Dieux n'étaient que des oiseaux
Aussi légers comme il avait la tête.
L'amour qui tient serve ma liberté,
N'est point oiseau, constante est sa demeure :
Il a du plomb qui le tient arrêté
Ferme en mon cœur jusqu'à tant que je meure.
Il est sans plume, il n'a le dos ailé.
Ainsi le peindre il faut que je le fasse :
S'il était prompt, de moi s'en fût volé
Depuis cinq ans pour trouver autre place.

XI 1555

Amour, tu me fis voir pour trois grandes merveilles
Trois sœurs allant au soir se promener sur l'eau,
Qui croissent à l'envi, ainsi qu'au renouveau
Croissent en l'oranger trois oranges pareilles.
Toutes les trois avaient trois beautés nonpareilles,
Mais la plus jeune avait le visage plus beau,
Et semblait une fleur voisine d'un ruisseau,
Qui mire dans ses eaux ses richesses vermeilles.

Ores * je souhaitais la plus vieille en mes vœux,
Et ores la moyenne, et ores toutes deux,
Mais toujours la plus jeune était en ma pensée,
Et priais le Soleil de n'emmener le jour,
Car ma vue en trois ans n'eût pas été lassée
De voir ces trois Soleils qui m'enflammaient d'amour.

XII 1578

Bon jour ma douce vie, autant rempli de joie,
Que triste je vous dis au départir adieu.
En votre bonne grâce, hé! dites-moi quel lieu
Tient mon cœur, que captif devers vous je renvoie;
Ou bien si la longueur du temps et de la voie
Et l'absence des lieux ont amorti le feu
Qui commençait en vous à se montrer un peu :
Au moins, s'il n'est ainsi, trompé je le pensoie.
Par épreuve je sens que les amoureux traits
Blessent plus fort de loin qu'à l'heure qu'ils sont près,
Et que l'absence engendre au double le servage.
Je suis content de vivre en l'état où je suis.
De passer plus avant je ne dois ni ne puis :
Je deviendrais tout fol, où je veux être sage.

XIII 1578

Chacun me dit : « Ronsard, ta Maîtresse n'est telle
Comme tu la décris. » Certes je n'en sais rien,
Je suis devenu fol, mon esprit n'est plus mien,
Je ne puis discerner la laide de la belle.
Ceux qui ont en amour et prudence et cervelle,
Poursuivant les beautés, ne peuvent aimer bien.
Le vrai amant est fol, et ne peut être sien,
S'il est vrai que l'amour une fureur s'appelle.

Souhaiter la beauté que chacun veut avoir,
Ce n'est humeur de sot, mais d'homme de savoir,
Qui prudent et rusé cherche la belle chose.
Je ne saurais juger, tant la fureur me suit :
Je suis aveugle et fol, un jour m'est une nuit,
Et la fleur d'un chardon m'est une belle rose.

ÉLÉGIE I

1578

Un long voyage ou un courroux, ma Dame,
Ou le temps seul pourront m'ôter de l'âme
La sotte ardeur qui vient de votre feu,
Puisqu'autrement mes amis ne l'ont peu.
M'admonestant d'un conseil salutaire,
Que je connais et que je ne puis faire.
Car tant je suis par mes sens empêché,
Qu'en m'excusant j'approuve mon péché.
Et si quelqu'un de mes parents m'accuse,
Incontinent d'une subtile ruse
Par long propos je déguise le tort,
Pour pardonner à l'auteur de ma mort,
Voulant, menteur, aux autres faire croire
Que mon diffame est cause de ma gloire.
Bien que l'esprit résiste à mon vouloir,
Tout bon conseil je mets à nonchaloir,
Par le penser m'encharnant un ulcère
Au fond du cœur, que plus je délibère
Guérir ou rendre autrement adouci,
Plus son aigreur se paît de mon souci.
Quand de dépit à part moi je soupire,
Cent fois le jour ma raison me vient dire
Que d'un discours sagement balancé
Je remédie au coup qui m'a blessé.

Heureux celui qui ses peines oublie!
Va-t'en trois ans courir par l'Italie :
Ainsi pourras de ton col délier
Ce méchant mal qui te tient prisonnier.
Autres cités, autres villes et fleuves,
Autres desseins, autres volontés neuves,
Autre contrée, autre air et autres cieux
D'un seul regard t'éblouiront les yeux,
Et te feront sortir de la pensée
Plutôt que vent celle qui t'a blessée,
Car comme un clou par l'autre est repoussé
L'amour par l'autre est soudain effacé.
Tu es semblable à ceux qui dans un antre
Ont leur maison, où point le Soleil n'entre.
Eux regardant en si obscur séjour
Notre lumière une heure en tout le jour,
Pensent qu'une heure est le Soleil, et croient
Que tout le jour est cette heure qu'ils voient.
Incontinent que leur cœur généreux
Les fait sortir hors du séjour ombreux,
En contemplant du Soleil la lumière,
Ils ont horreur de leur prison première.
Le bon Orphée en l'antique saison
Alla sur mer bien loin de sa maison
Pour effacer le regret de sa femme,
Et son chemin anéantit sa flamme.
Quand le Soleil s'abaissait et levait,
Toujours pleurant et criant le trouvait
Dessous un roc, couché contre la terre,
Où ses pensers lui faisaient toujours guerre,
Et ressemblait non un corps animé,
Ains un rocher en homme transformé.
Mais aussitôt qu'il laissa sa contrée,
Autre amour neuve en son cœur est entrée,
Et se guérit en changeant de pays.

Pour Eurydice il aima Calaïs,
Empoisonnant tout son cœur de la peste
De cet enfant : je me tairai du reste;
De membre à membre il en fut détranché[1].
Sans châtiment ne s'enfuit le péché.

XIV 1578

Quand l'Été dans ton lit tu te couches malade,
Couverte d'un linceul de roses tout semé,
Amour, d'arc et de trousse et de flèches armé,
Caché sous ton chevet, se tient en embuscade.
Personne ne te voit, qui d'une couleur fade
Ne retourne au logis ou malade ou pâmé,
Qu'il ne sente d'amour tout son cœur entamé,
Ou ne soit ébloui des rais de ton œillade.
C'est un plaisir de voir tes cheveux arrangés
Sous un scofion * peint d'une soie diverse,
Voir deçà, voir delà tes membres allongés,
Et ta main qui le lit nonchalante traverse,
Et ta voix qui me charme, et ma raison renverse
Si fort, que tous mes sens en deviennent changés.

XV 1578

Voulant tuer le feu, dont la chaleur me cuit
Les muscles et les nerfs, les tendons et les veines,
Et cherchant de trouver une fin à mes peines,
Je vis bien à tes yeux que j'étais éconduit.
D'un refus assuré tu me payas le fruit
Que j'espérais avoir : ô espérances vaines!
O fondements assis sur débiles arènes *!
Malheureux qui vieillit au mal qui le séduit!

O beauté sans merci, ta fraude est découverte!
J'aime mieux être sage après quatre ans de perte,
Que plus longtemps ma vie en langueur dessécher.
Je ne veux point blâmer ta beauté que j'honore,
Je ne suis médisant comme fut Stésichore[1],
Mais je veux de mon col les liens détacher.

CHANSON III

1578

Plus étroit que la vigne à l'ormeau se marie
De bras souplement forts,
Du lien de tes mains, Maîtresse, je te prie,
Enlace-moi le corps.

Et feignant de dormir, d'une mignarde face
Sur mon front penche-toi;
Inspire, en me baisant, ton haleine et ta grâce
Et ton cœur dedans moi.

Puis appuyant ton sein sur le mien qui se pâme,
Pour mon mal apaiser,
Serre plus fort mon col, et me redonne l'âme
Par l'esprit d'un baiser.

Si tu me fais ce bien, par tes yeux je te jure,
Serment qui m'est si cher,
Que de tes bras aimés jamais autre aventure
Ne pourra m'arracher.

Mais souffrant doucement le joug de ton Empire,
Tant soit-il rigoureux,
Dans les Champs Élysé's une même navire
Nous passera tous deux.

Là, morts de trop aimer, sous les branches myrtines
Nous verrons tous les jours
Les anciens Héros auprès des Héroïnes
Ne parler que d'amours.

Tantôt nous danserons par les fleurs des rivages
Sous maints accords divers,
Tantôt, lassés du bal, irons sous les ombrages
Des lauriers toujours verts,

Où le mollet Zéphyre en haletant secoue
De soupirs printaniers
Ores * les orangers, ores mignard se joue
Entre les citronniers.

Là du plaisant avril la saison immortelle
Sans échange se suit;
La terre sans labeur de sa grasse mamelle,
Toute chose y produit.

D'en bas, la troupe sainte autrefois amoureuse,
Nous honorant sur tous,
Viendra nous saluer, s'estimant bienheureuse
De s'accointer * de nous.

Puis nous faisant asseoir dessus l'herbe fleurie
De toutes au milieu,
Nulle en se retirant ne sera point marrie
De nous quitter son lieu.

Non celle qu'un taureau sous une peau menteuse
Emporta par la mer[1],
Non celle qu'Apollon vit, vierge dépiteuse,
En laurier se former,

Ni celles qui s'en vont toutes tristes ensemble,
Artémise et Didon,
Ni cette belle Grecque à qui ta beauté semble
Comme tu fais de nom.

XVI 1578

La constance et l'honneur sont noms pleins
[d'imposture
Que vous alléguez tant, sottement inventés
De nos pères rêveurs, par lesquels vous ôtez
Et forcez les présents les meilleurs de Nature.
Vous trompez votre sexe et lui faites injure;
D'un frein imaginé faussement vous domptez
Vos plaisirs, vos désirs, vous et vos volontés,
Vous servant de la Loi pour vaine couverture.
Cet honneur, cette loi sont bons pour un lourdaud
Qui ne connaît soi-même et les plaisirs qu'il faut
Pour vivre heureusement, dont Nature s'égaie.
Votre esprit est trop bon pour ne le savoir pas.
Vous prendrez, s'il vous plaît, les sots à tels appâts :
Je ne veux pour le faux tromper la chose vraie.

XVII 1578

Maîtresse, quand je pense aux traverses d'Amour,
Qu'ores chaude, ores froide, en aimant tu me donnes,
Comme sans passion mon cœur tu passionnes,
Qui n'a contre son mal ni trève ni séjour;
Je soupire la nuit, je me complains le jour
Contre toi, ma Raison, qui mon fort abandonnes,
Et pleine de discours, confuse, tu t'étonnes
Dès le premier assaut, sans défendre ma tour.

Non! si forts ennemis n'assaillent notre place,
Qu'ils ne fussent vaincus si tu tournais la face,
Encore que mon cœur trahît ce qui est mien.
Une œillade, une main, un petit ris * me tue :
De trois faibles soudards ta force est combattue.
Qui te dira divine il ne dira pas bien.

XVIII 1555

Que me servent mes vers et les sons de ma Lyre,
Quand nuit et jour je change et de mœurs et de peau
Pour aimer sottement un visage si beau?
Que l'homme est malheureux qui pour l'amour soupire!
Je pleure, je me deuls *, je suis plein de martyre,
Je fais mille Sonnets, je me romps le cerveau,
Et ne suis point aimé : un amoureux nouveau
Gagne toujours ma place, et je ne l'ose dire.
Ma Dame en toute ruse a l'esprit bien appris,
Qui toujours cherche un autre après qu'elle m'a pris.
Quand d'elle je brûlais, son feu devenait moindre,
Mais ores que je feins n'être plus enflammé,
Elle brûle après moi. Pour être bien aimé,
Il faut aimer bien peu, beaucoup promettre et feindre.

ÉLÉGIE II 1560

Cherche, Maîtresse, un Poëte nouveau
Qui après moi se rompe le cerveau
A te chanter : il aura bien affaire,
Et fût-ce un Dieu, s'il peut aussi bien faire.
Si notre Empire avait jadis été
Par nos Français aussi avant planté

Que le Romain, tu serais autant lue
Que si Tibull' t'avait pour sienne élue :
Et néanmoins tu te dois contenter
De voir ton nom par la France chanter,
Autant que Laure en Tuscan anoblie,
Se voit chanter par la belle Italie.
Or pour t'avoir consacré mes écrits,
Je n'ai gagné sinon des cheveux gris,
Le ride au front, la tristesse en la face,
Sans mériter un seul bien de ta grâce,
Bien que mon nom, mes vers, ma loyauté,
Eussent d'un tigre ému la cruauté.
Et toutefois je m'assure, quand l'âge
Aura dompté l'orgueil de ton courage,
Que de mon mal tu te repentiras,
Et qu'à la fin tu te convertiras.
Et cependant je souffrirai la peine,
Toi le plaisir comme Dame inhumaine,
De trop me voir languir en ton amour,
Dont Némésis [1] te doit punir un jour.
Ceux qui Amour connaissent par épreuve,
Lisant le mal où perdu je me treuve,
Ne pardon'ront à ma simple amitié
Tant seulement, mais en auront pitié.
Or quant à moi je pense avoir perdue
En te servant ma jeunesse épandue
Deçà, delà, dedans ce livre ici.
Je vois ma faute et la prends à merci,
Comme celui qui sait que notre vie
N'est rien que vent, que songe et que folie.

DOSSIER

VIE DE RONSARD

1524 Nuit du 10 au 11 septembre. Ronsard naît au château de la Possonnière, en Vendômois. Il est le fils de Louis de Ronsard, gentilhomme humaniste, qui avait fait les campagnes d'Italie.

1533-1534 Pendant six mois, Ronsard est instruit au collège de Navarre, à Paris. Il s'y adapte mal, et revient au château paternel.

1536 Il est page à la Cour de France.

1537-1540 En 1537, Ronsard suit en Écosse Madeleine de France, qui avait épousé le roi d'Écosse Jacques V. A la mort de la jeune souveraine, il rentre en France, puis fait de décembre 1538 à mars 1539 un nouveau voyage en Écosse, avec Claude d'Humières, qui était chargé de mission diplomatique. Revenu à la Cour de France, il devient « valet d'écurie » à l'Écurie royale (manège du roi). En 1540, voyage en Alsace avec l'ambassadeur Lazare de Baïf, dont Ronsard est secrétaire.

1541-1543 Maladie de Ronsard, qui est atteint de surdité. Il compose vers 1542 ses premiers poèmes, inspirés d'Horace. En mars 1543, il reçoit la tonsure, qui lui permettra d'obtenir des bénéfices ecclésiastiques. Il est donc voué au célibat.

1544 Mort de son père, Louis de Ronsard. Pierre se rend à Paris, où avec son ami Jean-Antoine de Baïf il aura pour précepteur l'humaniste Dorat.

1545 (21 avril) A une fête de la Cour, à Blois, Ronsard rencontre Cassandre Salviati, fille d'un banquier italien, âgée de quinze ans. L'année suivante, elle épouse un gentilhomme vendômois.

1547-1549 A la mort de Lazare de Baïf (1547), Ronsard suit l'enseignement de Dorat au collège de Coqueret. Il y découvre les textes anciens, même les plus difficiles.
En 1549, son condisciple Du Bellay fait paraître la *Deffence et Illustration*, manifeste de la nouvelle école, ainsi que *L'Olive*, recueil pétrarquiste, et des *Vers lyriques*.
Premières publications de Ronsard : *Epithalame d'Antoine de Bourbon et Jeanne de Navarre*, *Avant-Entrée du Roi très chrétien*, *Hymne de France* (poèmes à la gloire du royaume et des grands).

1550 Ronsard publie ses quatre premiers livres d'*Odes*, qui sont critiquées par un poète de la Cour, Mellin de Saint-Gelais. Mais il trouve des défenseurs. Le cinquième livre d'*Odes* paraît en 1552, ainsi que la première rédaction des *Amours*. Ces premiers recueils ne sont pas toujours d'une lecture aisée.

1553 Outre la deuxième édition des quatre premiers livres d'*Odes* et une deuxième édition des *Amours*, augmentée, Ronsard publie son *Livret de Folâtries*, d'un ton souvent licencieux.

1554-1556 Le *Bocage* (1554) et les *Mélanges* (1555) inaugurent une poésie plus aimable, souvent imitée d'Anacréon. En revanche *Les Hymnes* (1555) sont dans la tradition de la grande poésie, philosophique et religieuse. Cependant, selon la tradition, Ronsard a rencontré Marie à Bourgueil, le 20 avril 1555. Elle lui inspire la *Continuation des Amours*, qui paraît vers le mois d'août. Dans la seconde moitié de l'année 1556, il fait paraître la *Nouvelle Continuation des Amours* et le second livre des *Hymnes*.

1558-1560 Poète officiel, Ronsard célèbre successivement les victoires françaises et la paix (traité de Cateau-Cambrésis, en 1559). En 1558, il est nommé aumônier ordinaire du roi Henri II. Mais ce protecteur meurt en 1559.

1562-1563 C'est le début des guerres de religion. D'abord partisan de la tolérance et de la conciliation, Ronsard indigné par les pillages et la discorde s'engage dans le clan catholique. Il publie en 1562 l'*Institution pour l'adolescence du roi Charles IX*, qui venait de succéder à son frère François II, et les *Discours des misères de ce temps;* en 1563, la *Remonstrance au Peuple de France* et la *Réponse aux injures*, réplique fière et violente aux ministres huguenots qui l'avaient attaqué. Il donne la même année 1563 son *Recueil de Nouvelles Poésies*, où les *Hymnes des Saisons* renouvellent la mythologie antique dans un folklore original.

1564-1566 Ronsard collabore en février 1564 aux fêtes du carnaval à Fontainebleau. Il compose en 1565 ses *Élégies*, *Mascarades et Bergerie*, où les rêves et les craintes de la Cour s'épanouissent dans le monde de l'églogue, et son *Abrégé de l'Art poétique français*, qui définit un certain nombre de préceptes déjà appliqués dans ses œuvres antérieures.
Il prend possession en 1565 du prieuré de Saint-Cosme-les-Tours, où il fera des séjours de plus en plus fréquents. Il obtient en 1566 le prieuré de Croixval en Vendômois.

1569-1572 Ronsard célèbre les victoires catholiques de 1569 (Jarnac et Moncontour), et publie la même année les sixième et septième livres des *Poèmes*. L'année 1572 voit enfin paraître les quatre premiers chants de *La Franciade*, épopée longtemps méditée, où Ronsard célèbre les exploits de Francus, ancêtre mythique des Français.

1574 Ronsard s'adresse au nouveau roi, Henri III, et lui offre un *Discours* et des *Étrennes*.

1578-1585 Ronsard vit surtout à la campagne. A la fin de 1583, il est à Paris, et travaille à la dernière édition collective de ses *Œuvres*, qui est publiée en janvier 1584. Mais il revient à Croixval dès le printemps 1584.
De février à juin 1585, il fait un dernier séjour à Paris. Il est malade. Il passe la seconde partie de l'année à Croixval. Puis il parvient le 22 décembre à Saint-Cosme, et y meurt dans la nuit du 27 au 28. Il y est inhumé.

NOTICE

Éditions des Amours

1552 *Les Amours de P. de Ronsard Vendômois, et ensemble le cinquième livre des Odes.* Paris, Vve Maurice de La Porte (185 poèmes, en l'honneur de Cassandre).

1553 *Les Amours de P. de Ronsard Vendômois, nouvellement augmentées par lui et commentées par M. A. de Muret.* Paris, Vve Maurice de La Porte (offre trente-neuf sonnets nouveaux).

1555 *Continuation des Amours de P. de Ronsard Vendômois.* Paris, Vincent Sertenas (soixante-dix-huit poèmes, la plupart inspirés par Marie).

1556 *Nouvelle Continuation des Amours.* Paris, Vincent Sertenas (soixante et un poèmes).

1560 *Les Œuvres de Pierre de Ronsard.* Paris, G. Buon. Première édition collective des Œuvres. Elle contient les *Amours*, en deux livres, Cassandre étant l'inspiratrice principale du *Premier Livre* et Marie celle du *Second Livre,* qui reprend les recueils de 1555-1556 plus les poèmes parus dans le *Second Livre des Mélanges* en 1559. Cette édition offre des pièces nouvelles, notamment *Le Voyage de Tours.*

1567 *Les Œuvres de P. de Ronsard*, Paris, G. Buon. Seconde édition collective, où n'apparaît pour les *Amours* qu'une pièce nouvelle.

1571 *Les Œuvres de P. de Ronsard.* Paris, G. Buon. Troisième édition collective (un sonnet nouveau pour les *Amours*).

1572-1573 *Les Œuvres de P. de Ronsard.* Paris, G. Buon. Quatrième édition collective (pas de pièces nouvelles pour les *Amours*).

1578 *Les Œuvres de P. de Ronsard.* Paris, G. Buon. Cinquième édition collective. Elle contient, en ce qui concerne les *Amours*, des poèmes nouveaux : seize pièces *Sur la mort de Marie; Les Amours d'Eurymédon et de Callirée; La Charite; Sonnets et madrigals pour Astrée; Sonnets pour Hélène; Amours diverses.*

1584 *Les Œuvres.* Paris, G. Buon. Sixième édition collective (trois pièces nouvelles dans les *Amours*).

1587 *Les Œuvres.* Paris, G. Buon. Édition posthume, publiée par J. Galland et Claude Binet (deux pièces ajoutées aux *Sonnets pour Hélène*).

1609 *Les Œuvres.* Paris, N. Buon. Édition publiée par J. Galland.

Constitution du recueil

En 1560, dans la première édition collective des *Œuvres*, Ronsard a ordonné ses poèmes d'amour en deux parties : *Le Premier Livre* et *Le Second Livre des Amours.* Le premier contient les publications antérieures à 1555, donc les pièces de 1552 et de 1553, plus quelques poèmes publiés dans *Le Bocage* (1554) et les *Mélanges* (1555). Le second regroupe la *Continuation*, la *Nouvelle Continuation*, plus les poèmes parus dans le *Second Livre des Mélanges* en 1559.

Dans la deuxième et la quatrième éditions, en 1567 et 1572, Ronsard insère dans le second livre ses nouveaux poèmes d'amour, notamment les pièces publiées en 1563-1564 (dans les *Trois Livres du Recueil des nouvelles poésies*), en 1565 (*Élégies, Mascarades et Bergerie*) et en 1569 (*Les Sixième et Septième Livres des Poèmes*).

En 1578, Ronsard modifie l'économie des *Amours.* Le premier livre a désormais pour sous-titre *Amours de Cassandre*, et le second *Amours de Marie.* Ronsard s'efforce d'établir une distinction entre les deux recueils, le premier inspiré par un amour respectueux, le second plus familier et d'un ton plus détendu. Les sonnets de la *Continuation* qui s'adressaient à Cassandre sont placés dans le premier livre, ainsi que certains sonnets des *Nouvelles poésies* et du *Septième Livre des Poèmes*, écrits notamment pour Isabeau de Limeuil, et qui s'accordaient mieux avec le pétrarquisme sérieux des *Amours de Cassandre.* Inversement, les sonnets du *Bocage* de

1554 et des *Mélanges* de 1555, plus badins et plus légers, passent dans le second livre. Des corrections de détail accentuent la présence de Marie et de l'Anjou dans le recueil. Enfin Ronsard supprime certains sonnets, parfois pour éliminer d'autres figures féminines, mais aussi pour éviter des redites. Il s'est donc attaché à donner une plus grande cohérence à l'ensemble.

D'autre part Ronsard n'a cessé de retoucher le texte primitif (dès 1553, dans la seconde édition des *Amours*). Les corrections les plus importantes par le nombre et l'étendue sont celles de 1578.

Les héroïnes des amours

Le 21 avril 1545, à Blois, dans un bal de la Cour, Ronsard rencontre Cassandre, la fille de l'Italien Bernard Salviati, un des banquiers de François Ier. Le poète ne pouvait prétendre à sa main, puisqu'il était clerc tonsuré, et elle épousa Jehan Peigné, Seigneur de Pray. Elle inspire les *Amours* de 1552.

Marie, l'héroïne de la *Continuation* (1555) et de la *Nouvelle Continuation* (1556), a-t-elle vraiment existé ? Ronsard nous dit qu'elle habitait Bourgueil, et qu'elle avait deux sœurs. La tradition veut qu'il ait fait sa connaissance le 20 avril 1555, et qu'elle se soit appelée Marie Dupin.

Sinope inspire seize poèmes dans le *Second Livre des Mélanges* de 1559. Ce pseudonyme signifie « qui abîme la vue » : allusion au pouvoir de la jeune femme, dont la beauté trouble le poète. Les critiques ont tenté d'identifier Sinope. Ce serait Cassandre, ou une noble dame de la cour de Charles IX, ou Marguerite de France, sœur d'Henri II. Certains ont pensé que son nom serait un pseudonyme de Marie. Il faut se résigner : dans l'état actuel des recherches, nous ne savons pas qui elle est.

En 1563-1564, dans les *Trois livres du Recueil des nouvelles poésies*, Ronsard chante Isabeau de Limeuil, une fille d'honneur de Catherine de Médicis. Elle était l'amie du Prince de Condé. La belle était facile : le poète a-t-il partagé ses faveurs avec le prince ? Les poèmes qu'il lui consacre ne permettent pas d'affirmer qu'il la courtisait pour son propre compte. Dans le même recueil apparaît Genèvre. Qui était-elle ? La femme de l'avocat Blaise de Vigenère, ou une grisette, ou encore la femme d'un concierge de prison du faubourg Saint-Marcel ? Contentons-nous de ce que nous confie Ronsard dans son *Discours amoureux de Genèvre*, qu'il l'a rencontrée un été sur les bords de Seine, et qu'elle pleurait la mort d'un amant « jeune et beau ». Cette liaison dura un an, de juillet 1561 à juillet 1562.

Quant aux recueils de 1578, Callirée, l'héroïne des *Amours d'Eurymédon et de Callirée*, est la Napolitaine Anne d'Acquaviva, demoiselle d'honneur de Catherine de Médicis, aimée du jeune roi Charles IX. Les poèmes *Sur la mort de Marie* n'ont pas été composés pour Marie l'Angevine, mais pour Marie de Clèves, princesse de Condé, maîtresse d'Henri III, morte en 1574. Astrée, dans les *Sonnets et madrigals pour Astrée*, est Françoise Babou de la Bourdaisière, épouse d'Antoine d'Estrées. Ronsard l'a-t-il aimée, ou l'a-t-il célébrée pour son ami Béranger du Gast, ou encore pour le futur Henri III ? Nous n'avons aucune certitude, pas plus que sur la date où il écrit en son honneur (1564 ? 1570 ?). Enfin Hélène de Surgères, fille d'honneur de Catherine de Médicis, semble avoir brillé surtout par sa vertu et ses dons intellectuels. Elle avait été promise à un jeune capitaine des gardes, qui fut tué pendant la troisième guerre de religion. Ronsard la choisit et la chante entre 1570 et 1576 : les textes ne permettent pas de fixer une chronologie plus précise.

Établissement du texte de la présente édition

Le texte, qui propose une orthographe modernisée, a été établi par Albert-Marie Schmidt.

La présente édition ne comportant pas les variantes, il nous a semblé nécessaire de choisir la dernière édition faite du vivant de Ronsard, celle de 1584, sous peine de négliger les remaniements effectués par l'auteur. L'adoption de ce texte a en outre l'avantage de ne nous offrir que des poèmes d'amour, alors que dans leur édition originale certains recueils comportaient des pièces qui avaient une autre inspiration, par exemple des poèmes épicuriens ou champêtres dans la *Continuation* et la *Nouvelle Continuation :* poèmes que Ronsard à partir de 1560 place à juste titre dans d'autres parties de son œuvre.

Plutôt que de tronquer les grandes rubriques des *Amours*, pour ramener le volume à des dimensions normales, nous avons préféré retrancher *Les Amours d'Eurymédon et de Callirée*, dont le platonisme maniéré, alors à la mode, est sans doute moins séduisant pour le lecteur moderne. Dans les *Amours diverses*, nous avons également supprimé les éloges à Villeroy, qui ne relèvent pas de la poésie d'amour et le « Vœu à Vénus » qui n'est qu'une pièce de circonstance.

Les notes se bornent à élucider les allusions difficiles.

La date qui figure dans la marge est l'année où le poème fut publié dans sa version originale. Ronsard ayant fortement modifié la composition des *Amours*, il nous a semblé nécessaire de l'indiquer afin de ne pas perdre de vue toute perspective chronologique. De la page 243 à la page 360, la date de 1578 a été indiquée, une fois pour toutes, en marge de chacun des trois grands titres (*Sur la mort de Marie*, *Sonnets et madrigals pour Astrée*, *Sonnets pour Hélène*), tous les poèmes de ces recueils ayant été publiés à cette date, à l'exception de l' « Élégie » (p. 356) publiée en 1584.

NOTES

Page 21.

1. Vœu aux Muses, auxquelles sont consacrées la fontaine Castalie, au flanc du Parnasse (montagne où elles sont nées), et la source Hippocrène, qui jaillit selon la légende sous les pieds du cheval Pégase (v. 2-3).

AMOURS DE CASSANDRE

Page 23.

1. Cassandre était la fille d'un banquier de Florence, Bernard Salviati, qui avait acheté le château de Talcy. Ronsard était clerc, et n'aurait donc pu demander la jeune fille en mariage. Elle épousa en 1546 Jehan Peigné, seigneur de Pray, non loin de Vendôme. La version originale du recueil qu'elle lui avait inspiré parut en 1552, sous le titre *Les Amours.*

Page 25.

1. Les Myrmidons et les Dolopes étaient venus assiéger Troie, patrie de la prophétesse Cassandre. L'Archer est Philoctète, qui tua le frère de Cassandre, Pâris.

2. Aulis (en Aulide) est un port de Béotie où la flotte grecque se réunit avant son départ pour Troie.

3. Guerrier phrygien, épris de Cassandre, et qui fut tué par le Grec Pénélée.

4. Pandore : la première femme, créée par Vulcain. Jupiter lui fit cadeau d'une boîte qui contenait l'espérance, mais aussi tous les maux.

Page 27.

1. Monstre dont le regard avait le pouvoir de pétrifier.
2. L'instrument des Muses, c'est-à-dire la lyre.
3. Pétrarque.
4. L'Épire (contrée au sud de la Macédoine) avait la réputation d'attirer la foudre.
5. Peintre et poète, ami de la Pléiade.

Page 28.

1. Allusion au festin de Zeus chez le dieu Océan.
2. Ayant manqué de respect à Junon, il fut attaché dans les Enfers à une roue enflammée.

Page 29.

1. Puni pour avoir dérobé le feu : un vautour lui dévorait le foie.

Page 30.

1. Les Grâces.
2. Bellérophon, monté sur le cheval ailé Pégase.
3. L'Argonaute Zéthès, fils de Borée, chassa les Harpyes, monstres ailés.

Page 33.

1. Allusion à Jupiter, qui descendit en pluie d'or dans le sein de Danaé.
2. Jupiter enleva Europe en se métamorphosant en taureau.
3. Mythe du *Phèdre* de Platon : le cheval noir est la sensualité, le blanc l'aspiration au bien. La Reine est la raison.

Page 35.

1. Roi célèbre pour sa perfidie.

Page 36.

1. La Pythie, inspirée par Apollon.

Page 38.

1. Créatures élémentaires, plus légères que les corps humains, et qui vivent dans l'atmosphère. Ronsard les croit doués de dons prophétiques, et messagers de Dieu.

Page 39.

1. Le fils de Rhée : Jupiter, fils de Rhéa (Cybèle). Pandore : v. plus haut, note 4 de la page 25.
2. Mère de Vénus.
3. Peitho, déesse de la persuasion.
4. Muse de l'histoire.
5. Cassandre avait reçu le don de prophétie, mais elle n'était pas crue.

Page 41.

1. Fleuve près de Troie. Apollon était épris de Cassandre, qui le dédaignait.
2. Le Phénix, qui renaît de ses cendres.
3. Les atomes du système épicurien, qui tombent dans le vide, et qu'une déviation rapproche en corpuscules.

Page 43.

1. Cf. plus haut, note 2 de la page 33.

Page 45.

1. Punis aux Enfers, Ixion par le supplice de la roue, Tantale par une faim impossible à assouvir.
2. Allusion à Prométhée, dont un vautour rongeait le foie, et à Sisyphe, condamné à rouler sans cesse un roc sur une pente.

Page 47.

1. Les Grâces.
2. Castor et Pollux, héros d'Œbalie, c'est-à-dire de Laconie. Ils avaient obtenu l'immortalité à tour de rôle, un jour sur deux.

Page 50.

1. Ulysse fut sauvé par la Nymphe Leucothée, qui le soutint de son voile pendant qu'il nageait dans la tempête.

2. Les yeux de Cassandre sont la constellation des Gémeaux, qui guide les marins.

Page 51.

1. Les Parques.
2. Du Bellay.
3. Vénus, qui avait un temple à Cythère.

Page 52.

1. Le vieillard Océan.

Page 55.

1. Les monts d'Épire en Grèce, qui passaient pour attirer la foudre; le tombeau du roi Mausole en Carie.

Page 56.

1. La forêt de myrtes, aux Champs-Élysées, où séjournent les amants.

Page 57.

1. Mot grec, francisé, qui équivaut au mot *âme*.

Page 58.

1. La barque de Charon, qui passe les trépassés dans l'autre monde.
2. Vainement épris de Cassandre.
3. Héros de *La Franciade*, épopée dont Ronsard publiera en 1572 les quatre premiers chants. Ronsard dit qu'il a provisoirement abandonné cette épopée pour célébrer Cassandre.
4. Le myrte, consacré à la déesse de Paphos, Vénus, symbolise l'inspiration amoureuse; le laurier, attribut d'Apollon, la grande poésie héroïque. — Ne cède... au... : vaut bien le laurier.

Page 59.

1. Orphée, musicien de Thrace, que suivaient les rochers.
2. Maîtresse de Pétrarque. — Thusques : toscans.

3. Circé changea en porcs les compagnons d'Ulysse.
4. Ulysse brandit une épée contre Circé. Grégeois : Grec.
5. Moly : racine que Mercure fit prendre à Ulysse, pour le prémunir contre Circé.
6. Les compagnons d'Ulysse (roi de l'île de Dulychium).
7. Héros du *Roland furieux* de l'Arioste. Il rendit à Roland sa raison, que la folie amoureuse lui avait fait perdre.

Page 61.

1. La Méduse Gorgone, qui pétrifie ses ennemis. Elle avait une chevelure de serpents.
2. Eurydice, épouse d'Orphée, fut piquée par un serpent.

Page 63.

1. Platon niait l'existence du vide, contrairement à Épicure, dont Ronsard adopte les théories.

Page 64.

1. Orateur latinisant, lié avec les poètes de la Pléiade.

Page 66.

1. Homère.
2. Achille.
3. Vénus.

Page 67.

1. Privés de leur pouvoir, qui est passé dans les yeux de Cassandre.
2. Pontus de Tyard, poète de la Pléiade (1521-1605).
3. La lyre angevine est celle de Du Bellay. Jean Dorat, le maître de Ronsard, le principal du collège de Coqueret, était Limousin. Rémy Belleau était mort en 1577.

Page 75.

1. Ajax, qui voulut violer Cassandre, et fut puni par Neptune, qui l'écrasa sous les roches Gyrées.

Page 80.

1. Les Amours.

2. Danse d'un rythme alerte.

Page 81.

1. Adonis, amant de Vénus. La légende voulait qu'Adonis se fût piqué à un rosier et que son sang eût transformé les roses blanches en roses rouges.
2. La fleur Innula serait née des larmes d'Hélène.

Page 82.

1. Jupiter mutila son père Saturne, et mit ainsi un terme à l'âge d'or.

Page 84.

1. Apollon, dieu de la musique, et repoussé par Cassandre.

Page 85.

1. Roger, héros du *Roland furieux* de l'Arioste, devint dès son arrivée au château d'Alcine l'amant de cette magicienne.

Page 86.

1. La rivière du Loir et son affluent la Braye; Gâtine, forêt du Vendômois.
2. Forêt.
3. Colline à vignobles.
4. Procyon, étoile de la constellation du Chien, qui amène la canicule.
5. Le signe du Cancer, où le soleil entre à la mi-juin.
6. Le signe de l'Archer, où le soleil entre à la mi-novembre.

Page 87.

1. Dis oui ou non.
2. V. plus haut, note 2 de la page 47.

Page 88.

1. Cnide : temple de Vénus, sur un promontoire de Carie. Amathonte : ville de Chypre, célèbre par le culte de Vénus. Eryx (Érice) : ville de Sicile, renommée pour son temple à Vénus.

Page 89.

1. Argus, le gardien aux yeux innombrables, chargé par Junon de surveiller la nymphe Io, fut tué par Mercure.

Page 92.

1. Détroit entre l'île d'Eubée et la Béotie.

Page 93.

1. Peintre et poète, ami de Ronsard.
2. V. plus haut, note 1 de la page 89.

Page 94.

2. La Loire, dont le nom était masculin.

Page 95.

1. Insecte qui vit dans la flamme.
2. La lance d'Achille (faite en bois du Pélion) put guérir la blessure qu'elle avait faite au Mysien Télèphe.

Page 96.

1. L'arc en ciel.

Page 97.

1. Atalante, Cydippé : toutes deux conquises par des artifices où des pommes d'or jouaient un rôle.

Page 100.

1. Géants monstrueux, qui n'avaient qu'un œil, et qui forgeaient dans l'Etna les foudres de Jupiter sous la direction de Vulcain.
2. Jupiter.

Page 102.

1. Endymion, que la Lune endormit sur le mont Latmus, en Carie, et qu'elle venait baiser chaque nuit.

Page 103.

1. L'Etna.

Page 104.

1. Montagne d'Arcadie.
2. Massif de l'Hémus, en Thrace.
3. Hercule.

Page 105.

1. Narcisse, sur les bords du fleuve Céphise.

Page 106.

1. Jupiter.
2. Térée, roi de Thrace, époux de Procnée. Amoureux de sa belle-sœur Philomèle, il la viola, et elle fut changée en rossignol.

Page 109.

1. Muse de la comédie et de l'idylle.
2. Source consacrée aux Muses.

Page 110.

1. Condisciple et ami de Ronsard, un des poètes de la Pléiade (1532-1589).
2. Hésiode, initié à la source des Muses.
3. Colline à vignoble.
4. Fruit dont les compagnons d'Ulysse mangèrent chez les Lotophages, et qui leur fit oublier leur pays natal.

Page 111.

1. Allusion au fil d'Ariane, qui guida Thésée dans le Labyrinthe de Crète.
2. Souvenir du *Roman de la Rose*, où Belacueil mène l'amant dans le Verger d'Amour.

Page 112.

1. Hercule, qui accomplit les douze travaux. Il est thébain par sa mère Alcmène, fille de Cadmus.

Page 113.

1. Hercule, qui monta sur le bûcher de l'Œta.

Page 114.

1. La source Hippocrène, jaillie sous les pieds de Pégase, le cheval ailé.

2. Pétrarque, qui chanta la Sorgue, rivière du Vaucluse, et qui naquit à Florence.

Page 119.

1. Apollon, adoré à Délos.

2. Bérénice, reine d'Égypte, fut changée en constellation.

Page 120.

1. L'année est comparée à un serpent qui se mord la queue.

2. Fille du roi Cécrops, envieuse et méchante, qui fut changée en pierre.

3. Furie.

4. Poète satirique. Lycambe lui avait refusé sa fille. Archiloque le diffama au point qu'il se pendit.

Page 121.

1. Jupiter se changea en cygne pour Léda, et en taureau pour Europe.

Page 122.

1. Ménades et Thyades sont les prêtresses de Bacchus qui, possédées par le dieu, parcourent les campagnes dans des danses folles.

2. Corybantes et Courètes : prêtres de Cybèle. Ils dansaient tout armés autour d'un antre de la Crète.

Page 124.

1. Apollon, dieu de la médecine, aima la nymphe Daphné, originaire de Thessalie, qui fut changée en laurier.

2. Esculape, représenté avec une barbe, et patron des médecins.

3. Les Ragusins seraient originaires d'Épidaure, ville dédiée à Esculape.

4. Allusion à la naissance de Vénus.

5. Une fleur naquit du sang d'Adonis blessé par un sanglier. Le sang d'Ajax produisit également une fleur, sur les feuilles de

laquelle étaient écrites les lettres Ai, signifiant son nom. Ajax était le fils de Télamon.

6. Les perles.

Page 126.

1. Quand le Soleil entre dans le signe des Gémeaux, en mai.
2. En novembre (dans le signe du Sagittaire).

Page 127.

1. Bohémiens.

Page 130.

1. Fille du roi Érechtée, enlevée par Borée, le vent du Nord.

Page 131.

1. Cassandre.
2. Allusion au mariage de Cassandre Salviati, qui quitta Talcy pour le château de son époux.

Page 133.

1. Allusion à la conquête de la toison d'or par Jason, qui dompta deux taureaux fabuleux.
2. Patrie de la pourpre.

Page 134.

1. Le peintre François Clouet, dit Janet.

Page 136.

1. Contraction de Prométhée.

Page 137.

1. Pétrarque.

Page 139.

1. Apollon, épris de Cassandre.
2. Ancien nom des Dardanelles.
3. Dèle (Délos) fut une île errante jusqu'à la naissance d'Apollon.
4. Le serpent Python, tué par Apollon.
5. Daphné, nymphe aimée d'Apollon et transformée en laurier.

Page 140.

1. Sacrifice de cent bœufs.

Page 141.

1. Les Amours.

Page 142.

1. Ronsard pense à *La Franciade.*

Page 143.

1. Muse de l'élégie.
2. Achille jouait de la cithare devant le fils de Ménétie, Patrocle.

Page 144.

1. Francus, ancêtre mythique des Français.
2. Passeur des Enfers.
3. M. A. de Muret, le commentateur des *Amours* (1526-1585).
4. Hercule, héros thébain, qui tua le centaure Nessus, les Centaures (les enfants de la Nue), l'hydre de Lerne. Il ramena des Enfers Cerbère prisonnier, vainquit les Amazones (« la vierge ») et le fleuve Acheloüs, étouffa le lion de Némée et le géant Antée, et sépara les montagnes de Calpé et d'Abyla, appelées depuis les Colonnes d'Hercule. La fille de Phorcus est Méduse. Le Thermodon est un fleuve de Cappadoce, près duquel vivaient les Amazones.

Page 145.

1. Eurysthée, son frère, qui l'obligea à accomplir ces travaux. — Hercule s'éprit de la jeune Iole.

Page 146.

1. Jalouse parce qu'Hercule était né des amours adultères de Jupiter et d'Alcmène.

Page 148.

1. Souvenir de la prophétie de Cassandre dans l'*Alexandra* du poète Lycophron. Les prophétesses mangeaient du laurier avant d'entrer en transe.

Page 149.

1. Le poète Guillaume Des Autels (1529-1581?), satellite de la Pléiade.
2. Les Muses, sur le Parnasse.
3. Pseudonyme de la maîtresse de Des Autels.

Page 150.

1. Suppliciés aux Enfers.
2. François Clouet.

Page 152.

1. Peintre grec, qui vécut à la cour d'Alexandre.
2. Abandonnée par Thésée dans l'île de Naxos.

Page 155.

1. Les jeunes filles de Sparte (sur les bords du fleuve Eurotas).
2. D'Amyclées, ville de Laconie.
3. Déesse de la mer.

Page 156.

1. Allusion aux campagnes d'Henri II sur le Rhin en 1552.

AMOURS DE MARIE

Page 157.

1. Nous savons peu de chose de Marie : qu'elle habitait Bourgueil et était paysanne, et qu'elle lui résista. L'essentiel est qu'à cette époque Ronsard lit plutôt Anacréon, l'*Anthologie* grecque, le poète néo-latin Marulle, lectures qui le portent vers un lyrisme moins difficile et parfois plus mignard. La forme est souvent enjouée, et il multiplie les chansons. L'ensemble laisse une impression de fraîcheur champêtre, malgré l'importance des emprunts littéraires. — La version originale des poèmes que Marie lui a inspirés a été publiée sous le titre *Continuation des Amours* (1555) et *Nouvelle Continuation* (1556).

Page 159.

1. Augias, roi d'Élide, dont Hercule nettoya les écuries.

Page 160.

1. Légende rare, selon laquelle Pan serait fils de Pénélope.
2. Télémaque, fils d'Ulysse.

Page 163.

1. Pontus de Tyard, poète de la Pléiade (1521-1605).
2. Claude de Buttet, poète savoisien (1529-1586), qui subit l'influence de Ronsard.

Page 164.

1. Peitho, déesse de la persuasion.

Page 165.

1. Le jeune Iphis se pendit devant la porte d'Anaxarète, qui avait refusé de l'entendre, et la belle fut changée en pierre par Vénus.

Page 166.

1. Poète de la Pléiade.

Page 167.

1. Le Tibre.
2. Olivier de Magny, autre poète qui séjourna à Rome, comme Du Bellay.

Page 168.

1. Jacques Peletier du Mans, poète et mathématicien (1517-1582).

Page 169.

1. Le chêne.
2. La barque de Charon, aux Enfers.

Page 171.

1. Jean Dorat, originaire du Limousin le maître de Ronsard au Collège de Coqueret (1508-1588).

Page 172.

1. Le miel de l'Hymette, montagne de l'Attique.
2. Le rossignol. V. plus haut, note 2 de la page 106.
3. Le poète et avocat Étienne Pasquier (1529-1615).

Page 174.

1. Domestique de Ronsard (pseudonyme).
2. Le poète Rémy Belleau, le traducteur d'Anacréon (1528-1577).

Page 175.

1. Géants de la mythologie grecque. Géryon avait un triple corps; Briarée et Typhée avaient cent bras et cinquante têtes.
2. De Numidie.

Page 177.

1. Rochers où la flotte grecque fit naufrage quand elle revint de Troie.
2. Allusion aux supplices d'Ixion et de Tantale.

Page 180.

1. Nymphe que Pâris avait aimée avant de connaître Hélène. Il était fils du roi Priam.

Page 181.

1. La sibylle de Cumes, en Campanie.
2. Junon emprunta à Vénus le ceste, bande d'étoffe qui inspirait le désir amoureux. Elle parvint à ses fins, et demanda ensuite au Sommeil d'endormir Jupiter, pour qu'il ne secourût plus les Troyens.

Page 182.

1. Vénus est née de l'écume de la mer.
2. V. plus haut, note 1 de la page 102.

Page 187.

1. La violette.
2. L'alouette, la tourterelle et le rossignol (Ædon tua par erreur

son propre fils, et changé en rossignol pleura toutes les nuits sa mort).

3. C'est peut-être une allusion au nom de famille de Marie, qui s'appellerait Marie Dupin.

Page 188.

1. Rochers errants à l'entrée du Pont-Euxin, qui se rapprochaient quand passaient les navires, et les écrasaient.

Page 189.

1. Diane.

Page 193.

1. Atys fut épris de Cybèle, mère des dieux (qui n'était point jeune); celle-ci le changea en pin. L'Ida est un mont de Phrygie célèbre pour le culte de Cybèle.

Page 194.

1. Baïf et Ronsard.

Page 195.

1. Francine de Gennes, que chanta Baïf, et qui était d'une famille poitevine.
2. Rivière qui arrose Poitiers.
3. Où est le château de la Possonnière.
4. Philippe de Ronsard, cousin du poète. Il vivait au château de Beaumont-la-Ronce.
5. Le prieuré de Saint-Cosme près de Tours. Ronsard n'y était pas encore installé quand il écrivit *Le Voyage de Tours* (c'est-à-dire en 1560, car il s'agit d'une pièce ajoutée à la version de 1555-1556).

Page 197.

1. Il consulte une sorcière qui agitait du sable dans un crible et devinait l'avenir selon la forme de cette masse fluide.
2. Mode de divination que Ronsard reprend au poète Théocrite. Il semble que le bruit de la feuille ait valeur de présage.

Page 199.

1. Le poète Belleau.

Page 200.

1. Esacus, fils de Priam, et épris d'Hespérie, fut changé en plongeon.

Page 201.

1. Le pêcheur Glaucus fut métamorphosé en monstre marin (il avait absorbé une herbe magique).

2. Hippomène jeta à Atalante les pommes d'or que Vénus lui avait données (afin de le vaincre à la course).

Page 203.

1. Echo.

2. Allusion aux odes pindariques que contenait le recueil des *Odes* de 1550 Ronsard veut imiter pour Marie le style bucolique de Théocrite (le pasteur de Sicile), plus accessible au lecteur que l'obscurité pindarique.

3. Quand le soleil décline.

Page 204.

1. Il revient de sa pâmoison (ironique).

2. Le tombeau de Turnus, fondateur mythique de Tours, se trouvait sous le château de cette ville.

3. Peut-être Jean Dorat, bien que nous ne sachions pas s'il possédait une maison à Tours.

Page 206.

1. Téthys, femme de l'Océan et mère des fleuves.

Page 207.

1. Roi des Enfers, Pluton s'éprit de Proserpine et l'enleva

Page 208.

1. Pseudonyme : en grec, Sinope est celle qui abîme la vue (qui ensorcelle l'amant). Il ne semble pas que ce soit un simple pseudo-

nyme de Cassandre ou de Marie. Nous savons seulement que les sonnets adressés à cette inspiratrice expriment une passion plus sensuelle et peut-être plus réelle. Cet amour apparaît comme une maladie physique et une folie.

Page 212.

1. Dieu de la foudre.

Page 213.

1. Guy de Bruès, auteur de dialogues philosophiques, dans l'un desquels figuraient Ronsard et Baïf.

2. Jean de Pardaillan, qui fut à Rome secrétaire du cardinal Georges d'Armagnac.

Page 214.

1. Souvenir des *Argonautiques*, où Apollonius de Rhodes raconte la conquête de la toison d'or. Propos tenus par une corneille au devin Mopse (qui accompagnait Jason lorsque ce héros se rendait chez Médée).

Page 216.

1. Change en roche, en eau, en feu, en glace (série de verbes à la troisième personne du présent).

Page 217.

1. Thésée abandonna Ariane dans l'île de Naxos (Die), où elle fut consolée par Bacchus (le fils de Semelle, c'est-à-dire de Sémélé). Ce Dieu transforma en constellation la couronne de la jeune femme.

Page 218.

1. Humaniste.

2. Épris de la nymphe Galatée, le Cyclope se consolait en chantant son amour et sa peine (souvenirs d'une idylle célèbre de Théocrite).

Page 221.

1. Ce serait un ami de Ronsard, auteur de vers latins et français.

Page 223.

1. Reine de l'Océan.

Page 227.

1. Simon Nicolas, secrétaire du Roi.

Page 230.

1. Montoire-sur-le-Loir, en Vendômois.
2. Série de mots composés, à la manière du grec. Aime-étain : qui aime la laine cardée. Maisonnière : qui travaille dans les maisons.
3. De Pallas, qui aurait inventé la quenouille.
4. Parce que les femmes chantent en travaillant la laine.

Page 231.

1. Prince troyen, aimé de Vénus, et père d'Énée.

Page 235.

1. Amadis Jamyn, page de Ronsard.

Page 239.

1. Jeune Lydienne, excellente brodeuse. Pallas ayant déchiré une de ses broderies, Arachné se donna la mort, et fut changée en araignée.
2. Déesse de la jeunesse.
3. Serpent tué par Apollon.
4. Instrument de musique utilisé chez les Égyptiens (lame métallique recourbée, et traversée de baguettes mobiles qui retentissaient lorsqu'on l'agitait).

Page 241.

1. Forêt des Enfers, réservée aux amants.
2. Ruisseau de Béotie, sortant de l'Hélicon, et consacré aux Muses.

SUR LA MORT DE MARIE

Page 243.

1. En fait, la plupart de ces pièces ne sont pas inspirées par

Marie l'Angevine. Elles ont été composées pour Marie de Clèves, maîtresse d'Henri III, morte en 1574. Ajoutés en 1578, longtemps après ces années 1555 et 1556 où Ronsard chantait Marie l'Angevine, ces poèmes s'intègrent cependant sans difficulté au *Second Livre des Amours*.

Page 248.

1. Qu'Orphée alla chercher aux Enfers.

Page 250.

1. Amante d'Apollon, métamorphosée en héliotrope.
2. Une fleur naquit du sang d'Ajax (cf. note 5 de la page 124).

Page 253.

1. La strophe suivante donne l'explication : il s'agit de Beauté et de Chasteté, autrefois unies en la personne de Marie, et désormais séparées.

Page 254.

1. Il a renouvelé la littérature française en imitant ces poètes anciens.

Page 255.

1. A Bourgueil (mais en réalité Ronsard déplore pour Henri III la mort de Marie de Clèves).

SONNETS ET MADRIGALS POUR ASTRÉE

Page 261.

1. Françoise Babou de la Bourdaisière, mariée à Antoine d'Estrées. On ne sait si Ronsard l'a aimée lui-même ou s'il l'a chantée pour le compte de son ami Béranger du Gast, qui fut l'amant de Mme d'Estrées. — Ces sonnets et madrigals sont publiés en 1578.

Page 263.

1. Icare était parvenu à voler au moyen d'ailes attachées avec

de la cire. Mais la chaleur du soleil fit fondre la cire, et il fut précipité dans la mer Égée, dite aussi mer Icarienne.

2. Ronsard joue sur le nom d'Estrées.

Page 264.

1. Il voulut voler sur Pégase, et tomba.

2. Erigone, fille d'Icare, roi d'Athènes, est la constellation de la Vierge, signe du zodiaque.

Page 265.

1. Ixion étant épris de Junon, Jupiter forma un nuage qui avait l'apparence de son épouse. Ixion tenta de violer cette Junon fictive, et fut jeté aux Enfers.

2. Il joue sur le prénom de Mme d'Estrées.

Page 266.

1. Lance d'Achille, dont le bois venait du Mont Pélion.

Page 268.

1. Europe, enlevée par Jupiter métamorphosé en taureau. Le voile de la jeune femme se gonfle sous le vent, comme une voile de navire.

2. Une des douze maisons du ciel, subdivisions de la sphère céleste. La plus haute est celle où se trouve le soleil de midi. — Cet astre, qui symbolise Astrée, a une influence sur le destin du poète.

Page 269.

1. Femme de Ptolémée Evergète. Selon la légende, sa chevelure aurait été transformée en constellation.

Page 270.

1. Symbole de la constance. Ce cadeau d'Astrée signifiait qu'elle ne pouvait céder aux désirs du poète.

Page 271.

1. Son gant portant désormais le portrait d'Astrée, il a son Astre dans la main, au sens littéral. Il espère donc l'avoir aussi au sens figuré, c'est-à-dire avoir une bonne étoile.

2. Reproche du poète à un disciple qui lui a fait rencontrer une dame dont Ronsard s'est épris. — Nourriture : instruction.

Page 272.

1. Henri III, le vainqueur de Jarnac et Moncontour (victoires remportées en 1569 sur les armées protestantes).

Page 273.

1. Isabelle, qui devint ensuite l'épouse du marquis d'Alluye.

LE PREMIER LIVRE DES SONNETS POUR HÉLÈNE

Page 279.

1. Hélène de Surgères, une des filles d'honneur de Catherine de Médicis. Selon les témoignages contemporains, cet amour aurait été inspiré surtout par les dons intellectuels d'Hélène, qui était assez cultivée. Demoiselle de la Cour, un peu bas bleu, Hélène n'est pas chantée sur le ton d'apparente simplicité qui caractérise les *Amours de Marie*. Ronsard emprunte beaucoup à l'*Anthologie* grecque et à Pétrarque, et cultive le concetto, la pointe précieuse. Ces sonnets parurent en 1578.

Page 280.

1. Puisque le rapt d'Hélène par Pâris fut la cause du siège et de la prise de Troie.

Page 281.

1. Plante qui mélangée au vin chasse les soucis.

Page 284.

1. V. plus haut, note 1 de la page 88.
2. Déesse de la vengeance.

Page 285.

1. L'Hélène antique était fille de Léda et de Jupiter métamorpho-phosé en cygne.

Page 287.

1. Une des Grâces.

2. Vieux mari de l'Aurore. Elle avait obtenu pour lui l'immortalité, mais avait oublié de demander en même temps une éternelle jeunesse.

Page 288.

1. Diane de Cossé-Brissac.

Page 289.

1. Le père d'Hélène, René de Fonsèque, était de souche espagnole.

2. Le gardien aux yeux innombrables.

Page 292.

1. Ronsard rêve qu'il est couché près d'Hélène et que son sommeil l'initie aux secrets de la science et de la philosophie.

2. Les démons, êtres élémentaires, passaient pour savoir l'avenir.

3. Cf. plus haut, note 1 de la page 102.

Page 293.

1. L'Écho.

Page 294.

1. Allusion aux rapports du microcosme (l'être humain, le petit monde) avec le macrocosme (l'univers, le grand monde), selon une théorie très répandue au XVIe siècle.

Page 295.

1. Les géants s'efforcèrent d'escalader l'Olympe, où ils furent vaincus par les dieux et foudroyés.

Page 297.

1. V. plus haut, note 2 de la page 201.

Page 298.

1. Logée au dernier étage du Louvre, Hélène pouvait voir Montmartre et l'abbaye des Dames de Montmartre.

Page 300.

1. L'agathe passait pour guérir les morsures de scorpion (animal symbolisant le soleil).
2. Une des Grâces.
3. Arcueil, où la Pléiade avait fait une excursion (racontée par Ronsard dans le *Voyage d'Hercueil*). La cousine est Diane de Cossé-Brissac.

Page 304.

1. Rites magiques, destinés à inspirer l'amour.
2. Monstres qui gardaient les pommes d'or du jardin des Hespérides.
3. Aimée de Jupiter, métamorphosé en pluie d'or.

Page 305.

1. L'âme a une origine divine, et immortelle (alors que pour les Épicuriens elle dépend du corps). Son savoir est réminiscence des vérités éternelles qu'elle a contemplées avant de s'incarner (alors que pour les Épicuriens le savoir a sa source dans la sensation). — Influxion : écoulement, émanation.
2. V. plus haut, note 1 de la page 265.

Page 306.

1. Trois champs de bataille pendant les guerres de religion, en 1562 et 1569.
2. Amante de Mars.
3. Il fut son amant sur le Mont Ida.

Page 307.

1. Le feu que Prométhée avait volé aux dieux représente sans doute l'esprit humain. Le mariage de la Terre à la Divinité est l'union du corps et de l'âme, puisque Prométhée façonna l'être humain : le corps fut d'argile, et l'âme de feu.

Page 308.

1. Avril (Aprilis viendrait d'Aphrodite).

Page 311.

1. Vénus, qui avait un temple à Cnide en Carie.
2. Junon.

Page 312.

1. Phidias.
2. Exposée sur un rocher et destinée à être dévorée par un monstre marin. Monté sur un cheval ailé, Pégase, Persée tua le monstre, et épousa Andromède.
3. La caverne des Piérides, des Muses (symbole de l'inspiration).
4. Allusion aux guerres civiles.
5. Déesse de la guerre.
6. Symboles de métamorphose : Glauque, pêcheur béotien, devint un dieu marin; Protée changeait de forme à sa guise.

Page 313.

1. Guerre des frères ennemis, Étéocle et Polynice, les fils du roi de Thèbes Œdipe. Leur haine était si durable que la flamme de leur bûcher se sépara en deux.

LE SECOND LIVRE DES SONNETS POUR HÉLÈNE

Page 315.

1. Pan séduisit la Lune en lui offrant ce cadeau.
2. Cf. plus haut, note 2 de la page 287.
3. Icare, qui tenta de voler; Phaéton, qui conduisit le char du soleil.

Page 316.

1. Immortelle, symbole d'amour constant.
2. Maîtresse de Pétrarque.

Page 317.

1. Sonnet écrit pour le Mercredi des Cendres.
2. Le ret est le filet où la dame prend l'amant, en général sa chevelure.

Page 318.

1. Roi de Crète, sage législateur.
2. Selon la loi hébraïque, un esclave est libéré sept ans après son rachat.

Page 319.

1. Le pin, parce qu'Atys, l'amant de Cybèle, fut ainsi métamorphosé.
2. Jeu érudit sur l'étymologie grecque du nom d'Hélène, qui ne viendrait pas du verbe avoir pitié, mais du verbe ravir.
3. Hélène avait été avertie que le cheval de Troie contenait des guerriers grecs. Elle serait venue prononcer les noms des plus belles femmes grecques, pour inciter les soldats à sortir; mais en vain.

Page 322.

1. Idée parfaite du beau et du bien, qui s'incarne dans la personne d'Hélène. Terme du vocabulaire platonicien.

Page 324.

1. Légende grecque : l'homme mordu par un chien enragé voit dans les eaux l'image de la bête féroce.

Page 325.

1. Bacchus, fils de Jupiter et de la Thébaine Sémélé. Deux fois né : Sémélé ayant été foudroyée, Jupiter porta l'avorton Bacchus dans sa cuisse, jusqu'au terme.
2. Bacchus avait conquis les Indes.

Page 328.

1. Allusion aux guerres de religion et à la guerre des frères ennemis, les Thébains Polynice et Étéocle.
2. Ronsard avait un procès (au sujet de son prieuré de Saint-Cosme).

Page 329.

1. Poudre à canon.

Page 331.

1. Éson (père de Jason), rajeuni par la magicienne Médée.
2. Vénus, maîtresse de Mars.

Page 332.

1. Bande d'étoffe, qui inspirait le désir amoureux.

Page 333.

1. La philosophie.

Page 335.

1. Éson.
2. La Terre promise (le Jourdain) est la retraite, par opposition aux dangers de la Cour (comparés aux périls que les Hébreux rencontrent en Égypte).
3. Magicienne qui transforma les compagnons d'Ulysse en pourceaux.

Page 336.

1. Ton fantôme.
2. Le bois de myrtes, aux Enfers, séjour des amants.

Page 337.

1. Celle qui inspira de l'amour par la seule imagination (Pâris ayant aimé Hélène avant même de l'avoir rencontrée).
2. Hélène, sœur des jumeaux Castor et Pollux, et fille de Léda et de Jupiter métamorphosé en cygne.

Page 338.

1. Le fiancé d'Hélène, le capitaine Jacques de La Rivière, tué en 1569.
2. Sauvé du déluge, il symbolise les larmes.
3. Il représente les flammes, puisqu'il brûla la terre avec le char du soleil.

Page 342.

1. Surnom de Diane, du nom de l'île où elle est née.
2. Poète : c'est-à-dire Pétrarque.

Page 343.

1. Oiseau consacré à Apollon, et symbole du poète inspiré.

Page 345.

1. Peut-être une des filles d'honneur de la Reine.

Page 346.

1. Blessé, puis guéri par Achille.

Page 347.

1. En haut du Louvre.

Page 348.

1. L'époux d'Hélène, qui lui avait été ravie.

Page 349.

1. Castor et Pollux. Le soleil entre dans le signe des Gémeaux en mai.

Page 350.

1. Achille, chanté par Homère (sonneur : poète).

Page 352.

1. Vents doux.

Page 353.

1. Hylas, aimé d'Hercule, fut enlevé par les Nymphes, pendant une escale des Argonautes en Mysie.
2. D'Argos.
3. Nymphes des chênes.

Page 354.

1. Renaud de Montauban, héros de la chanson de geste des *Quatre fils Aymon* (dont une partie de l'action se situe dans les Ardennes).

Page 355.

1. Une statue de saint Germain se trouvait sans doute près de la source.

2. Les Géants vaincus après leur tentative de révolte contre les Dieux.

Page 359.

1. Charles IX, mort en 1574.
2. La Parque.

AMOURS DIVERSES

Page 361.

1. Sous cette rubrique, Ronsard réunit des poèmes composés à des dates diverses, qui n'ont pas trouvé leur place dans les autres sections de l'édition de 1578.

Page 363.

1. D'Idalie, en Chypre : donc de Vénus.
2. Renée de Rieux, demoiselle de Châteauneuf.

Page 366.

1. Jupiter, fils de Saturne, sépara l'Androgyne en deux moitiés, homme et femme.

Page 368.

1. Charon, passeur des Enfers.
2. Bérénice, femme de Ptolémée Evergète. Sa chevelure devint une constellation.

Page 369.

1. Gardien vigilant.

Page 374.

1. Il fut déchiré par les Ménades jalouses.

Page 375.

1. Poète qui avait médit d'Hélène, et qui devint aveugle.

Page 376.

1. Europe, enlevée par Jupiter transformé en taureau. La vierge devenue laurier est Daphné.

Page 379.

1. Déesse de la Vengeance.

GLOSSAIRE

Abîmer : *précipiter.*
Accointer (s') : *aborder.*
Accort : *vif d'esprit.*
Adeulé : *affligé.*
Adonc : *alors.*
Adoniser : *rendre semblable à Adonis.*
Aggraver : *alourdir.*
Aimantin : *d'acier.*
Aime-ris : *qui aime le rire.*
Ainçois : *mais plutôt.*
Ains : *mais plutôt.*
Ainsi (devant un subjonctif) : *exprime le souhait.*
Ainsin : *ainsi.*
Alenter : *calmer.*
Alléger : *soulager.*
Alme : *bénéfique, nourricier.*
Appointement : *accord (s'appointer : s'accorder).*
Ardre : *brûler — Ind. pr. : j'ars — Imp. : j'ardais — Part. p. : ars.*
Arène : *sable.*
Arraisonner (s') : *s'entretenir avec soi-même.*
Aspic : *lavande.*
Aveigne : *subj. de aveindre, tirer.*
Aveine : *avoine.*
Avette : *abeille.*

Baller : *danser.*
Bers : *berceau.*
Blanc : *la cible, le but.*
Blandice : *séduction.*
Blandissant : *séduisant.*
Blétière : *qui fait naître le blé.*
Bluetter : *briller.*
Brandon : *torche.*
Brave : *fier.*
Brosser : *marcher.*

Caillоté : *caillé.*
Carole : *danse en rond.*
Carquan : *collier.*
Cassé : *licencié.*
Caut : *prudent, rusé.*
Cautelle : *ruse.*
Cautement : *sagement.*
Cep : *chaînes.*
Chaire : *siège.*
Chaloir : *importer — Ind. pr. :*

chaut — Cond. : chaudrait — Passé s. : chalut.
Chapelet : *chaîne de danseurs.*
Charton : *conducteur de char.*
Coche (la) : *encoche.*
Coche (le) : *char.*
Coint : *gracieux.*
Compas : *mesure.*
Compasser : *mesurer, disposer.*
Congé : *permission.*
Couraux : *corail.*
Coy : *calme.*
Crêpe : *frisé.*
Crêper : *rider, friser.*
Cuider : *penser.*
Cusin : *cousin, moustique.*

Damoiseau : *de jeune homme.*
Décevoir : *tromper.*
Défaillir : *manquer — 3e p. ind. pr. : défaut.*
Délivre : *libre.*
Dénerver : *décharner.*
Deuil : *douleur.*
Diffamé : *meurtri.*
Dispos (ou dispot) : *agile, actif.*
Douaire : *bien accordé à la femme par le mari lors du mariage.*
Douloir : *souffrir — 1re p. ind. pr. : deulx — 3e p. ind. pr. : deul.*
Douter : *redouter.*
Drillant : *brillant.*

Embler : *enlever.*
Empenné : *emplumé, ailé.*
Ennonder : *faire onduler.*
Ennui : *douleur (sens fort).*
Enrether : *prendre dans un filet.*
Enter : *planter.*
Envis de : *malgré.*
Erre : *cheminement.*
Ès : *dans les.*
Escofion : *coiffe qui tient les cheveux.*
Essencier : *s'identifier à.*
Estuyer : *mettre dans un étui.*

Faillir : *commettre une faute; manquer — Ind. pr. : je faux — Cond. : je faudrais.*
Féé : *enchanté.*
Fère : *bête sauvage.*
Férir : *blessé — Passé : férut.*
Fier : *cruel.*
Forçaire : *esclave.*
Franc : *libre.*
Franchise : *liberté.*
Fusée : *quantité de fil enroulé sur un fuseau.*

Gadille : *rouge-gorge.*
Garce : *maîtresse (non péjoratif).*
Genèvre : *genévrier.*
Gertière : *jarretière.*
Glas : *glace.*
Gorgerin : *guimpe.*
Gratte-cul : *fruit de l'églantier.*
Gresset : *petite grenouille.*
Grève : *jambe.*
Guerdon : *récompense.*

Haim (ou hain) : *hameçon.*
Harsoir : *hier soir.*
Hausse-bec : *moue dédaigneuse.*

Idole : *image.*

Jà : *déjà.*
Javelle : *poignées de céréales couchées sur le sillon, d'où paille de blé ou d'avoine.*

Lac (ou laq) : *filet.*
Lambrunche : *vigne sauvage.*

Manote : *menotte.*
Meschef (ou méchef) : *malheur.*
Mignoter : *façonner gracieusement.*
Mine : *menace.*

Navrer : *blesser.*
Ne : *ni.*
Neufard : *nénuphar.*
Noise : *discorde.*
Nouer : *nager.*
Nuau : *nuage.*

Ocieux : *oisif, paresseux.*
Ores (ou or) : *maintenant — Or... or : tantôt... tantôt.*
Orin : *d'or.*
Ouïr : *entendre — Impératif : Oy — 3e p. ind. pr. Oit :*
Ourdir : *tisser, tresser.*

Parangon : *exemple, modèle (parangonner : comparer).*
Parien : *de Paros.*
Past : *mets.*
Pitaut : *paysan.*
Player : *blesser.*
Plomber : *meurtrir.*
Poindre : *piquer, tourmenter — 3e p. ind. pr. : Point — part. pr. : Poignant.*
Poliot : *pouliot, plante aromatique.*
Poste : *messager.*
Poudreux : *couvert de poussière.*
Pource : *c'est pourquoi.*
Poutre : *pouliche.*
Premier : *d'abord.*
Prime : *délié.*
Prins : *part. p. de prendre.*

Quantefois : *que de fois.*
Querelle : *plainte.*

Racointer : *remettre d'accord.*
Rai : *rayon.*
Rebec : *violon.*
Recamé : *brodé.*
Remembrance : *souvenir.*
Remparer : *fortifier.*
Rengréger : *aggraver.*
Résonner : *répéter.*
Reth (ou ret) : *filet.*
Riagas : *poison.*
Ris : *rire.*
Rouer : *faire tourner, mener en cercle.*
Rouhard : *roucoulant.*
Rousoyant : *couvert de rosée.*

Sablon : *sable fin, endroit sableux.*
Sagette : *flèche.*
Saouler : *voir soûler.*
Sas : *crible.*
Scofion : *voir escofion.*
Semblance : *apparence.*
Semonner : *inviter.*
Si : *ainsi, pourtant, aussi.*
Siller : *fermer les yeux, aveugler.*
Simulacre : *fantôme.*
Soin : *tourment.*
Souci : *tourment.*

Soudard : *soldat.*
Souef : *doux.*
Soûler : *rassasier.*
Souloir : *avoir l'habitude de.*
Souquenie : *souquenille, robe.*
Souris : *sourire.*
Surgeon : *petit jet d'eau, source.*

Tançon : *complainte.*
Tard : *tardif.*
Temples : *tempes.*
Tente : *charpie.*
Test : *crâne.*
Tourtre : *tourterelle.*
Tout (du) : *entièrement.*
Trac (ou traq) : *chemin, trace.*
Traitis : *bien fait.*
Trompe : *trompette.*
Turquois : *turc.*

Usance : *habitude.*

Vaisseau : *vase.*
Verdugade : *sorte de jupon gonflant.*
Viande : *nourriture.*
Viateur : *passant.*
Volée (à la) : *sans réfléchir.*

APPENDICE

Comment Ronsard travaille : quelques variantes

Nous avons choisi quelques exemples de corrections importantes, qui constituent une refonte d'une ou deux strophes de la version initiale. Ils sont surtout empruntés aux Amours de Cassandre *et à la première partie des* Amours de Marie. *Les œuvres publiées en 1578 n'ont en effet subi que des retouches légères en comparaison du travail effectué sur ces deux premiers recueils.*

AMOURS DE CASSANDRE

I, p. 23, str. 3 et 4

1552 Il connaîtra combien la raison peut
Contre son arc, quand une fois il veut
Que notre cœur son esclave demeure;
Et si verra que je suis trop heureux
D'avoir au flanc l'aiguillon amoureux,
Plein du venin dont il faut que je meure.

1578 Il connaîtra que faible est la raison
Contre son trait quand sa douce poison
Corrompt le sang, tant le mal nous enchante,
Et connaîtra que je suis trop heureux
D'être en mourant nouveau cygne amoureux,
Qui son obsèque à soi-même se chante.

VII, p. 26, v. 10-14

1552 Pour être tien, ne gêne plus mon âme,
Mais prends en gré ma ferme loyauté.
Vaut-il pas mieux en tirer du service,
Que par l'horreur d'un cruel sacrifice,
L'occire aux pieds de ta fière beauté?

1578 Ton dédié, ne gêne plus mon âme,
Pour ta victime offrant ma loyauté,
Tu dois, Maîtresse, en tirer du service,
Non par l'horreur d'un cruel sacrifice,
L'ensanglanter aux pieds de ta beauté.

XXVI, p. 36, str. 3 et 4

1552 Car cet œil brun qui vint premier éteindre
Le jour des miens, les sut si bien atteindre,
Qu'autre œil jamais n'en sera le vainqueur.
Et quand la mort m'aura la vie ôtée,
Encor là-bas je veux aimer l'idée
De ces beaux yeux que j'ai fichés au cœur.

1578 O bel œil brun, que je sens dedans l'âme,
Tu m'as si bien allumé de ta flamme,
Qu'un autre œil vert n'en peut être vainqueur.
Si que toujours, en peau jeune et ridée,
Voire au tombeau, je veux aimer l'idée
De ces yeux bruns, deux soleils de mon cœur.

XL, p. 43, str. 3 et 4

1553 S'Europe avoit l'estomac aussi beau,
De t'être fait, Jupiter, un taureau,
Je te pardonne. Hé, que ne suis-je puce!
La baisotant, tous les jours je mordroi
Ses beaux tetins, mais la nuit je voudroi
Que rechanger en homme je me pusse.

LXI, p. 53, str. 3 et 4

1552 Là je sentis dedans mes yeux voler
Un doux venin, qui se vint écouler

Au fond de l'âme; et depuis cet outrage,
  Comme un beau lis, au mois de juin blessé
D'un rai trop chaud, languit à chef baissé,
Je me consume au plus vert de mon âge.

1578 Là je sentis dedans mes yeux voler
Un doux venin, subtil à s'écouler
Au fond de l'âme, où le mal est extrême;
  Puis comme un lis de la grêle froissé
Languit à bas, j'eus le cœur abaissé,
Et dans mon feu je m'immolai moi-même.

CXVII, p. 81, str. 3 et 4

1553 Hélas, que dis-je? où veux-je retourner?
En autre part je ne puis séjourner,
Ni vivre ailleurs, ni d'autre amour me paître.
  Demeurons donc dans le camp fortement;
Et puisqu'au moins vainqueur je ne puis être,
Que l'arme au poing je meure honnêtement.

CXXXIV, p. 90, str. 3 et 4

1552 Il peint les champs de dix mille couleurs,
Tu peins mes vers d'un long émail de fleurs.
D'un doux zéphyr il fait onder les plaines,
  Et toi mon cœur d'un soupir larmoyant;
D'un beau cristal son front est rousoyant,
Tu fais sortir de mes yeux deux fontaines.

Madrigal, p. 127 (sonnet dans les éditions antérieures à 1584), str. 3 et 4

1552 Ainsi voit-on quelquefois en un temps
Rire et pleurer le soleil du printemps,
Quand une nuë à demi le traverse.
  L'un dans les miens darda tant de liqueur,
Et l'autre après tant de flammes au cœur,
Que pleurs et feux depuis l'heure je verse.

1578 Ainsi voit-on d'une face diverse,
Rire et pleurer tout en un même temps,
Douteusement le Soleil du printemps.
L'un de ses yeux tant d'humeur m'écoula,
L'autre mon cœur si doucement brûla,
Que rien que feux et larmes je ne verse.

AMOURS DE MARIE

VI, p. 167, str. 2

1555 La Grâce pour son chef un chapelet compose
De ta feuille, et toujours sa gorge en est parée,
Et mille fois le jour la gaie Cythérée
De ton eau, pour son fard, sa belle joue arrose.

IX, p. 173, v. 3-8

1555 Faites cela vers moi dont votre nom vous prie,
Votre amour ne se peut en meilleur lieu donner;
S'il vous plaît pour jamais un plaisir démener,
Aimez-moi, nous prendrons les plaisirs de la vie,
Pendus l'un l'autre au col, et jamais nulle envie
D'aimer en autre lieu ne nous pourra mener.

1560 Puisque votre beau nom à l'amour vous convie,
Il faut votre jeunesse à l'amour adonner.
S'il vous plaît pour jamais votre ami m'ordonner,
Ensemble nous prendrons les plaisirs de la vie,
D'une amour contre-aimée, et jamais autre envie
Ne me pourra le cœur du vôtre détourner.

1578 Votre nom de nature à l'amour vous convie.
Pêcher contre son nom ne se doit pardonner.
S'il vous plaît votre cœur pour gage me donner,
Je vous offre le mien : ainsi de cette vie
Nous prendrons les plaisirs, et jamais autre envie
Ne me pourra l'esprit d'une autre emprisonner.

XII, p. 174, str. 3 et 4

1555 Qu'on m'ombrage le chef de vigne, et de lierre,
Les bras, et tout le col, qu'on enfleure la terre
De roses, et de lis, et que dessus le jonc
On me caille du lait rougi de mainte fraise :
Eh, n'est-ce pas bien fait? or sus, commençons donc,
Et chassons loin de nous tout soin et tout malaise.

XV, p. 176, v. 2-11

1554 Mon cœur que vous tenez dans vos yeux en servage,
Hélas, pour Dieu rendez-le! ou me baillez en gage
Le vôtre, car sans cœur vivre je ne pourrois.
Quand mort en vous servant sans mon cœur je serais,
Plus que vous ne pensez, ce vous serait dommage
De perdre un tel ami, à moi grand avantage,
Grand honneur et plaisir quand pour vous je mourrais.
Ainsi nous ne pouvons encourir de ma mort,
Vous, madame, qu'un blâme, et moi qu'un réconfort,
Pourvu que mon trépas vous plaise...

LI, p. 212, v. 10-14

1555 Veines, muscles, ni pouls; les feux que j'ai soufferts
Au cœur pour trop aimer me les ont mis en cendre,
Et je ne suis plus rien (ô étrange méchef)
Qu'un Terme qui ne peut voir, n'ouïr, ni entendre,
Tant la foudre d'amour est chute sus mon chef.

LXVI, p. 226, str. 4

1555 Je mourrais de plaisir, où je meurs de souci,
Ne voyant point les yeux d'une que je souhaite
Seule, une heure en mes bras en ce bocage ici.

LXVII, p. 237, str. 4

1569 Ton lustre gai se fanirait d'émoi,
Tu es, bouquet, digne de vivre; et moi,
De mourir pris des beautés de la belle.

1578 Ton lustre gai d'ennui se fanirait,
Et ta verdure sans grâce périrait
Pour la chaleur d'une chose si belle.

SONNETS POUR HÉLÈNE

Livre I, sonnet I, p. 279, v. 6-8

1578 Par le sablon qui roule au giron des ruisseaux,
Par tous les rossignols, merveille des oiseaux,
Qu'autre part je ne veux chercher autre aventure.

Livre II, sonnet XXX, p. 330 (madrigal à partir de 1587), v. 8-14

1587 Votre appréhension et votre seul penser
Un temps furent à moi, or' votre amour me laisse.
Le temps peut toute chose à la fin effacer.
Ne vous moquez pourtant du lien qui me presse,
Soyez douce à mon cœur sans tant le reblesser,
Dieu pour punir l'orgueil commet une Déesse;
Son sein vous esclouit, gardez de l'offenser.

Sonnet LXVIII, p. 349, v. 11-14

1587 Prolongeant ma mémoire aux dépens de ma vie.
Je ne peux m'enquérir s'on sent après la mort.
Je le crois; je perdrais d'écrire toute envie :
Le beau nom qui nous suit est notre réconfort.

BIBLIOGRAPHIE

ÉDITIONS CRITIQUES

1. *Œuvres complètes :*

Œuvres complètes, éd. P. Laumonier. Paris, 1914 à 1967 (18 vol.). Texte de l'édition princeps de chaque recueil et variantes.
Les Œuvres, éd. I. Silver. Chicago, 1966 (2 vol.). Texte de 1587.

2. *Amours :*

Les Amours, éd. H. Vaganay. Paris, 1910. Texte de 1578.
Les Amours, éd. H. et C. Weber. Paris, 1963. Texte de l'édition princeps de chaque recueil.
Le Second Livre des Amours, éd. A. Micha. Genève, 1951. Texte de 1578.
Les Sonnets pour Hélène, éd. J. Lavaud. Paris, 1947.

ÉTUDES

J. Vianey, *Le Pétrarquisme en France au XVI*e *siècle.* Montpellier, 1909.
P. Laumonier, *Ronsard poète lyrique.* Paris, 2e éd., 1923.
F. Desonay, *Ronsard poète de l'amour.* Bruxelles, 1952-1959, 3 vol.
H. Weber, *La Création poétique au XVI*e *siècle en France.* Paris, 1956.

TABLE ALPHABÉTIQUE DES INCIPIT

A

B

D

I

J

L

M

N

O

P

Q

R

S

T

U

V

Y

Ce volume,
le cent quatrième de la collection Poésie,
a été achevé d'imprimer
le 17 mai 1974
sur les presses de Firmin-Didot S.A.

Imprimé en France
Nº d'édition : 19049 — Nº d'impression : 4545
Dépôt légal : 2e trimestre 1974

19049